日本學研究의 地平과 再照明

이숙자 편

책머리에

일본어 교육과 일본어 관련 연구에 종사한 지 30년이 지났다. 우리나라와 일본과의 관계를 흔히 '일의대수(一衣帶水)'라는 말로 표현하며 또한 우리는 일본을 '가깝고도 먼 나라'라고도 한다. 되돌아보면 1964년 고등학교를 막 졸업하고 일본 유학길에 올랐을 때는 정보기술과 교통기반이 발달한 오늘날과는 전혀 다른 환경이었다. 당시에는 일제시대의 잔상으로 일본어를 구사할 줄 아는 사람들의 생활 경험에 의한 일본어학습이 우리나라의 일본어 학습과 일본연구 인프라의 전부였다.

17년간 일본에서 대학과 대학원, 그리고 연구과정과 강사경험을 거치고 17년만에 박사학위를 취득한 후 경희대학교 일어일문학과 교수로 한국에 돌아왔을 때는 마침 한국 내에서 새로운 시대에 걸 맞는 일본전문인재양성에 대한 수요와 더불어 일본어의 관심이 매우 높아진 시기였다. 각 대학들마다 일본어관련 과정이 개설되었고 일본어 학습자들의 요구도 매우 다양했다. 그리고 이를 포괄적으로 충족시킬 만한 교재도 많지 않았던 시기였다.

개인적, 가정적, 국가적 온갖 장벽에 부딪치면서 특히 일본어가 서툴러 고생했던 일을 생각하면서 나는 새로운 시대의 학습자들의 요구에 부응하고자 모든 경험을 총동원하여 일본어 교육과 학습환경 정비 그리고 일본

연구에 매진해왔다.

어느 덧 정년퇴임을 맞이하여, 과거를 회상해 보니 무엇보다도 경희대학교 일본어학과 동료선생님들과 학생들이 가족보다도 더 진한 잔상들을 머릿속에 새겨놓고 있다.

교육현장에서 또는 일상에서 동고동락을 함께 해 오던 그들은 처음에는 단순히 소통능력 위주의 일본어 학습에 여념이 없었지만 어느새 일본어학, 일본문학, 일본학 등의 일본 연구 분야에서 세분화된 연구성과를 내면서 자신의 연구역량을 전문화하고 누적시켜나가는 차세대 일본전문가로 성장해 있었다.

30년간 가까운 거리에서 또는 먼 거리에서 함께 한 이들 후학들이 본인의 퇴임을 기념하는 취지로 귀한 옥고와 자료를 보내왔다. 일본문학 논문 5편, 일본어학 논문 3편, 어학교육 논문 3편, 일본지역학 논문 1편, 그리고 일본 고서 해제와 탈초자료 6편이다. 한편 한편에 그들과의 추억이 서려있고 한국 내 일본연구사의 산 증인들이 만들어 낸 소중한 논문 및 자료들이다. 나아가 이들 자료는 경희 일본학과 국내 일본학연구의 미래이자 또 다른 후학들에게 새로운 연구지평을 열어주는 이정표가 될 것이다. 그 앞에 내가 있었다는 것 하나만으로 몫을 다한 것이다. 끝으로 이 책이 완성될 때까지 자료의 수집과 정리에 노고를 아끼지 않으신 미노와 교수님과 다사카 교수님께 심심한 감사의 마음을 전하고자 한다.

2010년 12월 길일

이 숙 자

목차

論文編

資料編

論文編

- 이창수
- 松本真輔
- 고영란
- 阿武正英
- 손지연
- 東ヶ崎裕一
- 양정순
- 이여희
- 佐藤揚子
- 김은영
- 최안나
- 畑中愛

日本學研究의 地平과 再照明

일본신화의 女神과 아마테라스(天照大御神)

이창수*

要旨

日本神話におけるアマテラスは、日神であると同時に古代大和朝廷という皇室の祖先神かつ至高神として描かれている。記紀神話にはアマテラスをはじめ、八百萬神と呼ばれるほど様々な神々が登場するが、そのなかでもアマテラスほど重要な役割を果たす神は稀である。そのアマテラスは今まで日本神話において女神としての性格が与えられ、そのイメージが定着されてきた。ところが、『古事記』の上巻及び『日本書紀』の神代巻に記されている日本神話の構造と特徴から見ると、果たしてアマテラスが女神であるかという疑問が生じる。中でも殊に『古事記』の上巻に記されているアマテラスとそれに関連した神話を先入観を取り除き、素直に読んでいくと、その疑いは一層強まって来る。したがって本稿では、記紀神話に描かれているアマテラスを綿密に分析しつつその問いに答えようとした。さらに『古事記』に記された女神のイメージを捉え、アマテラスとの関連性を探り、『古事記』の編纂意図を照明しようとした。

키워드 일본신화, 고사기, 일본서기, 여신, 아마테라스

---

* 경희대학교 일본어학과 부교수

1 머리말

고대 일본인의 상상력의 총화인 『고지키(古事記)』[1]의 上卷과 『니혼쇼키(日本書紀)』[2]의 神代卷에 체계화 되어있는 신화에서 아마테라스오미카미(天照大御神, 이하 '아마테라스'라 함)는 두 가지의 성격을 상징하고 있다. 하나는 자연신격인 태양을 상징하는 신이자 일본 황실의 조상신으로서 지고의 신성성을 상징하는 신으로 나타나 있다는 것은 주지의 사실이다. 또한 이 신은 여성으로서의 이미지를 강하게 내포하고 있다. 실제로 『日本神話事典』을 보더라도 아마테라스에 대해서는 천상세계인 '다카마노하라(高天原)계 아마쓰카미(天神)들의 女王', '태양의 女神이며 皇室의 조상신'이라 설명되어 있듯이[3] 아마테라스는 이미 오래 전부터 여신(女神)으로서의 성격과 그 이미지를 정착시키고 있으며 일본신화 연구에서도 이 신이 여신적 이미지를 갖고 있다는 데 대해서는 별 저항감 없다.

그러나 『古事記』 『日本書紀』의 신대권에 수록되어 있는 신화의 흐름과 그 구조를 면밀히 분석해보면 아마테라스가 과연 여신인가 하는 의구심이 생긴다. 특히 『古事記』 上卷의 아마테라스와 관련된 신화의 내용을 자세히 살펴보면 이 신이 신화 전체의 중심이자 황실중심의 신들의 계보 중에서도 가장 중요한 위치를 점하고 있는 말 그대로 지고의

1) 본고에서 인용되는 本文은 「日本古典文学大系1(1980), 『古事記 祝詞』, 岩波書店.」를 주 텍스트로 하였다. 이하 각주에 표기할 때는 '「記」'로 함.
2) 본고에서 인용되는 本文은 「日本古典文学大系67(1979), 『日本書紀(上)』, 岩波書店.」를 주 텍스트로 활용하였다. 이하 각주에 표기할 때는 '「書紀(上)」'으로 함.
3) 大林太良, 吉田敦彦(2000), 『日本神話事典』, 大和書房, p.24.

神으로 등장하고 있다. 이렇게 일본신화의 중심적 역할을 하고 있는 아마테라스가 과연 여신인가 하는 단순한 문제제기를 바탕으로 본고는 양문헌의 신화전승에 나타난 여신의 이미지를 살펴보고 특히 아마테라스의 등장 기사를 면밀히 분석하여 이러한 의구심에 조심스럽게 접근하고자 한다. 그리고 『古事記』에 등장하는 여신들의 성격을 고찰하고 신화 속에 묘사된 여성적인 이미지와 아마테라스와의 연관성을 살펴보면서 나아가 양 문헌의 의도를 조명해보고자 한다.

2 일본신화의 女神

(1) 이자나미

『古事記』 및 『日本書紀』의 신화에 묘사되어 있는 女神은 직접적인 신체적 특성 묘사를 통해 여신임을 알 수 있는 경우와 신명상의 표기에서 여신이라는 것을 시사하는 표현으로 대별할 수 있다. 그럼 먼저 양문헌에 신체적인 특성을 통해 여신임을 알 수 있는 경우는 말할 것도 없이 이자나기와 함께 등장하며 음신으로 등장하는 이자나미라는 신이다.

이자나미는 국토창생신화에서 이자나기와 함께 오노고로시마라는 섬에 내려와 거기에서 신성한 기둥을 세우고 넓은 궁전을 짓고 오야시마라는 국토를 낳는다. 이자나기가 이자나미에게 "너의 몸은 어떻게 생겼느냐"하고 묻자 이자나미가 답하기를 "나의 몸은 차츰차츰 생겨 이루어졌으나 이루어 지지 않은 곳이 한군데 있습니다." 라고 하였다. 그러자 이자나기도 "나의 몸은 차츰차츰 생겨 이루어졌으나 남은 한 곳이 있다. 그러니 나의 남아있는 곳을 완전히 이루어 지지 않은 너의 몸에 끼워 국토를 낳고자 하는데 어떤가?" 라는 기사가 등장한다.[4] 여기서 생기지 못한 곳이라는 것은 분명히 여성의 신체를 두고 표현한 이미지라는 것은 별도의 설명이 필요 없을 것이다. 그에 비해 이자나기는 "나의 몸은 차츰 차츰생겨 남는 곳이 한군데 있다."라는 표현으로 볼 때 이자나미의 그것과 분명한 대조를 이루고 있음을 알 수 있다. 『古事記』와 같은 이전을 전하고 있는 『日本書紀』에서도 제 4단 본문을 보면 이자나미(陰神)에게 "네 몸은 어떻게 이루어져 있는가?"하고 묻자 이자나미는 "내 몸에 하나 雌元이 있나이다."라고 대답하고 바로 陽神이 "내 몸에 또 雄元이 있노라. 내 몸의 근원이 되는 곳을 네 몸의 근원이 되는 곳에 맞추려고 생각하는데 어떤가?"라고 말하고 陰陽이 처음으로 몸을 합쳐 夫婦가 되었다.[5]는 기사를 보아도 여기서 보면 성스러운 생식작용을 묘사하며 두 신이 성교에 의해 국토를 낳았다고 하는데 거기에서 이자나미는 신체적으로 '雌元', 또는 '陰元'으로 묘사하여 확실히 여성임을 알 수 있다.

(2) 아메노우즈메

아메노우즈메(天宇受売)命는 『古事記』의 표기로는 '天宇受売命'로 또 『日本書紀』에서는 '天鈿女命'라는 한자의 신명을 갖고 있다. '우즈메(宇受売)'라는 것은 『日本書紀』의 표기로 볼 때 '비녀'라는 뜻을 지니고 있

---

4) 「記」, pp. 52~54. 의 본문 「於其嶋天降坐而、見立天之御柱、見立八尋殿。於是問其妹伊邪那美命曰、汝身者如何成。答白吾身者、成成不成合處一處在。爾伊邪那岐命詔、我身者、成成而成餘處一處在。故以此吾身成餘處、刺塞汝身不成合處而、以爲生成國土。生奈何。」 참조 바람.

5) 「書紀」, p.72 의 본문 「(前略)因問陰神曰、汝身有何成耶。對曰、吾身有一雌元之處。陽神曰、吾身亦有雄元之處。思欲以吾身元處、合汝身之元處。於是、陰陽始遘合爲夫婦。」

는 말로 이를 그대로 이해한다면 비녀 같은 도구로 머리장식을 한 신으로 이해될 수 있다. 그렇다면 이는 신에 대해 기원하는 女神, 조금 더 확대해석한다면 신내림을 받은 여성의 神格化로 볼 수 있을 것이다. 이 신은『古事記』및『日本書紀』에 공통적으로 두 번 등장하는데 첫 번째는 아마테라스가 스사노오의 악행으로 말미암아 암굴에 숨었을 때 아마노가구야마(天香具山)에서 나는 덩굴나무를 몸에 걸치고 그 덩굴가지를 머리에 감아 天香具山의 조릿대 잎으로 묶어 손에 쥐고 암굴 입구에서 통나무를 엎어놓고 그 위에 올라가 밟고 소리를 내며 신내림같은 퍼포먼스를 하다가 자신의 젖가슴을 노출시키고 치마 끈을 陰部까지 내려뜨리면서 歌舞를 했더니 주위에 있는 신들이 박장대소를 하여 이를 수상히 여긴 아마테라스가 암굴을 약간 열고 보다가 역사(力士)에게 이끌려 암굴에서 다시 나오게 되었다[6]는 신화에 묘사하고 있다. 두 번째로는 天孫降臨시에 아마테라스와 다카키神로부터 당신은 약한 여자이지만 맞서는 神에 대해 기죽지 않고 상대방을 압도할 수 있는 능력이 있으므로 天八衢에 있는 神인 사루타비코(猿田比古神)에게 다가가 이름을 묻는 역할을 명받아 또 아마노코야(天児屋)命 · 후토타마(布刀玉)命 등을 포함하여 모두 5部族의 수장을 동반하여 하늘에서 내려가 아메노우즈메는 사루메노기미(猿女君)의 조상이되었다는 기사이다. 한편『日本書紀』에서는『古事記』의 암굴은거의 내용은 대동소이하나 자신의 젖가슴을 노출하고 치마끈을 陰部까지 내린다는 묘사는 없이 단순히 歌舞를 했다고 기록하고 있지만『日本書紀』神代下 第九段 一書第一에서는

6)「記」, 앞의 책, p. 82의 본문「(中略)天宇受賣命、手次繋天香山之天之日影而、爲縵天之眞拆而、手草結天香山之小竹葉而、【訓小竹云佐佐。】於天之石屋戶伏汙氣【此二字以音。】蹈登杼呂許志、【此五字以音。】爲神懸而、掛出胸乳、裳緖忍垂於番登也。爾高天原動而、八百萬神共咲。」참조.

사루메(猿女)의 조상으로서 아메노우즈메가 五部神의 하나로 登場하고 天孫降臨의 場面에서는 天鈿女命는 눈빛으로 상대방을 압도하는 존재라는 이유로 猿田彦大神에 대치하여 젖가슴을 노출시키고 치마끈을 배꼽까지 내려 웃음을 자아내며 마주섰다는 기록이 있어 古事記의 아마테라스의 암굴은거기사와 유사한 내용이 보이며 신화 속에서 신체적인 묘사를 통해 여성적 이미지를 나타내고 있다.

양 문헌의 암굴은거신화에서 아메노우즈메의 행위는 분명 태양으로 간주된 아마테라스를 암흑세계에서 太陽의 활력을 다시 부활시키기 위한 기원행사로 볼 수있다. 이에 대해서는 일식현상이 일어났다가 다시 태양이 나오는 자연현상을 그린 신화의 유형으로도 볼 수 있지만 고대 일본에서 동짓날에 太陽 再生 儀式을 하는 과정에서 그 행위에 관여한 세력이 사루메기미(猿女君)라는 점에서 이들의 제의행위를 투영시킨 것으로 볼 수 있다. 그렇다면 이 신화는 祭祀儀礼의 기원을 설명하는 신화라 볼 수 있다. 아메노우즈메는 『日本書紀』의 표현으로 보면 기죽지 않는 神, 또 눈빛이 강렬하여 상대방을 압도하는 神으로 묘사된 것으로 볼 때 보통사람과는 다른 特異하고 特別한 얼굴을 한 신으로 볼 수 있으며 一般的으로 宮中에 봉사하고 주로 가구라(神楽)와 관계가 깊은 女性의 이미지를 반영한 芸能神이라 볼 수 있다. 아메노우즈메는 외관적으로 볼 때 확실히 여성적 이미지를 가진 신이라 볼 수 있으며 이 여신은 아마 마치 무녀적인 이미지로 묘사되고 있는 것으로 여겨진다.

이외에도 『古事記』『日本書紀』의 신화에는 '호토(番登 또는 陰)'라는 여성의 신체의 일부분을 의미하는 말이 등장하는데 이는 여음을 의미하는 것으로 이에 대한 표현은 아마테라스가 스사노오와의 서약이후 아마테라스가 석굴로 숨기 전에 스사노오의 난폭한 행위가 도를 지나쳐 아마테라스가 옷을 짜는 곳이라는 의미의 '이미하타야(忌服屋)'에 들어갔을 때 스사노오가 말의 가죽을 벗겨 놓은 곳을 보고 마침 그 자리에서 옷을 짜던 오리메(織女)가 이를 보고 놀라 베틀 북에 음부가 끼어 죽었다.[7]는 기사에서도 여음의 소유자가 오리메라는 점에서 볼 때 이는 신체상의 표현과 문자상의 표현을 통해 여신임을 입증하는 표현이라 볼 수 있다.

또 오오게쓰히메(大氣津比賣神)가 등장하는 기사에서도 여음에서 다양한 곡식이 나왔다는 표현[8]이 있으므로 이 신 또한 분명히 여성적 이미지를 가지고 있음을 알 수 있다. 또한 이보다 앞서 불의 신인 카구쓰치(迦具土神)도 이자나기의 칼에 의해 살해당할 때 몸 각 부분에서 다양한 신들이 탄생하는데 여음에서 쿠라야마쓰미라는 신이 나왔다는 기사의 내용에서 본다면 여성적 이미지를 갖는 신이라는 것을 나타내고 있음을 알 수 있다.[9]

한편 『古事記』에서는 신체적인 묘사를 나타내는 표현 외에도 문자 상으로 여성임을 알 수 있는 표현으로 신명 앞에 '이모(妹)'라는 글자가 종종 등장하는 경우가 있다. 이의 등장을 구체적으로 살펴보면 『古事記』의 상권에 등장하는 신들 중 단독으로 등장하는 신이 아닌 각각 음양으로

---

7) 앞의 책, p. 80의 본문「天照大御神、坐忌服屋而、令織神御衣之時、穿其服屋之頂、逆-剝天斑馬剝而、所墮入時、天服織女見驚而、於梭衝陰上而死。【訓陰上云富登。】」참조.

8) 앞의 책, p. 84의 본문「又食物乞大氣津比賣神。爾大氣都比賣、自鼻口及尻、種種味物取出而、種種作具而進時、速須佐之男命、立伺其態、爲穢汙而奉進、乃殺其大宜津比賣神。故、所殺神於身生物者、於頭生蠶、於二目生稻種、於二耳生粟、於鼻生小豆、於陰生麥、於尻生大豆。故是神産巢日御祖命、令取茲、成種。」참조 바람.

9) 앞의 책, p. 62의 본문「(前略)所殺迦具土神之於頭所成神名、正鹿山上津見神。次於胸所成神名、淤縢山津見神。【淤縢二字以音】次於腹所成神名、奥山上津見神。次於陰所成神名、闇山津見神。次於左手所成神名、志藝山津見神。」참조.

구분하여 표현된 신들을 볼 수 있는데 예를 들면

> 次成神名、宇比地邇上神、次妹須比智邇去神。【此二神名以音】次角杙神、次妹活杙神。【二柱】次意富斗能地神、次妹大斗乃弁神。【此二神名亦以音。】次於母陀流神、次妹阿夜上訶志古泥神。【此二神名皆以音。】次伊邪那岐神、次妹伊邪那美神。【此二神名亦以音如上。】[10)]

위의 인용문에서 알 수 있듯이 이들 신은 신명만 등장한 이후에는 어떠한 역할이나 활약이 없고 전승을 동반하지 않는 계보상의 신명만 등장하는 신들이다. 그런데 그 신 들의 이름을 보면 뒷 부분에 등장하는 신명 앞에 '妹'라는 단어가 붙어 있어 바로 앞에 등장하는 신과 음양적 대우적인 관계를 나타내고 있다. 따라서 '妹'라는 단어를 통해 이들 신 앞에 등장하는 신이 상대적으로 남성적 이미지를 갖고 있다고 볼 수 있으며 '妹'가 동반된 신은 자연스럽게 여성적 의미를 시사하고 있다. 또 이들 신들이 등장하는 마지막 부분에 이자나기와 아자나미가 등장함으로써 이에 대한 신빙성을 한층 높여주고 있다. 따라서 '妹'가 붙어있는 것으로 보아 여성적 이미지를 놓고 등장시켰을 가능성은 매우 높다.

(3) '메'와 '히메'

> 次生水戸神、名速秋津日子神、次妹速秋津比賣神。[11)]

『古事記』 및 『日本書紀』의 신화전승에 등장하는 여신들의 신명에는

10) 앞의 책, pp. 50～52.
11) 앞의 책, p.58.

주로 '히메(比賣)' 또는 '메(賣)'라는 표기가 들어가는 것이 통상적이다. 반면 남신의 경우는 '오(男)'라는 말은 남성을 의미하는 표기로 하고 '메' 라는 말을 여성으로 의미하는 경우가 많아 이름에 나타난 한자의 표기 그대로 만 본다면 여성이라는 점에 일리가 있다. 이와 더불어 위의 인용문을 보면 역시 앞에 등장하는 신의 이름이 '하야아키쓰히코(速秋津日子神)'라는 신이 등장하는데 이 신의 이름에 '日子'로 쓰고 이를 '히코'로 발음하여 남성적 이미지를 시사하는 반면 바로 이어 등장하는 '하야아키쓰히메(速秋津比賣神)'는 '히메(比賣)'라는 이름을 가지고 있고 그 앞에 '妹'라는 단어를 붙이고 있음을 볼 때 이 신 또한 여성적 의미를 부여하고 있음을 알 수 있다.

> 故、此大國主神、娶坐胸形奧津宮神、多紀理毘賣命、生子、阿遲【二字以音。】鉏高日子根神。次妹高比賣命。亦名、下光比賣命。[12]

또한 상기 인용문에서처럼 '오오쿠니누시(大國主神)'의 직계 자손에 해당하는 '다카히메(高比賣命)'라는 신이 등장하는데 이 신의 또 다른 이름이 '시타테루히메(下光比賣命)'라고 한 것으로 보아 그 신의 앞에도 '妹' 라는 말이 들어있고 또 이 신은 신화상에서 아메노와카히코(天若日子)의 부인에 해당하는 여신으로 활약하고 있음을 볼 때 여성적 이미지를 갖는 신이라 볼 수 있을 것이다.

한편 '妹'라는 문자가 붙어있으나 뒤에 오는 신명에 '比賣'가 아닌 '賣' 라는 어만 등장하는 신의 경우가 있는데

---

12) 앞의 책, p.104.

羽山戸神、娶大氣都比賣神、生子、若山咋神。次若年神。次妹若沙那賣神。13)

예를 들면 상기 인용문과 같이 대우적 표현도 아니고 병렬적인 신의 등장에 '히메'라는 여신임을 암시하는 단어도 없으나 앞에 '妹'가 들어 있는 점으로 볼 때 이 또한 여성적 이미지를 갖고 있음을 알 수 있다. 이렇듯 문자상으로 앞에 '妹'가 들어 있는 신들은 확실한 여성적 이미지로 제한하고 있음을 알 수 있다. 그렇다면 여성적 의미의 '妹'가 없는 경우 '히메'나 '매'가 붙어 여성적 이미지를 나타낼 수 있는가?

표 1 神名에 比(毘)賣가 들어 있는 神一覽

	신명	여성이미지	비고
1	愛上比賣		伊豫國
2	大宜都比賣		粟國
3	天之狹手依比賣		津嶋
4	大野手上比賣		小豆嶋
5	石巢比賣神		
6	鹿屋野比賣神(野椎神)		野神
7	多紀理毘賣命(奧津嶋比賣命)	○	ウケヒ
8	市寸嶋上此賣命(狹依毘賣命)	○	胸形君等之以伊都久三前大神
9	多岐都比賣命	○	
10	大氣津比賣神(大氣都比賣) (大宜津比賣神)	○	陰
11	櫛名田比賣	○	女名
12	神大市比賣	○	娶大山津見神之女
13	名木花知流比賣	○	娶大山津見神之女
14	日河比賣	○	娶淤迦美神之女

13) 앞의 책, p.110.

15	刺國若比賣	○	娶刺國大上神之女
16	八上比賣	○	婚稻羽之八上比賣
17	(討+虫)貝比賣		請神産巣日之命、乃遣
18	蛤貝比賣		
19	須勢理毘賣	○	須佐之男命之御所者、其女~
20	高志國之沼河比賣	○	此八千矛神、將婚~、
21	高比賣命(下光比賣命) (下照比賣)	○	妹~
22	神屋楯比賣命	○	大國主神、亦娶~
23	八河江比賣(葦那陀迦神)	○	娶~
24	前玉比賣	○	娶天之甕主神之女
25	比那良志毘賣	○	娶淤加美神之女
26	活玉前玉比賣神	○	娶比比羅木之其花麻豆美神之女
27	靑沼馬沼押比賣	○	娶敷山主神之女、
28	伊怒比賣	○	娶神活須毘神之女
29	香用比賣	○	娶~
30	天知迦流美豆比賣	○	娶~
31	奥津比賣命(大戸比賣神)		
32	秋毘賣神		
33	神阿多都比賣 (木花之佐久夜毘賣)	○	大山津見神之女
34	石長比賣	○	姉~
35	豐玉毘賣	○	海神之女
36	玉依毘賣		其弟~

〈표 1〉은 『古事記』 상권에 등장하는 신명중 여성적 이미지를 나타낼 수 있다고 간주되는 히메('比賣')라는 글자가 포함된 신들을 모두 정리한 것이다. '~比賣'라는 한자로 표기하고 이를 '~히메'라는 음으로 불리는 신들은 『古事記』 상권에서만 모두 36건에서 나타나고 있는데 그

중 단지 이름 상에 '히메'라는 말이 등장하는 곳 중에서 비교적 여성적 이미지를 확실하게 알 수 있는 그 신과 관계하는 계보상에서 "又娶大山津見神之女、名神大市比賣、生子、大年神。"라는 표현이 있는 경우라 말 할 수 있다. 이는 주로 신의 계보를 말하는 기사에 많이 등장하는데 무슨 무슨 신의 딸(女)이라는 표현과 더불어 이 신을 '신부로 맞이하여 그 후손인 어떤 신을 낳았다' 라는 형식으로 전개되고 있다. 그리고 딸의 부모에 해당하는 신의 대부분이 여성적 이미지를 나타내는 '히메'나 '매'라는 단어가 보이지 않는 점으로 미루어 볼 때 이들은 주로 남성적 이미지가 강한 신이라고 볼 수 있다. 따라서 신의 계보기사에서 알 수 있는 것은 이미 혈통의 계승이 부계를 중심으로 이루어져 있음을 알 수 있고 그 점에서 적어도『古事記』편찬과정에 해당되는 시기는 이미 부계사회로 이전되었음을 의미하고 있다는 사실을 암시하고 있다. 또 '姉' 또는 '妹' 등이 앞에 붙어 여성임을 나타내어 확실히 여성성이 부여된 신명이 전체의 60%에 가까운 21건으로 나타나 있고 나머지는 〈표 1〉의 1~6에 해당되는 신명처럼 국토생성 시 생겨난 신명의 별명으로 등장하는 경우 '히메'가 붙어 있는 신이 6건으로 나타나고 있고 나머지 4건도 '히메'라는 표현이 붙어 있기는 하나 적어도 신명 상으로만 보았을 때 이를 여성이라고 단정하기 어려운 신의 이름도 있다. 또 신격이 불분명하게 여겨지는 5건을 포함하면 '히메'가 붙어 여신이라는 것을 추정할 수 있을 뿐이다.

표 2 神名에 '比賣'가 없는 女神

1	天之都度閇知泥上神	○	娶~
2	布帝耳上神	○	娶布怒豆怒神之女

3	鳥耳神	○	娶八嶋牟遲能神之女
4	日名照額田毘道男伊許知邇神	○	娶~
5	葦那陀迦神 (八河江比賣)	○	娶~
6	遠津待根神	○	娶天狹霧神之女

한편 상기 〈표 2〉의 경우를 보면 '히메' 또는 '매'가 붙지 않았으나 여신이라는 것을 알 수 있는 경우도 있는데 결혼상대자로 등장하는 신의 이름을 통해 "此神、娶天之都度閇知泥上神、生子、淤美豆奴神。"라는 표기형식만으로 볼 때 여성임을 짐작할 수 있다. 이런 경우는『古事記』전체적으로 6건으로 소수에 지나지 않는다.

또한 문맥상으로 여성임을 알 수 있는 신명은 아니나 "故、其老夫答言、僕者國神、大山上津見神之子焉。僕名謂足上名椎、妻名謂手上名椎"와 같이 처의 이름을 동반하여 여성임을 나타내는 경우도 있다.

한편 상기에서처럼 '비매'가 아닌 단순히 '메(賣)'라는 신명이 붙은 경우도『古事記』에는 '미쓰하노메(彌都波能賣神)', '요모쓰시코메(豫母都志許賣)', '이즈노메(伊豆能賣神)', '아메노우즈메(天宇受賣命)', '이시코리도메(伊斯許理度賣命)', '와카사나메(若沙那賣神)', '나쓰노메(夏之賣神)', '아메노사구메(天佐具賣)' 등 모두 8건으로 나타나고 있는데 이 중 '아메노우즈메(天宇受賣命)'는 앞서 말했듯이 신체적인 묘사와 더불어 여성적 이미지를 확실하게 나타내고 있고 '와카사나메(若沙那賣神)'는 신명 앞에 '妹'라는 여성을 나타내는 글자가 붙어 있으므로 여성적 신격을 갖고 있다고 볼 수 있으나 나머지 6건에 대해서는 이름만으로 보면 엄밀히 말해 여성인지 남성인지 그 신격이 불분명하다. 그 중 특히 '이시코리도메(伊斯許理度賣命)'라는 신의 경우는 '쓰쿠리카가미무라지(作鏡連等)'의 선조라는 기록이 있는데 '作鏡連'이라는 것은 글자 그대로 거울을 생산하는 직인이라는 의미가 강하게 내포되어 있어 여성적 이미지와는 거리가 멀다고 볼 수 있다. 이에 대해 일찍이 모토오리 노리나가(本居宣長)는 이 '이시코리도메'가 여성인 것은 수상하다고 지적한 바 있다.[14] 또 '도메' 는 남성의 이름에 예가 많기 때문에 이것도 실은 남성이었던 것을 마땅한 한자를 빌려 표기하는 과정에서 '石疑姥'라고 쓰는 과정에서 단순히 여성화한 것이 아닐까 추측하고 있다. 어쨋거나 '메(賣)'라는 말이 붙었다고 이들 모두를 여성으로만 보기는 어렵다는 것을 알 수 있으며 또 이들 신들의 특징은 모두 신화 상에 단지 이름만 등장하거나 전승내용이 거의 없다는 사실이다.

이처럼 『古事記』에 보이는 신명에 '메'라는 신은 고작해야 이 정도라고 볼 수 있는데 中卷의 '진무(神武)天皇'이후의 황족에도 단순히 '메'라는 글자가 들어간 인물은 단 한 사람도 없다. 또 보통명사로서도 '오리메(織女)'라든지 '시코메(醜女)'라든지, '사루메(猿女)'라든지 하는 표현은 있지만 『古事記』에서 적어도 고귀한 사람을 지칭할 때 '메'라는 말을 붙여 신명이나 인명에 사용하는 경우는 단 한군데도 보이지 않는다. 위에 예를 든 신들도 결코 신화 상에 존귀한 신이라 볼 수 없는 신들이다. 때문에 最高의 神인 아마테라스를 '히루메'라 하여 이를 여신으로 취급했다는 것 또한 생각하기 힘들다. 또 신 또는 사람의 여성임을 나타내기 위해 명사의 밑에 곧 '메'를 붙이는 예가 없는 것으로 생각된다. '오리메(織女)', '시코메(醜女)'는 모두 그 여자의 성질, 직업 등을 나타내는 형용사 또는 형용사적으로 이용하는 동사를 '메'를 붙인 것이지 이를

14) 本居宣長(1911), 『古事記傳(第一)』, 吉川弘文館, pp.448~451.

여성으로 본 것이라고 단언하기도 어렵다. '사루메(猿女)'의 의의가 문자대로 원숭이를 의미한다면 이것도 원숭이를 여성으로 한 것이 아니라 원숭이와 같이 생긴 자라는 뜻이 아닐까? 또한 만일 명사를 받아 그것을 여자라 보는 경우에는 보통 그 앞에 '노(之)'의 자를 삽입하는 것이 통례이다. 그것은 '오'라는 호칭도 마찬가지이다. 남성의 신에 '오'라고 붙이는 경우도 역시 귀하지 않은 신, 험상궂은 신으로 그 용법도 '메'가 붙은 경우와 동일하다.[15]

다시말해 '미쓰하노메'처럼 소변에서 나온 신을 포함한 대부분의 신들이 신화에서 하찮은 신으로 등장하고 있고 또 이들 이름은 황실과 관련된 신의 이름 중에는 단 한 건도 나타나지 않는 점에서 볼 때 일본신화의 지고신의 명칭과는 매우 거리가 먼 것만은 분명하다.

마지막으로 '히메' 또는 '메'가 붙지 않으나 여신의 이미지를 갖는 신도 등장하는데 '오오토마도메(大戶惑女神)', '나키사와메(泣澤女神)', '와카쓰메(若盡女神)' 등 3건에 나타난다. 이들 신 중 여성적 이라고 할 수 있는 신은 '와카쓰메(若盡女神)'로 이 또한 앞에 역시 '~을 신부로 맞이한다'는 의미의 '娶~'라는 표현이 있어 여성임을 알 수 있다. 그러나 나머지 두 신에 대해서는 신명만이 등장할 뿐 앞서 말한 '메'나 '히메'처럼 이렇다 할 역할을 하지 않은 신으로 나타나 역시 양 문헌의 신화 상에 중요성을 갖고 있지 못하다.

이와 같은 사정을 놓고 볼 때 아마테라스의 『日本書紀』식 표기법인 '오오히루메'에 나타난 '메'의 글자 하나만으로 여신이라고 규정할 수 있

---

15) 『古事記』에는 '오'가 붙어있는 남신적 성격의 신의 예는 '야기하야오', '스사노오', '쓰쓰노오' 및 보통명사로서의 '시코오'의 류 정도이다. 또 예를 들면 '다지카라오'라는 힘이 있는 남자라는 의미의 신이 있다.

을까? 만일 그렇다고 한다면『日本書紀』의 기록상으로는 적어도 아마테라스를 여신으로 보는 정서가 존재하고 있었음을 의미하는 것인데 이에 대해 쓰다소키치(津田左右吉)는 신화의 편찬의도상 그것은 단호히 단순한 문자상의 착오에서 온 것으로 보고 있다. 그는 옛날 소라이(徂徠)가 日神은 원래 남성이었으나 스이코(推古)天皇 때부터 여성화되었을 것이라는 근거를 토대로 즉 '히루메'를 '日靈' 등으로 借字로 쓴 것이 기초가 되어 그것이 여성으로 간주되어 버렸을 가능성을 제기하고 있다.[16] 일본의 상대어에서는 어의와는 무관계한 문자를 적용한 것은 흔했던 바 실제로 '쓰키요미'도 '月讀' 또는 '月弓'이라 표기하고 있기 때문에 '히루메'를 '日孁'이라 쓴 것도 같은 借字적 표현이지 '孁'을 여자의 뜻으로 이용할 심산은 아니었을 것이다. 혹은 단순히 언어상의 착오로서 '히루메'의 '메'의 원 뜻이 잊혀지고 그것을 여자의 뜻으로 해석하게 되었기 때문이라 해석 할 수도 있겠지만 최고의 신인 아마테라스의 이름에 '메'를 여자의 의미로 해석한다는 것은 불합리하다고 말할 수 있다. 또한 이에 대해 우에다 마사아키(上田正昭)는『日本書紀』의 '天照大神'이라는 표기가 처음에 '大日孁貴'라 표기되어 있는데 주목하고 '大'는 美稱이며 '孁'은『說文解字』의 해설에 '巫'를 나타내는 말임을 근거로 여자무녀를 의미했다는 주장을 폈다. 그리고 '貴'는 귀인을 지칭한 것으로 결국 '오오히루메'는 아마테라스가 아닌 태양에 제사를 올리는 여신이라고 주장했다. 그리고『古事記』『日本書紀』의 신화에서도 天照大神이 忌服屋에서 神御衣를 짜는 여신으로 전해지는 점에 주목하고 日神으로 숭상되는 天照大神은 제신이면서 제사를 지내는 여신이기도 하다고 하며 아마테라스의 신격의 이중성을 지적하기도 했다.[17]

16) 津田左右吉(1989), 앞의 책, p. 616.

3 神名으로 본 아마테라스

먼저 『古事記』에서는 아마테라스를 '天照大御神'이라는 한자 신명으로 통일된 표기방식을 사용하고 있다. 이 신명을 보면 말 그대로 '하늘을 비추어주는 존엄한 대신'이라는 의미가 담겨져 황실 조상신으로서의 신성성이 부여되어 있다. 그런데 같은 전승의 이전을 전하고 있는 『日本書紀』에서는 신명 표기법에 많은 혼란을 주고 있다. 왜 이런 현상이 나타난 것일까?

아래의 〈표3〉을 보면 아마테라스는 4가지의 신명으로 등장하고 있음을 알 수 있다. 먼저 '히노카미(日神)'로 표기된 경우는 『日本書紀』 신대권에서 모두 25회 등장하고 있다. '히노카미'는 말 그대로 자연을 신격화 한 태양신의 의미를 나타내는 표기로 하늘에 떠 있는 자연신으로서의 이미지를 주고 있다. '히노카미'로 표기된 기사의 분포를 보면 여러 신들의 탄생을 전하고 있는 제5단 본문기사를 비롯하여 스사노오와의 대결을 주제로 한 제6단과 그리고 '아메노이와도' 및 스사노오의 네노쿠니 추방을 설명하고 있는 제7단에 각각 고르게 분포하고 있다. 심지어 제5단 일서제2에서는 신이라는 표기없이 단순히 "해와 달을 이미 낳고 다음으로 히루코를 낳았다(日月既生。次生蛭兒。)"라는 기사가 있어 만물의 창생신인 이자나기와 이자나미가 자연현상인 태양을 낳은 것으로 기록하고 있어 이는 단순히 해와 달의 기원신화의 유형이 반영된 신화로 볼 수 있다.

---

17) 上田正昭(1990), 『伊勢の大神』, 筑摩書房, pp.5～8.

표3 『日本書紀』神代卷에 나타난 아마테라스 神名

神名	日本書紀											계
	1	2	3	4	5	6	7	8	9	10	11	
日神					1	9	15					25
天照大神					8	9	7		10			34
天照大日孁尊					1							1
大日孁貴					4							1

다음으로『古事記』의 신명표기와 일치하는 '아마테라스오카미(天照大神)'라 표기된 경우는 모두 34회 등장하여 가장 많이 등장한다. 그 내역을 보면 제5단에서는 '히노카미'의 별명으로 소개된 이후 제6단과 제7단에서 각각 9회와 7회 등장하고 있으며 그리고 '히노카미'와는 달리 천손강림신화를 그리고 있는 제9단에서는 10번 정도 등장하는 등 고른 분포를 보여주고 있다. 여기서 중요한 것은 '히노카미'로 등장하는 기사에서는 '히노카미'라는 신명으로만 등장할 뿐 '아마테라스'로 표기된 기사가 없다는 특징이 있다. 마찬가지로 아마테라스라는 신명으로 등장할 경우도 일관적으로 아마테라스만 등장할 뿐 다른 신명은 보이지 않고 있다. 다시 말해 본문이든 일서(一書)든 독립된 기사 내에서는 '히노카미'가 등장하는 기사에서는 '히노카미'만이 있고 아마테라스가 없으며 아마테라스가 나오는 경우는 '히노카미'가 함께 표기된 경우가 없다는 것이다. 이것은『日本書紀』가 편찬되기 이전에 '히노카미'계의 전승과 아마테라스계의 전승이 서로 병존하고 있었다는 것을 의미하는 것이라 볼 수 있다.

'히노카미'와 아마테라스라느 신명 외에도 '오히루메노무치(大日孁貴)'로 묘사된 경우는 모두 4회 등장하는데 '히노카미'의 탄생기사인 제5

단 본문에서 '히노카미'의 별명으로 소개된 경우와 같은 제5단 一書제일의 기사에서 등장하기 때문에 『日本書紀』의 기사는 '히노카미'계와 아마테라스계와 더불어 '오히루메노무치'계의 전승도 함께 병존했음을 알 수 있다.

이처럼 『日本書紀』에 아마테라스라는 신명표기에 혼란을 주는 것은 앞서 말했듯이 편찬과정에 다양한 태양신에 관한 전승이 병존했다는 것을 의미함과 동시에 자연신인 '히노카미'에서 아마테라스라는 지고의 신으로 점차 정착되어 가는 과정을 엿볼 수 있는 단서라 볼 수 있다.

그렇다면 『古事記』의 아마테라스라는 신명표기법은 적어도 『日本書紀』와 같은 혼란을 의도적으로 통일시키고 황실의 조상신이자 지고의 신으로 정착시키고자 한 편찬자의 의도가 반영된 것을 엿볼 수 있다.

그러나 여기서 주목해야 할 것은 '히노카미'든 아마테라스든 신명 그 자체로만 보면 아마테라스가 남성인지 여성인지 그 이미지가 불분명하다. 그러나 『日本書紀』의 또 다른 표기인 '오히루메노무치'라는 표기에는 이 신이 여성임을 강하게 암시하고 있다. 이 신명에 삽입되어 있는 '孁'이라는 글자가 바로 논란의 소지를 제공하며 자연스럽게 주목을 끌게 되는데 '孁'은 바로 영혼을 나타내는 '靈'이라는 글자 밑에 여성을 의미하는 '女'라는 글자가 붙은 복합한자로 이를 근거로 여신으로 보고 있는 것이다. 그리고 그를 훈독한 일본어식 발음을 표기하면서 '오히루메무치'라고 하여 이를 뒷받침하고 있다. 물론 앞서 언급했듯이 고대 일본어에서 '메'라는 발음은 곧 여성임을 지칭하는 말로 인식되는 경향이 짙다. 그렇다면 상대 문헌에 등장하는 아마테라스의 신명은 어떨까? 『古事記』 및 『日本書紀』, 그리고 『萬葉集』 등 상대 일본문헌에 등장하는 아마테라스의 신명을 보면 『古事記』를 제외하고 『日本書紀』와 『萬葉集』

에 등장하는 아마테라스의 신명은 분명 여성적 이미지를 시사하고 있는 표현들이 있다. 바로 '女'라는 한자가 들어가 있는 표현인데 이러한 관점으로 본다면 아마테라스는 분명 여성적인 이미지를 가지고 있다고 말할 수 있을 것이다.

그러나 특이할 만한 것은 유독 『古事記』의 표현에는 아마테라스에 대한 신명을 일관되게 '天照大御神' 또는 '天照大神'[18] 라는 표기로 정착시키고 있다는 점이다. 그것도 같은 방식의 표기인 『日本書紀』의 '天照大神'과는 달리 『古事記』에는 '天照大御神'라 하여 '大' 와 '御'라는 존엄성을 강조하는 글자가 동시에 붙어 있는 신으로 2중적 경어형식을 취할 정도로 그 신격을 매우 높이고 있다. 이점에서 미루어 보아 『古事記』의 편찬자는 아마테라스를 그 어떤 신보다도 지고신으로서 신경을 쓴 흔적이 엿보인다. 그런데 이처럼 지고한 신이 과연 처음부터 여신이었을까? 설령 여성적 이미지를 가졌다면 그것은 언제부터일까 하는 의문이 생긴다.

신화전승은 여러 변천과정을 거쳐 기록의 형태로 남게 되는데 아마테라스 또한 원래는 자연신인 태양을 숭배하는 원초적 신앙에서 비롯되었을 것으로 추정된다. 태양은 세계 어디에서나 원시사회에서 광명의 원천인 존경할 만한 정령으로서 숭배되어 왔다는 것은 주지의 사실이다. 그러다가 점차 문명이 발달하는 단계에서 종교적 숭배대상에서 인격을 갖춘 지고신이라는 상징적 존재로 등장하기도 하는데 일본신화에 나타난 태양을 상징하는 아마테라스도 원래는 단순히 종교적 숭배대상으로 취급된 것이었으나 문헌으로 체계화된 시기에 이르러서는 원

18) 『古事記』 上卷의 본문상에는 아마테라스는 모두 29회 등장하고 있는데 이 중 28회는 '天照大御神'이라는 신명이 일관되게 표기되어 있는 반면 단 한 군데에서만 '天照大神'라고 표기되어 있다.

래의 자연적인 종교대상이라는 신격이 사라지고 황실의 조상신이라는 정치적인 인물로 등장하게 된다. 특히 風神이나 水神과 같은 종교적 숭배의 대상이 될 만한 신과 관계있는 이야기가 나타나지 않는데 유독 태양신만이 나타나고 있는 이유는 무엇인가? 일본의 상대문헌에 일체의 천계 현상이나 천계의 자연현상을 취급한 것은 기기신화 뿐만 아니라 모든 문학을 통해 극히 드물다. 따라서 기기에 등장하는 아마테라스는 이미 자연현상으로서의 태양신으로 보기는 어렵다. 그 중에서도 특히 『古事記』에 등장하는 아마테라스는 황실의 조상신이라는 신격이외에는 어떠한 역할도 하지 않는데 이는 처음부터 단순히 천지를 비추어 주는 태양신이 아니라 이미 신명에 나타나듯이 황조신으로서의 의도적인 목적을 가지고 취급한 것으로 볼 수 있다.

4 아마테라스 위상

『古事記』『日本書紀』의 신대에 그려져 있는 신화는 주지하는 바와 같이 전체적으로 상대 일본의 황실에 해당하는 천황가의 신성한 기원을 말함으로써 그 정통성을 주장하는 것을 목적으로 편집된 것이라 할 수 있으며 그 황실의 기원을 말하는 왕권신화의 클라이막스가 되고 있는 것이 바로 천손강림(天孫降臨)신화라 할 수 있다. 고대 일본의 천황가의 원향으로 그려지고 있는 다카마노하라(高天原)의 천신들중 강력한 통치자로 묘사되고 있는 아마테라스가 자신의 적손을 지상세계인 도요아시하라 미즈호노쿠니(豊葦原水穗之國)에 강림하여 日本국토의 지배자가 되도록 명하고 그 지배권의 상징으로서 구슬과 거울(鏡), 그리고 영검이라는 소위 '삼종(三種)의 신기(神器)'를 부여하고 한 무리의 천신들에게 안내역을 담당케 하여 천상의 세계에서 지상으로 강림시켰다는 내용이며 이는 일본 신화의 전체의 가장 핵심을 이루는 신화라 말할 수 있다. 일찍이 일본의 신화학자 다카키 토시오(高木敏雄)는 『古事記』 및 『日本書紀』에 수록된 일본신화는 국가적 신화로 황실의 유래를 명확히 한 점이라고 지적한 바 있다.[19] 그리고 쓰다소키치(津田左右吉)도 양 문헌에 기록된 日本神話를 문헌비판론적 관점에서 분석하여 전승의 공통요소를 면밀한 분석한 후 日本神話는 그 기초자료인 伝承과 記録에 政治的인 観点에 입각하여 潤色・改作된 것으로 원래 자연발생적 전승이 지니고 있던 純粋한 의미를 잃은 政治的인 이야기라 규정했다.[20] 물론 양 문헌에 기록된 신화 중에는 민간설화도 있으나 그러한 이야기 구조는 단순한 집적이 아니라 '일정한 의도'하에 체계화된 것[21]이라 했는데 여기서 말하는 '一定의 의도'라는 것은 바로 皇室의 日本統治를 正當化하기 위한 것이라고 요약할 수 있다. 신화학자 마쓰마에 다케시(松前健)도 일본의 신화는 국가적이고 정치적이라는 특징을 갖고 있으며 기기(記紀)의 신화전승은 간단하게 말하면 皇室의 조상전승을 중추로 하여 완성된 고대 일본의 여러 씨족이 갖고 있던 전승을 중앙조정에서 총정리한 것으로 규정하고 있다.[22] 이러한 이유로 첫째 중앙귀족이 편찬했다는 점, 둘 째 국가와 황실의 기원을 전하는 王権神話를 중핵요소로 하고 있다는 점이 그러한 사실을 뒷받침해주고 있다. 고대사학자인 나오키 코지로(直木孝次郎)도 記紀의 体系神話는 민족에 의해 때를 달리

19) 高木敏雄(1927), 『日本神話伝説の研究』, 岡書院, p.27.
20) 津田左右吉(1989), 『津田左右吉全集』 第一巻, 岩波書店, p.318.
21) 앞의 책, p.671.
22) 松前健(1987), 『大和国家と神話伝承』, 雄山閣, pp.21～26.

하여 차차 생겨나서 그리고 점차 퇴적되어 결집해가는과정이 아니라 특정의 가문 즉 天皇家만이 갖고 있던 神話 및 伝承을 天皇中心의 입장에서 더욱 발전시킨 것이라 규정했다.[23] 미즈노 유(水野祐)는 기기신화의 성립과정은 크게 3가지 시기로 구별되는 과정을 거쳤다[24]고 주장하고 1단계로 민족발생적 遊離神話, 2단계로 씨족적 小体系神話 그리고 마지막 3단계로 天皇氏的・貴族的 体系神話로 나타낼 수 있다고 하며 그 특질을 도표로 체계적으로 설명하고 있다. 그리고 이 삼자의 시대적 발생과정은 민족적인 遊離神話에서 씨족적인 小体系神話로 그리고 天皇氏的・貴族的인 体系神話의 순서를 거쳐 오늘날 문헌에 기록으로 남겨졌으며 그리하여 表層에 나타난 것은 天皇氏族・貴族的体系神話의 형태로 묘사되었고 각 씨족마다 전승되어 오던 씨족적 小体系神話는 中層的인 것이 되며 그 基層을 이루는 것은 바로 소박한 민족적 遊離神話라고 주장했다.[25] 이렇듯 日本神話의 특징은 皇室중심의 정치적인 의도가 표층을 이루는 神話임을 전제로 하여 전개된 작위적인 이야기라는 관점에서 볼 때 일본의 体系神話가 이러한 과정을 거쳐『古事記』및『日本書紀』의 기록으로 남아 오늘날 독자적인 日本神話로 완성되었다는 것을 전제로 한다면 외부에서 들어 온 순수한 민간伝承도 소박한 형태로 伝承되어 오던 것이 위와 같은 과정에 따라 결국 야마토 조정의 정치적인 의도에 따라 改作되거나 潤色된 과정을 거쳤다고 볼 수 있으며 따라서 당초의 소박한 민간전승형태와는 다른 형태로 記紀의 편찬의도에 맞추어 기록으로 남겨지게 되었다고 말할 수 있다.

---

23) 直木孝次郎(1971),『神話と歴史』, 吉川弘文館, p.20.
24) 水野祐(1996),『日本神話を見直す』, 学生社, p.265.
25) 앞의 책. p.268.

이러한 성격을 바탕으로 먼저 아마테라스의 탄생기사를 보면 이자나미(伊邪那美命)가 불(火)의 신인 카구쓰치(迦具土神)를 낳고 요미노쿠니(黃泉國)로 가자 그 남편인 이자나기(伊邪那伎命)가 이자나미를 만나러 그 곳에 갔다 온 후 요미노쿠니에서 묻혀 온 부정을 털어내기 위해 목욕재계를 하는 과정에서 왼쪽 눈을 씻을 때 아마테라스를 낳았다고 기록하고 있다. 아래 〈표4〉는 『古事記』 및 『日本書紀』의 본문에 나오는 아마테라스의 탄생에 관련된 기사를 정리 한 것인데 이를 보면 아마테라스, 쓰쿠요미, 그리고 스사노오(須佐之男命)가 차례로 출생하며 그 본문에는 '天照大神'이라는 신명은 보이지 않고 단순히 앞서도 언급했듯이 '히노카미(日神)'으로만 표기되어있고 그 바로 뒤에 '오오히루메무치(大日孁貴)'라고 칭한다는 기록이 보인다.

한편 一書第一에서도 왼손에 백동경을 들었을 때 신이 나왔는데 이를 '오오히루메무치(大日孁尊)'라 하고 있고[26] 또 一書第六에는 왼쪽 눈을 씻을 때 '아마테라스오오가미(天照大神)'이 나왔다[27]고 기록되어 이 일서제육이 『古事記』의 아마테라스 표기와 거의 일치하고 있다.

표 4 『古事記』, 『日本書紀』의 三貴子出生

아마테라스	쓰키요미	스사노오	문헌명
左目	右目	鼻	古事記

---

26) 「書紀(上)」, p.89의 본문 「一書曰、伊奘諾尊曰、吾欲生御寓之珍子、乃以左手持白銅鏡、則有化出之神。其謂大日孁尊。右手持白銅鏡、則有化出之神。是謂月弓尊。又廻首顧眄之間、則有化神。是謂素戔嗚尊。卽大日孁尊及月弓尊、竝是質性明麗。故使照臨天地。」 참조.

27) 앞의 책, p.97의 본문 「(前略)洗左眼。因以生神、號曰天照大神。復洗右眼。因以生神、號曰月讀尊。復洗鼻。因以生神、號曰素戔嗚尊。凡三神矣。已而伊奘諾尊、勅任三子曰、天照大神者、可以治高天原也。月讀尊者、可以治滄海原潮之八百重也。素戔嗚尊者、可以治天下也。」 참조.

左眼	右眼	鼻	日本書紀(一書第六)
左手(白銅鏡)	右手(白銅鏡)	廻首顧眄之間	日本書紀(一書第一)

앞서 말했듯이 이자나기의 목욕재계과정에서 탄생한 소위 三貴子의 신명에 대한 표기법은 양 문헌이 각각 다르나 『古事記』와 『日本書紀』가 공통하는 것은 아마테라스가 三貴子 출생 과정에서 가장 먼저 태어난다는 점이며 또 모두 왼쪽에 배치되어 있다는 점이다. 『古事記』는 왼쪽 눈을 씻을 때 아마테라스가 탄생했다고 기록하고 있는데 이는 『日本書紀』의 一書第六의 기사와 거의 일치하고 있다. 반면 『日本書紀』의 一書第一은 이자나기가 왼손에 '白銅鏡'을 들었을 때 아마테라스가 출생했다고 기록하고 있는데 이 역시 아마테라스를 모두 좌측에 배치했다는 점이 일치한다. 이는 아마테라스를 다른 두 신에 비해 신격을 상위에 두고자하는 의식에서 비롯된 것이라 볼 수 있다. 『古事記』에서는 왼쪽을 오른쪽이나 다른 방향보다는 우선시하고 있으며 또 신성시 하고 있다. 이러한 예는 이자나기와 이자나미가 천신의 명을 받아 오노고로시마에 기둥을 세우고 그 기둥을 중심으로 돌때 이자나기는 왼쪽으로 돌고 이자나미는 오른쪽으로 돌아 만나자라는 기사[28]에서도 잘 나타나있다. 이에 대해 쓰다 소키치도 "이 이야기는 편찬자가 좌측과 남성을 연상시킨 듯 하며 日神의 化生이 좌측의 위치를 취한 것도 같은 발상"이라고 지적한 바 있다.[29] 이자나기는 남신으로서 왼쪽에 배치된 것이 일관성 있는 서법이라 고 볼 때 이는 곧 당시의 편찬자의 의도가 남성을 우선시

28) 앞의 책, p. 54의 본문「(前略)爾伊邪那岐命詔、然者吾與汝行廻逢是天之御柱而、爲美斗能麻具波比。【此七字以音。】如此之期、乃詔、汝者自右廻逢、我者自左廻逢。」기사 참조.

29) 津田左右吉, 앞의 책, p. 617.

했다는 것을 의미하며 황통보의 계승자로 아마테라스를 좌측에 배치함으로써 그 신격을 더욱 신성시하려고 한 의도와 상응하는 것이라 볼 수 있다. 만일 그러하다면 적어도 『古事記』에 있어서의 아마테라스는 여신이라고 보기에는 다소 거리가 있다는 것을 반증하는 것이 아닐까?

표 5 『古事記』, 『日本書紀』에 나타난 三貴子의 지배영역

아마테라스	쓰키요미	스사노오	문헌
高天原	夜之食國	海原	古事記
高天原	配日	海原	日本書紀(一書第十)
天上	配日		日本書紀(本文)
天地	天地	根國	日本書紀(一書第一)
高天原	海原	天下	日本書紀(一書第六)

한편 아마테라스를 비롯한 三貴子는 탄생 후 이자나기에 의해 각각 통치영역의 명을 받는다. 이 들 三貴子의 지배영역을 보면 〈표5〉에 잘 나타나 있듯이 『古事記』와 『日本書紀』에는 아마테라스에게는 신화상의 천상세계이며 황실의 원향이라 할 수 있는 다카마노하라(高天原)의 통치자로 명하고 있다는 점이 공통적인 특징이다. 이는 왼쪽에서 탄생한 자가 천상계를 지배하는 주재신이 된다는 것을 말하는 데 매우 적합한 표현으로 이는 곧 다카마노하라의 통치자를 이자나기에서 아마테라스로 그 직접적인 정통성을 전이시키려는 정치적 의도가 밑바닥에 흐르고 있다는 것을 엿볼 수 있는 부분이다.

또한 아마테라스는 천손강림 신화 이전의 지상세계인 아시하라노나카쓰쿠니(葦原中國)의 평정을 둘러싼 신화에서 다카마노하라의 주재신임과 동시에 천손강림을 명하는 사령신으로 다카미무스비(高御産巣日

神)와 동시에 등장하기도 한다. 한편 아메노와카히코(天若日子)와 나키메(鳴女)의 파견의 경우에는 아마테라스보다는 다카미무스비가 상위에 배치되어 있으나 다시 다케미카즈지(建御雷神) 아메노토리후네노카미의 파견 기사에서는 아마테라스가 상위에 배치되어 있다. 그리고 이 과정에서 다카미무스비는 다카키노카미(高木神)라는 이름으로 나타나 있다. 또한 니니기의 천손강림에 있어서의 사령신의 표기도 마찬가지이다. 게다가 아메노와카히코의 파견시에는 '아마테라스의 명을 지니고' 라는 기사에서 보듯이 아마테라스만 등장한다. 그러나 『日本書紀』는 『古事記』의 기록과 약간 상이하다. 『日本書紀』에서는 지상세계의 평정을 사령하는 다카마노하라의 주재신은 『日本書紀』의 본문과 第四, 第六의 一書에서는 다카미무스비뿐이고 천손강림의 사령신은 『日本書紀』 본문 및 第四, 第六의 一書에서는 역시 다카미무스비로 나타나있다.[30] 이렇듯 황실의 조상신이 2원적으로 나타나는 점에 대해 오카마사오(岡正雄)도 소위 기마민족설[31]을 확대시킨자신의 학설을 바탕으로아마테라스 신화와 다카미무스비 신화와는 원래 전혀 별개의 神話圈에 속한 것이고 이데올로기적 유목민족문화를 배경으로 하는 다카미무스비신화를 전승하던 민족이 아마테라스신화을 고유로 하는 선주의 미작농경민족을 정복하여 타카미무스비를 황조신으로 한 것으로 설명했다.[32] 따라서

30) 이에 대해 우에다 마사아키(上田正昭)는 자신의 저서(『伊勢の大神』(1990), 筑摩書房, pp.3~8)에서 『古事記』와 달리 고천원의 주재신을 다카미무스비로 하는 의식은 『日本書紀』에서 보다 강하게 나타나는데 『古事記』와는 반대로 나중으로 갈수록 다카미무스비를 황조신으로 하는 신관이 보다 표면화된다. 그리고 신명도 高皇産靈尊이라고 하여 황조의 조상임을 의미하는 皇자를 사용한 것도 우연이 아니라고 했다.

31) 1948년 에가미나미오(江上波夫)에 의해 제창된 학설로 고대 일본의 야마토정권은 대륙에서 일본열도로 건너 간 동북아시아계의 기마민족이 수립한 정복왕조라고 주장.

모계종족에 고유의 신이었던 아마테라스가 모계종족문화의 침투에 동반하여 오로지 황실조신으로서 아마테라스로 되고 이는 태양숭배와 깊은 관련이 있는 신이었다고주장하면서 아마테라스를 역시 모계사회의 여신신앙이라는 것을 전제 하고 있는데 그는 아마테라스를 여신이라고 전제한 주장이라 여겨진다. 아마테라스와 다카미무스비와의 관계에 대해서는 별론으로 하더라도 적어도 『古事記』의 상권에서의 아마테라스는 앞선 말한 '天照大御神'이라는 그 이름에 걸맞게 다카마노하라의 주재신으로 이미 그 신격이 확립되어 있음을 말해주고 있으며 그리고 이러한 의식은 『日本書紀』에 비해 훨씬 농후하며 또 그 표기법도 정비되어 있다고 말할 수 있다.

5 일본신화와 남존여비

『古事記』에는 곳곳에서 남자를 여성에 비해 우선하는 경향이 강하다. 이는 『古事記』 집필당시 이미 중국과 한반도 등 대륙의 영향을 받은 남존여비사상이 전체 이야기에 스며들어 있다는 것을 보여주는 것이라 말할 수 있다. 먼저 신의 계보 기사를 보면 그 계보의 조상신에 해당하는 자가 대부분 남신으로 묘사되고 있으며 여신적 이미지를 갖는 신들이 조상신으로 등장하는 예는 거의 없다는 점에서도 잘 나타나 있다.

앞서 인용한 신들의 계보 중에서도 먼저 남신의 신격을 갖는 신이 등장하고 그 뒤에 여성적 신격을 갖는 신이 등장하는데[33] 이러한 형식

32) 岡正雄(1979), 『異人その他ー日本民族＝文化の源流と日本国家の形成』, 言叢社. pp.21～26.

으로 신명을 등장시켰다는 것은 이미 남신을 우선시 하고 있는 사상이 배경에 있다는 것을 암시하는 것이다. 이는 신의 이름 상에도 그 신을 형용하는 미칭적 표현에 '아마(天)'가 '구니(國)'보다 먼저 등장하고 있다는 사상과 같은 취지로 볼 수 있다.

> 次天之常立神。【訓常云登許、訓立云多知。】此二柱神亦、獨神成坐而、隱身也。上件五柱神者、別天神。次成神名、國之常立神。[34]

위의 인용문에서처럼 『古事記』에는 '天'과 '國'이라는 신에 대한 미칭적 표현이 등장하여 대우신으로 나뉘어져 등장하는 신들의 예가 보이는데 그럴 경우 예외 없이 '天'이 '國'에 우선되고 있음을 알 수 있다.[35]

이는 곧 『古事記』의 편찬자가 '天'이 '國'에 대해 우월적이고 우선적인 이미지를 부여한 이분법적 사고방식을 지니고 있었다는 것을 말해주는 것이다. '天'을 고대 일본인이 어떻게 보고 있는가하는 것은 상기 인용문에서도 알 수 있듯이 '天之'라는 말은 '國之' 등처럼 미칭적 형용사로서 사용되고 있으나 이들은 모두 '國'보다는 '天'을 숭경한 사상이며 그 바탕에 다카마노하라라는 신화의 원향적 세계가 내재하고 있음을 의미한다.

---

33) 「記」, pp.52~54.의 본문「(前略)次成神名、宇比地邇上神、次妹須比智邇去神。次角杙神、次妹活杙神。次意富斗能地神、次妹大斗乃弁神。次於母陀流神、次妹阿夜上訶志古泥神。次伊邪那岐神、次妹伊邪那美神。【此二神名亦以音如上。】」처럼 '妹'가 붙은 神이 뒤에 배치되고 있다.

34) 앞의 책, pp. 50~52.

35) 이와 같은 경우는 앞의 책, p. 58.의 본문 「(前略)次天之水分神、【訓分云久麻理下效此】次國之水分神、次天之久比奢母智神、【自久以下五字以音下效此】次國之久比奢母智神。」과 같은 책 「此大山津見神、野椎神二神、因山野持別而、生神名、天之狹土神、【訓土云豆知下效此】次國之狹土神、次天之狹霧神、次國之狹霧神、次天之闇戶神、次國之闇戶神」에서 보는 것 처럼 '天'이 '國'에 우선하고 있음을 알 수 있다.

約竟廻時、伊邪那美命、先言阿那邇夜志愛上袁登古袁、【此十字以音。下效此。】後伊邪那岐命、言阿那邇夜志愛上袁登賣袁、各言竟之後、告其妹曰、女人先言不良。(中略)於是二柱神議云、今吾所生之子不良。猶宜白天神之御所。卽共參上、請天神之命。爾天神之命以、布斗麻邇爾上【此五字以音。】卜相而詔之、因女先言而不良。亦還降改言。[36]

한편 상기 인용문에서 알 수 있듯이 이자나기와 아자나미가 국토를 생성하기 전에 하늘의 신성한 기둥을 돌 때 여신인 이자나미가 "사랑하는 나의 남자여"하고 선창하였는데 나중에 그 이자나미가 말하기를 여인이 먼저 선창한 것이 불량했다는 말이 등장한다. 그래서 아이를 낳으니 좋지 않았다는 것이다. 그래서 다카마노하라에 올라가 천신들에게 그 사유를 묻고 점을 치자 역시 여자가 먼저 선창한 것이 불량한 이유가 되었다는 결과가 나온다.

또한 여자에 비해 남자를 우선시하거나 존중한 예는 이외에도 스사노오가 아마테라스와 서약을 하여 서로 가지고 있는 매개물을 통해 자식을 낳는다는 아메노우케히신화의 단락을 보면 그 신화적 내용에서 두 신은 서로 우케히라는 특유의 서약방식으로 아이를 낳는다는 내용이 등장하는데 그것은 생식작용에 의한 것이 아니라 서로가 갖고 있는 신기를 교환하여 아이를 낳게 된 것이 신화의 전체적으로 예외적인 특징이다. 물론 그 이전에 이자나기가 미소기하라이라는 목욕재계라는 방법으로 여러 신들을 낳는다는 이야기가 있지만 생식작용으로 일관하지 않고 다른 방법으로 아이를 낳는 경우가 있지만 만일 아마테라스가 여성이었다면 우케히라는 이상한 행위가 아닌 생식작용에 의해 아이를

36) 앞의 책, pp. 52~54.

낳았다고 말할 수 있을 것이다. 그리고 스사노오가 3여신을 낳고 "나의 마음이 청명하므로 연약한 여자아이를 얻었다"는 표현이 나온다.[37] 여기서도 여자는 연약한 존재로 묘사되는데 주의해야 한다. 또한 스사노오가 이즈모(出雲)로 쫓겨나 '야마타노 오로치'라는 사악한 뱀을 퇴치하는 기사에서 보면 '아시나즈치' '데나즈치' 부부의 딸을 매년 오로치가 찾아와 먹이로 삼는다는 기사[38]가 있다. 이 기사를 보더라도 남성이 아닌 여성을 제물로 묘사되고 있는데 이러한 사항을 종합해 보더라도 적어도 『古事記』의 편찬과정에서는 여성보다는 남성이 존중되고 상대적으로 신성시한 사상이 저변에 흐르고 있다는 점을 알 수 있다.

6 맺음말

아마테라스는 일본신화에서 태양의 신이며 황실의 조상신이라는 이중적 성격을 갖는 지고의 신이다. 태양은 세계어디에서나 원시사회에서 광명의 원천인 존경할 만한 정령으로서 숭배되어 왔다. 그러다가 점차 문명이 발달하는 단계에서 종교적 숭배대상에서 인격을 갖춘 지고신이라는 상징적 존재로 등장하기도 한다. 일본신화에 나타난 태양을 상징하는 아마테라스도 원래는 단순히 종교적 숭배대상으로 취급된 것이었으나 문헌으로 체계화된 시기에 이르러서는 원래의 자연적인 종교대상이라는 신격이 사라지고 황실의 조상신이라는 정치적인 인물로

37) 앞의 책, p.78.의 본문「(前略)爾速須佐之男命、白于天照大御神、我心淸明。故、我所生子、得手弱女。」참조.

38) 앞의 책, p.84.의 본문「(前略)亦問汝哭由者何、答白言、我之女者、自本在八稚女。是高志之八俣遠呂智、【此三字以音。】每年來喫。」참조.

등장하게 된다. 일본의 상대 문헌에 일체의 천계 현상이나 천계의 자연 현상을 취급한 것은 기기신화 뿐만 아니라 모든 문학을 통해 극히 드물다. 따라서 양 문헌의 신대에 등장하는 아마테라스는 이미 자연현상으로서의 태양신으로 보기는 어렵다. 그 중에서도 특히 『古事記』에 등장하는 아마테라스는 황실의 조상신이라는 신격이외에는 어떠한 역할도 하지 않는데 이는 처음부터 단순히 천지를 비추어주는 태양신이 아니라 이미 신명에 나타나듯이 황조신으로서의 의도적인 목적을 가지고 취급한 것이 분명하다. 게다가 『古事記』의 기록만을 놓고 보면 지고신인 아마테라스에게 있어서 여신다운 특징을 찾아보기 힘들다. 『古事記』의 여신에 대해 그 특징을 살펴보았을 때 신체적인 묘사를 나타낸 신들을 제외한 문자 상으로 여성임을 추측할 수 있는 경우는 '比賣'라는 한자어가 붙어 있고 그 앞에 여성임을 나타내는 '賣'나 어느 어느 신의 딸(女)로 등장하거나 어느 어느 신의 처로 등장하는 정도라고 볼 수 있다. 그리고 여성임을 추정할 수 있는 '賣'라는 글자가 붙은 신의 경우에 지나지 않으나 이들 신 또한 신화상에 신명이나 계보이외에는 어떠한 역할도 하지 않고 하찮은 신에 불과하므로 이러한 신에 붙였을 만한 '賣'라는 호칭을 지고의 신인 아마테라스에게 붙인다는 것도 『古事記』의 편찬의도와 맞지 않는다. 또한 『古事記』 상권에 나타난 신화에는 일관되게 남존여비 사상이 흐르고 있다. 신에 대한 미칭적 형용사라 할 수 있는 글자도 '國'보다는 '天'을 우선시하듯 여신보다는 남신적 성격을 중시하는 『古事記』 편찬의도에 비추어 볼 때 아마테라스를 여신으로 취급할 이유는 없다.

참고문헌

- 日本古典文学大系1,『古事記 祝詞』, 岩波書店, 1980.
- 日本古典文学大系67,『日本書紀(上)』, 岩波書店, 1979.
- 大林太良,吉田敦彦,『日本神話事典』, 大和書房, 2000.
- 本居宣長,『古事記傳-第一』, 吉川弘文館, 1911.
- 高木敏雄,『日本神話伝説の研究』, 岡書院, 1927.
- 松村武雄,『日本神話の実相』, 培風館, 1947.
- 直木孝次郎,『神話と歴史』, 吉川弘文館, 1971.
- 岡正雄,『異人その他ー日本民族＝文化の源流と日本国家の形成』, 言叢社. 1979.
- 津田左右吉,『津田左右吉全集』第一巻, 岩波書店, 1989.
- 松前健,『大和国家と神話伝承』, 雄山閣,.1987.
- ______,『日本神話の謎』, 大和書房, 1985.
- 上田正昭,『伊勢の大神』, 筑摩書房, 1990.
- 水野祐,『日本神話を見直す』, 学生社, 1996.
- 吉田敦彦,『日本神話の源流』, 講談社, 1976.

日本學研究의 地平과 再照明

성덕태자를 논하는 방법

마쓰모토 신스케(松本真輔)*

本論文は、聖徳太子伝研究の現在までの到達点と、特に中世太子伝に関する問題点をいくつか指摘したものである。聖徳太子に関する言説は、古代より現代に到るまで積み重ねられてきたが、その内容が虚実ないまぜであるため、近年では聖徳太子非在説まで登場している。特に中世の伝記では内容に飛躍が多く、現代とは異なって「武」の側面を強調したものも多く作成されていた。

성덕태자, 성덕태자 비실재설, 일본서기, 성덕태자전력, 성법륜장

1 성덕태자의 현재

중세 문학 연구의 한 분야에 「태자전」이라 불리는 것이 있다. 여기서

---

* 경희대학교 외국어대학 일본어과 조교수(고전문학). 본 논문은 松本真輔(2008) 「聖徳太子の語られ方」(小林保治編 『中世文学の回廊』 勉誠出版)를 기반으로 수정한 것이다.

말하는 「태자」란, 성덕태자(聖德太子)를 가리키고 중세에는 그에 관한 전기나 그 전기에 관한 많은 주석서가 만들어졌다. 성덕태자에 생애에 대한 기록은 중세뿐만 아니라 고대부터 현대에 이르기까지 지속적으로 편찬되어 왔는데, 그 중에서도 중세는 급격한 영역의 확대와 문헌의 다양화를 보이며, 이전부터 연구자들이 그것들에 주목해 왔다. 중세 성덕태자전의 내용은 현재 알려져 있는 것보다 훨씬 다양하고 그 시대의 사상을 반영한 내용으로 이루어져 있다. 본고에서는 성덕태자에 관한 여러 전설에 초점을 맞추면서 중세 성덕태자전의 세계를 소개하고자 한다.

그런데, 「성덕태자」라고 하면 무엇을 상상할까?

「성덕태자는 콕(일본어로 「콕구상」)」의 말맞추기로 593년(콕구상) 섭정 취임을 연상하는 사람도 있을 것이다. 혹은, 17조 헌법, 관위 12단계, 삼경의소, 견당사 등등. 마구간 앞에서의 탄생이나, 10명의 말을 알아듣는 이야기 등, 흥미로운 에피소드가 많다.

또한 구세대에게 성덕태자는 「지폐」의 대명사이기도 했다. 마지막으로 지폐에 등장했을 때는 1만 엔, 5천 엔이라는 가장 비싼 금액을 모두 독점한 일도 있었다. 이러한 인물은 아마 앞으로는 안 나올 것이다.

그리고 불교 세계에 있어서는 「세간허가/유불시진」이라는 말을 통해서 일본 불교의 개척자로서 그 이름이 알려져 있다. 정토진종 등을 중심으로 태자의 초상화를 모시는 절도 많다.

또한 서적의 판매 사이트에서 「성덕태자」를 검색하면, 500권 정도를 찾아낼 수 있다. 소설은 물론, 만화의 소재로서도 잘 알려져 있어 1980년대에 큰 인기를 얻은 야마기시 료코의 『해가 뜨는 나라의 천자(日出処の天子)』를 애독한 사람이면 요염한 분위기를 가지는 미소년을 연상

할지도 모른다. 그러한 내용이, 마이니치 신문의 「오보」를 유발한 정도로 당돌한 성덕태자전이다[1]. 그리고 이것에 「위화감을 느껴서[2]」라며 시텐노우지의 도움을 받아 그려진 이케다 리요코 『성덕태자』가 있다. 한편 후쿠시마 마사미 『초극화 성덕태자』에 등장하는 파천황으로 호쾌한 추남을 연상하는 사람은 상당히 마니아적인 취미를 가지고 있을 것이다.

이처럼 실로 여러 모습으로 전해져 온 사람이 성덕태자라고 할 수 있을 것이다.

그런데, 「성덕태자」를 둘러싼 논쟁이 최근에 매우 활발해지고 있다. 논쟁의 중심은 「성덕태자는 없었다.」라는 학설에 대한 평가이다. 소위 성덕태자 비재설이라고 한다.

발단은 『〈성덕태자〉의 탄생』이라고 하는 책인데, 「성덕태자는 없었다.」라는 주장이 시작된 것은 어제 오늘의 이야기가 아니다. 다카노 츠토무 『성덕태자 암살론』(1985년), 이시와타 신이치로 『성덕태자는 없었다.』(1992년), 사지 요시히코 『성덕태자의 음모』(1997년) 등, 고대사 음모론을 주장하는 저서는 생각보다는 잘 알려진 내용이었다. 「고대사 미스터리」 애호자들에게는 「성덕태자는 없었다.」라는 이야기는 별로 엉뚱한 설이 아니었을 것이다.

이러한 논쟁은 학술 연구와는 약간 거리를 두고 이루어져 있었기 때문에 큰 주목을 받지 못했다. 그러나 근년의 태자 비재설은 고대사 연구에 대해 학술적인 배경을 가진 연구자가 주장하기 시작했기 때문에 주목하게 되는 것이다. 학문이란 무엇인가라는 점에서도 흥미로운 일이다.

---

1) 『ぱふ』(91, 1984년)에 자세한 인터뷰가 있다.
2) 2007년 5월 14일 저녁 판 『朝日新聞』 「進取のスター聖徳太子」

그리고 태자 비재설은 소위 「역사 교과서 문제」와도 관련이 있는데[3], 원래 이러한 논의가 일어난 원인의 하나는 「성덕태자」를 역사적 인물로 재구성하기 위해서 이용하지 않을 수 없는 여러 사료들의 의심스러움에 있다. 특히 성덕태자의 생애를 쓴 전기(소위 태자전)는 고대부터 현대까지 계속 만들어져 왔지만, 「사실」이라고 인정하기 어려운 내용이 상당히 많다. 그래서 여러 자료를 비교 검토해서 구축된 「성덕태자」가 「사실(역사적 사실)」이라는 확증을 얻는 일이 매우 어려워지고 있다.

그러나 「사실」이라는 부분을 벗어나면, 그것이 만들어졌던 시대의 신앙이나 상상력을 반영한 문헌 사료라고 할 수 있다. 그리고 이러한 문헌들을 읽을 때 현시점에서 보면 「왜?」라고 느끼는 내용도 있다. 각각의 시대에 태자에 대한 생각이 있을 것이다. 게다가 태자전 편찬 작업은 현대까지 계속되고 있고(『해가 뜨는 나라의 천자』도 그 하나이다), 고대부터 근대까지를 일관해서 생각할 수 있다는 점에서 흥미로운 소재일 것이다.

2 성덕태자전의 전개

성덕태자의 전기로 정리된 것은 『일본서기』나 『상궁성덕법황제설』 등 고대 문헌이 존재하지만, 헤이안 시대부터 근대에 이르기까지 성덕태자의 생애를 말하는데 있어서 가장 근본적이라고 생각되어 온 문헌은 『성덕태자전력』(이하 『전력』)이다. 한문체로 쓰인 이 문헌은 약 10

3) 田中道英(2004)『聖徳太子虚構説を排す』php研究所

세기 무렵에 편찬 되었다고 생각되는데, 작자는 미상이다. 태자의 생애를 매년 마다 싣고 탄생부터 자손들이 멸망 할 때까지 기록하고 있다. 그리고 중세부터 근대까지 많은『전력』주석서가 편찬되었다.『전력』은 전근대에 있어서의 성덕태자전의 근본 문헌이었다고 해도 좋을 것이다. 중세와 근세에 편찬된 태자전은『전력』의 영향을 받아서 쓰인 것이다.

이러한 태자전이 활발히 만들어지기 시작한 시기가 중세였다. 특히 성덕태자 사후 700년이 지난 1320년대를 계기로 새로운 성덕태자전이 등장하기 시작했다. 그리고 이러한 성덕태자전은 그림으로 내용을 설명하는 에토기(그림 해석)와 밀접한 관계가 있었다. 특히 그림으로 그려진 성덕태자전과 관련이 있는 본보본이라고 불리는『성법륜장』이나 소설적인 성덕태자전은『전력』의 내용을 크게 증보시키고, 일탈하면서, 성덕태자의 생애를 자세하게 묘사하고 있다. 이들이 근세에 넓게 유포되었던 판본『성덕태자전』의 모체가 되고 있다.『성법륜장』 등은 중세와 근세에 있어 성덕태자전의 축의 하나였다.

성덕태자전은 많은 요소를 포함해 성덕태자의 이미지를 형성하고 있다. 당연히 그 이미지는 매우 다양한데, 대체로 성덕태자의 초인적인 활약이 묘사된 경우가 많고 과장된 표현을 구사해서 일반인과 다른 성덕태자의 모습이 강조되어 있다고 할 수 있을 것이다.

그리고 현대에 사는 우리가 생각하는 성덕태자의 모습과 약간 다른 것은 성덕태자가 가지는「무력」이라는 측면이다. 중세 성덕태자전에 그려지는 성덕태자는 자주 전쟁을 한다. 게다가 강하다. 이하 이 부분에 대해서 설명하고자 한다[4].

---

4) 松本真輔(2007)『聖徳太子伝と合戦譚』(勉誠出版)에서 자세히 논한 바 있다.

3 에조 전쟁과 모리야 전쟁

582년에 일어난 조정과 에조(동방에 사는 사람들)와의 싸움이 성덕태자가 처음으로 경험한 전쟁이었다. 다만 『일본서기』에 에조는 등장하지만 아직 성덕태자는 등장하지 않는다. 그러나 중세 성덕태자전의 세계에서는 성덕태자가 적지에 들어가서 싸우고 에조를 항복시키는 장면이 나타난다. 예를 들면 소설적인 요소가 많은 중세 성덕태자전의 하나인 예산문고 소장 『태자전』에는 거대한 바위를 가볍게 던지고 에조를 위압하고 항복시킨 성덕태자의 모습이 그려져 있다.

> 그 때 그들에게 안 보이는 이상한 힘이 나타나 적을 넘어뜨리려고 했다. 말에서 뛰어 내렸다. 이와네강의 강변에 큰 돌이 있었다. 2, 3백 명의 힘으로도 움직일 것 같지 않았다. 이것을 다리로 차서 양손으로 들었다. 두세 번 휘둘러서 「야!」라고 소리를 내고 휙 던졌다. 이상한 일인데, 그 큰 돌은 당분간의 오르락내리락 하고 있었다. 그리고 수백 명 모여 있는 에비수들 위로 떨어졌다. 그들은 살해당할 줄 알았다[5].

성덕태자전의 설정에서는 이때의 나이를 10세. 수많은 적이 다가오는 와중에 인간을 초월한 「무」의 힘에 의해서 적을 항복시키는 모습은 「화목을 귀히 여긴다.」라고 한 17조 헌법의 말로 연상되는 평화 주의적인 인상은 찾아내기 힘들다. 성덕태자가 등장하지 않는 『일본서기』에서는 물론, 평화를 천황에 권하는 『전력』과도 다르다. 중세에는 약간 난폭한 성덕태자가 나타났다.

---

5) 慶應義塾大学斯道文庫編(2005) 『中世聖徳太子伝集4』 p.301

그리고 전투 장면은 이어진다. 다음으로는 성덕태자 16세의 장면에서 그려지는 모노노베노 모리야와의 전투 장면을 보고자 한다. 불법 전파를 허락할지 안 할지를 둘러싸고 성덕태자와 모리야가 대결한 이 전쟁은 성덕태자전의 클라이맥스의 하나이다. 성덕태자전에는 여러 장면이 있지만 이것이 가장 분량이 많다. 그림을 그릴 때도 다른 부분에 비해 크게 그려져 있다.

물론 이 장면은 성덕태자를 말할 때 필수적인 요소이기 때문에 『일본서기』에도 있다. 그리고 『성덕태자전력』을 거쳐서 중세 성덕태자전에서는 분량이 많아지고 여러 가지 에피소드가 부가되었다.

그 사례를 하나 소개하면 푸조나무 설화라는 것이 있다. 이것은 전투에서 한때 열세에 몰린 성덕태자가 도망 중에 둘로 갈라진 푸조나무에 숨어 무사했다는 이야기다. 『정법륜장』 등 소설적인 성덕태자전이나 그림에 등장하기도 하고 『겐페이 성쇠기』 등 군담소설에도 인용된다. 그만큼 잘 알려진 이야기였다. 참고로 그 때 성덕태자를 구해준 나무는 「신묘 푸조나무」라고 불려서 현재도 오사카부 야오시에 다이세이쇼준지에 존재한다.

그리고 마지막 전투 장면에서도 성덕태자는 군의 선두에 서서 전장을 뛰어 다니며, 중국에서 전해진 비전의 병법을 구사하여 모리야에 승리했다고 한다. 이러한 이야기가 중세 성덕태자전에서 큰 폭으로 증보된 형태로 전파되고 있었다.

게다가 이 전투 장면은 묘사도 상당히 생생하다. 적의 총대장 모리야가 화살에 맞아서 살해당한 장면에서는 피가 흩날리는 처참한 묘사까지 나타난다.

날아간 화살은 모리야 대신의 갑옷의 가슴에 맞았다. 갑옷 아랫부분에 열십자로 화살을 맞았다. 아무리 용감하고 강한 무사인 장군이라고 해도 가슴에 독화살을 맞았기 때문에 눈이나 코는 어두워지고 화살의 상처에서 피가 흐르고 있었다. 피가 폭포처럼 흘렀다. 모리야는 견디지 못하고 전망대 위로부터 거꾸로 떨어져 버렸다[6].

이것은 그림과 깊은 관계가 있다고 하는 중세 성덕태자전의 한 종류인 린노지 소장 『태자전』에서 태자 16세의 한 장면이다. 그림에도 화살을 맞아 피를 흘리며 전망대에서 떨어지는 모리야가 묘사되어 있다. 잘려서 피가 흘러 떨어지는 모리야의 머리를 가지고 말을 타는 무장의 모습이 그려진다. 전투 장면은 다른 부분과 비교해도 큰 스페이스가 주어져 있고 화가도 힘을 써서 그리고 있는 것을 알 수 있다.

이러한 그림이 사찰에 걸려서 청중들 앞에서 설명도 실시되어 있었다는 사실을 생각하면, 살생계라는 불교 계율이 어디에 가 버렸는지 궁금해진다. 아마도 불법 전파라는 숙원을 달성한 전쟁이라는 이유로 일부러 숨기는 일은 없었던 것 같다.

4 신라 침공이야기

성덕태자전안 중에는 앞에서 소개한 두 장면 이외에 하나 더 큰 전쟁이 등장한다. 그것이 신라 침공 이야기이다. 『일본서기』 600년의 기사에 일본에서 한반도로 군대가 파견되고 전쟁 끝에 신라왕이 항복했다

6) 慶應義塾大学斯道文庫編(2005) 『中世聖徳太子伝集1』 p.223

고 쓰여 있다. 이 기사를 바탕으로 해서 발전된 것이 태자전의 신라 침공 이야기이다.

이 이야기는 어디까지 「사실」인지 알 수 없다. 그런데, 성덕태자가 신라를 공격했다는 내용에 대해서는 의외로 사실이라 생각하는 사람도 있을 것이다. 교과서 등을 살펴봐도 이 이야기는 나오지 않는다. 종래의 성덕태자전 연구에서도 별로 주목하지 않았던 부분이다.

그러나 중세 성덕태자전에 있어서는 여러 가지 다른 요소가 추가되면서 이 이야기는 전해져 왔다. 특히 『일본서기』와 성덕태자전은 다른 결말을 가지고 있는 점이 흥미롭다. 『일본서기』의 신라 침공 이야기는 임나 구제라는 문맥에서 말하고 있는데, 일본은 군사 침공을 실행해서 한때는 신라를 항복시켰지만, 결국 임나 구제는 좌절했다고 한다. 결국 신라 침공은 실패였다는 이야기이다.

그런데 중세 성덕태자전의 세계에서는 이것이 역전해서 승리의 이야기로 변화한다. 성덕태자가 제의해서 시작한 신라 침공은 성덕태자의 남동생인 구메노미코의 활약과 함께 승리로 끝난 이야기로 그려진다(『일본서기』에서는 성덕태자가 주도했다고 명기되어 있지 않다). 다음에 인용하는 문장은 내각문고 소장 『태자전 보물집』 태자31세의 기사에 있는 「어떤 설」에 나온 신라왕 항복의 장면이다.

> (신라왕의 말) 「이번 사태(일본군의 공격)에는 일본이 신의 나라이기 때문에 반드시 신이 함께 할 것이다. 그래서 신에게 인간의 왕이 항복할 것이다」. 더 이상 싸울 수 없다고 생각해서 (신라) 국왕과 대신들은 함께 일본 장군의 깃발아래에 가서 항복을 빌었다. 그러자 일본의 장군은 신라의 항복 요청을 받아들었고 치쿠시에 돌아갔다. (장군)쿠메노 황태자는 치쿠시에서 병이 들었다[7].

귀국후 구메노 황태자는 병으로 죽었는데, 일단 침공은 승리로 끝나고 성덕태자의 행적이 하나 또 추가 되었다. 신라 침공 이야기라고 하면 진구 황후 전설이 유명하고 실제로 중세에도 널리 유포되어 있었는데, 중세 성덕태자전에서도 새로운 전설이 나타나고 있던 것이다.

성덕태자라고 하면 「화목을 귀하게 여긴다.」라는 17 헌법의 문고로 인해 평화적인 이미지로 널리 알려져 있지만, 중세 성덕태자전은 그것과는 다른 일면을 보이는 태자의 모습이 그려져 있었다. 특히 신라 침공 이야기가 크게 개편되어 있는 점은 알려지지 않은 부분이지만, 중세 일본의 조선관을 아는데 있어서도 흥미로운 사료가 될 것이다.

5 앞으로의 과제

마지막으로, 성덕태자전 연구에 관한 향후의 과제에 대해서 언급하고자 한다. 이 원고에서는 중세 성덕태자전의 전쟁 이야기를 중심으로 논하고 있다. 하지만, 여기서 소개한 것은 방대한 중세 성덕태자전의 극히 일부에 지나지 않는다. 성덕태자전은 사료 열람이 어렵다는 문제가 있어서 좀처럼 연구가 진행되지 않는 분야이기도 하다. 성덕태자전의 근본이 되는 『전력』조차 적절한 교정이나 주석이 있는 연구 성과가 제공되어 있지 않다. 중세 성덕태자전도 전문 연구자가 아니면 발을 디디기 어려운 영역이다. 『中世聖徳太子伝集成1-5』(勉誠出版, 2005년)의 간행으로 사료 열람의 간편성은 비약적으로 높아졌다, 그러나 아직 번각되지 않은 사료도 많고 향후에 남겨진 과제는 많다고 할 수 있을

7) 内閣文庫蔵『太子伝宝物集』1586年写本

것이다. 게다가 성덕태자전은 그림과 관련되는 문제도 있기 때문에 미술사 연구와 상호 연결하는 작업이 불가피하게 될 것이다.

그리고 연구상의 큰 과제로는 에도시대의 성덕태자전이 있다. 이 분야에 관해서는 거의 미개척 상태라고 해도 좋을 것이다. 인쇄된 책의 등장뿐만 아니라 『전력』의 간행이나 주석서 편찬, 그리고 『선대구사본기대성경』이라는 종교서와 성덕태자 신앙의 관계도 생각할 필요가 있다. 성덕태자를 소재로 한 대중 소설도 나오며 어떤 의미로 「무엇이든지 있다」에 가까운 상태가 되어 있다. 한편 유학자들로부터 공격을 당하기도 하고, 성덕태자에 대한 평가도 다원화 현상을 보이고 있었다. 앞에서도 언급했지만, 성덕태자는 없었다는 주장도 있고 해서 후대에 파급하는 문제도 결코 작지 않을 것이다. 역사적으로 봤을 때 성덕태자만큼 많은 사람에게 회자되어 온 인물도 드물 것이고, 고대부터 현대까지 일관해서 연구할 수 있는 분야가 성덕태자전일지도 모른다.

日本學研究의 地平과 再照明

성조기의 그늘에서*

- 阿部和重『신세미아(シンセミア)』와 점령의 기억 -

고 영 란**
번역 : 김 미 정***

要 旨

阿部和重の長編小説『シンセミア』は、ゼロ年代を代表する作品であると評価されている。本論は、2000年代に発表されたこの小説に刻まれている占領と暴力の記憶について注目したものである。

키워드 아베 가즈시게, 점령, 기억, 전후, 위안부

1 평화로운 일본으로부터

나는 '평화로운 일본'에서 살고 있는 것 같다.

---

* 이 논문은『戦後というイデオロギー 歴史 / 記憶 / 文化』(藤原書店, 2010)의 일부를 번역한 것이다.

** 日本大学国文学科准教授

*** 文学評論家

1994년 봄에 한국에서 이주해온 나를 계속 당황케 한 말의 하나가, '평화로운 일본'이라는 말이다. 나의 대학 시절까지 계속되었던 한국의 군사정권은, 한국이 '휴전' 상태에 있다는 것을 강조했고, 당장이라도 '전쟁'이 닥칠 것 같은 공포심을 부추겼다. 이때 상정된 위험한 적이란, '북한'을 의미했지만, 나아가 그 배후의 적으로 지목된 것은, 가장 가까운 나라이면서 과거에 한국을 지배했고 지금도 여전히 '군사국가'에 대한 욕망을 품고 있다고 여겨진 '일본'이다. 그러나 2시간의 비행 후 동경에 도착한 바로 그 순간, '평화로운 일본'이라는 말로 에워싸이게 된 나의 곤혹스러움은 상당한 것이었다.

본래 '평화로운 일본'의 의미 내용은, 경계 바깥쪽에 만연한 폭력을 참조하면서 갱신된다. 이 말이 은폐하는 공간에 살고 있는 사람들에게 있어서, 인터넷이나 위성의 영상을 통해 세계의 모든 곳에서 동시 중계되는 '전쟁'과 같은 폭력은, 화면 저편에 있는 '허구'가 되지 않으면 안 된다. 왜냐하면 '평화'라는 감각은, 분쟁 · 전쟁을 보고 있는 '내'가 '당사자'가 아니라는 점 때문에 얻을 수 있는 것이기 때문이다. 게다가 냉전의 붕괴 이후 전경화된, 일본 침략을 받은 아시아 국가들에 대한 '전쟁책임'을 둘러싼 논의가 보여주고 있듯, '평화로운 일본'이란 말은, '전쟁'이라는 말의 벡터가 늘 끝나있는 '과거'를 향함으로써 보증되는 것이다.

이제까지 일본에서의 '전쟁' 이야기에는, 두 개의 모순된 담론이 접합되어 있었다. '전쟁책임' '전후책임'과 아시아 나라에 대한 침략의 주체로서의 '일본'이 문제시된 때는, '아시아'라는 기호가 전경화 되었지만, '공습, 귀환, 원폭' 등 제2차 세계대전에서 전쟁피해를 이야기하는 담론에서는 '아시아'라는 말은 후경으로 밀려나 버린다. 일본에게 있어서 피해의 기억은, '아메리카(이하 '미국'으로 표기)'라는 기호에 의해 보증되는 구조를 갖는다. 또한 동시에 거기에는, 제2차 세계대전 이후 아시아에서 미국의 '점령'이 '일본'과 관련 있는 말이라는 것조차도 망각시키는 장치가 작동하고 있다. 예를 들면 오키나와의 미군은 '오키나와'의 문제이고, 조선반도의 분단이나 한국의 미군은 '한국'의 문제에 불과하다. 지금도 여전히 전쟁상태에 있음을 의미하는 한국의 '휴전'이나 '평화로운 일본'이라는 말도, 냉전기 미국의 동아시아 전략이 한국, 일본과 맺은 정치권력의 합작어인 셈이지만, 그것은 거의 의식되지 않았던 것이다.

따라서 '평화로운 일본'에서 생산되는 소설언어에서 '전쟁 · 폭력' 역시도 '과거'에 접합되는 장치가 되어왔고, 현재진행형인 '전쟁' 서사들과 구분되는 수준에서 생산, 소비되어 왔다. 이러한 구도에 균열이 생긴 것은, 2001년 9 · 11 무렵부터가 아니었을까.

이 글에서는, 연재당시부터 큰 화제를 모은 아베 카즈시게(阿部和重)의 소설 『신세미아(シンセミア)』를 매개로 하면서, 그것이 '지금 여기(현대 일본어)'에서 어떤 기호로서 유통되고 있는지에 대해 생각해 보려 한다. 『신세미아』는 1999년 11월 연재를 시작(『아사히 구라부』, 후에 『소설 트릿파』)하여 4년에 걸쳐 완성된 장편이다. 그런데 잡지『소설 트릿파』에서 연재되던 도중에 9 · 11이라는 사건이 일어났고, 그런 까닭에 이 소설의 이야기는 '테러 · 전쟁 · 보복 · 점령' 등의 말과 관련되어 왔다.

2 점령이라는 공간과 시간의 교착

아베 카즈시게의 『신세미아』[1]에서의 '진마치(神町)'는 일본에 실재

하는 곳인데, '점령'이라는 현실 역사의 기억이 새겨져있는 듯한 장소이다. 진마치의 타미야(田宮) 집안과 아소(麻生) 집안 삼대에 걸치는 감시체제는, '점령시대'(1945년 9월19일에 시작, 1945년 2월19일에 미군이 아사카(朝霞)로 이동하기까지)에 만들어졌다. 진마치에서 타미야가의 권력은, 미군 기지에서 요리사로 일하면서 미군 물자를 암거래 하며 얻은 돈으로 '타미야 빵공장(パンの田宮)'을 창업한 타미야 마사히(田宮仁)의 시대로부터 시작된다. 그리고 타미야 마사히와 동업 관계로 연결된 이가 야쿠자인 아소 시게조우(麻生繁蔵)인 것이다.

> 주둔기지 내 조리장을 그만두고 나서도, 타미야 마사히(田宮仁)는 미군 관계자와의 연고를 계속 이어갔다. 그것은 미군 측에서도 원한 것이었다. 진마치에서 점령정책을 정초하고 수행해가는 과정에, 타미야 마사히는 필요한 사람이라고 여겨지고 있었던 것이다. (중략) 미국인을 위한 첩자 역할을 타미야 마사히가 하고 있었던 것이다. (중략) 서로 단단히 결탁한 타미야 마사히와 아소 시게조우는, 차근차근 진마치에서의 세력을 확장하고 있었다. 진마치에서 물류는 그들의 관리 하에 들어갔고, 다른 경로를 사용하는 이들은 예외 없이 협박이나 강도 피해를 당했기 때문에 다른 선택의 여지가 없었다.

즉, 미군의 점령정책에 협력하는 대가로서, '두 사람이 독자적으로 진행시키는 음모는 계속 묵인되었던' 셈이다. 그 이후 '진마치'의 시간은, 2000년 7월 히로사키 마사토시(広崎正俊) · 아이자와 코이치(会沢光一) · 마츠오 코우타(松尾孝太)가 죽는 '이상사태(異常事態)'가 일어날 때까지 '정지해 있었다'. 즉, '진마치'란, 바깥과는 다른 시간이 흐르고

1) 본문의 인용은, 아베 카즈시게(阿部和重)의『신세미아(シンセミア)』상 · 하(2003, 아사히신문사)에 의한다.

있는 공간인 것이다.

타미야 마사히의 장남인 타미야 히로노리(田宮博德)과 부인인 와카코(和歌子)가 동경에서 귀환하는 길에 탄 신칸센 전광게시판에는, '오늘 황태후 폐하의 장례식 거행'이 보도된다. 그 때는, 비 내리고 있던 동경과는 '달리', '진마치의 하늘은 변함없이 맑게 개어 있었으며, 비가 내릴 조짐은 전혀 없었다'. '진(神)'마치(町)와 예전의 '신(神)'이었던 천황이 살고 있는 공간 사이의 거리는, 마치 점령기 '미국'을 비유하는 말이 만연한 진마치(神町)와, 점령의 기억과는 무관해 보이는 '스타벅스 커피'가 있는 현재의 시부야 사이의 거리와 등가라고 할만하다.

이 소설은, 쿠마모토 미츠히로(隈元光博)가 쏜 총을 맞고 마츠오 코우타(松尾孝太)가 살해되는 과수원 장면에서 시작한다. 이 이야기의 마지막에서, 과수원 살인사건의 범인이 쿠마모토(隈元)라고 밝혀지기까지, 그는 반복해서 '키 큰 남자'로 묘사된다. 이것은 점령시대에 검열코드를 피하기 위한 방법으로서, '미국 병사'를 비유한 말이다. 당시, 진마치는 점령군 측 '매춘지대'를 표상하는 '팡팡 거리'로 일컬어졌다. 여기에서의 '팡팡'이란, 점령군 장병을 상대로 하는 섹스종사자, 그 중에서도 '여자'를 경멸적으로 칭하는 말이다. '키 큰 남자'라는 말은, 진마치가 '팡팡 거리'였을 무렵의 기억, 즉 '점령의 기억'에서 자유롭지 않음을 함축한다.

> 쿠마모토 미츠히로(隈元光博)가 왜 이전부터 진마치에 강한 흥미를 느꼈던 것일까. - 그것은 그의 출신내력에서 유래한다. 즉, 쿠마모토 미츠히로(隈元光博)의 어머니는 일본인과 미국인의 혼혈아였다 - 그리고 그녀가 태어난 지역이야말로 진마치(神町)였던 것이다. 쿠마모토 미츠히로(隈元光博)의 어머니 미츠에(光江)는, 1950년(소화25년)에 진마치(神町) 중앙 1

번지의 '후지이(藤井) 병원'에서 태어났다 - 아버지는 진마치에 주둔하고 있던 미군 병사였고, 어머니는 당시 '팡팡'이라 불렸던 창부였다. 미츠에는 미군 병사인 아버지에게 안겨본 적도 없고, 아버지는 그녀의 존재조차도 인식하지 못하고 있었다 - 본래 미츠에가 태어나기 전에 그녀의 아버지는 진마치와 일본에서 떠나 한국전쟁에 참전한다. 어머니의 경우, 미츠에를 제대로 키워보지도 못하고 비명횡사해 버렸다. 그녀의 본명은 아무도 모른다. 사인은 자살이었지만, 결과적으로 그랬다는 것이지, 그녀는 거의 살해된 것이나 다름없다 - 미츠에의 어머니는, 1951년 초겨울 마츠에에서 일어난 '코오리야마 하시 사건(郡山橋事件- 이하 '군산교사건'으로 표기)'의 희생자인 것이다.

'키 큰 남자'가 저지른 살인은, 팡팡이었던 '외할머니', 그리고 미군병사와 외할머니 사이에서의 '혼혈아'였던 '어머니'를 대신한 복수이고, 그가 어릴 때부터 '자장가' 대신 반복해서 들어온 그녀들의 '원한에 찬 목소리'인 셈이다. 즉, 그녀들의 원한에 찬 소리는, '키 큰 남자'에게 있어서 '진마치에 대한 증오'를 끓어오르게 한 소리였던 셈이다.

게다가 과수원 사건뿐 아니라, 다른 두 개의 죽음도 우연하게 '군산교사건'이라 불리며, 1951년 겨울 '팡팡'의 죽음과 접합된다. 열차에 치어 자살한 히로사키 마사토시(広崎正俊)의 신체는, 유체의 일부가 사라지고 '선로 바깥에 널부러진 몸조각을 수습하는 데에 시간이 걸렸다'고 묘사된다. 한편, 다리에서 추락하여 땅에 내동댕이쳐진 '창부'의 신체는, '두개골이 깨지고 우윳빛 뇌수가 빠져나와' 버렸을 정도였다고 묘사된다. 양쪽 시체의 손상에 대한 묘사는, 각각 본래의 윤곽을 가진 신체로 복원할 수 없는 상태였음을 강조하고 있다. 게다가, 아이자와 코이치(会沢光一)가 죽은 장소는 '창부'가 죽은 군산교였던 것이다.

'정지해 있던' 시간이 움직이는 계기가 된 이 세 개의 죽음은, 아이자와의 죽음을 알게된 타미야 히로노리(田宮博德)의 동요에서 알 수 있듯, 점령시대부터 계속된 감시체제에 균열을 초래하는 의미를 띤다. 소설 말미에서는 '점령정책을 정초하고 수행'시키는 데에 공헌한 '팡팡 거리'의 '타미야 빵공장'이 폭파되고, 그 자리에서 타미야 아키라(田宮明)와 '키 큰 남자'(隈元光博)의 사체가 발견된다. 또한 공장이 폭파되던 그 시각, 전시 중인 미군에 의해 '폭격되어, 그로부터 55년 후인 오늘에 이르기까지 오사나기(若木)산에 잠들어 있던' 불발탄도 폭발해 버린다. '진마치에 새겨진 미국'에 대한, '키 큰 남자'의 복수는, 점령의 '살아 있는 증거'이기도 한 그 자신의 신체조차도 배제되는 '동반자살'로서 완수되는 것이다.

그래서 진마치에서 점령시대는 끝난 것일까. 그 정지해 있던 시간을 움직인 여자들의 '원한에 찬 목소리'는 과연 어떻게 그곳에 닿았던 것일까. 3인칭으로 이야기되는 『신세미아』에서는, 어떤 사건에 관련되는 영상이나 '기억', 그리고 그것에 대한 '이야기'가, 얼마나 불안정한 것인지 반복적으로 강조된다. 특히 그것은 '군산교사건'에 관한 기억이 이야기되는 것을 통해 상징된다.

> 군산교 사건이 일어난 것은, 1951년 초겨울 무렵이었다. 전년도에 대대적 빨갱이 숙청을 거치고도 반공산주의 세력은 약화되지 않았고, 연합군 최고사령관인 더글러스 맥아더 원사가 매튜 릿지웨이 중장으로 교체된 때였다. 또한, 한국전쟁이 한참 진행 중일 무렵이었고, 점령초기에 비해 현격하게 수준 낮고 교양 없는 미군병사가 갑자기 증가한 탓에, 진마치가 가장 타락했다고 이야기되는 시절이다. 한 매춘부가 그 지역 사람과 사이에서 트러블을 일으킨 끝에 투신자살한 사건으로 일반적으로는 알려져 있었지만, 실상은 거의 린치 살인에 다름없는 - 상상하기에 당시 진마치에

> 는, 자신들의 울적한 불만의 분출구를 찾아 적당한 희생물을 필요로 했던 주민들이 많았던 것이다.

한편, 이와 관련 과거의 진마치에서는 자경단이 필요할지에 대한 논의가 오간 일이 있었다. 이때 자경단 설치에 유일하게 반대한 서점 주인에 의해서, 1951년 '군산교사건'은 과거 자경단의 죄(아야마치)의 기억이라는 형태로 소환된다. 서점 주인은, '매춘부'의 '투신자살'로 날조된 이 사건이, '린치 살인에 가까운' 것이었음을 이야기하고, 이제까지 어둠에 묻혀 있던 주민들의 '죄'의 기억을 회귀시킨다. 그와 동시에 타미야(田宮)가와 아소(麻生)가에 의한 감시체제의 기원이 암시됨으로써, 독자는 두 집안의 '감시체제'와 그것을 용인한 '점령체제'의 공범관계가, '린치살인'이라는 사건을 '투신자살'로 뒤바꾸었다는 것을 알아차리게 된다. 그러나 시점인물인 JA若木의 젊은 여직원에게 '충격을 준' 것은, '그 지역의 과거를 둘러싼 가공할만한 비화' 하나만은 아니라는 것에 주목해야 한다.

> 내용의 무거움만이 그녀에게 충격을 준 것은 아니었다. 서점 주인으로 말하자면, 그는 눈앞에서 태연하게 치즈 케잌 남은 것을 먹으면서, 흐뭇한 듯 조용히 미소 짓고 있었다 - 좀전까지의 잔혹한 일화를 생생히, 마치 전부를 직접 보고 듣고 있었던 듯이 실감 넘치게 이야기하고 있었는데! 평상시 사람 좋은 도덕가의 면만 보이고 싶어 하는 신사적인 인물의, 생각지 못한 냉혹함을 살짝 엿본 기분에 여성JA직원은 등골이 오싹해지고 어찌할 바를 몰랐다.

본래 '군산교사건'의 기억은 주민에 의한 이야기의 차원일뿐, 공적 역사로부터는 배제되어왔다. 또한 이 기억이란 여성 JA직원의 마음을 끌고자 하는 앞의 서점주인과 같이, '당사자'로서의 자기는 의식되지 않는 서사에 의해 편성되어 왔다. 그것이 쿠마모토(隈元)의 신체에 새겨져 있는 '팡팡'의 '원한에 찬 목소리'와는 별개의 것임은 말할 것도 없다. 게다가 이야기 언설의 레벨에서 이 사건의 기억은, 어떤 '할아버지'가 '술 취해 부린 주사'나 '망상'인지도 모른다고 시사되기도 하는 것이다.

3 '9.11'과 독자의 위치

타미야 히로노리(田宮博德)는, 부인인 와카코(和歌子)의 불륜을 의심하여 그녀를 미행하는 도중에 시부야에서 덤프트럭이 여러 명의 남녀를 덮치는 장면을 '목격'했다. 그 덤프트럭은 그가 숨어든 백화점 입구 정면으로 돌진해 버린다. '덤프트럭 운전수'의 자살에 의해 이 무차별 살인은 끝나지만, 그것이 '동반자살'의 궁극적인 형태였음을 주목해 두자.

> 히로노리는 순식간에 분카무라도리(文化村通り)의 현상을 정확하게 파악했다. 삽시간에 소음이 격화되었고, 오른쪽으로 뛰쳐나가는 사람들의 모습이 시야를 가득 메웠다. 급히 일어나서 시선을 왼쪽으로 돌려보니, 보행자 천국의 한복판을 한 대의 덤프차가 돌진해 와서 여러 명의 남녀를 덮치고 있었다. 믿기 어려운 광경 앞에서 히로노리는, 너무도 놀란 나머지 발이 얼어붙고 숨이 멎을 것 같았다. 마치 눈앞의 풍경 전체가 영화 스크린으로 변해버린 것 같았다

'전장이라고 착각될 만큼 처참한 모습을 보이고 있었던' 분카무라도

리의 사건과 마주친 타미야 히로노리는, 그 장면을 설명할만한 어떤 비유도 생각할 수 없었다. 지금 눈앞에 일어나고 있는 사건임에도 불구하고, '눈앞의 광경 전체'를 '영화 스크린'이라는 '허구'로 변모시킴으로써 타미야는 '방관자'로서의 위치를 획득한 셈이다.

이 날 밤, NHK가 '여러 각도'에서의 영상을 보여주면서 특별프로그램을 편성, 방송한다. 그러나 그는 '텔레비전을 통해 문화촌 거리의 광경'을 보면서 자기자신의 '당사자성'을 의심하게 된다. 왜냐하면 뉴스 영상은 '마치 아무 일도 기록할 수 없었던 것처럼, 사건 현장의 상태를 흔한 픽션의 풍경과 다름없이 만들어 버린' 탓이다. 게다가 그에게 있어서 충격적인 '현실'은, 같은 날 목격한 아내 와카코의 밀회였다. 타미야 스스로가 그 사실을 아내에게 직접 '고백'하는 것을 두려워 한 것도 당연했을 것이다. 그리고 이런 정황 속에서 분카무라도리의 사건은, 단지 '화제를 돌려 분위기를 바꿀 필요'에서 대화의 소재로서만 존재하고 있는 것이다.

이런 이야기의 장면은 『신세미아』 독자의 위치를 환기시킨다, 즉, 소위 인터넷이나 위성 영상에 의해서 세계의 모든 곳에서 동시 중계되는 '전쟁'을 보는 행위와, 이 소설을 읽는 독자의 자리는 등가로 놓인다. 특히 주목하고 싶은 것은, 앞의 장면이, 9 · 11 직전인 2001년 여름호 『소설 트릿파』에 게재되고 있었다는 것이다. 이 소설의 장면이 유통되었던 2001년 9월11일, 뉴욕 세계무역 센타 빌딩에 항공기가 충돌(첫 번째 비행기였던 아메리칸항공11편)을 전하는 NHK의 방송 중, 두 번째 비행기인 유나이티드 항공175편이 쌍둥이 빌딩의 또 다른 쪽(남쪽 동)에 돌진하는 영상이 생방송되었다. 그 후 이들 영상은, 반복해서 텔레비전의 화면에 흘렀다. 또 미국에 의한 보복이 개시된 후 아프가니스탄이나 이라크에 대한 공격 영상도 계속 방송되었다. 이때 그것이 미군과 동행한 미디어에 의한 미군 측 시점에서의 것일까, 알 자지라 같은 이슬람계 텔레비전 방송국으로부터의 영상일까라는 식의 구별 자체는 의미가 없다. '평화로운 일본'이라는 말에 둘러싸인 시청자에게 있어서 그 영상은 단지 저 너머에서 일어나고 있는 전쟁이고, '이슬람'이라는 기시감을 동반하는 영상 속에 있는 '무언가'일 뿐이다.

영상을 매개로 생방송된 '9 · 11'이라는 사건은, 각 매체마다 언어화되고, 이야기화되었다. 『신세미아』가 연재되었던 『소설 트릿파』 지상에서도, 9 · 11을 둘러싼 특별대담이 기획되었다[2]. 이 사건으로부터 2개월 후에 기획된 대담 '동시다발테러와 전후 일본 내셔널리즘'에서 오구마 에이지(小態英二)는, '보도로부터 얻을 수 있는 정보가 제한되어 있다는' 것을 이유로, 그 자신이 조사해온 '근대일본의 역사와 내셔널 아이덴티티의 시점'에서 이야기하는 입장을 취한다. 즉, 이 시기 독자는, '영상' '사진' 등 시각적인 매체를 교묘히 사용하는 미디어, 그것을 2차적으로 이야기하는 말의 비유를 매개로 하여, 그 스스로도 '9.11'의 이야기화를 시도하게 되는 것이다.

전쟁의 장면을 매일같이 접하는 독자가 이런 콘텍스트 하에 놓여 있다면, '진마치'의 점령시대는 어떻게 읽혀졌다고 할 수 있을까. 이 소설이 단행본화된 시기에, 이라크에서 영미의 '점령'이 시작되었다. 그때, 부시 정권의 주위에서는 '일본점령'의 기억이 과거의 성공한 모델(〈특집-점령이란 무엇인가〉 『현대사상』 2003.9)로서 소환된다. 일본에서도

2) 2001년 겨울호 〈対談〉 島田雅彦, 小態英二 「同時多発テロと戦後日本ナショナリズム」/ 〈評論〉 高橋源一郎「テロリストを撃て」、大塚英志「それはただの予言ではないか」、2002년 여름호 〈対談〉 橋爪大三郎、島田裕已「宗教と戦争ー九月一一日事件はテロだったのか」。

미군에 의한 '점령'의 기억에 초점이 맞추어지게 된다. 즉, '진마치'에 계속되는 점령체제의 메타포는, 영상 속 이라크 점령을 둘러싼 메타포와 교착하게 되어 버린 것이다.

『신세미아』는 '점령'이라는 말에 많은 주목이 모아진 2003년에 아사히 신문사에서 단행본화 되고, 2004년에는 마이니치 출판문화상과 이토 세이 문학상을 수상했다. 이 텍스트에 대한 높은 평가는, 분명 동시기에 만연한 일본의 '점령' 언설로부터 자유롭지 못한 것이었다.

4 폭력의 기억을 보고 듣고 이야기한다.

무엇보다 주목하고 싶은 것은, 이 텍스트에서 '역사'를 이야기하는 행위, 특히 개인의 경험을 이야기하는 행위가, 매우 불안정한 것으로서 구조화되어 있다는 것이다. 잘 알려진대로, 1991년 일본군의 '종군위안부' 출신 김학순이 법정에서 실명을 밝히며 나와 스스로의 체험을 이야기했다. 그 이후 일본정부에 사죄와 배상을 요구하는 소송이 몇 번이나 일어났지만, 재판장에서 '증언자의 진술이 자주 논리적으로 모순'되고 있는 것이 문제시 되었다. 그렇다면 개인의 기억의 불안정함을 어떻게 파악해야 좋을까.

『신세미아』에서는 국가 간의 힘정치(power politics)가 '여성'의 신체로 전이된 것의 현상으로서 '팡팡'의 기억이 부상했고, 이때 '점령'시대부터 계속되어온 '감시체제'의 구도가 흔들려져 버린다. 이것은 '감시체제'라는 권력 시스템이 '팡팡'의 기억을 은폐함에 의해 유지되어 왔음을 이야기하고 있다. 텍스트의 장치는, '점령'이라는 말에 부수하는, 미국의 강한 영향 하에 놓여 있는 약한 '일본'이라는 표상이 만연한 '전후' 언설공간에 대한 예리한 비판이 되었을 것이다.

그러나 '진마치'의 타락은, 타미야가와 아소가와 같은 '타지역 사람'에 의한 것이고, 그 배후로서 '미국-성조기'가 지목된다. '키 큰 남자'(쿠마모토 미츠히로)가 'パンの田宮'과 동반 자살한 밤, 진마치에서는 10명의 인간이 죽어갔는데, 그것은 '성조기'적 질서에 대한 복수극이라고도 말할 수 있는 사건이었다.

> 작년 8월 28일 - 당시 진마치에서 발생한 여러 사건은, 8개월이 지난 지금도 여전히 히가시네(東根) 시내에서 이야기거리가 되고 있다. (중략) 그러나 그 지역사람들은, 타 지역사람 앞에서는 모두가 침묵을 지키고 있었다. (중략) 각 사건의 결말 자체는 보도되고 있었기 때문에 공통적 인식은 있었지만, 각각의 내실을 소상하게 알 수 있는 사람은 당연히 없었고, 언제나처럼 구전되는 풍문과 주민 개개인의 상상력을 통해서만 진실의 구멍이 저절로 메워지고 있을 뿐이었다.

그렇지만 사건의 '진실'을 둘러싼 주민의 '침묵'은 과거의 복수극(1951년 '팡팡'의 죽음)을 둘러싼 대응과 별로 다르지 않은 것이다. 진마치의 역사는, 1951년 이야기의 구도를 반복하면서, 술 취한 '남자'의 기억에 의해 이야기되고, '키 큰 남자'(쿠마모토 미츠히로)의 할머니였던 '팡팡'의 신체로 수렴되어 버리는 것이다. 그러나 이런 이야기 구도가 편성되는 공간에서 '성조기'적 질서를 표상하는 '팡팡'의 신체에 가해진 폭력이, 그녀들 자신의 '원한에 찬 목소리'라는 형태로 독자 쪽에 바로 닿는 회로는 확보할 수 없을 것이다. 즉, 이런 식이라면, 미국과 일본과의 관계가 전경화되는 '전후'라고 명명된 언설공간에서 아시아와 관련 있는 '일본제국'의 기억은 망각될 뿐이고, 일본군에 강제동원된 여자들의 '원한에 찬 목소리'가 울릴 일은 없으리라는 것이다.

林京子論*

-戦争・原爆・家族-

阿武正英**

要旨

本稿では現代女性作家・林京子の70年代から90年代の作品を概観した。林は1945年8月9日の長崎における原爆体験を原点として、日本の敗戦後の夫婦関係を描くことから出発している。また、被爆者と非被爆者との疎通の問題にもメスを入れ、生活者の感覚で核時代の状況と向き合い、個の問題から種の問題へと展開している。さらに、戦中過ごした中国に対する思いを、郷愁と罪悪というアンビバレンツな意識のうちに捉えなおしている。

키워드　林京子、家族、女性、戦争、原爆

1 はじめに

私と林京子の作品との出会いは、いつのことだったろうか。それ

---

* 本稿は拙稿「林京子論ノート」(「日本文学論集」第23号、大東文化大学大学院、1999.3、pp.81-89)を改稿したものである。

** 祥明大学校 日語教育科、助教授、日本近現代文学

は、大学院に入学した1994年のことだった。

余談になるが、大学院に進学直後、日頃の不摂生がたたり心身ともに不調をきたし、実家の山口県で1学期間を棒にふった。その時、日本近代文学を専攻されていた渡邊澄子先生(後の指導教授)から「早くもどっていらっしゃい」というハガキをいただいた。率直にして厳しく、人間愛にあふれ、その存在感から「大東の女ボス」とも言われた先生は、多大な功績を残して定年を迎えられる李淑子先生のイメージと私の内で度々重なる方でもあったので、少々ご紹介した次第である。

さて、私が大学院に復帰したとき、渡邊先生の演習で使用されたテキスト『短編女性文学現代』(おうふう、1993)の内に、林京子の短篇『野に』が編まれていた。その演習で発表する作品として『野に』を自ら選んだのだった。世界で初めて原爆を落された広島に隣接する山口で育ち、大学時代からNGOの活動で草の根の平和運動に関わっていたことと、無縁ではなかったと思う。

その後、96年、大学院の特別講義で、林京子先生(ここでは「先生」づけにさせていただく)が講演にいらっしゃった。そのご縁で、当時のラジオで放送された、自作の『フォアグラと公僕』という戯曲のテープを、私のもとに送ってくださった。翌年、博士課程に進学する際、原爆文学に関する研究計画書を書いた。ちょうどその頃に前後して、原爆文学を研究するために、イタリアの留学生スリアノ・マヌエラ氏とトージ氏が入学された。実際、彼らの熱意に押されて、原爆文学の方へ押し出されたのかも知れない。渡辺先生に連れられ、その2人の留学生と共に、原爆文学について造詣が深い黒古一夫先生と池袋でお会いしたのもその頃だ。

98年には演習のテーマが原爆文学となり、演習の参加者と連れ立って、神奈川県逗子市の林先生のご自宅をお邪魔した(3月10日)。そして、99年5月に演習の成果を論集にまとめた[1)]。その年9月、私は釜山の大学に奉職することになった。林先生は私の依頼を受けて、私の母校である創価大学でも、講演をしてくださった(99年11月)。また、韓国本場のキムチを食べられるのがうらやましい、とハガキを送ってくださった。しかし、韓国に来てから、先の戦争で韓国に多大な被害を与えてしまった日本が、被害者のように映し出される原爆文学を論じることの難しさに直面した。それで、しばらく林先生の作品から遠ざかることになった。

一方、韓国に来て2年目(2000年)から、慶熙大学で8年間お世話になった。その間、李淑子先生のご紹介で、素晴らしい指導教授に巡り会い、韓国の近代詩人と交流のあった北原白秋について、博士論文を書くことができた。李先生が図書館に寄贈された蔵書の中から、『白秋全集』を見つけたことが、1つのきっかけであった。この場をお借りし、改めて感謝申し上げたい。

こうして私の文学研究は、主に北原白秋と林京子を含む女性文学について、細々と続いているのである。

本稿では、林京子の文学世界を70年代から90年代にかけて概観することにする。そこから、林の作品世界は原爆体験を原点としながらも、夫婦や親子、中国人やアメリカ人など、様々な人間関係のドラマで彩られており、その領域は日本という枠組みを越えて、人間としてのあり方を真摯に問いかけているものであることが、理解できるだろう。

---

1) 大東文化大学大学院渡辺澄子研究室編「林京子研究」第1号 1999.5

2 原点からの照明

林京子は文壇デビュー作『祭りの場』(75.8)で登場する以前、作家修業の道場的役割を果たした同人誌 『文芸首都』の終刊に際し、次のような一文を寄せている。

> …日々の恐怖は、直接原爆の閃光をうけた人間だけで充分じゃないか。そんな原爆の斑を、無垢な生命であるべき息子にまでかせたくない。私はそれだけを願った。
>
> しかし、いつの間にか息子の内に、被爆者二世の不安は喰い込んでいた。
>
> 戦争の悲劇が、それ一代で終わらない悲劇、しかも肉体的に代々しこっていく悲惨さが有ってよいものだろうか—私は、それを書きたかった。[2)]

その思いは以後も変わらず『残照』(「文学界」85.5)のなかに「八月九日をなぜ私は書くか、(略)東西南北いずれの国にも、思想にも政治にも無縁な、親と子が無事に生きていたいための、個人的な苦悩から出発した仕事なのだ」とある。

藪禎子が「林が書くことを志す、つまり『沈黙』から立ち上がる根底にあったのが、被爆者二世の母として生きたものの切迫した思いだったことになる」[3)]と言っているように、林は「親と子」を脅かす核を告発

2) 林京子「原爆と首都」、「文芸首都」1970.1
3) 藪禎子「林京子-二つの時-」(「新日本文学」1993.秋号)。この論文では、林京子にとって離婚は夫のいる家庭からの、渡米は日本からの「心情的解放」をもたらし、作家としての重要な契機となったと位置づけられている。

する意図をもって出発した[4)]。その「個人的な苦悩」を掘り下げることによって、手探りで「核対ヒトの問題」[5)]という人類的課題へと行き着いたのである。

林自身の手による自作年譜を見ると、1945年から75年にかけて、30年の空白の期間が印象深い。以下の通りである。

> 昭和20年(19945)15才
>
> 8月9日、長崎市に原子爆弾が投下され、大橋にある三菱兵器工場動員中に被爆。長崎高等女学校3年。8月15日、終戦。長崎県諫早市の疎開地で終戦のラジオ放送を聞く。
>
> 昭和50年(1975)45才
>
> 4月、「祭りの場」で群像新人文学賞受賞。6月、「群像」に掲載された。(以下略)[6)]

この30年間は、原爆症の後遺症からくる不安との戦いの連続であり、具体的には1951年に上京し結婚、53年に出産、更に子どもの成人後74年秋に離婚している。

さて、ここで作者の離婚をめぐって、離婚前に発表された初稿『曇り日の行進』(「文芸首都」67.1)と、離婚後、作品集『祭りの場』に収める際に手を加えられた改稿『曇り日の行進』に描かれた夫婦関係を比較してみよう。

---

4) 野呂邦暢との対談「昭和二〇年八月九日-芥川賞受賞作『祭りの場』をめぐって」(「文学界」1975.9)のなかで、林京子は「被爆していなければ書くことはしないと思います。趣味では書くでしょうが」と語っている。
5) 林京子「著者から読者へ思うこと」、『無きが如き』講談社文芸文庫、1989
6) 林京子「林京子自作年譜」『芥川賞全集』第十、1982

昼間、誰にも話すまいと決心しながら会社から帰った夫の顔をみると、おかりなさい、も言わずに、「白血球がね」と、小枝(改稿後は「私」-引用者注)は涙ぐんだ。夫はしばらく間(ママ)、涙が盛りあがる小枝の眼を見つめていた。

「医者にまかすさ」と、ぽつりと言った。(略)

夫に言われるまでもなく、医者にまかすより仕方がない事は、被爆者でない夫より、小枝の方が知っていた。が、そのことを夫の口から言われるのは、小枝にはつらかった。「あなたは、被爆者ぢゃないから、そんな簡単なことが平気でいえるンです?」

(略)

「そんな事ぢゃないヨ。考えたって、どうにもならないこと、君も知っているだろう。

専門家の医者にまかすよりしかたがないぢゃないか」

それより、飯にしてくれないか、と、小枝の肩に手をかけた。小枝は子供のようにぼろぼろ涙をこぼしながら、「御飯なンか、私、食べたくありません」と、肩の手を払いのけて泣いた。

夫はそれ以上何も言わなかった。(初稿『曇り日の行進』)

話すまいと決心しながら、私は帰ってきた夫に、白血球がたりないの、といった。玄関に立って靴の紐をほどいていた夫は予想通り「医者にまかすさ」さらっといった。テレビ漫画をみている息子の背なかを、あごでさして、知ってるーと聞く。私が首をふると「余計なことは言わない方がいい」それより飯にしてくれないか、といつものように靴下をぬぎ、ズボンをぬぎ、着がえをはじめた。(改稿『曇り日の行進』)

被爆者の妻との生活に疲れているらしい夫は、あえてその関心を日常茶飯のことにそらすことしかできない。本来最も信頼し合えるはずである夫婦が互いに理解できないという現実をかいま見ることができる。相違点としては、改稿前の夫婦において夫に寄りそおうとする妻と、それを受け止めきれない夫の心情が細かく描写されている。それが改稿後になると、夫婦関係は冷めていて、妻は夫の愛情を試すようにことばを投げかけ、夫は妻の「予想通り」素っ気なく応えるのである。つまり、その夫婦は一切の感傷を排しているかのように描出されている。特に改稿前の妻はともに事態を受け止めてほしいという姿勢が見られる。ところが、改稿後の妻は夫とともに、きわめてドライに描かれている。改稿後の次のシーンは印象的である。

どんなに夫が身近にいてくれても、放射能に犯されているのは、私一人である。一人で耐えることに慣れるのは、早い方がいい。一人きりで死んでいった汀子の、厳しい死を私は知っている。できるなら私の死もそうありたいと思うのだ。

改稿後の「私」は夫に頼ろうという感傷を排して、むしろ逆に一人で被爆の現実と向き合う決意を吐露するのである。もはや、「私」は「部外者の夫」には取り付くしまもないほど孤独の淵に追いやられ、そこで生きていく覚悟を固めているかのような感を受ける。

改稿『曇り日の行進』(75.8)の後、短編連作『ギヤマン ビードロ』(「群像」77.3～78.2)でも「被爆者と非被爆者の心の関係」(三木卓)[7]はズレを生じている。しかし、そこでは夫婦(家族)という枠をぬけ出した「私」が女同士の親交を深め合う中で、開かれた在り方を示すのである。特に、非被爆者の友人・西田からは学び教えられる関係が基本的に保た

7)「創作合評27 "未清算の過去"について」(「群像」1978.3)

れ、「私」を含む被爆者と非被爆者の相対化が成されている。『ギヤマン ビードロ』は、ドライな夫婦関係を写した『曇り日の行進』を経て表れた、女同士の友情を描く小説という側面も見逃してはなるまい。つまり、その「私」から感じられる一種の開放感は、夫との関係から言葉封じに合い抑圧された家庭からの解放でもあったのではないか。換言すれば、『曇り日の行進』から『ギヤマン ビードロ』への流れは、離婚前の「私」から離婚後の「私」の在り方と相まって、〈閉ざされた「私」〉から〈開かれた「私」〉への展開をよく示しているように思える。この時期の林京子は、離婚という人生の逆境を真の人間としての自立へと転じていったのであろう。

翻って、『無きが如き』(「群像」80.1～12)では終わり近くに次のように記されている。

> 女と二十年近い年月を生活してきた男は別れる際に、ぼくの結婚生活は、被爆者との生活以外のなにものでもなかった、君が語り部になるつもりでいるのなら、今日までの毎日を、ありのままに話せばいい、一さいの粉飾はいらない、そっくりそのままの毎日が、被爆者の生活以外の何ものでもない、と重ねていった。

すなわち、夫にとっての夫婦生活も妻の被爆体験を引きずる現実を前に、いつしか破局へと追いやられてしまっていたのだろうか。引用部分のうちに見られる夫の言葉は、『雨名月』(「新潮」84.7)、『谷間』(「群像」86.1)のなかでも、ほぼ同じ内容で繰り返される。とはいえ、夫婦生活の破局の原因が全て被爆という事実にあるわけではなかったことは、後の作品から察することができる。

『無きが如き』の2年後、『父のいる谷』(「すばる」82.3)では 「私」の夫に女性問題があったらしいことに若干触れられる。その後、林京子は息子夫婦と渡米してから『谷間』において、いわば「離婚にいたる男女の修羅」[8]を描いている。主人公のなつこは、ささ(夫の妹)の娘から草男(夫)との関係(インセスト)を明かされると、「草男ならやりかねない、と即座に認め」てしまわざるを得ない。そのような関係はもはや夫婦としての信頼も皆無であることを物語っている。作品からは本当に草男にインセストの事実があったかどうかは明示されないが、次のように書かれている。

> もっと早く、なつこは離婚に踏み切るべきだったのかもしれません。…決心する決め手がなかったのです。ささの娘の話しだって曖昧です。だが、曖昧のままでいいのです。なつこが信じるなつこの生き方をこれから先、生きるだけです。草男に食べさせてもらうのはもうやめよう。なつこは決めました。

林京子は、「加害国」であるアメリカへの旅によって皮肉にも「はじめて 『被爆者』という枠から解き放たれて、思いも動きも自由になった気がした」(「星条旗とNO」、「東京新聞」夕刊、88.12.27)という。そのような心的解放のみならず、「無性の少女」「性のない存在」(『三界の家』、「新潮」83.10)への強烈な希求が、『谷間』に至って、林の性にまつわる「男女の修羅」の相をありのままに引き剥がさせた、といっては言い過ぎだろうか。私たち他者には「被爆者」というレッテルに覆われて見えない

---

8) 中山和子「作家案内-林京子」、『無きが如き』講談社文芸文庫、1989

状態に置かれた、林における夫婦の実像を初めて開示される。

他方、『谷間』の書かれた翌年、『雛人形』(「群像」87.10)において「私」は初孫を介して別れた夫「A」に「執着」を見せている。これは、初孫の成長にともなって表れた、失われた家族を無意識裡に求める心情の表れであろうか。「私」の夫への執着は、アメリカから帰国後、3年を経て『芝居見物』(「文学界」91.1)にも表れている。ともあれ、林における家族の問題をすべて単純に「被爆」というフィルターにかけて特殊化するのは誤りで、核との影響関係とは別の次元においても夫婦(家族)とは何か、が追求されていると見るべきであろう。

3 「個」から「種」へ

林京子は『無きが如き』に至って、核にまつわる社会的、政治的事件をしばしば作中に取り入れている。例をあげれば、次のようなものがある。

○スリーマイル島の原子力発電所の事故(79年3月28日)
○原子力船むつの入港
○ミクロネシヤのエニウェトク環礁における最初の水爆実験(52年11月)
○第五福龍丸の被曝(54年3月1日)
○ラッセル=アインシュタイン声明(55年7月9日)
○第30回パグウォッシュ会議

これら6日9日に関わる事項を拾うだけでなく、韓国の戦争やベトナム戦争をも視野に入れ、80年代の日本の再軍備論議に分け入っていく。『無きが如き』の中で女たちが語るのはそれらの「高遠な問題」であるが、地に足のついた議論となりえているのは、それぞれの戦争体験に裏打ちされたものだからである。また、「女」は「素人」であること、「普通人」であることの健全さを自覚している。それでいて、「他者からみれば被爆者以外の何者でもないのだ」という理不尽な現実への直視から発せられる事象への切りこみがあり、そこに作者独自のアクチュアリティがある。後に発表された戯曲『フォアグラと公僕』(「群像」96.1)のうちでも、95年初めのスメソニアン博物館原爆展においてヒロシマ・ナガサキの被爆写真展が取り消され、エノラゲイとリトルボーイが展示されたという事象に触れている。林京子の作品は同時代へのアクチュアルな批評精神が常に息づき、自閉的な小説空間に風穴をあけるが如きである。

『祭りの場』発表直前に原子力船むつの臨界事件等があったが、『道』(「文学界」76.6)の中には次のような場面がある。

> 二転三転した原子力船「むつ」の母港が佐世保港になるらしいニュースが報道されて、街は、反対デモの隊列で交通は渋滞がちだ、と言う。

『道』の中では『無きが如き』に見られるような作者による事件への批評等は表れていない。『道』の主人公「私」にとっても反対デモへの関心は、それが及ぼす交通機関への影響に止まる。とはいえ、そのような事件が取り入れられていること自体、作者に意識されていることを表している。

その『道』から約3ヶ月後に発表されたエッセイ「みず・からす・少年少女」(「世界」76.9)では、「なぜ、書くのか」という点について問い直される。そこでは「…被爆者や、その二世、三世と代々かかわるかも知れない肉体の破壊が、いまだに私たちの内で続いているから」という冒頭でも触れた動機のほか、「洋の東西を問わず、人はみなその種に立ちかえって戦争放棄か、人類の滅亡か、二者択一を迫られている『核』だからである」と書かれている。

このあたりから「八月九日」が個の問題に止まらぬ種の問題として提起される。その後、『野に』のクライマックスでは核の問題について、人間を超越した「神」に委ねるのではなくどこまでも「人間が人間に問う」という姿勢が堅持される。『無きが如き』では、グローバルな視野で核の問題にアプローチする方向に進み出ている。

なお、『無きが如き』の作品内の現在は被爆から30数年後の8月8日の夕刻から夜にかけての時間であり、翌日の「八月九日」を意識せしめる効果がある。その点は井上光晴の『明日──一九四五年八月八日─長崎』(集英社、82)に相通じるが、『無きが如き』はその先蹤作と言えまいか。

4 アメリカ体験

ところで、林京子にとってアメリカ体験は如何なる意味を持つのだろうか。帰国後、林は次のように語っている。

> 皮肉なことだが、「被爆者」から解放してくれたのは、当のアメリカで

ある。天地の広さと、個人を尊重する人たちと、個人の責任において自由が認められる国柄が、被爆者のうつ病を取り払ってくれたようだ。現在も被爆者であることに違いはないが、新たな出発である[9]。

具体的には、「『戦争花嫁』としてアメリカに渡り戦後を生き抜いてきた同世代の女性たちとの邂逅」[10]を通して、多様な夫婦(家族)の在り方への眼を開く機会となった。そのような夫婦(家族)の描写もなされているが、何よりも彼女らとの出会いが、自らの過去の夫婦関係を新たな視点で相対化する契機となった。前者は、「被爆体験と限らず、さまざまな戦争体験の反響として」(菅野昭正)[11]、『眠る人びと』(「群像」88.4)、『アイ ノウ イッツ』(「中央公論」91.秋)、『フォアグラと公僕』(前出)等に表れている。後者は、渡米中の『谷間』等に活写されている。

帰国後、再び自身の原点にかえって「八月九日」を描いていったのが『やすらかに今はねむり給え』(「群像」90.2)である。そしてその後、渡米前の心境から新たな変化を迎えたようである。渡米前のそれとは、つまり次のような部分に表れている。

季節に従って変化をみせる大地に抱かれて、上海で生活していたころのように父と母の子供に還って、無性の少女として大地に消えていく。出来るなら、この世にあって子孫を残す機能を終えたときから、人を愛することも精神的でありたい。そして、無知で無垢だった少女時代の、性のない存在として、死に至るまでの年月を徐々に消していきたい。これは私

9) 林京子「私の昭和—人は世につれ世は歌につれ」「波」82.2
10) 金井景子「作家案内—林京子」『祭りの場・ギヤマン ビードロ』講談社文芸文庫、1988
11) 金井景子「作家案内—林京子」『祭りの場・ギヤマン ビードロ』講談社文芸文庫、1988

の希う死であり、死につくまでの生だった。(『三界の家』)

渡米後の心境は次のように変化している。

常日頃わたしは、死後に世界があるのなら、父と母の子として過ごしたいと願ってきた。最近になって、父と母の許ではこの世は近すぎて煩わしいのではないか、と考えるようになった。いっそおっかさんも五平さんも飛び越えて、わたしの命の源流にまで戻ろう、それが素直な命の帰着ではないか。(『ご先祖さま』、「群像」94.1)

「父と母の子」から「わたしの命の源流」へと林京子の志向性は変化している。その変化は『三界の家』から『ご先祖さま』までの約10年間のうちに、林の内部で何かが起こったことを示している。それはまた、林の生の質にも変化を与えるものであったろう。その背景の一つとして、故国・日本を離れ、アメリカの天地で生涯を終えようとしている女たちの、孤独であるが自由な生の在り方を目にしたことなどが作用したのではないだろうか。

藪禎子の論[12)]を敷衍して言えば、林において離婚という試練は作家的成熟をもたらしたが、経済的自立という側面が密接に関わっていたことは否めない。しかし、他者(夫)からの物質的依存からの自立と並行して、精神的依存からの自立という面において、確かに作家的成熟とつながっているだろう。一方、アメリカ体験という契機は、離婚の

12) 藪禎子「人と文学」『短篇女性文学現代』おうふう、1993。薮は「『祭りの場』が、離婚の時期とズバリ接して出てきているのは、作家としての本格的な出発が、女としての自立の意志と不可分に重なっていたこと」を示すと論じている。

契機とは異なる次元で、他者(父母そして、日本など)への依存からの自立という面で、さらに一層深い成熟をもたらした。

また、アメリカ籍も持つ孫の誕生に際して、林の内部に兆した「加害国」アメリカへの「こだわり」(『二月の雪』、「群像」87.7)、そして父母の国・日本への「こだわり」(同前)、総じて理窟ではなく自らの内に植え付けられた、国への「こだわり」を認めざるを得ない。核の問題は国と国の問題ではなく、「種の問題」であり、「核対ヒトの問題」(前出)であると理解しながらも、容易に国へのこだわりは拭ぐいきれない。それは受けた傷の深さを示して余りあるが、そのような「煩わしさ」をも引き剥がし、「わたしの命の源流」へと新たな旅へ踏み出した。その他、高齢になって痴ほう症状を呈するようになっていた母の死(91)にも注目しておきたい。

アメリカ体験が林の内にもたらしたもの、それは個人としての意識をしっかり持って生きていくことで、そのあり方は作品にも影響を与えていると言えよう。その点について、作家に直接質問したことがあるので、その部分を引用しておく。

阿武　お仕事で息子さんがアメリカに赴任されることになって、それに伴って林さんもアメリカに滞在されましたが、その時の体験がもたらしたものとは何でしょうか。

林　その点については随筆にも書いたのですが、8月9日から解放されたという思いがしました。というのは、日本の場合、8月6日9日に関わる集会は〈集団〉として評価されてしまいます。反対に、アメリカは＜個＞がしっかりしています。＜個＞が評価されるのです。だから、日本も成長してそのようになればと…。

渡邊　個人主義が確立されているということですね。それは、日本の近代化が間違っているということにも通じるでしょう。もう、近代になって随分と経つのに…。それでも〈公〉の下に〈私〉がいまだにおかれています。そういう土壌がまだありますよね。その点では、アメリカの個人主義は見事だと思います。

林　そうなんです。8月にアメリカ西海岸を出発して、平和行進した人びとがいました。これも何かに書きましたが。その時、人びとは2百何日もかけて歩いたんですが、参加した人たちは個人の意識をしっかりと持って参加していました[13)]。

5 おわりに

1996年7月8日から3泊4日で、林は戦後2度目となる、もう1つの故郷・上海訪問を果した。その旅は「一四年間暮した少女期の、『私の上海』を確認する旅行」(『仮面』、「群像」1997.7)と位置づけられている。そこで、無意識裡に「『一等国民』として居心地のよかった、昔の意識」と、「侵略者だった者の罪悪感」を自己のうちに認めている。同時に、中国人のうちにしみついた反日的感情を見出す。いわば被爆者(戦争被害者)という「私」の「仮面」は引きはがされ、「侵略者だった者」の側にいたという過去の位置に、意識の中で引きもどされる。故郷への愛惜の情とともに、罪の意識にさいなまれつつ、「育った家」へと向かう足取りは決して軽くない。その点は、戦後初の訪中を機に生まれた『上海』(「海」 1982.6～83.3)の「私」とは対照的である。故郷の家のあった「上

13)「インタビュー 林京子氏に聞く」大東文化大学大学院渡邊澄子研究室編「林京子研究」第1号、1999.5 pp.4-5

海市密勒路二八一弄一二号」へは「私」の育った「路地」を通らなければならない。その「路地」について、次のように語られる。

> 路地が私の最終的な上海、根をなす極点であること。聖なる地である。この路地をよりどころとして、私は戦後を生きてきた。路地に戻るために、八月九日以後の年月を費やしてきた。

その「路地」を目前にして、「私」のためらいは生じた。その地とは、「幸せな土地」であったが、「侵略者」として踏みにじった「虚構の街」でもあったのだ。「私は誰にも自分の恥部を見られたくなかった。明静に唾をかけられても、頬をぶたれてもそこに立っていたかった」というかたちで作品は閉じられる。つまり、「私」にとって、「路地」とは「聖なる地」であると同時に「恥部」であったのだ。この「恥部」という意識は「侵略者だった者の罪悪感」、「『一等国民』として居心地のよかった、昔の意識」につながる。

『上海』と比べて、林京子における「私」の「罪悪感」は確実に深まっているようだ。すなわち、『上海』では日中国交正常化に際して、中国人の立場に寄り添い過去の日本の過ちが繰り返されることを憂慮しつつ、むしろ戦争被害者としてしばしの「帰郷」を懐かしむ心情が中心に綴られていた。ところが、二度目の訪中を機に生まれた『仮面』では、そこから一歩踏みこんで、日本人として過去の侵略行為を深く自覚していく方向へと進んでいったのである。

참고문헌

- 阿武正英「林京子における異国体験」(「日語日文研究」第51輯, 韓国日語日文学会, 2004) pp.351-375.
- ________「「被爆者」の意識に関する一考察-林京子の場合」(「韓日軍事文化研究」第6輯, 韓日軍事文化学会, 2008) pp.322-332.
- 井上聰「林京子と上海—その「生」と「死」を中心に—」(「解釈」54-1,2, 解釈学会, 2008) pp.47-51.
- 今井泰子・薮禎子・渡辺澄子編『短篇女性文学 現代』おうふう, 1993 pp.70-88.
- 大里恭三郎「『祭りの場』ー記録と批評の文体ー」(「国文学 解釈と鑑賞」55-9, 至文堂, 1985) pp.98-101.
- 川村二郎「解説」『祭りの場』講談社文庫, 1978 pp.144-152.
- 黒古一夫『原爆文学論』渓流社, 1993 pp.98-115.
- 大門正克『日本の歴史 15巻 戦争と戦後を生きる』小学館, 2009 pp.126-199.
- 高橋哲哉『戦後責任論』講談社学術文庫, 2005 pp.208-219.
- 遠山立「「戦後派」の戦争文学」(「国文学 解釈と鑑賞」38-11, 至文堂, 1973) pp.80-89.
- 野沢昭雄「林京子「長い時間をかけた人間の経験」論」(「原爆文学研究」第7号, 原爆文学研究会, 2008) pp.41-56.
- 野呂邦暢・林京子「昭和20年8月9日-芥川賞受賞作「祭りの場」をめぐって」(「文学界」9月号, 文藝春秋社, 1975) pp.158-173.
- 長谷川泉編『現代文学研究 情報と資料』「国文学 解釈と鑑賞」別冊, 至文堂, 1986) pp.449-450.
- 林京子「原爆と首都」「文芸首都」文藝首都社, 1970) pp.89-90.
- ______『祭りの場』講談社, 1975 pp.7-207.
- ______「上海と八月九日」『叢書 文化の現在4 中心と周縁』岩波書店, 1981 p.116-117.

- ______『残照』(「文学界」5月号, 文藝春秋社, 1985) pp.20.
- ______「著者から読者へ思うこと」『無きが如き』講談社文芸文庫, 1989) pp.218-222.
- 薮禎子　「林京子──二つの時─」(「新日本文学」　新日本文学会, 1993) pp.25-34.
- 渡辺澄子『林京子・人と文学"目に見えない恐怖"の語り部として』長崎新聞社, 2005
- スリアーノ・マヌエラ『林京子-人と文学』勉誠社, 2009

日本學硏究의 地平과 再照明

오키나와 문학 연구를 위한 시론*

손 지 연**

要旨

本稿は国家レベルの言説では説明不可能な、近現代日本が抱えている多様な位相の論議を、「日本」でありながら同時に「異国」である「沖縄」を媒介として分析するための試論である。

第一章「沖縄研究の有効性」では、沖縄研究の有効性について論じており、第二章「韓国と日本での沖縄研究の流れ」では、韓国と日本での沖縄研究の流れについて概略的に論じた。先行研究では、歴史学とか社会学、女性学、文学分野で各々個別的に論じられる傾向が強く、そのなかで沖縄文学研究の場合は、「沖縄的なもの」に焦点が当てられ、いわゆるオキナワン・カルチャーに回収されてしまう傾向があることを指摘した。こうした傾向は韓国も同様である。さらに言えば、韓国研究者による沖縄文学研究は皆無であるといっても過言ではない。

第三章「沖縄の歴史と沖縄の文学」では、従来の沖縄研究の限界を克服するために15Cから21Cまでの琉球・沖縄(人)のアイデンティティ形成史を文学テキストを通して把握する方法論とその論議の有効性について提示した。

なお、日本の植民支配の歴史が内包する「支配 / 被支配」「抑圧 / 被抑圧」「同化 / 排除」といった二項対立構図から把握する視点を、多様な位相から解体し批

---

* 이 글은 2008년도 한국연구재단 기초인문 연구 과제「류큐・오키나와인의 아이덴티티 형성사」(KRF-327-2008-2-A00570)의 연구 성과의 일부이다.

** 경희대학교 비교문화연구소 학술연구교수. 일본 근현대문학 전공.

判する作業は改めて別稿を用意するつもりである。

키워드 오키나와 문학, 고류큐, 근세 류큐, 류큐처분, 동화시기, 전후 미군정기, 현대 오키나와

1 오키나와 연구의 유효성

최근 류큐(琉球)대학의 한 교수는 「오키나와 주민의 아이덴티티 조사 2006」이라는 흥미로운 조사결과를 발표했다. 여기서 필자는 두 가지 시사적인 질문을 던지고 있는데, 하나는 "만약 스포츠 경기에서 오키나와 팀과 일본인 팀이 대결할 경우 어느 팀을 응원할 것인가"라는 질문이고, 다른 하나는 "자신을 오키나와인, 일본인 중 어느 쪽이라고 생각하는가?"라는 질문이다. 전자에 대한 답변은 정치라든가 경제, 사회적 이슈와 상관없이 오키나와 팀을 응원하겠다는 답변으로 가장 많은 94.1%가 나왔고, 후자의 질문에는 '오키나와인'이라는 답변이 30.3%, '일본인'이라는 답변이 28.6%, 양쪽 모두에 해당한다는 답변으로 40.1%가 나왔다. 이를 통해 논자는 오키나와 주민의 '향토'에 대한 애착심이 매우 높다는 것과 오키나와 주민의 아이덴티티 구조가 매우 복합적이라는 결론을 내리고 있다.[1)]

위의 조사 결과는 복합적 아이덴티티를 보여주는 것 이외에도 오키나와가 여전히 일본사회 내에서 '이질적인' 존재로 남아 있으며, 근대일

1) 「방언뉴스(方言ニュース)」, 「〈오키나와 주민의 아이덴티티 조사 2006〉 조사 결과)(〈沖縄住民のアイデンティティ調査2006〉調査結果公表される)」≪http://podcast.uruma.jp/unit/1251/≫

본의 역사는 '이질적인 것'을 포섭하거나, 배제, 동화해 가는 과정을 통해 구축되어 왔음을 여실히 드러내 주는 사례라고 할 수 있다.

오키나와의 굴절의 역사는 현재 오키나와의 두 가지 전혀 다른 표상을 통해 확인할 수 있다. 하나는, 일본 본토와는 전혀 다른 문화, 따뜻하고 이국적인 풍치로 일본 최고의 관광지로 각광받고 있는 것이며, 다른 하나는, 일본 전국토의 0.6퍼센트에 지나지 않는 오키나와가 미군기지의 75퍼센트를 점하고 있다는 사실이다. 이는 바꾸어 말하면, 고도의 경제성장과 도시화에 따른 일본사회의 인간소외와 환경오염, 현대인의 스트레스를 치유해주는 관광도시로 구축되어 온 오키나와의 표상이 일본과의 관련뿐만 아니라, 근현대의 역사를 관통하면서 남긴 동아시아의 전쟁과 폭력의 상흔(傷痕) 안에서 설명되어져야 함을 의미한다.

이 논문은 류큐 · 오키나와(인)의 아이덴티티 형성사를 문학 텍스트를 통해 파악하기 위한 시론이다. 바꿔 말하면 국가와 국가 간의 거대담론만으로는 설명되지 않는, 근 · 현대 일본이 안고 있는 다양한 층위의 논의들을 '일본'이면서 동시에 '이국(異國)'인 '오키나와'를 매개로 풀어보고자 한 것이다.

이는 오키나와뿐만 아니라 근 · 현대 일본을 보다 깊이 있게 이해하는 것이기도 하며, 일본 식민지배의 역사가 내포하는 '지배/ 피지배', '차별/ 피차별', '억압/ 피억압', '동화/ 배제' 등의 이항대립구도를 공유한다는 점에서 한국(인)이나 타이완(인)과 같은 동아시아의 아이덴티티 형성사와도 깊은 관련이 있음을 구체적으로 실증하는 일이기도 하다. 아울러 최근 주로 포스트콜로니얼 관점에서 논의 되고 있는 오키나와 연구의 지평을 확대 · 심화하는 일과도 이어질 것이다.

2 오키나와 연구의 흐름

지금까지 오키나와(류큐)에 관한 연구는 주로 역사학, 사회학, 문학 분야에서 각각 개별적으로 논의되어 왔다. 이 가운데 오키나와 문학 연구의 경우는 일본 연구자들 사이에서 주류라고 할 수 없으며, 한국에서는 거의 이루어지고 있지 않고 있다.

2-1. 일본의 경우

오키나와(류큐)에 관한 일본 측 연구 동향으로는, 우선 2차 세계대전을 전후로 활발하게 전개되었던 민속학이나 문화인류학 분야의 연구를 들 수 있다. 이들 연구는 일본문화의 원형으로서 오키나와의 민속문화를 규정하고, 이를 문화계통론적으로 분석하는 것으로, 20세기 초의 오키나와 연구 흐름을 주도했다고 볼 수 있다.

일본과 류큐의 동질성을 추구하는 '일류동조론' 등을 주장하는 민속학자 야나기다 구니오(柳田国男)와 오리구치 시노부(折口信夫)의 연구가 그 대표적 예라고 할 수 있다.

1950년대 이후에는 종래의 일본 민속학계가 추구해 온 일본문화의 원형으로서의 오키나와 연구에서 벗어나, 오키나와 문화의 독자성을 추구하는 문화인류학자들에 의한 연구를 들 수 있다. 이러한 연구 성과를 바탕으로 1960년대에 이르면 가족이나 사회 조직, 민속 종교 등의 기원・계보를 탐구하는 문화(사회)인류학적인 연구가 심화되었으며, 특히 오키나와 현지답사를 통한 실증적 연구가 증가한다.

이와 같은 사회학이나 민속학, 문화(사회)인류학 분야 이외에도, (류큐)처분, 저항, 해방, 귀환, 반환, 복귀 등의 키워드와 관련된 연구 동향을 들 수 있다. 이들 연구는 독립 국가였던 류큐가 일본의 침략과 지배, 동화의 과정을 거쳐, 오키나와가 오늘 날 일본의 지방적 존재로 자리매김하게 되기까지의 역사적 과정을 분석한다.[2)]

최근의 오키나와 연구 동향으로는 포스트콜로니얼 관점의 연구가 괄목할 만하다. 오키나와 연구자로 널리 알려진 도미야마 이치로(冨山一郎)의 연구는 일상(日常)이 전장화(戰場化)되는 현실이나, 일상에 내재한 폭력에 맞선 저항이 과연 가능한지 오키나와전투와 이하 후유(伊波普猷)를 매개로 예리하게 파헤친다.[3)]

전쟁과 폭력에 대한 도미야마의 관점은, 한국의 제주 4 · 3이라든가 광주 5 · 18의 문맥으로도 이어질 수 있다는 점에 유의할 필요가 있다. 그 이유는 오키나와나 제주, 광주 모두 차별과 배제를 전제로 하는 '국민국가'의 폭력에 노출되었던 공통의 경험을 갖기 때문이다. 또한, 오키나와, 아이누, 타이완, 조선 등 근대일본의 경계 영역에 주목해 일본인의 내셔널 아이덴티티를 파헤친 오구마 에이지(小熊英二)나 임천충(林泉忠), 테사 모리스-스즈키의 논의도 매우 유효하다.[4)]

---

2) 주목할 만한 논의로는, 『民族の悲劇: 沖縄県民の抵抗』(瀬長亀次郎, 1959), 『沖縄: その解放は日本の独立を完成する』(沖縄解放祖国復帰促進懇談会編, 1963), 『沖縄から沖縄へ: 四次防下の琉球処分』(小山内宏, 1971) 등이 있다.

3) 대표적 저서로는, 『近代日本社会と「沖縄人」:「日本人」になるということ』(日本経済評論社, 1990), 『暴力の予感 : 伊波普猷における危機の問題』(岩波書店, 2002), 『戦場の記憶』(日本経済評論社, 2006) 등이 있다. 이 가운데 『폭력의 예감』과 『전장의 기억』은 그린비 출판사(손지연·김우자·송석원 옮김, 2009)와 이산(임성모 옮김, 2002)에서 각각 번역 · 출판되었다.

4) 小熊英二 『＜日本人＞の境界　沖縄 · アイヌ · 台湾 · 朝鮮　植民地支配から復帰運動まで』(新曜社, 1999), 林泉忠 『「辺境東アジア」のアイデンティティ・ポリティクス : 沖縄・台湾・香港』(明石書店, 2005), テッサ　モーリス＝鈴木 『辺境から眺めるーアイヌが経験する近代』(みすず書房, 2000)

2-2. 한국의 경우

한국 내의 오키나와 연구는 크게 한일 비교문화론, 한국과 류큐의 교섭사, 무당과 샤먼에 대한 한일 비교연구 등의 연구가 있으며, 대부분이 1970-80년대에 논의된 것이다.[5]

이처럼 민간신앙이나 문화전파 양상을 비교학적 시점에서의 논의 이외에, 최근에는 여성이라든가 소수자 아이덴티티와 관련해서 오키나와에 주목한 연구가 나오고 있다. 이들 연구는 전후 미군정기라든가 미군기지가 집중되어 있는 오키나와의 현 상황을 포스트콜로니얼 관점에서 비판한 것이다.[6]

2-3. 문학 연구의 경우

오키나와 문학연구는 주로 전후 문학에 집중되어 있다. 그 시기는 크게 1972년을 경계로 해서 그 이전의 미군 통치하의 문학과, 이른바 '복귀' 이후의 문학 경향으로 나누어 볼 수 있다. 전자는 주로 패전 후 27년 간 미군정기의 혼란한 오키나와 상황을 다루고 있는 작품에 대한 분석이며, 후자는 '본토'로 '복귀'된 이후, 정부의 급속한 융화정책에도 불구하고, '본토'와 오키나와 사이의 문화, 정치, 경제적 차이와 위화감을 다룬 작품에 대한 분석이다. 또, 오키나와전투를 둘러 싼 차별 문제를 포스트콜로니얼 관점에서 비판한 텍스트론 등을 들 수 있다.[7]

---

5) 현용준「古代韓國民族의 海洋世界」(『文化人類學』 第5輯, 한국문화인류학회, 1972), 최길성「오끼나와 샤만에 대하여」(『文化人類學』 第5輯, 한국문화인류학회, 1972) 등이 있다.

6) 이에 관한 주목할 만한 논문으로는, 임성모「잠재주권과 "재일(在日)"의 딜레마 -점령 초기 오키나와의 지위와 정체성」(한일민족문제연구 Vol.10, 2006), 문소정「동아시아 맥락에서 본 오키나와 여성평화운동」(사회와 역사 제71집, 2006), 이지원「오키나와의 아이덴티티와 자문화인식」(사회와 역사, 2008), 단행본으로 정근식 외, 『기지의 섬, 오키나와』·『경계의 섬, 오키나와』(논형, 2008) 등이 있다.

특히 오키나와 문학연구의 경우는 일본 연구자들 사이에서도 주류라고 할 수 없으며, 한국의 경우도 오에 겐자부로를 제외하고 텍스트의 다양성 면에서 많이 뒤떨어진다.[8] 이 가운데 작가 메토루마 슌(目取真俊)의 오키나와 관련 작품을 식민지(혹은 포스트 식민지) 타이완의 경우와 중첩시키면서 분석한 타이완인 연구자 의 박사논문은 매우 시사적이라고 할 수 있다.[9] 이 논문에서 한 걸음 더 나아간다면 '일본-오키나와-타이완'이라는 중층적 문맥 안에 깊숙이 내재되어 있는 한국을 포함한 동아시아적 문맥을 드러내 보이는 작업으로 이어져 가야 할 것이다.

3 오키나와 역사와 오키나와 문학

오키나와는 원래 19세기 중반까지 450여 년간 한・중・일 3국과 무역을 하며 독자 영역을 유지한 류큐왕국이었다. 그러나 메이지 유신 이후 1872년 오키나와는 가고시마(鹿児島)현 관할의 류큐번(藩)이 되고,

---

7) 岡本恵徳『現代文学にみる沖縄の自画像』(高文研, 1996), 岡本恵徳・高橋敏夫『沖縄文学選』(勉誠出版, 2003), マイク・モラスキー(鈴木直子訳),『占領の記憶 記憶の占領』(青土社, 2006)

8) 홍진희『오에 겐자부로의 오키나와 이해 -『오키나와 노트(沖縄ノート)』를 중심으로』(일어일문학연구 Vol.59, 2006) , 심수경『오에 겐자부로와 나카에 조민, 그리고 오키나와 -『만엔원년의 풋볼』을 중심으로- 』(일어일문학연구 Vol.65, 2008), 박정이『오시로 다쓰히로『칵테일파티』에 나타난 전후 '오키나와'의 위상』(일어일문학, 2009), 조정민『오키나와가 기억하는 전후』(일어일문학 Vol.45, 2010) 등으로 오에 겐자부로 관련 논의가 주를 이룬다.

9) 朱惠足,『메토루마 슌 소설에 있어서의 오키나와와 '신체'의 정치학(目取真俊の小説における沖縄と「身体」の政治学)』, 名古屋大学 人間情報学研究科 博士論文, 2001년.

1879년 메이지 정부는 군대와 경찰을 파견해 류큐왕 쇼타이(尙泰)에게 슈리성(首里城)을 비우도록 명하여 류큐왕국을 멸망시켰다. 그리고 오키나와현(県)을 설치해 완전히 일본 영토로 병합하였다.

이른바 '류큐처분(琉球處分)'에 의해 일본제국으로 편입된 이후, 오키나와의 근대사는 일본제국의 동화정책이나 황민화운동 등으로 고난의 역사를 걷게 된다. 또한, 패전 이후 오키나와의 역사는 미군정에 의해 자치권을 부여받아 독립의 희망을 품기도 했지만, 1972년 5월, 다시 일본령으로 편입되면서 독립의 꿈은 완전히 사라지게 되었다.

일본이 가져다주는 경제적 요인 등으로 오늘날의 류큐왕국, 즉 오키나와인들은 더 이상 독립을 요구하지 않게 되었다. 그러나 이들은 아직도 자신들의 고유 언어인 우치나구치(うちなーぐち)를 고수하고 있으며, 일본 내에서 천황의 존재를 인정하지 않는 유일한 현으로 알려져 있을 만큼 일본 본토와는 다른 이미지와 메시지를 발산하고 있다.

이러한 오키나와의 굴절의 역사를 문학텍스트와 관련해 분석하면 다음과 같이 구분을 할 수 있다. 즉 15C에서 21C에 걸친 시기로, (1) 고류큐(古琉球), (2) 근세 류큐(近世琉球), (3) 류큐처분(琉球処分), (4) 동화시기(同化時期), (5) 전후(戰後) 미점령기, (6) 현대 오키나와로 총 여섯 시기이다.(〈표1〉 참조) 이 때 전제가 되는 것은 '류큐인'이라든가 '오키나와인'이라는 개념이 일관되고 고정된 것이 아니라, 각 시대의 흐름에 따라 정치적 혹은 사회적으로 구축되어진 역사적 산물이라는 점이다.

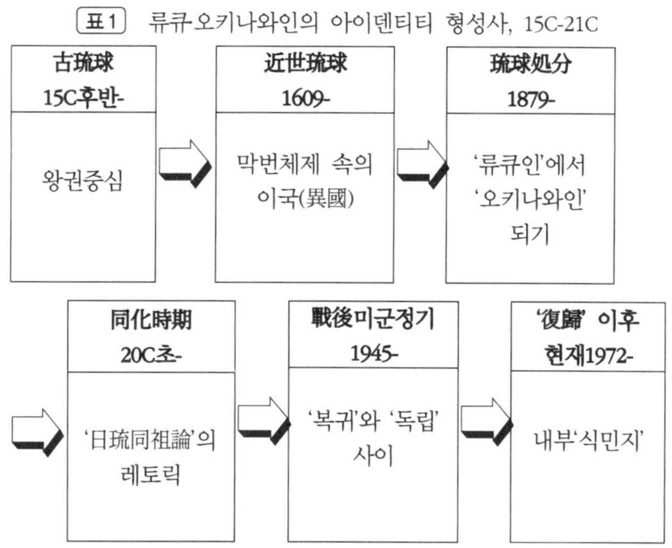

표 1 류큐·오키나와인의 아이덴티티 형성사, 15C-21C

(1) **왕권 중심의 고류큐**(古琉球)

우선 고류큐 시대로, 15세기 후반부터 1609년의 사쓰마(薩摩)군이 침입하기까지의 시기를 들 수 있다. 15세기 후반 무렵에는 쇼신왕(尚真王)이 아지(按司)를 모두 슈리(首里)에 안주하도록 하는 정책을 펼침으로써 정권을 중앙으로 집중시켰다. 이 시기는 해외무역도 활발해서 류큐 왕국의 황금시대라고 일컬어진다. 16세기 중반까지 무역을 통한 이러한 번영은 점차 쇠퇴해 갔지만, 그 사회적 기반은 쇼신왕 시기부터 사쓰마가 침입할 때까지 유지되었다.

이 시기의 민중들은 촌락 단위의 마을 공동체 의식이라든가 종교의식 이외의, 타민족과 류큐인을 구별하는 류큐인의 아이덴티티는 거의 찾아보기 힘들다고 할 수 있다. 그러나 당시 왕권을 지탱하고 있던 지배계층의 경우는 일반 민중들과는 달리 류큐인이라는 아이덴티티를 필요로 했을 것이다. 이 점은 왕권과 류큐인의 아이덴티티가 어떻게 맞물리면서 형성되어 가는지를 통해 보다 명확하게 드러날 것이다.

(2) 막번 체제 속의 이국(異國) : 근세 류큐(近世琉球)

근세 류큐는 1609년 사쓰마군의 침략을 계기로 시작된다. 이로 인해 류큐왕국은 근세일본의 국가체제(幕藩制國家)의 일환으로 편성되었고, 그 관리는 사쓰마번이 맡게 된다. 이로써 기독교 금지, 쇄국제, 사농분리제 등, 막번제 국가의 기틀을 강화하는 여러 제도가 사쓰마번을 통하여 류큐에도 도입되었다. 이른바 '막번 체제 하의 류큐' 시대가 개막된 것이다. 무엇보다 막부가 류큐를 지배하게 된 가장 큰 이유는 바로 류큐 왕조와 중국과의 관계에서 찾을 수 있다.

청나라의 위협에서 벗어나고자 했던 일본은 류큐에 독자성을 부여해 왔으나, 사쓰마가 류큐를 지배하게 되면서 그 양상은 한층 복잡하게 된다. 예컨대, 청나라와 책봉(冊封)을 받고 진공하는 관계에 있던 류큐의 정치적 상황은 막번 체체와 청나라 사이에서 균형을 잡아야 했으며, 류큐의 지배층도 이에 따라 자신들의 아이덴티티 새롭게 구축할 필요성을 느끼게 된다.

근세 류큐의 민중들의 경우는, 고류큐와 마찬가지로 류큐인이라는 인식은 거의 찾아 볼 수 없으나, 지배계층은 일본의 권력에 기울거나, 중국의 권력에 기울거나 하면서 류큐인으로서의 아이덴티티를 구축해 간다. 이처럼 사쓰마번의 행정을 도입한다거나, 일본문학이나 일본문화에 대한 관심을 보이고, 중국문화의 보급과 주자학을 통한 류큐의 주체성 확보의 움직임도 바로 이 시기에 일어났다. 이 점은 사이온(蔡温)

을 비롯한 류큐 지배계층들이 일본과 중국 사이에서 어떻게 자신들의 아이덴티티를 구축해 갔는지를 살펴봄으로써 드러날 것이다.

(3) '류큐인'에서 '오키나와인' 되기 : 류큐처분(琉球処分)

1879(메이지12)년, 이른바 류큐처분으로 왕국이 붕괴되고, 오키나와현이 설치된 이후부터 20세기 초까지는 류큐인의 아이덴티티가 급변하는 시기에 해당한다. 류큐가 일본의 현(県)으로 편입되자 지배계층은 이에 강력히 반발했으며, 메이지 정부는 류큐왕조의 관료들을 그대로 유지하는 구관온존(旧慣温存) 정책과 함께 반일 저항 세력을 엄단하는 이중의 정책을 펼친다.

앞서 언급한 사쓰마군의 침략은 류큐 민중의 생활양식에 영향을 거의 미치지 못했지만, 류큐처분을 계기로 생활양식이나 아이덴티티에는 큰 변화를 초래했다. 일반인들의 경우 학교 교육 등을 통해 일본인임을 주지했으나, 이하 후유(伊波普猷)와 같은 엘리트층에서는 구관온존 정책은 시대착오라며 폐지하자는 주장이 나오기도 했다.

20세기에 들면서 점차 오키나와현과 타현과의 차이(혹은 차별)를 없애고, 정책적인 면에서나 아이덴티티의 면에서나 모두 일본인으로 동화시켜 가는 정책이 실시된다. 이 과정에서 류큐인들은 스스로를 일본인이라고 인식하게 되는데, 이 시기를 류큐·오키나와인 아이덴티티의 형성기라고 할 수 있을 것이다.

(4) '일류동조론(日琉同祖論)'의 레토릭 : 동화시기(同化時期)

본격적인 동화정책은 20세기 전반까지 계속된다. 이 시기의 대다수의 오키나와현민들은 자신이 일본인이라는 인식을 갖고 있었지만, 그

것을 명확하게 규정하기란 불가능했다. 1940년에 있었던 '오키나와 방언논쟁(沖縄方言論争)'[10]이 결국은 일본인이란 무엇인가를 정의하는 방향으로 흘렀던 것을 보더라도 당시 오키나와인들의 시급한 과제는 무엇보다도 자신들을 일본인으로 새롭게 규정해 가는 작업이었다고 할 수 있다.

또한, 이 시기에 눈에 띄는 것은 '문화'를 둘러싼 논쟁이다. 오키나와(인)가 일본(인)의 어떤 면에 '동화'될 것인가를 생각할 때, 그것은 주로 문화적 측면이었으며, 일본문화를 체화(體化)하는 것이 진정한 일본인으로 거듭나는 길이라고 여겼다. 이 점은 일본인의 아이덴티티를 민족이나 문화의 단일성에서 찾고자 했던 일본본토의 경우와 어떻게 교차하고, 어떤 부분에서 일치하는지 시야에 넣음으로써 명확해질 것이다.

한편, 당시 이하 후유(伊波普猷)[11]나 히가시온나 간준(東恩納寛惇)[12]과 같은 류큐 지식인들은, 류큐인과 일본인은 같은 선조와 기원을 가진다는 '일류동조론(日琉同祖論)'이나, 류큐어와 고대 일본어의 뿌리가 같음을 탐구해 가는 '기원'을 둘러싼 논쟁을 펼친다. 이러한 논의는 식민지 조선에서의 '일선동조론(日鮮同祖論)'이나 '동조동근론(同祖同根論)' 등과 매우 유사하다는 점에 유의해야 한다. 류큐와 식민지 조선에 이러한 공통의 수사(修辭)가 등장하는 역사적 배경과, 그 논리전개의 유사성

---

10) 일본 본토 표준어를 전면적으로 사용할 것인가, 아니면 오키나와 고유의 언어를 지켜갈 것인가를 둘러싼 논쟁이다. 오키나와어 폐지운동을 비판하는 야나기 무네요시(柳宗悦)를 비롯한 일본민예협회와 일본(인)의 차별을 극복하기 위한 생활상의 '필요'를 주장하며 오키나와어 폐지운동을 주도한 오키나와 출신 지식인들의 논리가 대조를 이루며 첨예하게 맞붙었다.

11) 이하 후유(伊波普猷, 1876-1947). 오키나와현 나하(那覇) 출신의 언어학자이자 민속학자, 계몽가이며 '오키나와학(沖縄学)'의 아버지로도 일컬어진다.

12) 히가시온나 간준(東恩納寛惇, 1882-1963). 오키나와현 나하 출신의 역사학자로, 오키나와사에 관한 많은 저서를 남겼다.

과 차이에 주목할 필요가 있을 것이다.

(5) '복귀'와 '독립' 사이 : 전후(戰後) 미점령기

한국이나 타이완과 마찬가지로 오키나와도 일본이 물러가고 미국이 진주하는 과정에서 수많은 민간인 희생을 낳았다. 이른바 '철의 폭풍(Typhoon of Steel)'으로 비유되는 제2차 세계대전 막바지에 벌어졌던 '오키나와 전투'[13]에서 주목해야 할 점은 민간인 희생자가 더 많았다는 사실이다. 미군의 일본 본토 진공을 하루라도 늦추려던 일본 군부는 현지 주민을 '철혈근황대(鐵血勤皇隊)'[14]나 '히메유리 간호대(ひめゆり看護隊)'[15] 등에 총동원했으며, 적에 투항하거나 포로가 되기보다 '집단자결'을 강요했다. 민간인의 희생을 담보로 했던 오키나와전투는 황국사관과 군국주의가 일본본토와는 다르게 적용되었던 좋은 예라고 할 수 있다.

일본과 오키나와의 차별/차이는 전후에도 계속된다. 1950-60년대의 오키나와가 미국의 통치를 받게 되면서 전쟁의 끝이 아닌 그 연장선에 머물러야 했다면, 일본은 전쟁을 금하는 헌법, 즉 평화헌법체제를 내세우면서 경제대국으로 부활했고, 패전의 악몽으로부터 벗어났다고 할 수 있다.

이 시기의 오키나와 여론은 일본으로의 '복귀'를 희망하거나, 일본으

---

13) 1945년 3월부터 6월에 걸쳐 오키나와 제도(諸島)를 둘러싸고 벌어진 태평양 전쟁 최후의 대규모 지상전을 일컫는다.

14) 오키나와 전투에 아직 징병 연령에 달하지 못한 14-17세 소년들을 학도병으로 동원한 것을 이른다.

15) 오키나와 전투에서 종군간호부로 동원되었던 오키나와 사범여자부와 오키나와현립 제1고등여학교 학생과 교직원을 통칭하는 말로, 총 297명이 출정하여 이 가운데 208명이 전사하였다.

로부터의 '독립'을 지지하는 의견으로 양분된다. 특히 전자의 경우는, 일본을 경제력과 평화를 갖춘 이상적인 나라로 인식하고 오키나와의 아이덴티티를 일본에 동화함으로써 찾으려 했다. '우리 본토'라든가 '우리 조국'이라는 말이 유행한 것도 이러한 문맥에서이다. 또한, 이 시기에 다시 류큐・오키나와와 일본의 '단일(單一)' 내지는 '동일(同一)'의 논리나 '전통'의 가치를 (재)발견하고 창출하려는 움직임이 일게 된다.

이처럼 일본으로의 '복귀'와 일본으로부터의 '독립' 사이에서 길항하는 전후 미군정기의 오키나와인의 아이덴티티는 식민지 조선의 지식인들이 겪었던 갈등 양상과의 비교를 통해 보다 명확하게 드러날 것이다.

(6) 내부의 '식민지' : '복귀'에서 현재까지

1972년 오키나와는 일본으로 다시 '복귀'되었다. 그러나 '복귀' 이후에도 본질적으로 달라진 것은 없다. 오키나와에는 아직도 주일미군 기지의 75%가 집중돼 있으며, 이라크 전쟁이든 북한 핵실험이든 미군이 긴장하면 언제라도 오키나와 전체는 '전시 하'에 놓이게 된다. 오키나와는 지금도 항상 공격당할 것이라는 불안과 함께 존재해 오고 있는 것이다. 지적해 둘 것은 이처럼 오키나와가 일본 본토 방위의 최전선이 될 것을 강요하는 것은 다름 아닌 일본 정부라는 것이다. 그리고 그것을 지지하는 쪽 역시 '본토(일본)인'이라는 것이다. 이런 의미에서 아직도 오키나와는 일본 '내부의 식민지'라고 말할 수 있을 것이다.

지금까지 15C에서 21C에 걸친 류큐・오키나와의 시대구분을 통해, 각 시대의 류큐・오키나와인의 아이덴티티와 그 역사적 배경을 살펴보았다. 이를 통해 류큐・오키나와인의 아이덴티티는 일본인이라거나 류큐인이라는 고정된 개념으로 존재하는 것이 아니라, 정치 혹은 경제,

사회, 국제적 정세를 민감하게 반영하면서, 그 관련성 안에서 구축되어 왔음을 확인할 수 있었다.

4 결론을 대신하여

이 논문은 류큐 · 오키나와(인)의 아이덴티티 형성사를 문학 텍스트를 통해 파악하기 위한 시론이다. 바꿔 말하면 국가와 국가 간의 거대담론만으로는 설명되지 않는, 근 · 현대 일본이 안고 있는 다양한 층위의 논의들을 '일본'이면서 동시에 '이국(異國)'인 '오키나와'를 매개로 풀어보고자 한 것이다.

1장 「오키나와 연구의 유효성」에서는 오키나와 연구의 유효성에 대해 논의하였고, 2장 「오키나와 연구의 흐름」에서는 한국과 일본에서의 오키나와 연구의 흐름에 대해 개괄하였다. 이들 선행연구는 역사학이라든가 사회학, 여성학, 문학 분야에서 각각 개별적으로 논의되는 경향이 두드러짐을 알 수 있었다. 그 가운데 특히, 오키나와 문학 연구의 경우는 일본 연구자들 사이에서도 주류라고 할 수 없으며, 한국 연구자들 역시 이러한 경향이 두드러져 한국 연구자에 의한 오키나와 문학 연구는 거의 이루어지고 있지 않음을 지적하였다.

3장 「오키나와 역사와 오키나와 문학」에서는 기존의 오키나와 연구의 한계성을 보완 · 극복하기 위하여 15C에서 21C에 걸친 류큐 · 오키나와인의 아이덴티티 형성사를 문학 텍스트를 통해 파악하는 방법론과 그 논의의 유효성에 대해 제시하였다.

류큐 · 오키나와의 굴절의 역사와 일본 식민지배의 역사가 내포하는

‘지배/ 피지배’, ‘차별/ 피차별’, ‘억압/ 피억압’, ‘동화/ 배제’의 이항대립 구도를 다양한 층위에서 해체하고 비판하는 작업은 다음 과제에서 이어가도록 하겠다.

표 2 연구주제와 분석 대상 텍스트

<table>
<tr><th></th><th>연구 주제</th><th>분석 대상 텍스트</th><th>오키나와 사회 & 역사</th><th>일본 사회 & 역사</th></tr>
<tr><td>古琉球
15C후반-</td><td>왕권중심</td><td rowspan="3">『おもろそうし』1531 / 松山伝十郎『琉球浄瑠璃』1889 / 護得久朝置編集『宜湾朝保私家集松風集』1889 / 小那覇朝親『古今琉歌集』 上巻1895</td><td>中国をはじめ日本·朝鮮·東南アジア諸国に貿易船を派遣、貿易国家として繁栄 / 第二尚氏王朝創始1470</td><td>応仁の乱1567ー77 / 倭寇活動活発(第2次倭寇) / 室町幕府滅亡1573 / 豊臣秀吉、朝鮮侵略1592徳川家康、江戸幕府を開く1603</td></tr>
<tr><td>近世琉球
1609-</td><td>막번체제 속의 이국(異國)</td><td>王朝文化隆盛、琉球(沖縄)文化体系成立</td><td>享保の改革 / 日米和親条約調印1854</td></tr>
<tr><td>琉球処分
1879-</td><td>‘류큐인’에서 ‘오키나와인’ 되기</td><td>琉球藩廃止、沖縄県設置 1879 / 松田道之『琉球処分』刊行1879 / 県学務部『沖縄対話』編纂1880 / 笹森儀助『南島探検』1894 / 『沖縄県用尋常小学校読本』1898 / 徴兵令施行1898 / 第1回ハワイ移民団出発1899</td><td>大日本憲法発布1889 / 教育勅語発布1890 / 日清戦争1894-95</td></tr>
<tr><td>同化時期
20C초-</td><td>‘日琉同祖論’의 레토릭</td><td>山城正忠「九年母」1911 / 伊波普猷『古琉球』1911 / 宮城聰「故郷は地球」</td><td>河上肇舌禍事件1911 / 柳田国男、折口信夫来沖1922 / 那覇·首里に市制</td><td>日英同盟協約調印1902 / 日露講和条約調印1905 / 日韓併合1910 / 大逆事</td></tr>
</table>

		1934/ 伊波南哲『交番日記』1941 / 宮城聰『ハワイ』、伊波南哲『麗しき国土』1942 / 伊波南哲「勝つために」1944	実行1922 / ソテツ地獄始まる1924 /「日本文学」創刊1931 / 稲垣国三郎『琉球小話』1934 / 琉球ホトトギス発足1939 /「月刊民芸」沖縄方言問題を特集、「月刊沖縄」「那覇」創刊1940 / 方言論争1940	件被告人に死刑判決1911 / 第1次世界大戦1914ー18 / 関東大震災1923 / 普通選挙権法公布1925 / 治安維持法改正1928 / 満州事変1931 / 2·26事件1936 / 日中戦争勃発1937 / 国家総動員法公布1938 / 第2次世界大戦1939ー45
戰後 미점령기 1945-	'복귀'와'독립' 사이	火野葦平「島」1945 / 古川成美『沖縄の最後』1947 / 牧港篤三『心象風景』、大城立裕「明雲」1947 / 山田みどり「ふるさと」、沖縄タイムス編『鉄の暴風』1950 / 山里永吉「那覇は蒼空」、仲宗政善『沖縄の悲劇』1951 / 大城立裕「二世」、石野径一郎『沖縄の民』1956 / 霜多正次『沖縄島』1957 / 木下順二「沖縄」1961 / 牧港篤三『沖縄精神風景』1965 / 大城立裕『小説琉球処分』1968 / 島尾敏雄『琉球孤の視	米軍沖縄上陸1945 / GHQ日本と南西諸島の行政分離宣言、沖縄民政府発足1946	日本国憲法公布1946 / 韓国戦争1950ー53 / サンフランシスコ条約、日米安保条約調印1951 / 日米MSA協定、自衛隊設置1954 / 日ソ共同宣言、国連加盟1956 / 日米新安保条約調印1960 / ベトナム戦争1965ー73 / 日韓基本条約1965 / 大阪万国博開催1970 / 沖縄返還協定調印1971

		点から』1969／大江健三郎『沖縄ノート』1970		
'復歸'후 현재 1972-	내부 '식민지'	大城立裕『同化と差異のはざまで』、田宮虎彦『沖縄の手記から』1972／又吉栄喜「ジョージが射殺した猪」1977／又吉栄喜「ギンネム屋敷」1980／目取真俊「魚群記」1983／石原真太郎『秘祭』1984／芝憲子『沖縄の反核イモ』1986／目取真俊　「平和通りと名付けられた街を歩いて」1986／又吉栄喜　「豚の報い」1995／目取真俊「水滴」1996／目取真俊『群蝶の木』、『沖縄草の根·根の意思』2001／又吉栄喜『人骨展示館』2002／又吉栄喜『鯨岩』2003	本土復帰1972／「郷土文学」創刊1973／「沖縄思潮」創刊1974／「日の丸·君が代」促進決意1985／首里城正殿復元1992／「平和の礎」除幕1995／米軍による少女暴行事件1995／沖縄サミット2000／NHKドラマ「ちゅらさん」放映2001	日中共同声明1972／日中平和友好条約調印1978／国連平和協力方法案成立、ドイツ統一1990／和頑癬総、ソ連邦解体1991／「9·11」2001／米英、イラクと開戦2003

참고문헌

일본어 문헌

〈단행본·전집〉

- 伊波普猷,『琉球人種論』復刻, 榕樹書林, 1997.8
- ________,『古琉球』, 外間守善校訂, 岩波書店, 2000.12
- ________,『琉球文學』, 岩波書店, 1931.8(岩波講座日本文學)
- 伊高浩昭,『沖縄アイデンティティー：日本 (ヤマト) に取り込まれながら日本 (ヤマト) を相対視する思想 (ココロ)』, マルジュ社, 1986.10
- 高良倉吉,『琉球王国の構造』, 吉川弘文舘, 1987
- 鹿野政直,『沖縄の淵 : 伊波普猷とその時代』, 岩波書店, 1993.3
- 比屋根照夫,『近代沖縄の精神史』, 社会評論社, 1996
- 山下重一,『琉球・沖縄史研究序説』, 御茶の水書房, 1999.7
- 池宮正治[ほか]『琉球文学、沖縄の文学』、岩波書店、1996.5(岩波講座日本文学史 ; 第15巻)2(沖縄国際大学公開講座1)
- 照屋善彦,『戦後沖縄とアメリカ』, 沖縄タイムス社, 1995.11
- 深沢徹,『オリエント幻想の中の沖縄』, 海風社, 1995.7(南島叢書73)
- 熊谷直著,『琉球・沖縄受難史』, 新人物往来社, 1993.2
- 沖縄·韓国比較社会文化研究会『韓国と沖縄の社会と文化』, 第一書房, 2001.3
- 西成彦編,『複数の沖縄』, 人文書院, 2003.3
- 林泉忠,『「辺境東アジア」のアイデンティティ・ポリティクス：沖縄・台湾・香港』, 明石書店, 2005.2
- 冨山一郎,『近代日本社会と「沖縄人」:「日本人」になるということ』, 日本経済評論社, 1990.12
- ________,『暴力の予感 :伊波普猷における危機の問題』,岩波書店, 2002.6
- ________,『戦場の記憶』増補版 日本経済評論社, 2006.7
- ________,『記憶が語りはじめる』東京大学出版会, 2006.12
- 小熊英二,『<日本人>の境界 沖縄・アイヌ・台湾・朝鮮 植民地支配か

ら復帰運動まで』, 新曜社, 1999
- 岡本恵徳,『現代文学にみる沖縄の自画像』, 高文研, 1996
- 岡本恵徳・高橋敏夫,『沖縄文学選 日本文学のエッジからの問い』, 勉誠出版 2003

〈논문〉
- 比屋根照夫,「大正末期の思想史的断面－柳田国男と伊波普猷」,『沖縄史料編集所紀要』第7号, 沖縄県沖縄史料編集所, 1982
- 仲程昌徳,「明治期における沖縄文学研究の動向」,『琉球大学法文学部紀要 国文学論集』第31号, 1987
- 伊東昭雄,「「琉球処分」と琉球救国運動－脱清者たちの活動を中心に」,『横浜市立大学論叢』第38-2・3号, 横浜市立大学学術研究会, 1987
- 真栄平房昭,「人類館事件－近代日本の民族問題と沖縄」,『国際交流』第63号, 国際交流基金, 1994
- 荒川章二,「沖縄－同化的平和から自立・共生的平和へ」,『歴史学研究』第676号, 歴史学研究会, 1995
- 長谷川直子,「近代日本における東アジア世界再編の論理－井上毅の「琉球」・朝鮮論を通じて」,『総合研究』第3号 津田塾大学国際関係研究所, 1995
- 西里喜行,「琉球＝沖縄史における 「民族」の問題－琉球意識の形成・拡大・持続について」,『新しい琉球史像・安良城盛昭先生追悼論集』, 榕樹社, 1996
- 朱惠足,『目取真俊の小説における沖縄と 「身体」の政治学』, 名古屋大学大学院人間情報学研究科, 博士学位論文 2001

한국어 문헌

〈단행본〉
- 도미야마 이치로(임성모 옮김),『전장의 기억』, 이산, 2002년
- ____________(손지연·김우자·송석원 옮김),『폭력의 예감』, 그린비, 2009년
- 정근식 외,『기지의 섬, 오키나와 : 현실과 운동』, 논형, 2008년

• ________, 『경계의 섬, 오키나와 : 기억과 정체성』, 논형, 2008년

〈논문〉

• 현용준, 「古代韓國民族의 海洋世界」, 『文化人類學』第5輯, 한국문화인류학회, 1972
• 최길성, 「오끼나와 샤만에 대하여」, 『文化人類學』第5輯, 한국문화인류학회, 1972
• 임성모, 「잠재주권과 "재일(在日)"의 딜레마 -점령 초기 오키나와와의 지위와 정체성」, 『한일민족문제연구』 Vol.10, 한일민족문제학회, 2006
• 박훈, 「류큐처분기 류큐 지배층의 자국인식과 국제관」,『역사학보』 Vol.186, 역사학회, 2005
• 남창희, 「오키나와 주일미군 기지조정 정책결정 요인에 대한 연구: 미군, 일본정부, 지자체, 주민 간의 협상 과정을 중심으로」, 『일본연구논총』 Vol.19, 현대일본학회, 2004
• 문소정, 「동아시아 맥락에서 본 오키나와 여성평화운동」, 『사회와역사』 제71집, 2006
• _____, 「오키나와 반기지투쟁과 여성평화운동」, 『사회와역사』 제69집, 2006

日本學研究의 地平과 再照明

漢字音における円唇性をめぐって

東ヶ崎 祐一*

要旨

중국어의 역사를 개관하면 음운변화를 일으키는 요소인 음운현상이 몇 개 존재함을 알 수 있는데, 본 고에서 든 "원순성(圓脣性)"은 그 안에서도 특히 중요한 것이었다. 본 고에서는 원순성이 관계된 현상으로서의 원순성 요소가 중국어의 통시적 음운변화에 끼친 영향, 음절 내에서 원순성 요소가 출현한 현상으로서, 주로 가운(歌韻) 설치음자(舌齒音字)의 음운변화의 출현을 중심으로 고찰했다.

키워드 漢字音、中古漢語、古官話、円唇性、合口

1

中国語史上で、漢字音の輪郭がはっきりしてくるのは『切韻』(601序)が編纂された隋代以降であり、B. Karlgrenの "Études sur la phonologie

* 慶熙大学校 日本語学科 助教授。

chinoise"(『中国音韻学研究』、1954)以来、『切韻』あるいはその改訂増補版 『広韻』(1008成立)にみられる中古漢語の音を基準として、音韻史が構築されることとなった。

この中古漢語から、現代の中国で話される北京語を初めとする諸方言の間には、非常な隔たりが生じている。音韻に話題を限れば、中古漢語に見られる精密な音の区別を残している方言はどこにも残っておらず、すべての方言が大きな変化を被っている。現代語のうち標準語としての地位を得ている北京語も、濁音や入声など様々な音韻的特徴を、中古漢語からの歴史的な変遷のうちに変化させている。

中古漢語以来の中国語の歴史を概観すると、音変化を推進させる要素となり得る音韻現象がいくつかあることに気づく。ここで取り上げる「円唇性」は、その中でも特に重要なものである。これは一つには音節内での出現に強い制約があること、一つには音節内に新たに発生することが少なく、その新規の出現事態が音韻史にとっての重大な問題となりうるものだからである。本論ではこの円唇性の「制約」と「発生」について、いくつかの現象を取り上げ、整理してみたい。特に一貫した論旨はないが、以前から円唇性に関わる現象について整理しておきたかったので、これを執筆した次第である。

2

中国音韻学の概念の1つに 「合口」があるが、これは声母(頭子音)の後ろに u 介音のある音節の意味で、「開口」(u 介音のない音節)と対立させて用いられる。現代北京語[1]で言えば、例えば「干」は kān であるのに対し、「官」は kuān であるが、このようなミニマルペアにおいて「干」は u 介音を持たないので開口、「官」は持つので合口、ということになる。この対立は無論それ以前の中国語にも存在していたわけで、中古漢語では「干」はkɑn平、「官」はkuɑn平 である[2]。

ただしこれにはいささか問題のあるケースがあるわけで、例えば声母が唇音である場合、開口と合口(開合)の対立は原則として存在しない[3]。『広韻』においては開口と合口で韻を違えているもの(例：文韻 iuən と欣韻 iən；魂韻 uən と痕韻 ən など[4])がいくつかあるが、それらの場合でも唇音は普通どちらか一方にのみ属している。

また、主母音や韻尾が円唇母音、あるいは韻尾が円唇性を持った子音である場合、u 介音が現れることはなく、従ってこのような音節でも開合が対立することはない[5]。たとえば中古漢語の模韻 o には対立すべき *uo が存在せず[6]、また閉口韻と称される -m(-p) 韻尾をもつ韻

---

1) 以下特に断らない限り「現代語」とは現代北京語(北京官話)のことを指す。

2) ここでは中古漢語の音表記については平山(1967)に(ただし私見により若干の修正を施してある)、古官話については楊(1981)に、その他の時代や音韻資料についてはそれぞれの資料に従った。なお現代語の音声表記については、拼音表記あるいはそれをもとにした簡略音声表記である。

3) 例外的に対立が存在するものがあるが(「倍」簿亥切bʌi上：「琲」蒲罪切buʌi上など)、これらは遠藤(1991)によれば ʌi と uʌi が開合の関係にありながら韻を異にしていること(ʌi 咍韻：uʌi 灰韻)、および先行韻書の所属を踏襲したことにより、同一音であるはずの小韻が違う韻に所属することとなり、見かけ上の対立を来したものであり、真の音韻対立ではない。

4) 以下必要のない限り、声調については表記を省略し、また中古漢語の韻目では平声をもって上・去声をも代表させる。

5) 現在の北京語では uo [wo] のような音形が現れるが(例：朵 duǒ)、これは音韻論的には /uə/ と解釈されるものである。/o/ と対立すべき /uo/ も、そもそも音素としての /o/ も存在しないからである。

6) 三根谷(1972)や平山(1967)においては、模韻自体が /uə/ と解釈される。対応す

はすべて合口韻を持たない。

そもそも、中古漢語は円唇性・唇音性の出現に関して非常に制約が強く、前述の通り声母が唇音である場合に合口介音は現れることがないだけでなく、唇音声母と円唇性韻尾の間にも制約というべきものが存在する。たとえば、-m(-p) 韻尾をもつ韻の場合、唇音を声母にもつ字が非常に少ない。しかも、その少数の字(「品・凡」など)も、古官話(近世漢語、『中原音韻(周徳清編、1324成立)』に代表される音体系)までにすべて韻尾が異化を起こして -n に変化してしまう[7)]。

(1) 品：中古 pʰɪem 〉古官話 pʰin 〉現代語 pʰin
　　凡：　　bɪʌm 〉vɪɛm 〉fan 〉　fan

これに対して -u 韻尾の場合には、共時的にはそのような制約は見られず唇音字も他と変わらず多数存在する。ところが、通時的に視点を転じてみると、事情はさほど簡単ではない。すなわち、中古漢語以降の変遷をみていくと、外転の効摂唇音字では広母音＋ -u 韻尾の形で安定しているものの、内転の流摂唇音字では、複雑な変化が起こっている。すなわち、(i) 中古音とほぼ同じ、(ii) 主母音と韻尾が融合して

べき開口 /ə/ が存在しないが、これは上古漢語における模韻の祖形 *a、*ua が、主母音の後退および円唇化を経て合流してしまったからと考えられる。

7) 現代語においては -m 韻尾自体が -n 韻尾に合流して、消滅している。

遇摂に転入、(iii) 主母音が広母音に変化して効摂に転入、の3通りに分裂するのである。

(2)

		中古		古官話	現代語
(ｉ)の例	剖：	pʰəu 〉		pʰəu 〉	pʰəu
	否：	pɪəu 〉	fɪəu 〉	fəu 〉	fəu
(ii)の例	母：	məu 〉		mu 〉	mu
	富：	pɪəu 〉	fɪəu (〉fəu) 〉	fu 〉	fu
	謀：	mɪəu 〉	məu 〉	mu 〉	məu
(iii)の例	茂：	məu 〉		mau 〉	mau
	繆：	mɪeu 〉		miəu 〉	miau

流摂唇音字は、尤韻明母三等字が軽唇音化よりも早い時期に直音化・母音融合を起こす(河野1954)など、他の唇音字や流摂字とは違う変化を起こしているが、このように「迷走」とでも言うべき変化を起こした理由としては、本来の形を保存するか、安定した音形を目指すかでせめぎ合いのようなことが起こったからと推測される。流摂唇音字の音形が不安定で好まれなかったことは、遇摂や効摂の唇音字に、流摂へ転入するものがないことからも伺える。

しかも「謀」のように、古官話～現代で再度の変化を起こしたようにみえるものもある。ただこれは、əu 〉 u 〉 ou /əu/ のように先祖帰りを起こしたと考えるよりも、mu の他に məu のような音形が(『中原音韻』には記載されていないものの)存在し、現代に至るまでに再度浮上してきたと考えるべきであろう。実際『蒙古字韻』(1308以前に成立)においては、流摂唇音字のうち直音のものは他と区別されて -uw(『古今韻会挙要(熊忠編、1297成立)』の裒字母韻)あるいは　-ow(同浮字母韻、ただし奉母字のみ)となっている。実際の音価についてはともかく、流摂唇音字の韻母が əu あるいは ou のような音形で統一されていた有力方言も存在したことを伺わせる。

以上、冒頭から述べてきた、音節内における円唇性の共起関係を図表にまとめると、以下のようになる。

(3) 円唇性の共起関係

前 \ 後	円唇介音	円唇母音	-u韻尾	-m韻尾
唇音声母	△(対立なし)	○	○ (→一部△)	○(少)→×
円唇介音	-	×	×	×
円唇母音	×	-	×	×

上の表を見ると、唇音声母の直後に u や o などの円唇母音(介音を含む)が来るのは問題がなく、母音同士や母音と韻尾の間に共起関係の制約が強く働いていることがわかる。そして、唇音声母と円唇性韻尾の間では制約が緩いが、前掲の流摂唇音字の場合を考えると、その制約の緩さが、却って音変化の契機になっていると解釈できるのである。

中国語の場合、円唇性に関してはもう1つ注意すべきことがある。それは前に述べたことと関連しているが、(3)の表で×の入る欄のような

状態に音節がなった場合、速やかにそれを解消するような変化が起きるのである[8)]。

中国語史を見ていくと、その変化の過程において uau のような韻母の形式が、わずかな期間ではあるが存在していた。具体的には、中古漢語から古官話へ変化する過程の中で入声韻尾が消失し、そのうち一部で代わりに新たな母音韻尾が発生したが、その結果 -k 韻尾の一部が -u となり、uau のような形式が発生したのである。

uau の類の音形は『蒙古字韻』において確認できる。この「十蕭」に、入声鐸韻合口および開口正歯音・覚韻舌歯音に由来する -ŭaw(『古今韻会挙要』の郭字母韻)、また薬韻合口由来の -ŭew(同矍字母韻)が存在し、それぞれ実際の音価は [uau]、[iuau] であったと推定される。また『中原音韻』の「蕭豪韻・入声作平声陽」には「鑊」一字のみから成る小韻が存在し、「鶴 hau」小韻と区別されている。「鑊」は xuau と推定されるが、『蒙古字韻』から類推すれば同韻内の「入声作平声陽」の「濁」小韻、および入声作上声の「郭」「捉」「戳」「朔」の各小韻も韻母が uau であった可能性が高い。

(4) 郭：中古 kuɑk 〉 古官話 kuau 〉 現代語 kuo
　　朔：　　 sauk 〉 　　　 suau 〉 　　　 suo[9)]

無論、このような形式は現代に至るまでに解消され、今ではどの方

8) 筆者は既に東ヶ崎(1995)において、上古漢語～中古漢語の変化において、介音と韻尾にともに u が現れる形の音変化について言及したことがある。
9) 本来開口であるはずの鐸韻開口正歯音・覚韻舌歯音が u 介音を発生させた理由については、次章を参照されたい。

言にも残っていない。中古漢語での uau は主母音と韻尾が融合し、現代語では「郭」guō、「鑊」huò、「捉」tʂuō のような形になっている[10)]。

さて、中古漢語以降の中国語の歴史を見ていくと、だいたいにおいて開合の別は保たれているのだが、その中でもいくつか、例外的に開口が合口になる、すなわちu介音が発生する現象が見られるのである。それは以下の通り。

(ア) 江韻舌歯音(知組・荘組)および陽韻歯上音(荘組)の合口化
(イ) 歌韻舌歯音(端組・清組)の合口化

このうち(ア)の江韻 auŋ については、韻尾が円唇性を失う過程(aŋw 〉 aŋ)で、舌歯音声母でのみ、代償的に u 介音を発生させた変化である。

(5) 窓：中古 tʂʰauŋ 〉 古官話 tʂʰuaŋ 〉 現代語 tʂʰuaŋ

なお、牙喉音声母ではこの現象は起こっていない。その理由は以下のように考えられる。すなわち、中古漢語から古官話へ変化する過程

10) この形は『中原音韻』における別音 huo(歌戈韻・入声作平声陽)に一致するが、uauの主母音と韻尾が融合して o となり、結果的にもう一つの音と同じ形になった可能性もある。

で、二等韻開口牙喉音字にのみ起こった拗音化(a 〉 ia)により、合口化が阻止されたのである。拗音化は同じ二等韻でも、逆に合口韻においては起きておらず、合口性と拗音化が互いに変化を阻害し合っていたことがわかる。また唇音声母についてはそもそも u 介音の有無が音韻的に意味をなさず、たとえ u 介音が発生したとしても音韻的に意味のある変化とはならない。実際、『中原音韻』でも『蒙古字韻』でも江韻唇音字は唐韻唇音字と全く合流していて、介音の発生による対立は観察できない。

(6)	江：	中古	kauŋ	〉 古官話	kiaŋ	〉 現代語	tɕiaŋ
	邦：		pauŋ	〉	paŋ	〉	paŋ
cf.	関：		kuan	〉	kuan	〉	kuan
	間：		kan	〉	kian	〉	tɕiɛn

ただ、この現象で不思議なのは、陽韻歯上音字(荘・霜など)も江韻に引かれるように、合口化していることである。

(7) 荘：中古 tʂɪaŋ 〉 古官話 tʂuaŋ 〉 現代語 tʂuaŋ

これは江韻の場合のように変化の継起となるべき円唇性が韻尾に存在せず、それゆえ u 介音が発生する原因も説明が困難である。橋本(1974)では「捲舌音に自然に伴う唇音化(p.63)」によるものと説明しているが、たとえその説明が妥当であったとしても、なぜこの変化が江摂・宕摂のみで起こったのか、なぜ他の韻で歯上音声母字が合口化していないのかを説明できない。『蒙古字韻』でこれらの韻母が -haŋ [ɯaŋ] となっている(『古今韻会挙要』の荘字母韻)ことからすると、他では消失している i 介音が、ɯ の形で残っていることがわかる。歯頭音(荘組)に後続する i 介音は、主母音が広い場合(外転)では消失して同摂内の二等韻に合流するが11)、二等韻を持たなかった宕摂では i 介音がɯ の形で残存し、それが二等韻である江韻(江摂)が宕摂に近似・合流同一の音形を取ろうとした、という推測ができる。

もう一つ(イ)の方の変化は、(ア)よりも丁寧な説明が必要であると思われる。

中古漢語の果摂、すなわち開口の歌韻 ɑ と合口の戈韻 uɑ は、古官話では韻母がそれぞれ o、uo に変化する12)。

(8) 歌：中古	kɑ	〉	古官話	ko	〉	現代語	kɤ
波：	puɑ	〉		puo	〉		po
過：	kuɑ	〉		kuo	〉		kuo

そしてこのとき、歌韻舌歯音字においては u 介音が発生し、その結

11) 既に『広韻』においては荘組拗音は外転韻においてはほぼ消失しているが、「醆(士山切、山韻開口)」：「潺：士連切(仙韻開口)」のような対立も一部残っている。

12) ただしこの母音 o のより正確な性質については議論が分かれていて、佐藤2002ではこれを明確に「円唇母音」と規定しているが (p. 63)、藤堂1979および吉池2005ではこれを非円唇母音 ɤ あるいは ʌ とする。吉池2005ではモンゴル語対音などで歌韻字がモンゴル語の e を表記することから、これらの韻母を ɤ と推定した。

果これらは戈韻舌歯音字と合流する。

(9)	多：中古	tɑ	〉	古官話	tuo	〉	現代語	tuo
	左：	tsɑ	〉		tsuo	〉		tsuo
	朶：	tuɑ	〉		tuo	〉		tuo
	座：	dzuɑ	〉		tsuo	〉		tsuo

このｕ介音の発生に伴う『中原音韻』であるが、中古漢語からそこまでの間に現れる資料には、様々な状況が確認される。以下、手許で確認できる音資料をもとに、その変化を跡づけていきたい。

6.1『蒙古字韻』『古今韻会挙要』

『中原音韻』に比較的近い時代の音体系を示す『古今韻会挙要』や『蒙古字韻』では、果摂舌歯音字の開合合流は起こっていない。

(10)『蒙古字韻』での状況(音表記は服部1946による)

多 to ≠朶 tu̯o, 佐 tso ≠挫 tsu̯o, 羅 lo ≠騾 lu̯o

なお、『蒙古字韻』における果摂舌歯音の開合区別について「当時の実際の音声を反映したものではなく、韻図などの伝統的な情報に基づいて理論的に作られたもの」と見なす立場(中村2006)もある。しかし筆者はこの考えには同意しがたい。なぜならば、第一に『蒙古字韻』以外にも『古今韻会挙要』でも果摂舌歯音での開合の区別が残っているため、第二に北方官話系方言の晋語に果摂舌歯音の開合を区別する方言が存在するためである。

(11) 太原方言における例

/ə/ 多 tɤ11　左 tsɤ53　蘿 lɤ11

/uə/ 朶tuɤ53　妥 tʰuɤ53　坐 tsuɤ45

上記考察では『中原音韻』でも『蒙古字韻』でも果摂舌歯音の開合については同一の状況だったと考えているが、むしろこの2つの音資料については同一の方言によったとは考えられない[13]ため、『蒙古字韻』や『古今韻会挙要』での区別を否定する必要性はない[14]。

6.2『鶏林類事』

『鶏林類事』は高麗粛宗王の8年(1103)に、宋の書状官として高麗を訪れた孫穆(生没年不詳)が、高麗の制度・風習・文物・言語を記録したものとされる[15]。本来は3巻であったらしいが、原本は早くに失われ、現在見られるものは陶宗儀編『説郛』に収められた節録本、およびその『五朝小説大観』『古今図書集成』などに転載されたもののみである。

現行の『鶏林類事』は、政治制度や風習などについて記録した部分については大幅に省略されており、大部分が高麗の「方言(すなわち高麗の言語)」についての記録である。そこに挙げられた項目(数え方や底本によって相違があるが、おおよそ360条前後)はハングル成立以前の韓

13) 『中原音韻』の拠った「中原之音」は、楊(1981)によれば北方地域で広く用いられた共通語音であるという。一方『古今韻会挙要』は、花登(1997)の第6章によれば、南方音系の共通語音という。

14) 『古今韻会挙要』の音体系は『蒙古字韻』とほぼ一致するため、同一の淵源から発していているのは間違いなく、そのため証拠にはならないという考え方もあろう。しかし花登(1997)にみるとおり、その音形は現実の語音の観察に拠っていると考えれば、なおさら『蒙古字韻』の音表記は無下には扱えなくなるのである。

15) 陳泰夏 1974による。

国語(高麗語)の語形を記録しているものとして、非常に貴重な朝鮮語資料である。逆に高麗語の語形としてほぼ確定した項目に使われた漢字音は、当時の中国語、すなわち著者孫穆の母語である宋代中国語の音韻的特徴を知る手がかりとして使うこともできるのである。

この『鶏林類事』の中には、果摂字が韓国語の円唇母音、오 o や우 u を表記していると考えられる箇所がいくつかある[16)]。

(12) a. 金日那論歳(노ᄅᆞᆫ/누른 쇠 norʌn/nurɯn soi)
黄日那論(노ᄅᆞᆫ/누른 norʌn/nurɯn)
索日那(노 no(h))
索縛日那木香(노 뭇거 no muskə)
高日那奔(노ᄑᆞᆫ nophʌn)
椅子日駝馬(도마 toma)
誰何日餧箇(누고, 뉘 nuko, nui)
b. 鴿日弼陀里(비두리 pituri)
延客入日屋裏坐少時(오ᄅᆞ 주쇼셔 orʌ cu-syosyə)

これらの例を見ると、오 o や우 u の表記に用いられているのは「箇」を除き果摂舌歯音字である[17)]。一方、果摂舌歯音字が円唇母音以外の表記に用いられるのは 「沙羅日戌羅(소라 sora)」、「相別日羅戯少時(여희쇼셔 yəhɯi-syosyə)」および動詞語尾 -라 -ra を示すのに用いられる「囉」のみである[18)]。

---

16) 以下の内容は東ヶ崎(2005)の p.279で述べたことに些か修正を加えたものである。

17) これは누고の第2音節を、中国語で代名詞や数詞の接辞として用いられる「箇」に相当するものと見なして、表意性を込めて表記した可能性もある。

18) このうち「沙羅日戌羅」の例は漢語側の表記に引きずられた可能性、「囉」についてはこの字が仏典音訳など外国語音の転写の際に ra を表記するのに使われる字音訳字の中には、「那」「駝」「陀」のような開口字が混じっている。すなわち、これらの音が既に合口化し、かつ主母音も古官話と同様 ɑ 〉o の変化が起こっていたからこそ、円唇母音の音訳に使われたのである。

以上のことから『鶏林類事』が成立した12世紀初頭には、既に果摂舌歯音字が合口化していたと考えられる。

6.3『皇極経世書声音唱和図』

『皇極経世書声音唱和図』は、北宋の邵雍(1011-1077)が著した字母表であり、その示す音体系は、それ以前の韻図に比べて非常に革新的で、11世紀の中国語音をかなり良く反映していると考えられている[19]。

この図の中で、果摂韻母は「一声」と呼ばれる部分に出現するが、そこでは開口を「闢(日)」、合口を「翕(月)」で示し、更にそれを声調によって4つに分類している。ただし入声(閉鎖音韻尾)はこの資料では同一調音点の鼻音韻尾(陽声韻)ではなく、類似の開音節(陰声韻)に配され、「一声」においても山摂入声(広母音＋ -t 韻尾)が置かれている。

(13)		平	上	去	入
	闢日	多	可	个	舌
	翕月	禾	火	化	八

これを見ると、果摂字は「多」「可」「个」「禾」「火」の5つだが、仮摂

であったことに理由を求められよう。

19) 『皇極経世書声音唱和図』については、詳しくは周 1936 および平山 1993 を参照。

麻韻(a, ua, ia)の字「化」と同一の列に配置されていること、また舌音字「多」が「鬮」の欄に配されていることから考えて、『唱和図』の音体系では、舌歯音の合口化はおろか、母音の変化(ɑ 〉 o)すら起こっていないと考えられる。果摂歌戈韻と仮摂麻韻はどちらも韻尾ゼロで、中古漢語では主母音の前後のみの違いしかなく、唐代でも古体詩など比較的緩い押韻では押韻することもあった。それらが同一の列にあるということは、果摂と仮摂の主母音が依然近いままであったことを意味している。

6.4『集韻』

『集韻』(1039成立、丁度等奉勅撰)は切韻系韻書の1つである。その体裁は『広韻』の増補版であるが、反切や小韻の配列、文字の注釈などには大幅な改変が加えられている。すなわち、反切は下字だけでなく上字でも開合の区別を表すようになり、また類似の音は近接するよう配列して検索の便を図ってある。

この『集韻』においては、中古漢語の音体系で歌韻舌歯音小韻の多くが、戈韻 uɑ へ移されている[20] (邱1974) 。これらをいま表にして挙げれば、以下の通り[21]。

20) ただし対応する戈韻の音節とは別項目になっていて、反切下字も歌韻のものが使われている。

21) 戈韻には三等韻字の小韻もいくつか含まれているが、それらは省略した。

(14)

	(平声)歌		(上声)哿		(去声)箇	
端			嚲典可切		跢丁賀切	
透			袉他可切			
定			拕待可切		馱唐佐切	
泥			娜乃可切		奈乃箇切	
来			砢郎可切		邏郎佐切	
精			ナ子我切		左子賀切	
清			瑳此我切		磋千个切	
従						
心			縒想可切		些四箇切	
見	歌居何切		哿賈我切		箇居賀切	
渓	珂丘何切		可口我切		坷口箇切	
疑	我牛河切		我語可切			
暁	訶虎何切				呵許箇切	
匣	何寒歌切		荷下可切		賀何佐切	
影	阿於河切		閜倚可切		侉安賀切22)	
	(平声)戈		(上声)果		(去声)過	
幫		波逋禾切		跛補火切		播補過切
滂		頗滂禾切		頗普火切		破普過切
並		婆蒲波切		爸部可切		𦒎步臥切
明		摩眉波切		麼母果切		磨莫臥切
端	多當何切	埵都戈切		朶都果切		桗都唾切
透	他湯何切	詑土禾切		妥吐火切	拕他佐切	唾吐臥切
定	駝唐何切	牠徒禾切		惰杜果切		惰徒臥切
泥	那囊何切	羸盧戈切		娜努果切		愞奴臥切
来	羅良何切	挼奴禾切		裸魯果切		羸盧臥切
精	嵯遭哥切	侳臧戈切				挫祖臥切
清	蹉倉何切	遳村戈切		脞取果切		剉寸臥切
従	醝才何切	矬徂禾切	䔋才可切	坐粗果切		座徂臥切
心	娑桑何切	衰蘇禾切		貟損果切		膹蘇臥切
見		戈古禾切		果古火切		過古臥切
渓		科苦禾切	坷苦我切23)	顆苦果切		課苦臥切
疑		吪吾禾切		婐五果切		臥吾貨切
暁				火虎果切		貨呼臥切
匣		和胡戈切		禍戸果切		和胡臥切
影		倭烏禾切		婐鄔果切		涴烏臥切

22) これの重複小韻として韻末に「椏：阿个切」が現れる。

23) 「可：口我切」と「坷：苦我切」は重複するが、後者がなぜ合口果韻にあるかは未詳。

(14)の表を見ると、確かに平声では舌歯音小韻がすべて合口の戈韻に移動されている。しかし上声・去声で開口から合口へ移動された小韻はわずかであり、偏りが大きい。

この状況をいかに解釈すべきか。邵1997では、編者の一部の出身地の方言にその原因を求め、平声にのみ集中的に小韻の移動が起こっているのは、それが意図的なものではなく、方言の影響で意図せず起こってしまったものだからだとした。この見解の妥当性はさておき、平声の状況を見る限りでは、後世の状況と酷似しているのはまぎれもないことであり、そこから考えれば、11世紀の中国語のある方言で、歌韻舌歯音字の合口化、もしくは果摂主母音の変化が起こっていた可能性は決して低くない。

6.5『説文解字繋伝』反切

10世紀に成立した『説文解字繋伝[24)]』の反切(以下、繋伝反切と略称)は、中古漢語と古官話のほぼ中間の時代に位置する時代の音資料で、『集韻』とも比較的成立年代が近い。

繋伝反切の特徴については、その研究の草分けとなった厳(1943)に詳しい。そもそも伝統的な反切では、u 介音は反切下字で表されるのが通例となっている。

(15)『広韻』の反切例

歌 kɑ：古 ko 俄 ŋɑ 切 干 kɑn：古寒 ɣɑn 切

---

24)『説文解字繋伝』とは、南唐の徐鍇 (921-975) が著した『説文解字』の注釈。各文字には、朱翺(生没年未詳、徐鍇と同時代人)の付けた反切がある。

単 tɑn：都 to 干切
戈 kuɑ：古禾 ɣuɑ 切 官 kuɑn：古丸 ɣuɑn 切
端 tuɑn：多 tɑ 官切

しかし厳(1943)によれば、繋伝反切では反切下字が u 介音を表さず、むしろ反切上字で表そうとしている例が多い 。

(16)『説文解字繋伝』の反切例
行 ɣɛŋ：閑 ɣɑn 横 ɣuɛŋ 反 歌 kɑ：更和反
横 ɣuɛŋ：戸ɣu 更 kɛŋ 反 和 ɣuɑ：戸歌反

このことを念頭に置いて、検討を行う。

繋伝反切の中で歌戈韻字の反切は、延べ数157(異なり数87)、うち歌韻字が 65 (36)、戈韻字が 92 (51) である。詳しい内訳は下表を参照[25]。

(17)

		平声		上声		去声	
		歌	戈	哿	果	箇	過
唇音	幫		補陀2		晡顆2 布火		補貨2
	滂		滂阿		鋪妥		鋪臥

25) 以下の表の反切には東ヶ崎(2008)および同(2009)の校勘の結果を反映させてある。また 「○○切」の形式になっている、明らかに大徐本(徐鍇の兄、徐鉉の校訂した『説文解字』)の反切が竄入したものについては除外した。更に「娷：在多反」についても、汪啓淑本・述古堂本にみられる「古多反」が古形と認定されるが、上字が見母、帰字が従母と一致しないため、何らかの誤りが含まれているものとして除外した。

			浦何				
	並		歩他2 部何				
	明		沒訛2				莫播
舌音	端	兜戈		兜禍	兜果7	丁佐	
	透	弍羅2	吐戈				吐破
	定	豆科3			特妥4 禿頗2	図坐2	徒臥
	泥	奴何2 乃多	奴戈2		奴埵		
半舌	来	婁何2	魯戈3	勒娜	盧跛2		魯坐4
歯音	精			則可		則箇2	祖臥2
	清				此左2		
	従	残他2 残陀2 昨挼 昨何 粗何 才他	泉和2 慈戈		徂可		
	心	先多2	宣訛2 宣靴		先火3 斯果		
牙音	見	更和6	古多4	間果	骨朶4	古賀	
	渓		苦何2 苦和2	肯我	苦堕2 苦禍	刻箇 可貨	
	疑	偶和8	五他2 五陀	顔左 頷左	五果	岸播	呉貨
喉音	暁	献他2 虎何			呼朶2		毀過
	匣	閑俄4	戸歌3 戸哥		戸果 胡妥 胡顆	候箇	
	影	鷖何4 一何		悪可	烏禍		烏過

上記の表から、舌歯音字の反切のみを抜き出せば、その数は延べ72

(異なり39)、うち歌韻が29(19)、戈韻が43(20)となる。

この舌歯音字の反切上字を見ると、次の通り。

(18)

	歌		戈	
声母	上字開口	上字合口	上字開口	合口
端	兜2 丁		兜7	
透	忒2		特4	吐2 禿2
定	豆3	図2		徒
泥	乃	奴2		奴3
来	婁2 勒			魯7 盧2
精	則3			祖2
清			此2	
従	残4 昨2 才	粗	慈	泉2 徂
心	先2		先3 斯	宣3
合計	24(12)	5(3)	18(6)	25(10)

(18)の表をみると、確かに歌韻では反切上字に開口を使う傾向が強いことが見て取れるが、戈韻では延べ数で 25/43(58.1%)、異なり数で10/25 (62.5%) と、多少優勢ではあるものの、決して合口字を上字に使う傾向が強いとは言えない。しかも、歌韻舌歯音字が合口化しているならば反切上字に合口が使われる傾向が強くなることが予想されるのに、実際にはそうなってはいないのである。

では、本当に繫伝反切には歌韻舌歯音に u 介音が発生していなかったのだろうか。実際、反切を詳細に検討していくと、そう考えたのではうまく解釈できないものがあるのである。すなわち、下記の如く反切と帰字の開合が一致しない例があるのである。

(19) a. 反切上字・下字合口、帰字開口となる例

　　祂陊 dɑ：図 du 坐 dzuɑ 反

b. 反切上字・下字開口、帰字合口となる例

　　莝剉 tshuɑ：此 tshi 左 tsɑ 反

上の例のうち (19a) については、同様の反切が繫伝反切には散見され、(17) の表においても「莪 ŋɑ：偶 ŋɪu 和 ɣuɑ 反」のような例があるため、異例とするにはあたらない。

しかし (19b) の例は、舌歯音声母のもとで u 介音が発生していたと考えなければ、解釈が出来ない。このことは、介音の発生という変化が、繫伝反切にみられる音体系で始まっていたことを示していると考えられる。

一方、『繫伝』反切には、合口字の反切でありながら上字も下字も開口であるものが相当数あり、このことから (19b) のような例は合口介音の非表示であって音韻変化を示すものではないという反論もできよう。たしかに繫伝反切には、そのように考えるしかないものがいくつか散見される。

(20) 反切上字・下字開口、帰字合口である反切の例[26)]

止摂支韻・脂韻 厜惢崒： 津宜反

臻摂諄韻 恂： 息寅反

26) このほかにも、反切上字が魚韻 iə 字であるものがあるが(匀：與因反など)、これらについては魚韻自体が主母音の円唇化を起こしていた可能性が高いので、例からは除外した。

均鈞： 堅鄰反

山摂獮韻 耎： 爾件反(開口と同一反切)

鱄： 職件反

線韻 鄄： 擊箭反

轉： 智箭反

麻韻 髽： 鄒茶反

養韻 往： 又兩反

しかし、(20) の例と (19b) の例の間には決定的な違いがある。すなわち (20) の例を見ると、「髽」「往」以外はその帰字の所属はすべて拗音韻、しかも声母は知組三等・章組・精組四等・見組四等(重紐A類)という、強口蓋性の i 介音を伴うものばかりである。更にこれらは止摂・臻摂・山摂という、主母音もしくは韻尾が舌尖的な韻のみに集中して現れている。これらのことから考えると、(20) は口蓋性の強い i 介音の影響を受け、円唇性が弱まって反切に反映されなくなった、と説明できるのである。

また「髽」「往」についても、反切上字が -u 韻尾を持つ尤韻字であり、韻尾の影響で声母が合口的傾向を帯びていた可能性がある。

これに対し、(19b) の例は帰字が i 介音も舌尖的韻尾も持たない歌韻字であり、また反切上字「此」も -u 韻尾を持たない。そのため (20) のような説明をすることができない。また反切上字が u 介音を持っていたと考えることは困難であり、結局 (19b) の例は、反切下字「左」が u 介音を発生させていたと考える以外には説明しえない[27]。

27) これは実は興味深い例である。朝鮮漢字音では「左」「佐」が合口相当の좌という形で現れるが、これは繋伝反切で「左」が合口化していたことと符合するのである。朝鮮漢字音の状況について河野(1968)では合口化していた形の反映という

以上のことから、繋伝反切の音体系では、少なくとも一部の歌韻舌歯音字に u 介音が発生していたと考えられるのである。

6.6

前段までのことから、歌韻舌歯音字の状況を資料ごとにまとめると、以下のようになる。

・『説文解字繋伝』反切：u 介音が発生していたと考えられる例あり
・『集韻』：歌韻舌歯音字の合口化、もしくは果摂主母音の変化を反映?
・『皇極経世書声音唱和図』：中古漢語と同じ状況、変化なし
・『鶏林類事』：主母音の ɑ 〉 o の変化、u 介音発生が観察できる
・『蒙古字韻』『古今韻会挙要』：主母音の ɑ 〉 o の変化は観察できるが、開口舌歯音の合口化は起きていない

時代順に資料から観察される状況を列挙してみたが、その状況は様々であり、到底これが同一方言内に起こった変化と見なすことはできない。繋伝反切は匣母四等と以母の合流(梅1963、東ヶ崎1999)など、呉語や粤語に近い特徴がみられ、また集韻にも呉方言的な要素がみられる(望月1993)。これに対し『皇極経世書声音唱和図』は北宋の都、開封の方言とみられる(周1942、平山1993)。『古今韻会挙要』は前述の通り、南方音系の共通語音という。このように、王朝の興亡・都の移動によって標

解釈を示しているが(p.427)、伊藤(2007)では他に主母音 ɑ の口舌性を表記するためだという説をも紹介している(p.113)。繋伝反切の状況は、朝鮮漢字音の依拠した方言の音韻状態と何らかの関係がある可能性もある。

準的と考えられる方言が変わる可能性は大いにある。

そうはいっても、果摂母音の変化および開口舌歯音字の合口化は官話系方言の多くにみられる現象であり、ある時期までに多くの方言で起こった変化だと見ることもできよう。その意味で、10世紀の音資料である繫伝反切に、そのような変化の萌芽が観察されるというのは特筆すべきことと考えられる[28)]。

以上、漢字音における円唇性について、いくつか論じてみた。前半は円唇性要素が中国語の通時的音変化に与えた影響、後半は音節内にそれまで存在しなかった円唇性が現れた現象として、主に歌韻舌歯音字の音変化を中心に見てきた。結果としてまとまりがない論になってはしまったが、むしろ本稿では、1つの概念を中心としていくつか雑駁な現象・内容を取り扱うという形式を用いて、「円唇性」という要素がことほど左様に中国語音韻の中で特別な位置を占めていることを示したかったのである。

また、後半取り上げた合口音化とは反対に、開口音化、すなわち合口字が開口字に変化するという現象も存在する。その多くは古官話か

---

28) 歌韻舌歯音字の合口化とは直接ではないものの密接な関係のある ɑ 〉 o の変化については、すでに敦煌発掘資料の1つ、漢蔵対音『大乗中宗見解』(8~9世紀?)の中に「可 k'o」「我'go」のような例があるという(羅1933、p.34)。ただしこれについては、時代が古すぎること、また宕摂字の主母音も o で表記されることからすると、後舌の [ɑ] を表記しようとしたものである可能性も捨てきれないだろう。

ら現代の間に起こった現象であるが、たとえば「内、雷」は古官話ではそれぞれ nui, lui であるが、 現代語では nei, lei になってしまっている。これらに関しては、現在のところでは筆者の手に余る問題である。

참고문헌

- 遠藤光暁(1991)「『切韻』における唇音の開合について」『中国音韻学論集』白帝社(2001)、pp.82-97
- 厳 学窘(1943)「小徐本説文反切之音系」『民族研究文集』(1997)、民族出版社、pp.1-57
- 橋本萬太郎(1974)「朝鮮漢字音と中古中国語高口蓋韻尾」『アジア・アフリカ言語文化研究』7、pp.53-73
- 服部四郎(1946)『元朝秘史の蒙古語を表はす漢字の研究』龍文書局
- 花登正宏(1997)『古今韻会挙要研究 ―中国近世音韻史の一側面―』汲古書院
- 平山久雄(1976)「中古漢語の音韻」『中国文化叢書1言語』牛島徳次他、大修館書店、pp.112-166
- ________(1993)「邵雍『皇極経世書声音唱和図』の音韻体系」『東洋文化研究所紀要』120
- 伊藤智ゆき(2007)『朝鮮漢字音研究』汲古書院
- 陳 泰夏(1974)『鶏林類事研究』塔出版社
- 河野六郎(1954)「唐代長安音に於ける微母について」『河野六郎著作集2』平凡社(1979)
- ________(1968)「朝鮮漢字音の研究」『河野六郎著作集2』平凡社(1979)
- 羅 常培(1933)『唐五代西北方音』国立中央研究院歴史語言研究所単刊甲種之十二

- 梅　広(1963)「説文繫伝反切的研究」国立台湾大学中国文学系碩士論文
- 三根谷徹(1972)「越南漢字音の研究」『中古漢語と越南漢字音』(1993)、汲古書院
- 望月真澄(1993)「『集韻』の呉語的側面」『筑波大学文芸言語研究 言語篇』23、pp.45-56
- 中村雅之(2006)「近世音資料における果摂一等の表記」『KOTONOHA』34号、古代文字資料館(中京大学)、pp.1-4
- 邱 棨鐊(1974)『集韻研究』稿本影印
- 佐藤 昭(2002)『中国語語音史 中古音から現代音まで』白帝社
- 邵 榮芬(1997)「《集韻》音系簡論」『邵榮芬音韻學論集』首都師範大学出版社
- 藤堂明保(1979)『中国語概論』大修館書店
- 東ヶ崎祐一(1995)「わたり音共起形に起こった上古漢語の音変化について」『東北大学日本語学科論集』第5号、pp.73-84
- ＿＿＿＿＿(1999)「繫伝反切における匣母、云母、喩母」『東北大学言語学論集』第8号、東北大学言語学研究会、pp.35-52
- ＿＿＿＿＿(2003)「『説文解字繫伝』にみられる反切下字混用 ――梗摂入声と曽摂入声、および外転一等韻と二等韻の間の――」『中国語学』250、pp.32-49
- ＿＿＿＿＿(2005)「『鶏林類事』と宋代中国語音」『韓国的中国語言学資料研究』(厳翼相・遠藤光暁編、2005)学古房、pp. 263-286
- ＿＿＿＿＿(2008)「『説文解字繫伝』反切校勘記(1)—三本異同考・上—」『東北大学言語学論集』第17号、東北大学言語学研究会、pp.111-137
- ＿＿＿＿＿(2009)「『説文解字繫伝』反切校勘記(2)—三本異同考・下—」『東北大学言語学論集』第18号、東北大学言語学研究会、pp. 59-88
- 楊 耐思(1981)『中原音韻音系』中国社会科学出版社
- 吉池孝一(2005)「クビライ龍年(1280)聖旨のパスパ文字」『KOTONOHA』34号、古代文字資料館(中京大学)、pp.11-18
- 周 祖謨(1942)「宋代汴洛語音考」『問学集』下巻、中華書局、pp. 581- 655

『当世書生気質』에서 나타난 ‘お+동사’의 표현주체와 상대

양정순*

要旨

言語とは思想と文化に影響を受けて変化する。特に近代の東京語の成立に明治期の政治的、文化的な変革が大きな影響を与えた。明治前期の資料である『当世書生気質』について、会話文を中心に、‘お+動詞の連用形+になる’ ‘お+動詞の連用形+なさる’ ‘お+動詞の命令形’ ‘お+動詞の連用形＋だ・です’ ‘お+動詞の連用形+もうす’ ‘おいで’類という言い方について、表現主体(話し手)の性別による表現の差異をまとめる。

키워드 お+動詞の命令形, お+動詞の連用形, 女性語

1 머리말

언어의 변화에는 시대의 사상이나 문화의 흐름에 영향을 받는 경우

* 경희대학교 일본어학과

가 있다. 메이지 시대는 정치적, 문화적인 변혁이 이루어짐에 따라 언어 형성에 많은 영향을 주었다. 특히 메이지 전기는 근대어의 시작과 함께 현대어의 모태가 되는 시기로, 현대어의 형성에 많은 영향을 주었다. 그 예로 메이지 초년부터 10년대 말까지는 근대어의 형성 시기라고도 일컬으며, 그 형성과정에 몇 가지 원인이 작용되는데, 그 중 하나로서 제시되는 것은 대인 관계의 변화에 따른 언어형성이라고 한다.[1] 사회 구조의 변화와 함께 신분이나 직업에 규정된 고정적인 표현이 아닌 장면에 따라 바뀌는 표현이 등장[2]하였고, 여성어의 특징으로 제시된 'お'의 사용이 많아졌다고 한다.

메이지 시기의 화자의 성별에 따른 연구로서, 모리타 요시유키(森田良行)[3]는 '授受表現' 'なさい系統' 'お+동사의 명령형' 'たまえ'등을 분류하여 여성어와 남성어의 차이를 언급하기도 하였다.

메이지 전기의 구어자료로서 중요성이 높은 작품으로 평가되는『当世書生気質』는[4] 에도 희작을 이어받고, 에도어의 잔재가 남아 있는 동시에 언문일치에의 교량적 작품으로 평가받고 있다.

본고에서는『当世書生気質』에서 사용된 대화문을 중심으로, 'お+동사의 연용형'가운데, 'お+동사의 연용형+になる' 'お+동사의 연용형+なさる' 'お+동사의 명령형' 'お+동사의 연용형＋だ・です' 'お+동사의 연용형+もうす' 'おいで類'에 대해, 표현 주체의 성별에 따른 표현의 차이를 알아보고자 한다.

---

1) 松村明(1957)『江戸語東京語の研究』東京堂 pp.86-103
2) 山口明穂(1997)『日本語の歴史』東京大学出版者 pp.175-212
3) 森田良行(1974)「荷風・潤一郎・春夫の敬語」『明治大正時代の敬語』明治書院 p.208
4) 増井典夫(1998)「近代語資料における校訂の問題と資料性をめぐって -坪内逍遙『当世書生気質』の場合-」淑徳国文 pp.22-49

2 お+동사의 연용형+になる

'お+동사의 연용형+になる'의 표현은 존경할 만한 인물을 화제로 할 때 사용되는 존경표현 중의 하나로, 에도시기에는 사용되지 않았지만, 메이지 시기에 들어서 사용된 표현으로 다루어진다.[5)]

『当世書生気質』의 대화문에서 사용된 'お+동사의 연용형+になる'의 예를 여성화자와 남성화자로 나누어 보면 다음과 같다.

2.1. 여성화자인 경우

(1)「ハイいらつしやつたさうでございますが、直に座敷ぎりで、ネエおいら(といひかけしが)お民さん。お帰りになつたのでございましたッけネエ。」p.402 お秀→友定・お民

『当世書生気質』에서 'お+동사의 연용형+になる'은 여성화자의 사용례가 남성화자보다 많았다. 예(1)의 'お帰りになる'의 행위의 주체는 청자 중의 하나인 友定의 아들인 학생으로, 예기(芸妓)인 여성화자 보다 직위가 있는 인물에 해당된다. 이와 같이『当世書生気質』에서의 여성화자는 'お+동사의 연용형+になる'의 표현에 대해, 존경할 만한 화제의 인물로써 사회적 신분이 높은 남성에게 사용하였다.

---

5) 辻村敏樹(1974)「明治大正時代の概観」『明治大正時代の敬語』明治書院 p.13

2.2. 남성화자인 경우

(2) 「只今一寸用をたしてくると被仰つて、お出掛になりました。」 429
書生→守山友芳

화자가 남성인 경우, 'お+동사의 연용형+になる'의 표현에 대한 행위의 주체는 상위자에 해당되었다. 예(2)의 남성화자인 서생은 타인의 집에서 신세를 지면서 가사를 돕고 공부하는 인물에 해당되며, 서생은 'お出掛けになる'의 행위의 주체에 해당되는 청자의 부친인 友定을 상위자로 대우하였으며, 'お+동사의 연용형+になる'의 표현을 사회적 직위가 있는 남성에게 사용하였다.

『当世書生気質』에서 사용된 'お+동사의 연용형+になる'의 표현에 대해 정리해 보면 다음과 같다. 'お+동사의 연용형+になる'의 표현을 사용한 화자는 남성화자보다 여성화자가 많았고, 'お+동사의 연용형+になる'의 행위의 주체는 사회적으로 직위나 지위가 있는 남성에 해당되었다.

3 お+동사의 연용형+なさる

'お+동사의 연용형+なさる'의 표현은 존경 표현중의 하나로, 『当世書生気質』에서는 'お+동사의 연용형+になる'의 표현 보다 사용례가 많았다. 'お+동사의 연용형+なさる'는 'お+동사의 연용형+なす'이외에 명령형의 표현인 'お+동사의 연용형+なさい'의 형태가 두드러지게 보였다.

『当世書生気質』의 대화문에서 사용된 'お+동사의 연용형+なさる'의 예를 여성화자와 남성화자로 나누어 보면 다음과 같다.

3.1 여성화자인 경우

(3)「アラ、又あんな口の悪いことを、お言ひなさるよ。妾は厭よ、吉住さんの尻押は、当にならないから。」p.226 田の次→吉住

(4)「それぢやア、坊ちやんと妾をお連れなすつて」p.256 お常→小町田浩爾

(5)「何処へ縁附くにした所が、それが第一に入用だと、おいひなすツたのを忘れないで、間暇さへあると机に向つて、内密で手習を勉強したり、単衣から袷綿入、もう此節ではどうやら斯やら、袴もいがみなりに仕立るのも、みんなあなたへの心中だて、なんだねんねえのやうな事をと、嘸お笑ひでありませうが、わたしや種々に考へると、ほんたうにくやしくッてなりませんワ。」p.354 田の次→小町田

(6)「オヤ何でお帰んなさるノ。」p.374 顔鳥→吉住

(7)「なんですとエお眼鏡ですとエ。(と云ひながら番台を下りて来て)何処にお置なさいました。」p.363 女→桐山

『当世書生気質』에서 여성화자가 'お+동사의 연용형+なさる'의 표현을 사용한 예를 보면, 여성화자는 예(3)(6)과 같이 종조사 'よ' 'の'등과 같이 사용하거나, 예(6)의 'お帰んなさる'와 같이 'ん'을 사용하였다. 예(7)와 같이 가게에서 일하는 여성이 손님에게 사용할 때는 조동사 'まし'를 사용하기도 하였다.

『当世書生気質』에서 'お+동사의 연용형+なさる'의 사용이 여성화자인 경우는 하위의 여성이 상위자에게 사용된 경우가 많았다.

‘お+동사의 연용형+なさる’은 다음과 같이 명령형의 ‘なさい’의 형태로 사용되기도 하였다.

(8) 「サア/ \吉住さん。今にお燗ができますから、マアお楊子でもおつかひなさいヨ。お常どん。あちらへ持つていつてあげるんだヨ。エ、気のきかねえ。そんなものゝ掃除はあとでもいゝやネ。」 p.291 お秀→吉住

(9) 「さア、よウ、まア、おあがんなさいよウ。」 p.240 お豊→須河

(10) 吉住さん。ちよいと吉住さん引。何ですネエ。お待ちなさいよ。 p.229 年→吉住

(11) 「どうぞ此方へおあがんなさいまし。」 p.399 下女→お秀

(12) 「マアお珍しいこと。兎も角もおあがんなさいましな。それぢやアおはなしが出来ませんから。」 p.409 田の次→ 源作

여성화자가 ‘お+동사의 연용형+なさい’의 표현을 사용한 예에는 주로 ‘ヨ・よ’ ‘な’ ‘よう’ ‘まし’의 표현과 접속되어 사용된 형태가 보였다. 이러한 표현은 예(8)(9)(10)와 같이 여성화자가 사회적 신분이 높은 남성청자에게 사용되었다.

‘お+동사의 연용형+なさいまし’는 일반적으로 교양 있는 여성이 연령이나 계층에 관계없이 널리 사용된 표현으로 다루어지지만, 『当世書生気質』에서는 예(11)와 같이 가게에서 일하는 여성이 손님에게 사용하거나, 예(12)와 같이 예기(芸妓)인 田の次가 어릴 때의 친분이 있었던 의모(義母)의 동생에게 사용하기도 하였다.

여성화자가 ‘お+동사의 연용형+なさる’의 표현을 사용한 예를 보면 ‘なさい’의 형태가 가장 많았다. 또 종조사 ‘よ’ ‘な’ ‘の’, 조동사 ‘まし’

등의 표현이 접속되어 사용되었으며, 청자는 여성청자와 남성청자 모두에게 해당되었지만 남성청자 쪽이 더 많았다.

3.2 남성화자인 경우

(13)「宜しいヨ、外ではなし、私の処へお泊りなさるのだから。」p.302 友定→任那・小町田

(14)「たしか上野の戦争の際に、お別れなすッたやうに。」p.299 任那→友定

(15)「ナニ、友芳さんも、いつかそんな事をおいひなさいましたヨ。」p.299 小町田→友定

(16)「それぢやア此行灯をお持なすッて。」p.357 小町田→田の次

(17)「そりやア存外に早かつた。只今直に参りますから、アノ戸田(ゐさふらふの書生なるべし)にさうおつしやつて、奥の六畳へお通しなすッて。」p.390 友芳→書生

『当世書生気質』에서 남성화자는 여성화자가 사용했던 ‘ん’ 또는 종조사 ‘よ’ ‘の’과 같은 표현은 사용하지는 않았지만, 예(15)과 같이 조동사 ‘まし’를 사용하기도 하였다. 이것은 ‘言う’의 행위의 주체가 友芳이고 청자가 友芳의 친부로, ‘ます’가 대화경어로서의 정중어로서 사용된 예라 할 수 있다[6].

남성화자가 ‘お+동사의 연용형+なさる’의 표현을 사용한 경우는 예(14)와 같이 남성화자가 남성청자보다 손아래인 경우나 예(16)과 같이 남성화자가 여성청자보다 사회적 신분이 상위에 해당되는 예가 보이는 것처럼 다양한 상황에서 사용되었다는 것이 특징이다.

---

6) 松村明(1977)『近代の国語-江戸から現代へ-』桜風社 p.93

즉, 『当世書生気質』에서 'お+동사의 연용형+なさる'의 표현은, 하위의 남성이 상위자에게 사용되기도 하고, 상위의 남성이 하위의 남성에게 사용하는 등 사용범위가 넓었다.

여성화자인 경우와 마찬가지로 남성화자도 다음과 같이 명령형의 'なさい'의 형태가 사용되기도 하였다.

(18)「時に守山さんお聴なさい。拙者が三十一文字を製造しました。」p.298 任那→友定

(19)「それでは、彌〻さうと断行致しませう。オイ/＼女中。それではネ、大急ぎで御膳の用意をして、そして車を三台。先生も小町田さんも、今夜は最早遅いから、私の旅寓へお泊りなさい。」302 守山友定→任那・小町田

(20)「あらまし継ぎの間にて承知したしたが、シテお民さんとやらの来歴はどういう訳かナ。なんぞ証拠物があるなら、見、見せてもらひませうか。エ。其証拠といふは、マアどんな物ぢや。マア出してお見せなさい。」402 守山友定→お秀

『当世書生気質』에서의 'お+동사의 연용형+なさい'의 표현은 예(18)과 같이 연령상 하위의 남성이 상위의 남성에게, 예(19)과 같이 연령상 상위의 남성이 하위의 남성에게, 예(20)와 같이 상위의 남성이 하위의 여성에게 사용된 것 같이 폭넓게 사용되었다는 것을 알 수 있었다.

『当世書生気質』에서 사용된 'お+동사+なさる'의 표현에 대해 정리해 보면 다음과 같다. 'お+동사+なさる'는 동사에 'お'가 붙은 표현 중에서 가장 많이 사용된 표현이다. 그 가운데 여성화자인 경우에는 '-んなさる'

'-んなさい'의 표현과 종조사 'よ' 'の', 조동사 'まし'를 사용하였고, 하위의 여성이 상위자에게 사용한 예가 많았다. 또 사회적 신분이 동등한 서생들 사이에서 사용되었을 뿐만 아니라, 상위자가 하위자에게 사용하거나, 하위자가 상위자에게 사용하는 등 넓은 범위에서 사용되었다.

4 お+동사의 명령형, お+동사의 연용형+だ・です

'お+동사의 명령형'은 대우도가 낮고, 직접적인 명령형을 피하고 명령의 의도를 다소 완화시키는 표현으로 다루어지고, 'お+동사의 연용형+だ'은 가벼운 경의 또는 친애의 정을 나타내는 표현이다[7]. 'お+동사의 연용형+です'은 대화 경어로서의 정중체의 표현으로 다루어지는데, 이러한 표현은 메이지 초기에는 아직 일반적이지 않지만, 동년배간의 대화에서는 사용되었다고 한다.

『当世書生気質』의 대화문에서 사용된 'お+동사의 명령형' 'お+동사의 연용형+だ' 'お+동사의 연용형+です'의 예를 여성화자와 남성화자로 나누어 보면 다음과 같다.

4.1. 여성화자인 경우

(21) 「金どんおまへはネ、梅どんと一所にあちらへいつてネ、もう直にお帰になるから、用意をして車夫にさういつてお呉れナ。」 p.227 年→金

---

7) 松村明(1977) 『近代の国語-江戸から現代へ-』 桜風社 p.144

(22)「此客はネ、随分七月のお楦の癖に、お前に十八棒跳だヨ。トー々ともいかないが、まんざら北国の雷さまでもなさそうだ。伴助でも取つておやりヨ。」p.240 お定→お豊

(23)「思ひきり、いぢめておやりヨ。ほんたうに此節の書生さんは、おとなしい顔をして居て、ちつとも油断がなりやアしないヨ。」p.241 お定→須河

(24)「さウ。ア、苦しかった。早くお茶でもおくれなネエ。」p.408 小年姐→田の次

(25)「エ、さうざうしい人だネエ。マア下にお出なさいナ。おまへさん昨夕は何処へいきました。サア白状をしておしまひなさい。ちよいとお秀どんお聞ヨ。今ネ検査場から帰つて来るとネ。清どんをつれてぼんやりした顔をして。」p.372 顔鳥→吉住・お秀

예(21)(22)(23)는 수수동사의 명령형에 'お'가 접속된 형식으로 오늘날에는 거의 사용하지 않지만, 『当世書生気質』에서는 약간의 사용례가 보였고, 화자는 대체로 여성이었다. 이러한 예는 여성화자가 직접적인 명령형을 피하기 위해서, 'ておやりよ' 'てお呉れな'와 같이 의뢰 표현을 이용한 경우에 해당된다. 예(24)(25)는 'お'가 동사의 명령형에 접속되어 명령의 의도를 다소 부드럽게 하는 역할을 하고 있다.

'お+동사의 명령형'은 여성화자가 직접적인 명령형 대신에 의뢰 표현을 이용하거나, 'よ' 'な'등의 종조사와 함께 사용된 것이 특징이다.

4.2. 남성화자인 경우

(26) お国へお帰省(かえり)だと聞いたが、もう帰つてきたのかネ。p.276 野々口→倉瀬

(27)「オヤ任那君、お帰りですか。君までが僕を小説視するヨ。」p.273

小町田→任那

(28)「なにサ、随分旧弊めいたお話しですが」p.298 任那→友定

『当世書生気質』에서 'お+동사의 연용형+だ'와 'お+동사+です'의 표현은 극히 드물었지만, 예(26)(27)(28)과 같이 사회적 신분이 동등한 학생들 사이에서 사용되었다.

『当世書生気質』에서 나타난 'お+동사의 명령형' 'お+동사의 연용형+だ・です'의 부분에 대해 정리해보면 다음과 같다. 'お+동사의 명령형'은 여성화자의 사용이 남성화자의 사용보다 많았고, 직접적인 명령형 대신에 의뢰 표현을 이용하거나, 'よ' 'な'등의 종조사와 함께 사용된 것이 특징이다. 'お+동사의 연용형+だ・です'은 남성화자와 남성청자간의 사회적 신분이 동등한 관계에서 그 사용례가 보였다.

5 お+동사의 연용형+申す

'お+동사의 연용형+申す'은 'お+동사의 연용형+いたす'과 함께 겸양표현의 일부로써 다루어지는데, 『当世書生気質』에서 보인 대화문에서는 'お+동사의 연용형+いたす'보다 'お+동사의 연용형+申す'의 표현이 많이 사용되었다. 『当世書生気質』에서는 'お+동사의 연용형+申上げる'의 표현도 보였으나, 서생의 편지글과 공고문에서만 사용되었다.

『当世書生気質』의 대화문에서 사용된 'お+동사의 연용형+申す'의 예를 여성화자와 남성화자로 나누어 보면 다음과 같다.

5.1 여성화자인 경우

(29)「兄さん。いろ/　＼うけたまはりたい事も、お話し申したい事もありますけれど、今日はお客と一所ですから、お名残惜しいけれども……」p.229 田の次→小町田

(30)「お大切なものはお預かり申しませう。」p.361 女中→須河

(31)「ちよいとおいらん。吉さんはお休みなすつたんですエ。なんですとエ。下へいつてお面をお洗ひなさるッて。それぢやアお常どん、おつきまをして」p.292 お秀→お常どん

『当世書生気質』에서의 'お+동사의 연용형+申す'의 표현은 하위자의 여성화자가 상위자의 남성청자에게 사용한 것이 일반적이었다. 'お+동사의 연용형+申す'의 표현은 예(29)(30)와 같이 주로 여성화자보다 사회적 직위와 지위가 있는 남성청자에게 직접 사용했을 뿐만 아니라, 또 예(31)와 같이 'お付き申す'의 행위를 받는 제3자의 남성에게도 사용하기도 하였다.

5.2 남성화자인 경우

(32)「イヤどうも倉瀬君、寔に失敬を致しました。大変にお待せ申して」375 守山友芳→倉瀬

(33)「イヤ別の事でもないのですが、実に不可思議な因縁からして、屡々君にもお話し申したいもとの所在も解りましたし、又、其事の関係では、君にも幾分か縁故があるから、実は賀宴めいた席を開いて、君をも招待しようと思つて。」422 友芳→小町田

『当世書生気質』에서의 ‘お+동사의 연용형+申す’의 표현은 예(32) (33)와 같이 남성화자가 남성청자에게 사용되었으며, 주로 서생들 사이에서 쓰였다.

『当世書生気質』에서 사용된 ‘お+동사의 연용형+申す’의 표현에 대해 정리해 보면 다음과 같다. ‘お+동사의 연용형+申す’의 화자는 여성화자가 많았고, 그에 대응하는 청자는 대부분 남성청자이거나, 그러한 행위를 받는 인물도 남성에 해당되었다. 또 남성화자인 경우에는 남성청자에게만 사용되었다.

6 おいで類

『当世書生気質』에서의 ‘おいで’類는 ‘おいで’ ‘お出になる’ ‘お出です’ ‘お出なさる’등의 표현이 보였으며, 대화문에서 사용된 ‘おいで’類에 대한 예를 여성화자와 남성화자로 나누어 보면 다음과 같다.

6.1. 여성화자인 경우

(34)「ほんたうにお前は薄命な児だナウ。実の両親には棄てられるし、お婆アさんには死に別れて、嘸々心細い事だらうが、かならず心配おしでないヨ。斯して妾が、お前に逢つたのも何かの因縁の有事で、他生の縁とやらに相違ないから、妾が出来るだけ力になつてあげるから、ヨ、ヨ、心配おしでない。あれサ、泣くには及ばないワネ。若し神田の叔父さんとやらが、居ないやうなら、檀那

さまにお願ひ申して、妾の手元に置いて、世話をして上るから、ヨ、ヨ、安心しておいでヨ。」p.260 お常→お芳

(35)「ハイ/　＼只今。それぢやア直にとりかへますから、清や。かけていつておいでヨ。二個も一度期にこはすんだもの、為やうがないぢやないかネエ。」p.357 常→清

(36)「幸ひ奥の間においでゝすから、早速さう申して参りませう。」p.401 お常→お秀

(37)「オヤ、今晩は土曜日でないのに、どうしてお出なすッたらう。早くあちらへランプをつけて。」p.356 田の次→小町田粲爾

(38)「アラまだあんな事をいつておいでなさるヨ。マアお御腰をすゑて、一本お引きなさいよウ。オヤ一寸お見せなさい。貴方の羽織の紐は珍しいんだこと。」p.240 お豊→須河

(39)「オヤ吉さんお早うございますネ。よッくお出なさいまし。何楼のおあまりですエ。」p.372 お秀→吉住

『当世書生気質』에서의 'おいで'계통에 관한 표현을 보면, 여성화자는 종조사 'ヨ' 'な', 조동사 'まし'등의 표현과 접속되어 사용되었다.

'おいで'는 예(34)와 같이 기적에서 빠져나간 여성이 어린아이에게 사용하거나, 예(35)와 같이 여성화자가 여성청자에게 사용하기도 하였고, 주로 종조사 'ヨ'가 접속되었다.

'お出です'은 예(36)와 같이 여성화자가 여성청자에게 사용되었는데, 『当世書生気質』에서의 'お出です'은 여성화자만의 사용이 보였다. 'お出なす' 'お出なさる'은 예(37)(38)(39)와 같이 여성화자가 사회적으로 신분이 있는 인물에게 사용되었다.

6.2. 남성화자인 경우

(40) 「サア/ ＼。かまはないで彼方へお出よ。いづれまた其内に。」p.229 小町田→田の次

(41) 「ハイ新橋から直にお出になりましたさうで」p.389 書生→友芳

(42) イエサ、矢張幾分か不知不識思つてお出なさるのだ。羽織の粧飾に巻いて居つた蜥蜴を見て、夢に背中へ蜥蜴の登つたと見た人もあります。 p.301 任那→友定

(43) 「ちよいと伺ひます。柳村屋田の次さんは此方でおいでなさいますか。」p.409 源作→田の次

『当世書生気質』에서의 'おいで'의 표현은 일반적으로 여성화자가 사용된 경우가 많았지만, 예(40)와 같이 남성화자가 사용된 예도 보였다. 이 경우는, 남성화자와 여성청자가 어릴 때부터 가족처럼 지냈던 관계로, 친숙함을 담고 있는 표현이라고 할 수 있다. 『当世書生気質』에서의 'お出になる'은 예(41)와 같이 남성화자의 사용만이 보였고, 'お出になる'의 행위의 주체는 청자의 부친에 해당된다. 또한 'お出なさる'의 표현은 예(42)과 같이 동등한 관계의 남성들 사이에서 사용되었다. 예(43)와 같이 남성화자가 여성청자에게 'まし'가 접속되어 사용된 예가 보였는데, 어릴 때 친분이 있었던 관계였던 남성화자와 여성청자사이에서, 남성화자가 원래의 신분으로 상승하게 되는 여성청자에게 사용한 것이다.

『当世書生気質』에서 사용된 'おいで' 'お出になる' 'お出です' 'お出なさる'에 대해 정리해 보면 다음과 같다. 'おいで'의 화자는 대부분이 여성화자이고, 종조사 'な' 'よ'가 접속되어 사용되었다. 남성화자인 경우에는 꽤 친분이 두터운 관계의 여성청자에게 사용된 예가 보였다. ‘お出になる’은 남성화자가, ‘お出です’은 여성화자만이 사용되었다. 또한 ‘お出なさる’는 남성화자가 사용하기도 하였지만, 여성화자의 사용례가 더 많았다.

7 맺음말

『当世書生気質』에서의 대화문을 중심으로 한 ‘お+동사의 연용형+になる’ ‘お+동사의 연용형+なさる’ ‘お+동사의 연용형+だ・です’ ‘お+동사의 연용형+もうす’ ‘おいで’類의 표현 주체의 성별에 따른 표현의 차이에 대해 정리해보면 다음과 같다.

『当世書生気質』에서의 ‘お+동사의 연용형+になる’의 화자를 보면, 여성화자가 남성화자 보다 많고, 행위의 주체는 사회적으로 직위나 지위가 있는 상위자의 남성에 해당되었다.

에도시대에서는 존경의 표현으로 ‘お+동사의 연용형+なさる’라는 표현이 널리 사용되었고, 메이지기의 동경어로서 널리 이용된 표현이 ‘お+동사의 연용형+になる’라고 하나, 『当世書生気質』에서는 ‘お+동사의 연용형+なさる’의 사용이 많았고, 화자의 특징으로는 여성화자의 사용례가 많았다. 여성화자인 경우에는 ‘-んなさる’ ‘-んなさい’의 표현이외에 종조사 ‘よ’ ‘な’ ‘の’, 조동사 ‘まし’가 접속된 표현이 돋보였다. 또, ‘お+동사+なさる’는 사회적 신분이 동등한 서생들 사이에서 사용되었을 뿐만 아니라, 사회적 신분이 낮은 여성이 사회적으로 직위가 있고 지위가 있는 남성에게도 사용되었다.

'お+동사의 명령형'은 여성화자의 사용례가 많이 보였는데, 이는 명령의 표현을 부드럽게 완화시키는 의도로 사용되었다. 또한 여성어적인 특징으로 'おくれな' 'おやりよ'와 같은 'お+수수동사+종조사'의 형태가 돋보였다. 'お+동사의 연용형+だ・です'은 남성화자와 남성청자간의 사회적 신분이 동등한 경우에 사용례가 보였다.

'お+동사의 연용형+申す'은 여성화자가 남성화자보다 많았고, 그에 대응하는 청자는 대부분 남성청자이거나, 그러한 행위를 받는 인물도 남성이 많았다.

'おいで'類 의 화자를 보면, 보편적으로 남성화자보다 여성화자의 사용이 많았다. 여성화자는 'おいで'類에 'よ' 'な'등의 종조사와 조동사 'まし'를 접속하여 사용하였다. 'おいでなさる'은 남성화자와 여성청자 모두 사용했지만, 여성화자의 사용이 많았다.

참고문헌

- 松村明(1957)『江戸語東京語の研究』東京堂
- ＿＿＿(1977)『近代の国語-江戸から現代へ-』桜風社
- 山崎久之(1963)『国語待遇表現体系の研究』近世編 武蔵野書院
- 小松寿雄(1974)「『当世書生気質』の江戸語的特色」『論集日本語研究現代語』有精堂
- 辻村敏樹(1974)「明治大正時代の概観」『明治大正時代の敬語』明治書院
- ＿＿＿(1992)『敬語論考』明治書院
- 森田良行(1974)「荷風・潤一郎・春夫の敬語」『明治大正時代の敬語』明治書院

- 林四郎(1974)「鴎外・漱石・藤村における敬語行動」『明治大正時代の敬語』明治書院
- 山口明穂(1997)『日本語の歴史』東京大学出版者
- 増井典夫(1998)「近代語資料における校訂の問題と資料性をめぐって -坪内逍遙『当世書生気質』の場合-」淑徳国文

〈용례자료〉
- 『当世書生気質』坪内逍遥 日本近代文学大系 1982 角川書店

『破戒』와 『坊っちゃん』에 나타나는 대우표현 고찰

- 호칭과 문말 표현을 중심으로 -

이 여 희*

要 旨

本稿では同じ時期に書かれた代表的な学校小説とも言える『破戒』と『坊っちゃん』を対象に、作品に現れた待遇表現の一面を考察してみた。「だ体」「です・ます体」「であります体」など多様な文体の使用とともに、待遇表現形式も「おーになる」「おーだ」「おーです」「おーなさる」「おー申す」「おー遊ばす」など新旧のさまざまな表現形式が使われていたことが分かる。

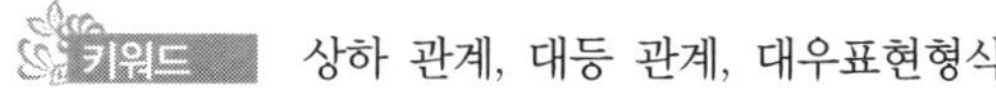

키워드 상하 관계, 대등 관계, 대우표현형식

1 머리말

辻村敏樹는 언어 형식면에서 볼 때 오늘 날과 같은 경어가 나타나는

* 慶熙大學校 日本語科, 日本語學

시기는 에도(江戸)시대 말기이므로 이 시기를 근대 경어의 발생기라고 볼 수 있고 이어지는 메이지(明治) 전기는 근대 경어의 형성기라고 할 수 있다고 보고 있다.(辻村敏樹『明治大正時代の敬語』明治書院, 1974, p.9) 경어를 포함하는 대우표현에 있어서도 이미 에도시대 말기에 시작되고는 있었으나 모든 면에서 새로운 변화가 일어나는 것은 메이지시대가 되어서부터이고, 언어적인 틀에서 볼 때도 신시대에 따른 신조어의 성립이나 외래어 유입 등으로 언어적 표현에 현저한 변화가 생기게 되는 것도 메이지 이후이다. 특히 메이지 2, 30년대에 다양한 문체가 존재했다는 것은 곧 다양한 표현형식이 가능했다는 것을 단적으로 보여주는 것이기도 하다.

본고에서는 시대적으로나 언어적으로 여러 가지 변화를 겪어 온 메이지 전기(메이지 10년대 말)를 지나, 여러 가지 언어 형식들이 어느 정도 완성되기에 이르는 메이지 30년대 말에 쓰인 작품을 대상으로 대우표현을 고찰해 보고자 한다. 일반적으로 메이지 말에 이르면 언어적인 면에 있어서도 현대와 가까운 여러 가지 형식의 대우표현들이 활발히 사용된다고 말해지므로, 본고에서도 메이지 39년에 쓰인 島崎藤村의『破戒』와 夏目漱石의『坊っちゃん』을 대상으로 두 작품에 나타나 있는 대우표현 실태에 대해 고찰해 보고자 한다.

자연주의 문학의 선구이기도 한『破戒』와 권선징악 작품의 선구적 작품이기도 한『坊っちゃん』두 작품 모두 일종의 고백소설이라고 하는 공통점도 있으나, 본고에서는 두 작품이 학교소설이라는 점에 주목하였다.『破戒』와『坊っちゃん』은 근대화 과정에 있어서 일본 사회의 교육적 일면을 잘 보여주는 대표적인 학교소설이라고 할 수 있으며, 두 작품에 등장하는 교사의 성격이나 기질도 개성이 강하고 매력적이다.

두 작품이 같은 해에 다른 작가에 의해 쓰였고, 학교를 무대로 하고 있고 교사를 주인공으로 등장시키고 있으므로, 주인공 교사를 둘러 싼 대인관계를 중심으로 작품에 나타나는 인칭대명사를 포함한 호칭이나, 문말에 나타나는 동작에 대한 대우표현 형식을 조사하여, 메이지 30년대 말의 대우표현 사용실태의 일면을 고찰해 보고자 한다.

2 상하관계

『破戒』와 『坊っちゃん』에 나타나는 상하관계로는 교장(교감)과 평교사의 관계, 교사와 학생의 관계, 손님과 하숙집 주인 또는 하녀와의 관계 등이 있다.

(1) 교장(교감)과 평교사의 관계

장면1

「まあ、勝野君、そう運動にばかり夢中にならないで、すこし話したまえ」(『破戒』 p.77:5 校長→文平)

「先生の御演説ですか。非常に面白く拝聴いました」(『破戒』 p.77:7 文平→校長)

「中には、高柳の話に酷く感服してる人がある。あんな演説屋の話と、我儕(われわれ)の言うこととを、一緒にして聞かれて堪るものかね」(『破戒』 p.77:18 校長→文平)

「どうも君の話は解りにくくて困るよ。何時でも遠回しに匂わせてばかりいるから」(『破戒』 p.198:3 校長→文平)

「だって、校長先生、人の一生の名誉に関わるようなことを、そう迂濶(うかつ)には喋舌れないじゃ有りませんか」(『破戒』 p.198:4 文平→校長)

……

「へえー学校にも居られなくなる、社会からも放逐される、と言えば君、非常なことだ。それではまるで死刑を宣告されるも同じだ」(『破戒』 p.198:10 校長→文平)

장면1-2

「どんなにか君も吃驚(びっくり)なすったでしょう」(『破戒』 p.94:1 校長→丑松)

「少許(すこし)位は持合せも有りますから、立替えて上げても可(いい)のですが、どうです少許御持ちなさらんか。もし御入用なら遠慮なく言って下さい。」(『破戒』 p.94:8 校長→丑松)

「校長先生、どうでしょう、今日はすこし遅く始めましたら」(『破戒』 p.199:14 丑松→校長)

「さよう ー 生徒は未だ集りませんか」(『破戒』 p.199:16 校長→丑松)

「どうも思うように集りません。何を言っても、この雪ですから」(『破戒』 p.199:17 丑松→校長)

「しかし最早時間は来ました。生徒の集る、集らないはとにかく、規則というものが第一です。何卒小使にそう言って、鈴を鳴らさせて下さい。」(『破戒』 p.199:18 校長→丑松)

「瀬川君、何を御読みですか。」(『破戒』 p.207:12 校長→丑松)

〈장면1〉은 교장과 평교사 勝野文平와의 대화 장면이고, 〈장면1-2〉는 교장과 평교사 瀬川丑松의 대화 장면이다. 교장의 입장에서는, 대화 상대가 부하 직원인 평교사들이라고는 해도 文平와는 마음 편한 관계이고 丑松는 어렵고 불편한 상대로 생각하고 있다. 이는 위 대화 장면에도 잘 나타나 있는데, 친밀감을 느끼고 있는 文平에 대한 교장의 말투는

문말의 정중도가 낮아짐에 비해, 심리적 거리감을 느끼고 있는 丑松에 대해서는 매우 정중하게 이야기하고 있음을 알 수 있다. 즉 교장은 丑松나 文平에 대해 자칭으로는 「我輩」「われわれ」를 사용하고 있으며, 상대를 지칭하거나 호칭어로 사용할 때는 각각 「君(きみ)」나 상대방의 「성+くん」[1]의 형태인 「勝野君」「瀬川君」을 사용하고 있다. 호칭어 면에서만 보면 두 사람을 동등하게 대하는 듯 보이지만, 문말의 표현과 관련된 정중도 면에서는 丑松에 대해서는 「おーなさる」「おーです」「ーてくださる」 등의 대우형식을 사용하고 있고, 文平에 대해서는 「ーたまえ」나 반말체를 주로 사용하는 등 丑松와는 다른 대우표현 형식을 사용하고 있음을 알 수 있다. 평교사인 丑松와 文平는 상위자인 교장에 대해 호칭어로 「校長先生」를 사용하고 있고, 경의를 나타내는 대우형식과 더불어 「です・ます체」를 사용하여 경의를 갖고 정중하게 대우하고 있음을 알 수 있다.

이는 『坊っちゃん』의 경우에서도 비슷하게 나타나고 있다.

장면2

「君釣に行きませんか」(『坊っちゃん』 p.51:4 教頭→おれ)

「そうですなあ」(『坊っちゃん』 p.51:7 おれ→教頭)

「君釣をしたことがありますか」(『坊っちゃん』 p.51:7 教頭→おれ)

「それじゃ、まだ釣の味は分らんですな。お望みならちと伝授しましょう」(『坊っちゃん』 p.51:11 教頭→おれ)

「早速伝授しましょう。おひまなら、今日どうです、一所に行っちゃ。吉川君と二人ぎりじゃ、淋しいから、来給え」(『坊っちゃん』 p.51:17

---

1) 進藤咲子는 「「君(くん)」은 인텔리 계층의 남자가 동년배나 손아랫사람에게 사용한 대칭(對稱)접미어이며, 문장어에서는 비교적 경의(敬意)가 높다.」고 기술하고 있다.(辻村敏樹 『明治大正時代の敬語』 明治書院, 1974, p.115)

教頭→おれ)
「行きましょう」(『坊っちゃん』p.52:9 おれ→教頭)

장면2-1

「どうです教頭、これからあの島をターナー島と名づけようじゃありませんか」(『坊っちゃん』p.53:9 野だ→教頭)
「そいつは面白い、吾々はこれからそう云おう」(『坊っちゃん』p.53:10 教頭→野だ)
「あの岩の上に、どうです、ラフハエルのマドンナを置いちゃ。いい画が出来ますぜ」(『坊っちゃん』p.53:12 野だ→教頭)
「マドンナの話はよそうじゃないかホホホホ」(『坊っちゃん』p.53:13 教頭→野だ)
「なに誰もいないから大丈夫です」(『坊っちゃん』p.53:14 野だ→教頭)

〈장면2〉의 「교감」과 「おれ」의 대화를 보면 「교감」은 새로 부임한 평교사 「おれ」를 지칭하는 말로 「君」를 사용하고 있고 명령 표현으로는 「ーたまえ」를 사용하고 있으며 「です・ます체」를 사용함으로서 대체적으로 정중한 말씨를 사용하고 있음을 알 수 있다.

「おれ」의 입장에서는 아직은 서먹한 관계에 있고 그다지 호감을 느끼고 있지 않은 직장 상사 「교감」에 대해 「です・ます체」로 정중하게 대우하고는 있으나 단답형으로 일관함으로서 상대의 이야기에 그다지 큰 관심은 갖고 있지 않음을 드러내고 있다.

「교감」의 경우, 「おれ」에 대해서는 「行きませんか」 「釣の味は分らんですな」와 같이 정중하게 대우하고 있는 것에 비해, 〈장면2-1〉의 「野だ」와의 대화 장면에서 「野だ」에 대해서는 「これからそう云おう」 「よそうじゃないか」와 같이 반말체 사용으로 보아 두 사람의 스스럼없고

친밀한 관계를 엿볼 수 있다.

장면2-2

「その都合が間違ってまさあ。私が出さなくって済むなら堀田だって、出す必要はないでしょう」(『坊っちゃん』 p.144:14 おれ→교장)

「その辺は説明が出来かねますが ー 堀田君は去られても已むを得んのですが、あなたは辞表をお出しになる必要を認めませんから」(『坊っちゃん』 p.144:15 교장→おれ)

「それじゃ私も辞表を出しましょう。堀田君一人辞職させて、私が安閑として、留まっていられると思っていらっしゃるかも知れないが、私にはそんな不人情なことは出来ません」(『坊っちゃん』 p.144:18 おれ→교장)

「それは困る。堀田も去りあなたも去ったら、学校の数学の授業がまるで出来なくなってしまうから……」(『坊っちゃん』 p.145:2 교장→おれ)

「出来なくなっても私の知ったことじゃありません」(『坊っちゃん』 p.145:4 おれ→교장)

「君そう我儘を云うものじゃない、少しは学校の事情も察してくれなくっちゃ困る。それに、来てから一月立つか立たないのに辞職したと云うと、君の将来の履歴に関係するから、その辺も少しは考えたらいいでしょう」(『坊っちゃん』 p.145:5 교장→おれ)

〈장면2-2〉는 동료 수학 교사인 「山嵐」의 사직 건으로 인해 「おれ」가 「교장」과 담판 짓는 상황이다. 「おれ」는 직장 상사인 「교장」에 대해 자칭어로 「私」를 사용하고 있으며 화제의 인물이자 동료 교사인 「山嵐」를 가리킬 때는 「성」인 「堀田」나 「성+君」의 형태인 「堀田君」을 사용하고 있다. 문 말의 표현으로는 정중체를 사용하고는 있으나 전체적인 어감 상 「おれ」 특유의 전투적이고 거친 분위기를 읽을 수 있다.

「교장」의 경우는 「おれ」를 지칭하는 말로 「あなた」를 사용하다가

「おれ」가 막무가내로 대응하는 부분에서는 「君」를 사용하기도 한다. 화제의 인물인 「山嵐」를 가리킬 때는 「おれ」와 마찬가지로 「堀田」나 「堀田君」을 사용하고 있다.

신임 교사 「おれ」에 대해 심리적으로 거리감을 느끼고 있는 「교장」의 경우 「お出しになる」와 같은 경어형식을 사용하는가 하면, 문말의 표현도 대체적으로 「です・ます체」를 사용하여 정중하게 대우하고 있음을 알 수 있다.

(2) 교사와 학생의 관계

장면3

「君に呈げようと思ってこういうものを持って来ました。帳面です、内に入ってるのは。これは君、家へ帰ってから開けて見るんですよ。いいかね。学校の内で開けて見るんじゃ無いんですよ。一ね、これを君に呈げますから」(『破戒』 p.201:3 丑松→학생)

「いいえ、私は沢山です」(『破戒』 p.201:10 학생→丑松)

「そんな、君のような一人が呈げるッて言うものは、貰うもんですよ」(『破戒』 p.201:12 丑松→학생)

「はい、有難う」(『破戒』 p.201:14 학생→丑松)

「…でも、母さんに叱られやす」(『破戒』 p.201:16 학생→丑松)

「母さんに?そんな馬鹿なことが有るもんか。私が呈げるッて言うのに、叱るなんてー」(『破戒』 p.201:17 丑松→학생)

장면4

「バッタたこれだ、大きなずう体をして、バッタを知らないた、何のことだ」(『坊っちゃん』 p.43:8 おれ→학생)

「そりゃ、イナゴぞな、もし」(『坊っちゃん』 p.43:9 학생→おれ)

「箆棒め、イナゴもバッタも同じもんだ。第一先生を捕まえてなもした何だ。菜飯は田楽の時より外に食うもんじゃない」(『坊っちゃん』p.43:10 おれ→학생)

「なもしと菜飯とは違うぞな、もし」(『坊っちゃん』p.43:11 학생→おれ)

「イナゴでもバッタでも、何でおれの床の中へ入れたんだ。おれがいつ、バッタを入れてくれと頼んだ」(『坊っちゃん』p.43:13 おれ→학생)

「誰も入れやせんがな」(『坊っちゃん』p.43:15 학생→おれ)

「入れないものが、どうして床の中にいるんだ」(『坊っちゃん』p.43:16 おれ→학생)

「イナゴは温い所が好きじゃけれ、大方一人でおはいりたのじゃあろ」(『坊っちゃん』p.43:17 학생→おれ)

「馬鹿あ云え。バッタが一人でおはいりになるなんて ー バッタにおはいりになられてたまるもんか。 ー さあなぜこんないたずらをしたか、云え」(『坊っちゃん』p.43:18 おれ→학생)

「云えてて、入れんものを説明しようがないがな」(『坊っちゃん』p.44:2 학생→おれ)

〈장면3〉은 『破戒』에서 교사인 「丑松」가 제자이자 퇴직한 동료교사의 아들인 「省吾」에게 선물로 노트를 주는 장면이다. 「丑松」는 자신을 지칭하는 말로 「私」를, 제자인 상대방을 지칭하는 말로 「君」를 사용하고 있고, 전체적으로 「です・ます체」를 사용함으로서 정중하고 다정하게 대우하고 있음을 알 수 있다.

반면 〈장면4〉의 『坊っちゃん』의 경우, 교사인 「おれ」는 학생에 대해 자신을 지칭하는 말로 「おれ」나 신분명인 「先生」를 사용하고 있고, 상황이 상황이니만큼 (학생들을 꾸짖는 장면) 시종일관 권위적이면서도 도전적이며 반말체를 사용하여 거칠게 대우하고 있다. 이는 『破戒』의 「丑松」의 경우와 대조를 이루어 흥미롭다. 『坊っちゃん』에서는 「おれ」

에 맞서는 학생의 대우표현 또한 만만치 않다. 신참 선생님의 질책에 전혀 주눅 들지 않고 오히려 「なもしと菜飯とは違うぞな、もし」라고 꿋꿋하게 말대꾸 할 정도로 당차다.

위 〈장면4〉의 대화 내용을 보면 부임해 온 지 얼마 되지 않는 스승과 제자의 대화라고 하기엔 지나칠 정도로 격의 없어 보이는데, 「おれ」의 단도직입적이면서도 감정을 숨길 수 없는 거침없는 표현이 학생을 상대로 적나라하게 드러나 있다고도 생각된다. 한편 문제의 곤충인 「バッタ」에 대해 「一人でおはいりになる」 등의 표현을 사용한 것은 「おれ」에게 내재되어 있는 유머감각 내지는 해학적 재미를 느낄 수 있는 부분이기도 하다.

(3) 손님과 하숙집 주인 또는 하녀(하인)와의 관계

장면5

「どうしたの、この人が」(『破戒』 p.184:6 丑松→袈裟治)

「貴方を尋ねて来なさりやしたよ」(『破戒』 p.184:7 袈裟治→丑松)

「この人は僕のところへ来たんじゃ無いんだろう」(『破戒』 p.184:9 丑松→袈裟治)

「何か間違いじゃないか。どうも、こんな人が僕のところへ尋ねて来る筈が無い」(『破戒』 p.184:14 丑松→袈裟治)

「だって、瀬川さんと言って尋ねて来なすったもの一小学校へ御出なさる瀬川さんと言って」(『破戒』 p.184:16 袈裟治→丑松)

「それはそうと、御飯はどうしやしょう」(『破戒』 p.185:3 袈裟治→丑松)

「御飯?」(『破戒』 p.185:4 丑松→袈裟治)

「あれ、貴方(あんた)は起きなすったばかりじゃごわせんか。階下(した)で食べなすったら? 御味噌汁も温めてありやすにサ」(『破戒』 p.185:5 袈裟治→丑松)

장면5-1

「奥様、何卒まあ、今日のところは、私(わし)に免じて許して下さるように」(『破戒』 p.56:4 농부音作→옛 지주의 부인)

「ない、省吾さん、貴方(あんた)もそれじゃいけやせん。母さんの言うことを聞かねえようなものなら、私だって提棒に出るのはもう御免だから」(『破戒』 p.56:5 농부音作→옛 지주의 아들)

「さあ、御手伝いしやすよ。どれ、始めずか」(『破戒』 p.56:8 농부音作→옛 지주의 아들)

〈장면5〉는 절에서 묵고 있는 「丑松」와 하녀 「袈裟治」와의 대화 내용이다. 손님인 「丑松」는 하녀에 대해 자신을 가리키는 말로 「僕」를 사용하며 대체적으로 반말체를 사용하여 대우하고 있고, 하녀 「袈裟治」는 「丑松」를 가리키는 말로 「貴方(あんた)」를 사용하며 「起きなすった」 「食べなすったら」 등 「ーなさる」와 같이 경의를 갖는 대우형식을 사용하고 있다.

한편 〈장면5-1〉의 경우는, 지금은 서로 간에 같은 농부의 신분이 되었지만, 얼마 전까지만 해도 하인의 처지였던 「音作」가 옛 지주의 부인과 아들에게 사용한 대우 표현이 흥미롭다. 「音作」는 옛지주의 부인에 대한 호칭어로 「奥様」를 사용하고, 그 아들에 대한 호칭어로는 「이름+さん」의 형태인 「省吾さん」을 사용하고 있다. 자신을 가리킬 때는 「わし」[2)]를 사용하며 문말의 표현도 「ーて下さる」나 「おーする」와 같은 경어형식을 사용하여, 상대가 몰락하여 같은 농부의 신분이 되었지만,

2) 小松寿雄는 「「わし」는 上方語에서 많이 사용되었다. 전기(前期)에는 여성에게 많이 나타나며 「わたくし」의 뒤를 잇는 경의를 갖고 있었다. 후기 江戸語에서는 주로 연배가 있는 사람들이 사용하였지만 수는 많지 않았고, 연배 층에 남아 있는 것으로 보아 전기에는 일반적으로 사용된 자칭(自稱)이었을지도 모른다.」고 기술하고 있다.(辻村敏樹 『敬語史』, 大修館書店, 1971, p.356-357)

내면적으로는 여전히 경의를 갖고 정중하게 대우하고 있음을 알 수 있다. 또한 〈장면5-1〉에서는 「ない」→「なあ」, 「始めずか」→「始めようか」와 같은 농부의 말씨를 엿볼 수 있어서 흥미롭다.

장면6

「行くことは行くがじき帰る。来年の夏休みにはきっと帰る」(『坊っちゃん』p.17:14 おれ→清)

「何を見やげに買って来てやろう、何がほしい」(『坊っちゃん』p.17:15 おれ→清)

「越後の笹飴が食べたい」(『坊っちゃん』p.17:15 清→おれ)

「おれの行く田舎には笹飴はなさそうだ」(『坊っちゃん』 p.17:16 おれ→清)

「そんなら、どっちの見当です」(『坊っちゃん』p.17:17 清→おれ)

「西の方だよ」(『坊っちゃん』p.17:17 おれ→清)

「箱根のさきですか手前ですか」(『坊っちゃん』p.18:1 清→おれ)

「もうお別れになるかも知れません。随分御機嫌よう」(『坊っちゃん』p.18:4 清→おれ)

〈장면6〉의 경우에서도 신분상 상하 관계에 있음을 분명히 알 수 있는데, 주인공 「おれ」는 하녀 「清」에 대해 자칭어로 「おれ」를 사용하며 문말의 표현도 「笹飴はなさそうだ」 「西の方だよ」와 같이 반말체를 사용하고는 있으나, 어려서부터 자신을 애지중지 여겨 왔던 「清」의 마음을 잘 아는 「おれ」는 「清」에 대해서는 비교적 다정하게 대우하는 편이다. 본래는 내력 있는 집안이었으나 몰락하여 「おれ」의 집에 고용된 지 10년 이상이 된 늙은 하녀 「清」는 「おれ」에 대한 애정이 각별하다. 특히 「清」는 옛날 사고방식을 가진 사람으로 「おれ」에 대한 지칭어로

「あなた」「坊っちゃん」을 사용하는가 하면, 「おれ」와의 관계를 봉건시대의 주종관계로 생각하고 있으므로, 아래의 〈장면6-1〉과 같이, 「おーだ」「おーです」「おーなさる」「おー遊ばす」「おーになる」 등의 표현형식을 사용하는 등 매우 높게 대우하고 있음을 알 수 있다.

장면6-1

「あなたは真っ直ぐでよい御気性だ」(『坊っちゃん』 p.11:8 清→おれ)

「それだからよい御気性です」(『坊っちゃん』 p.11:10 清→おれ)

「お小遣がなくてお困りでしょう、お使いなさい」(『坊っちゃん』 p.12:2 清→おれ)

「あなたはどこがお好き、麹町(こうじまち)ですか麻布(あざぶ)ですか、お庭へぶらんこをおこしらえ遊ばせ、西洋間は一つでたくさんです」(『坊っちゃん』 p.13:10 清→おれ)

「あなたがおうちを持って、奥さまをお貰いになるまでは、仕方がないから、甥の厄介になりましょう」(『坊っちゃん』 p.15:1 清→おれ)

장면6-2

「手前は書画骨董(こっとう)がすきで、とうとうこんな商買を内々で始めるようになりました。あなたもお見受け申すところ大分御風流でいらっしゃるらしい。ちと道楽にお始めなすっては如何です」(『坊っちゃん』 p.31:9 하숙집주인→おれ)

「おれはそんな呑気な隠居のやるようなことは嫌いだ」(『坊っちゃん』 p.31:16 おれ→하숙집주인)

「へへへへ、いえ始めから好きなものは、どなたも御座いませんが、一旦この道にはいるとなかなか出られません」(『坊っちゃん』 p.31:17 하숙집주인→おれ)

……

「田舎巡りのへボ絵師じゃあるまいし、そんなものはいらない」(『坊っ

ちゃん』p.33:1 おれ→하숙집주인)

「金があっても買わないんだ」(『坊っちゃん』p.33:6 おれ→하숙집주인)

〈장면6-2〉는 「おれ」와 골동품을 파는 일을 겸하고 있는 「하숙집주인」과의 대화 장면이다. 하숙집 주인은 자신을 가리키는 말로 「手前」를, 상대를 가리키는 말로 「あなた」를 사용하고 있으며, 「おーもうす」「おーなさる」 등의 경어 형식을 빌려 상대를 높게 대우하고 있다. 문말의 표현도 「です・ます」체를 사용하여 정중하게 대우하고 있음을 알 수 있다.

반면 무례하고 뻔뻔하다고 느끼며 싫어하고 경멸하는 「하숙집주인」에 대해 「おれ」는 자신을 지칭하는 말로 「おれ」를 사용하고 있으며 문말의 표현도 반말체로 일관되게 사용하고 있고 상대에 대한 태도도 성의 없이 가볍게 대하고 있음을 엿볼 수 있다.

장면6-3

「どうして奥さんをお連れなさって、一所においでなんだのぞなもし」(『坊っちゃん』p.84:12 하숙집할머니→おれ)

「奥さんがあるように見えますかね。可哀想にこれでもまだ二十四ですぜ」(『坊っちゃん』p.84:12 おれ→하숙집할머니)

「あなた二十四で奥さんがおありなさるのは当り前ぞなもし」(『坊っちゃん』p.84:13 하숙집할머니→おれ)

「それじゃ僕も二十四でお嫁をお貰いるけれ、世話をしておくれんかな」(『坊っちゃん』p.84:16 おれ→하숙집할머니)

……

「先生、あの遠山のお嬢さんを御存知かなもし」(『坊っちゃん』p.85:17 하숙집할머니→おれ)

「いいえ、知りませんね」(『坊っちゃん』p.85:18 おれ→하숙집할머니)

「まだ御存知ないかなもし。ここらであなた一番別嬪さんじゃがなもし。あまり別嬪さんじゃけれ、学校の先生方はみんなマドンナマドンナと言うといでるぞなもし。まだお聞きんのかなもし」(『坊っちゃん』 p.86:1 하숙집할머니→おれ)

「うん、マドンナですか。僕あ芸者の名かと思った」(『坊っちゃん』 p.86:3 おれ→하숙집할머니)

〈장면6-3〉은 「おれ」와 새로 이사한 「하숙집할머니」와의 대화 장면이다. 특히 「おれ」의 대화 내용을 보면, 1인칭 대명사로 「僕」를 사용하며 위 〈장면6-2〉에서는 전혀 볼 수 없었던 「です・ます」체를 사용하기도 하며 꽤 정중하게 대우하는가 하면 「世話をしておくれんかな」와 같이 할머니의 말투를 흉내 내어 친근감을 강조하려는 노력이 엿보이기도 한다. 이는 「おれ」가 「하숙집할머니」와의 대화에서 「清」를 떠올린 것도 한몫 했을 것이다. 〈장면6-2〉나 〈장면6-3〉에서 「おれ」의 이야기 상대는 하숙집 주인이라는 같은 대상이 되고는 있지만, 호감 비호감 등의 심리적 친소관계의 차이에 따라 생겨나는 대우 표현형식이나 대우도는 사뭇 달라져 있음을 알 수 있다.

장면6-4

「あんた、なんぞ、唄いなはれ」(『坊っちゃん』 p.121:11 芸者→おれ)

「おれは唄わない、貴様唄ってみろ」(『坊っちゃん』 p.121:12 おれ→芸者)

……

「鈴ちゃん逢いたい人に逢ったと思ったら、すぐお帰りで、お気の毒さまみたようでげす」(『坊っちゃん』 p.122:1 野だ→芸者)

「知りまへん」(『坊っちゃん』 p.122:2 芸者→野だ)

「鈴ちゃん僕が紀伊の国を踊るから、一つ弾いて頂戴」(『坊っちゃん』

p.122:5 野だ→芸者)

……

「芸者、芸者、おれが剣舞をやるから、三味線を弾け」(『坊っちゃん』 p.122:13 山嵐→芸者)

위 〈장면6-4〉의 경우 동료 교사이자 성인군자인 「うらなり」의 송별회 자리에서 「芸者」를 상대로 한 주인공 「おれ」와 동료 교사인 「野だ」「山嵐」 세 남자의 대화 내용이다.

「おれ」는 자신을 가리키는 말로 「おれ」, 상대를 가리키는 말로 「貴様」를 사용하고 있으며 남성미 넘치는 「山嵐」는 상대를 부를 때 「芸者」라는 신분 명을 사용하고 있다.

「野だ」의 경우는 「이름의 생략형+ちゃん」의 형태인 「鈴ちゃん」을 사용하여 친애의 감정을 나타내고 있으며, 「でげす」「頂戴」와 같은 문말의 표현을 사용하고 있는데, 이는 「おれ」나 「山嵐」의 반말체 말투와 비교되는 한편 「野だ」의 여성적 성향이 엿보이는 부분이기도 하다. 짧은 대화 장면이지만, 세 사람의 대우표현형식의 사용이 각각의 특징이 나타나 있어 흥미롭다.

표1 상하관계

작품	상하관계	호칭	대우표현형식(문말표현)
『破戒』	교장→丑松	我輩、きみ、瀬川くん	ーなさる、おーなさる、ーて下さる、おーです、です・ます체
	丑松→교장	校長先生	です・ます체
	교장→文平	我輩、きみ、勝野くん	だ체、です・ます체
	文平→교장	わたし、あな	おーする、おーなさる、

		た、先生	です・ます체
	丑松→학생	きみ、 風間さん	おーになる、です・ます체
	학생→丑松	わし、先生	ーなさる、です・ます체
	丑松→하녀	ぼく	だ체
	하녀→丑松	あんた、 瀬川先生	おーなさる、です・ます체
	音作→옛 지주의 아들, 부인	わし、あんた 、省吾さん	ーてくださる、 です・ます체
『坊っちゃん』	교장→おれ	あなた、きみ	おーです、です・ます체
	おれ→교장		です・ます체
	교감→おれ	ぼく、きみ、 あなた	おーです、おーする、 です・ます체、だ체
	おれ→교감	ぼく、あなた	おーです、です・ます체
	교감→のだ	われわれ、 吉川くん	だ체
	のだ→교감	わたし、教頭、 あなた	おーです、です・ます체
	おれ→학생	おれ、 きみ(ら)	だ체
	학생→おれ	先生	
	おれ→하녀	이름의 생략형(清)	だ체
	하녀→おれ	あなた、 坊っちゃん	おーだ、おーです、おーなさる、 おーあそばす、 おーになる、です・ます체
	おれ→ 하숙집주인		だ체
	하숙집주인 →おれ	手前、あなた	おー申す、おーなさる、 おーする、です・ます체

3 대등관계

『破戒』와 『坊っちゃん』에 나타나는 대등관계로는 주로 동료 교사나 친구와의 관계를 들 수 있다.

장면7

「よく君は引越して歩く人さ」(『破戒』 p.38:2 銀之助→丑松)

「一度瀬川君のように引越す癖が着くと、何度でも引越したくなるものと見える。まあ、部屋の具合なぞは、先の下宿の方が好さそうじゃないか」(『破戒』p.38:2 銀之助→丑松, 文平)

「何故御引越になったんですか」(『破戒』 p.38:5 文平→丑松)

「どうも彼処の家は喧しくってー」(『破戒』 p.38:6 丑松→文平)

「何だそうだねえ、先の下宿では穢多が逐出されたそうだねえ」(『破戒』 p.38:8 銀之助→丑松)

「そうそう、そういう話ですなあ」(『破戒』 p.38:10 文平→銀之助, 丑松)

「実際、君の顔色は好くないー」(『破戒』 p.39:6 銀之助→丑松)

「僕は君、そんな病人じゃ無いよ」(『破戒』 p.39:8 丑松→銀之助)

〈장면7〉은 주인공 「丑松」가 蓮華寺로 하숙을 옮긴 다음 날, 동료 교사인 「銀之助」와 「文平」가 하숙집으로 찾아와 대화를 나누는 장면이다.

동료 교사이자 친한 친구 사이인 「丑松」와 「銀之助」는 1인칭과 2인칭으로 서로 「僕」 「君」등 일반적으로 남성 동료 사이에서 자주 사용되는 표현을 사용하고 있으며, 문말의 표현도 보통체로 일관되게 사용하고 있다. 하지만 「丑松」에 대해 거리감을 느끼고 있는 「文平」는 「御ーになる」와 같은 경어형식을 사용하거나 「です」체를 사용하여 거리를

두고 정중하게 대우하고 있음을 알 수 있다.

또한 다음의 〈장면7-1〉과 같이 동료 교사라 하더라도 나이가 많은 퇴직교사에 대한 대우표현이나 형식은 달라진다.

장면7-1

「瀬川君、君が飯山へ来たのは何時でしたっけねえ」(『破戒』 p.62:18 敬之進→丑松)

「私ですか。私が来てから最早足掛三年に成ります」(『破戒』 p.63:2 丑松→敬之進)

「へえ、そんなに成るかねえ。つい此頃のようにしか思われないがなあ。実に月日の経つのは早いものさ。いや、我輩なぞが老込む筈だよ、君等がずんずん進歩するんだもの。我輩だって、君、一度は君等のような時代もあったよ。」(『破戒』 p.63:3 敬之進→丑松)

……

「風間さん、釣ですか」(『破戒』 p.237:12 丑松→敬之進)

「いや、どうも、寒いの寒くないのッて」(『破戒』 p.237:13 敬之進→丑松)

「到底川端で辛棒が出来ないから、廢めて帰って来た」(『破戒』 p.237:13 敬之進→丑松)

「とりあえず、一つ差上げましょう」(『破戒』 p.238:1 丑松→敬之進)

나이가 많은 퇴직교사 「敬之進」은 1인칭으로 「我輩」를 2인칭으로는 「君」를 사용하며 문말의 표현도 보통체가 주를 이룬다. 이에 비해 「丑松」는 1인칭으로 「私」를 사용, 상대에 대한 호칭어로는 「성+さん」의 형태인 「風間さん」을 사용하며 문말의 표현도 「です・ます」체를 사용하여 정중하게 대우한다. 특히 유신 후 집안이 몰락하여 늘 옛날을 그리워하며 술에 절어 사는 「敬之進」에 대해 연민을 느끼는 「丑松」는 「敬

之進」과 그 가족에 대해 친근감을 갖고 있으며 그것이 언어 표현에도 잘 드러나 있음을 알 수 있다 〈장면3 참고〉.

장면8

「君あの赤シャツが芸者に馴染みのあることを知ってるか」(『坊っちゃん』p.129:14 山嵐→おれ)

「知ってるとも、この間うらなりの送別会の時に来た一人がそうだろう」(『坊っちゃん』p.129:15 おれ→山嵐)

「そうだ僕はこの頃漸く勘づいたのに、君はなかなか敏捷だ」(『坊っちゃん』p.129:15 山嵐→おれ)

「あいつは、ふた言目には品性だの、精神的娯楽だのと云う癖に、裏へ廻って、芸者関係なんかつけとる、怪しからん奴だ。それもほかの人が遊ぶのを寛容するならいいが、君が蕎麦屋へ行ったり、団子屋へはいるのさえ取締り上害になると云って、校長の口を通して注意を加えたじゃないか」(『坊っちゃん』p.129:17~130:2 山嵐→おれ)

「うん、あの野郎の考えじゃ芸者買いは精神的娯楽で、天麩羅や、団子は物質的娯楽なんだろう。精神的娯楽なら、もっと大べらにやるがいい。何だあの様は。馴染みの芸者がはいってくると、入れ代りに席をはずして、逃げるなんて、どこまでも人を胡魔化す気だから気に食わない。」(『坊っちゃん』p.130:3~5 おれ→山嵐)

〈장면8〉을 보면 서로 마음이 통하는 동료교사 사이인 「おれ」와 「山嵐」는 일반적으로 남성 동료 사이에서 자주 사용되는 1인칭 대명사 「僕」와 2인칭 대명사 「君」를 사용하고 있다. 남자가 자기 자신을 가리키는 1인칭 대명사인 「僕」는 중국어에서 유래하였으며 고대(古代)부터 한문을 쓰는 사람은 「自分」이라고 하는 대신에 「僕」라는 한자를 사용하여 「당신의 머슴」이란 의미로 겸손하게 자신을 불렀다고 한다[3]. 메이지

(明治) 이후 소년 남자를 중심으로 대등하거나 하위자에 대한 1인칭 대명사로서 청년이나 서생이 사용하였다. 현대에는 연령에 관계없이 폭넓게 사용되고 있다. 「君」 또한 메이지 소설에서 서생(書生)의 말씨로서의 성격이 강하며 주로 대등한 관계에서 남성이 사용하며 1인칭 대명사 「僕」와 대응된다.

문말의 표현은 「だ」[4] 「じゃないか」와 같이 보통체를 사용하고 있으며, 두 사람에게 있어서 비호감형이자 상사이며 동시에 화제의 인물이기도 한 「赤シャツ」에 대해서는 별명을 사용하거나 「あいつ」 「あの野郎」와 같은 경비어(經卑語)를 사용함으로서 두 사람의 赤シャツ에 대한 경시(輕視)의 태도를 읽을 수 있다.

장면8-1

「や、お湯ですか、さあ、こっちへお懸けなさい」(『坊っちゃん』 p.92:1 おれ→うらなり)

「いえ、構うておくれなさるな」(『坊っちゃん』 p.92:2 うらなり→おれ)

「少し待たなくっちゃ出ません、草臥れますからお懸けなさい」(『坊っちゃん』 p.92:3 おれ→うらなり)

「あなたは何所か悪いんじゃありませんか。大分たいぎそうに見えますが…」(『坊っちゃん』 p.92:13 おれ→うらなり)

「いえ、別段これと云う持病もないですが…」(『坊っちゃん』 p.92:14 うらなり→おれ)

「そりゃ結構です。からだが悪いと人間も駄目ですね」(『坊っちゃん』

---

3) 堀井令以知『語源大辭典』東京堂出版, 1988, p.228

4) 「だ체」는 확정적인 판단을 나타내며 「です・ます체」, 「である체」와 함께 구어문체의 서술을 담당한다.
「である체」와 함께 「보통체」에 속하며 문장어(文章語)에도 구두어(口頭語)에도 사용된다.(田中章夫 『敬語用法辞典』明治書院, 1974, p.206~207)

p.92:15 おれ→うらなり)

「あなたは大分御丈夫のようですな」(『坊っちゃん』p.92:16 うらなり→おれ)

「ええ痩せても病気はしません。病気なんてものあ大嫌いですから」(『坊っちゃん』p.92:17 おれ→うらなり)

〈장면8-1〉의 「おれ」와 「うらなり」의 대화는 〈장면8〉의 「おれ」와 「山嵐」의 대화와는 사뭇 다른 분위기임을 알 수 있다. 작품에서 보이는 「おれ」의 평소 말투는 꽤 거칠고 직선적인 편이지만, 위에서 알 수 있듯이 「うらなり」와의 대화에서는 평소답지 않은 공손한 표현을 사용하고 있다. 「おれ」도 「うらなり」도 상대를 지칭하는 2인칭 대명사로 「君」가 아닌 「あなた」[5]를 사용하고 있으며, 문 말의 표현도 「お懸けなさい」 「大嫌いです」 「見えます」와 같이 「おーなさい」라는 경의를 갖는 대우 표현형식과 정중체인 「です・ます체」를 사용하여 「うらなり」를 매우 정중하고 높게 대우하고 있는 것 같다.

「なさる」를 기초로 한 「おーなさる」란 대우 표현형식은 에도시대 특히 에도(江戸)어에 있어서 가장 중요한 경어 형식의 하나였으나, 오늘날에는 「おーなさい」(명령형, 연용형) 형식을 제외하면 그다지 사용하지 않게 되었다[6].

「おれ」는 스스럼없고 편한 관계인 「山嵐」와는 달리 자신이 존경할 정도로 좋아하며 성인군자와 같은 인품을 가진 「うらなり」에 대해서는 정중한 태도로 일관되게 대우하고 있고 그런 그의 마음이 언어표현에도 잘 나타나 있음을 알 수 있다.

---

5) 2인칭 대명사. 본래는 「あちら、あの人、以前」의 의미였다. 2인칭 대명사로서의 사용은 에도(江戸) 초기부터이며 貴男, 貴女로도 표기한다.(堀井令以知(『語源大辭典』東京堂出版, 1988, p.12)

6) 松村 明『日本文法大辭典』明治書院, 1971, p.591

장면8-2

「教頭は全く君に好意を持っているんですよ。僕も及ばずながら、同じ江戸っ子だから、なるべく長く御在校を願ってお互いに力になろうと思って、これでも蔭ながら尽力しているんですよ」(『坊っちゃん』p.60:6 野だ→おれ)

……

「いや昨日はお手柄で、ー 名誉の御負傷でげすか」(『坊っちゃん』p.139:12 野だ→おれ)

「余計なことを言わずに絵筆でも舐めていろ」(『坊っちゃん』 p.139:13 おれ→野だ)

「こりゃ恐れ入りやした。しかしさぞお痛いことでげしょう」(『坊っちゃん』p.139:14 野だ→おれ)

「痛かろうが、痛くなかろうがおれの面だ。貴様の世話になるもんか」(『坊っちゃん』p.139:15 おれ→野だ)

한편 〈장면8-1〉과는 달리 〈장면8-2〉의 「野だ」와의 대화에서는 「おれ」의 직선적이고 거친 말투가 고스란히 드러나 있음을 알 수 있다. 이는 「です」「でげす」를 사용하는 「野だ」의 정중한 말투와 대조를 보이기도 하지만 내용적으로 볼 때 두 사람의 묘한 견제 관계를 엿볼 수 있는 부분이기도 하다. 특히 「おれ」의 경우는 「野だ」에 대해 경멸감이나 비호감을 갖고 있기 때문에 그러한 심리가 대화상에도 반영되어, 「野だ」의 말에 거친 말투로 응대하거나 아예 무시해 버리는 태도를 보이는 경우가 많다. 위 장면에 나타나 있는 바와 같이 「おれ」는 「野だ」에 대해 남성 동료 간에 일반적으로 사용되던 2인칭 대명사 「君」를 사용하지 않고 「貴様(きさま)」를 사용하고 있으며 「舐めていろ」와 같이 반말 체 명령 표현을 사용하고 있음을 볼 수 있다.

2인칭 대명사 「貴様」는 중세(中世) 말(末) 무가(武家)의 서간문에 나타나는 용례를 보면 본래는 꽤 높은 경의(敬意)를 나타내는 말로 사용되었다. 하지만 서민의 대화체로 사용되면서부터 경의를 잃게 되고 19세기 경 부터는 하위자에게 사용되면서 경비어(經卑語)가 되었다고 한다[7].

결국 대등한 관계에서 「おれ」의 대우표현을 보면, 마음에는 들지만 다소 투박한 수학 주임선생인 「山嵐」에 대해서는 일상적이고 편한 보통체의 대우표현을 사용하고 있고, 자신이 존경할 정도의 성인군자와 같은 인품을 가진 「うらなり」에 대해서는 정중한 표현을 사용함으로서 공손하게 대우하고 있음을 알 수 있다. 또한 경멸의 대상인 「野だ」에 대해서는 거친 말투로 일관되게 사용함으로서 자신의 심리를 대화에 적극 반영하고 있음을 알 수 있다.

장면8-3

「少々用事がありまして遅刻致しました」(『坊っちゃん』p.73:7 うらなり先生→先生たち)

「実に今回のバッタ事件及び吶喊事件は吾々心ある職員をして、ひそかに吾校将来の前途に危惧の念を抱かしむるに足る珍事でありまして、吾々職員たるものはこの際奮って自ら省みて、全校の風紀を振粛しなければなりません。それで只今校長及び教頭のお述べになったお説は、実に肯綮に中った剴切なお考えで私は徹頭徹尾賛成致します。」(『坊っちゃん』p.75:13 野だ先生→先生たち)

「私は徹頭徹尾反対です…そんな頓珍漢な、処分は大嫌いです。一体生徒が全然悪いんです。どうしても詫まらせなくっちゃぁ、癖になります。退校さしてもかまいません。… 何だ失敬な、新しく来た教師だと思って…」(『坊っちゃん』p.76:4 おれ→先生たち)

---

7) 堀井令以知『語源大辭典』東京堂出版, 1988, p.78

「私は教頭及びその他諸君のお説には全然不同意であります。と云うものはこの事件はどの点から見ても、五十名の寄宿生が新来の教師某氏を軽侮してこれを翻弄(ほんろう)しようとした所為(しょい)とより外には認められんのであります。教頭はその源因を教師の人物如何にお求めになるようでありますが失礼ながらそれは失言かと思います。」(『坊っちゃん』p.76:18 山嵐→先生たち)

〈장면8-3〉은 「메뚜기 사건」으로 인한 문제의 학생들에 대한 처벌 건으로 인해 선생님들이 모두 모인 자리에서 각자의 의견을 이야기하는 장면이다. 다수의 이야기 상대를 대상으로 한 공적인 장면에서의 대화라 전반적으로 정중한 분위기임을 알 수 있다. 1인칭 대명사로 「おれ」나 「ぼく」를 주로 사용하며 습관적으로 「だ체」를 사용하던 주인공 「おれ」도 이와 같은 공적인 자리에서는 「私」를 사용하며 「です・ます체」로 정중하게 이야기하고 있다. 또한 「致します」「おーになる」와 같은 경의를 갖는 표현형식이 사용되고 있음을 알 수 있다. 공적인 장소에서의 정중한 대우 표현형식이 사용되고 있음에도 불구하고 각자의 말투에서 말하는 사람의 성격이 드러나 있음이 흥미롭다.

심하게 여성 취향적인 성격의 「野だ」는 지나칠 정도로 경어적인 표현을 사용하고 있으며, 주인공 「おれ」의 「何だ失敬な、新しく来た教師だと思って」 부분에서는 그의 직선적이고 거침없는 말투 속에 그의 분노의 감정이 잘 드러나 있는 것 같다. 또한 「山嵐」의 「であります체」[8] 사용도 눈길을 끈다.

---

8) 확정적인 판단을 나타내며 「である체」의 정중한 형태이다. 「です・ます체」「でございます체」와 함께 경체(敬体)에 속한다. 구두어(口頭語)로서는, 강연이나 연설 등 공(公)적인 장면에서 많이 사용된다.(田中章夫 『敬語用法辞典』 明治書院, 1974, p.207)

표2 대등관계

작품	대등관계	호칭	대우표현형식(문말표현)
破戒	丑松→銀之助	ぼく、きみ、土屋くん	だ체
	銀之助→丑松	ぼく、きみ、瀬川くん	だ체、です・ます체
	丑松→文平	ぼく	だ체、です・ます체
	文平→丑松	ぼく、きみ、瀬川くん	おーです、おーになる、だ체、です・ます체
	丑松→敬之進	わたし、あなた、風間さん	です・ます체
	敬之進→丑松	我輩、きみ、瀬川くん	おーする、おーになる、だ체、です・ます체
坊っちゃん	おれ→山嵐	おれ、きみ	だ체
	山嵐→おれ	ぼく、きみ	だ체
	おれ→うらなり	あなた、うらなり先生、古賀さん	おーです、おーなさる、です・ます체
	うらなり→おれ	わたし、あなた	おーなさる、です・ます체
	おれ→のだ	きさま	だ체
	のだ→おれ	ぼく	です・ます체

4 맺음말

본고에서는 근대화 과정에 있어서 일본 사회의 교육적 일면을 잘 보여주는 대표적인 학교소설이라고 할 수 있는 메이지 39년에 쓰인『破戒』와『坊っちゃん』을 대상으로 두 작품에 등장하는 주인공 교사의 대인관계를 중심으로 인칭대명사나 문체, 동작에 대한 대우표현 형식, 정중도와 관련된 문말의 표현을 중심으로 메이지 30년대 말의 대우표현 사용실태의 일면을 고찰해 보았다.

인칭대명사의 사용은 인물의 성격에 따라 달라지기도 하는데, 『破戒』의 경우 주인공 丑松는 1인칭 대명사로 「わたし」를 사용하며 『坊っちゃん』의 경우 주인공 おれ는 주로 「おれ」를 사용하고 있다. 또한 교장이나 변호사 퇴직교사 등 비교적 지위가 있거나 연배가 있는 사람의 경우는 이야기 상대가 연령상이나 신분상으로 하위자인 경우 「我輩」를 사용하였다. 남성 동료 사이에서의 인칭대명사는 주로 「きみ」「ぼく」가 사용되었지만 심리적으로 거리감을 느끼거나 격식을 차릴 경우에는 「あなた」「わたし」가 사용되기도 하였으며, 『坊っちゃん』의 경우는, 이야기 상대가 상위자라 할지라도 상대방의 죄를 응징하는 장면에서는 2인칭 대명사 「きさま」가 사용되었다.

인명에 붙는 대우형식의 경우는, 상대가 대등한 관계이거나 하위자일 경우 「성＋くん」의 형태가 사용되었고, 동등하거나 비슷한 연배라도 심리적으로 거리감을 느낄 때 또는 존경할만한 대상일 때는 「성＋さん」의 형태가 주로 사용되었다. 또한 『破戒』에서 丑松는 동료교사의 딸을 부를 때 「お＋이름＋さん」의 형태인 「お志保さん」을 사용하기도 하였다.

한편 「だ체」「です・ます체」「であります체」등 다양한 문체의 존재 양상만큼이나 동작에 대한 대우 표현형식도 「おーになる」「おーだ」「おーです」「おーなさる」「おー申す」「おー遊ばす」등 신구(新舊) 대우형식이 다양하게 사용되고 있음을 알 수 있다. 이는 신분제가 폐지되었다고는 해도 사람들의 대인(對人)의식이 급속히 변화하는 것은 아니며, 신지배층과 피지배층, 교양 층과 비 교양 층의 언어는 경어사용이라는 언어생활 속에서 여전히 존재하고 있음을 말해주는 것이다.

또한 두 작품에서는 내면적으로 잔재하는 신분적 차이가 대우 표현상에 반영되고 있으며, 화자가 이야기 상대에 대해 경의를 갖고 대우할 때뿐만 아니라, 심리적으로 거리감을 느끼는 사이일수록 경어적인 표현을 자주 사용하여 높게 대우함으로서 상대방에 대한 마음을 대우표현 형식에 적극 반영하고 있음을 알 수 있다.

참고문헌

- 小川譽子美(2003)『敬語を中心とした對人關係の表現』スリーエーネットワーク
- 小島俊夫(1998)『後期江戸ことばの敬語体系』笠間書院
- 西尾純二(1998)「マイナス待遇表現行動分析の試み - 非礼場面における言語行動規範について -」『大阪大學 日本學報』17
- 岡田賢二(1998)「明治期の東京語における人稱代名詞の研究」『埼玉大學國語教育論叢』2
- 中村平治(1993)『敬語から丁寧表現へ』近代文藝社
- 佐竹秀雄(1992)「新言文一致体の計量的接近」『武庫川女子大學言語文化研究所年報』3
- 山崎久之(1990)『續國語待遇表現體系の研究』武藏野書院
- 森田良行(1989)『基礎日本語辭典』角川書店
- 堀井令以知(1988)『語源大辭典』東京堂出版
- 中田祝夫他(1983)『古語大辭典』小學館
- 林巨樹(1979)『國語史辭典』東京堂出版
- 日本大辭典刊行會(1976)『日本國語大辭典』小學館
- 辻村敏樹(1974)『明治大正時代の敬語』明治書院
- 田中章夫(1974)「敬語關係用語集」『敬語用法辭典』明治書院
- 松村明(1971)『日本文法大辭典』明治書院
- 松村明(1957)『江戸語東京語の研究』東京堂

サイバー大学における日本語作文教育での
ピア・レスポンスの効果

佐藤揚子*

본 연구는 on line 일본어작문교육에서도 peer response활동이 학습자의 작문 능력을 향상시킬 수 있는지 고찰하기 위해 사이버대학교 학생을 대상으로 이하의 조사를 실시했다.(1) peer response활동 전과 후 작문 비교/분석, (2) 교사한테 받은 피드백을 참고로 퇴고작업을 한 학습자의 작문과 peer response활동 후에 퇴고한 작문을 비교/분석했다. 그 결과는 (1) [내용][구성][어휘][문법] 모든 분야에서peer response후에 학습자가 퇴고한 작문의 평균점수가 퇴고 전 작문 평균점수 보다 향상됬고, (2)도peer response활동 후의 퇴고 작문이 교사의 피드백을 받아 퇴고한 작문보다 평균점수가 높았다. 또한 on line에서 일본어학습자는peer response활동에 적응할 수 있는지를 조사하기 위해서peer response활동 후에 학습자에게 앙케이트 조사를 실시했다. 그 결과on line상 협동(協動)활동을 긍정적으로 평가하는 학습자가 있는 반면에, 사이버대학교에서 peer response 활동을 실시하는데에 어려움이 있음을 지적하는 학습자도 있었다.

키워드 オンライン日本語教育 ピア・レスポンス インターアクション 協働作業

---

* 漢陽女子大学　国際観光科　招聘教授。

1 はじめに

2009年現在、韓国では19のサイバー大学が運営されている。また、講義室で直接講義を行っていたオフライン大学の講義の中にも学生がインターネット上で受講する講義が今日多く開設され、民間の教育機関や企業の社員教育プログラム等も含めると、現代はインターネット上で多岐に渡った内容の講義を受講することが可能な社会となった。

オンライン教育の長所として「物理的空間の制約を自由にし、(中略)自己ペースに合わせた適時(just-in-just)教育を可能にする(金2004)」等があるが、一方で解決しなければならない問題も多くあることも事実である。例えば、講義担当教員が受講生の学習環境や学習態度を把握することが困難である点、教員一人当たりの学生数が多くなり指導が行き届きにくい点、等である。

特に、オンライン上の外国語の作文教育の場合、学習者が目標言語で作文を書き、それを教員が添削し、学生に返却するという従来の指導方法では、教員は常に膨大な量の作文を添削することが求められ、個々の学生に応じたフィードバックは非常に困難であると言わざるを得ない。また、先行研究でも示されているように、教員が苦労して添削しても、学習者の作文能力を向上させるかというと、その効果は定かではない[1)]。また、オフライン大学の学生のレポート作成時におけ

---

1) 学習者はモデル文として与えられた文章の語彙や表現をいくつか変えて作文を完成させたり、誤用に対する教師の訂正をそのまま採用し清書して作文を完成させる場合が多い。池田(2001)では、中・上級の日本語学習者の場合、学習者の作文に対する教師のフィードバックより、ピア・レスポンスのほうが学習者

る「コピー・アンド・ペースト」やインターネット上の自動翻訳機の使用が問題視されているが、オンライン大学では更に深刻である。オンライン大学の学習者は各家庭、職場等で作文をするために、「コピペ、及び自動翻訳機使用禁止」がなかなか徹底されない、つまり学習者の学習習慣に教員が関与できない環境であることも、実際にサイバー大学で講義をしてみて頭を悩ませられる部分である。

そこで、上記の問題点の解決策として、サイバー大学での作文教育にピア・レスポンス活動を取り入れることを試んでみた。オフラインの日本語作文教育において、ピア・レスポンスによる作文の推敲作業は、教師のフィードバックと比較し、同等、又はそれ以上の効果があることが、これまでの研究により実証されているし、ピア・レスポンスの 「書き手と読み手の相互理解を基に文章を書いていく(池田2005)」活動を通し、インターネット上の講義を受講するというサイバー大学の日本語学習者の受身的になりがちな学習態度に変化が与えられ、点のように各地に点在している学生達が協同で作業することで学生と学生が線で結ばれ、学習者間のインターアクションがからみあいながらの学習の成立、さらにピア・レスポンス活動を通し批判的な読解の経験を積むことで、自分の作文を最終的に客観的な視点で意識的に振り返り推敲できる能力を身につけることができる可能性があるのではないかと考えたからである。

本稿では、オンラインの日本語作文教育においても、ピア・レスポンス活動が、教師のフィードバックと同等か、又はそれ以上の効果を得ることができるのかについて、さらに、オンライン講義の学習者の

の作文能力の向上に効果的であることが実証されている。

ピア・レスポンス活動に対する評価について検証していくことにする。

2 先行研究

2−1. ピア・レスポンス

日本語教育において、「言葉を教えるということは『学び手に言語構造を中心とした知識を伝達することだ』という考え方から、『学び手が実際にコミュニケーションができるようにすることだ』という考え方へ、さらにコミュニケーションができることに加え『学び手が自ら発見するために日本語を使い、また日本語を自立的に学ぶことができるように支援することだ』(舘岡2007)」という考え方に変化する中で、ピア・ラーニング[2)]は新しい学習のスタイルとして今日広く日本語教育の現場に浸透している。

作文教育をピア・ラーニングの手法で行うのがピア・レスポンスだか、先行研究でその利点と問題点がそれぞれ指摘されている。

表1 ピア・レスポンスの長所と短所

利 点	問 題 点
互いに相手の作文を添削しあうという協働作業は、学習者に能動的な授業参加態度を求め、一連の活動を通じて獲	学習者間に言語能力の差がある場合、その有効性に不安要素がある。また、学習者のやる気や準備にピア・レスポ

2) ピア・ラーニングは第一言語、第二言語としての英語教育の教室活動として導入されたのが始まりである。

得した知識を再び自分で作文をする際に活用・実践するという強い動機づけになり、学習者の学習意欲を促進させることができる。	ンス活動が成功するか否かが左右される側面がある。さらに、互いに批判しあうことに抵抗感のある東アジアの学習者は、協働学習に慣れていない(また、なかなか慣れない)。
ピア(peer:仲間)がいることで、作文をする際の過程で常に作文の読み手の視点を意識させることができ、客観的かつ論理的な文章を書く助けとなる。	東アジアの学習者の学習観は「教師主導型」で、潜在的に教師への依存度が高く、ピア・レスポンス活動を通じた自律的な書き手への育成が容易ではない。
インターアクションを通して、他の学習者と人と人との社会的な関係を築き、認知能力やコミュニケーション能力を育てることができる。	ピア同士の人間関係が不十分な場合、意味のあるフィードバックに至らないことや、逆に程度を超えた批判的なフィードバックになることがある。
教師のフィードバックが文法や表記などの言語形式面に有効に働くのに対して、ピア・レスポンスは言語形式だけでなく、作文の内容面にも効果がある。	語学力の不十分な学生同士が作文の推敲作業を行うと[3] フィードバックのコメントが的確でなくなる恐れがある。また、作文の内容や構成についてまでは言及できずに、表面的な文法の間違いを指摘するに止まりがちである。

しかし、最近は上記の問題点に対して、東洋人の学生に対してもピア・レスポンス活動について事前に十分な指導があれば、学習者間のフィードバックは有効的である(池田2001)という報告や、学習者の母語が同一である場合は、母語によるピア・レスポンスを行っても、フィードバックは作文の内容にも及び、その後の推敲作文にも良い影響を与える(広瀬2000)という報告がある。

---

3) ピア・レスポンスでは一般的に学習者の目標言語でフィードバックのやりとりが行われることが多い。

2－2. ピア・レスポンスの種類

ピア・レスポンス活動は口頭で話し合いが行われる場合(以下、口頭ピア・レスポンス)と、ピアの作文を読んでそれに対するコメントを書く場合(以下、ライティング・ピア・レスポンス)がある。

口頭ピア・レスポンスの利点について、池田(2004)は、「日本語を媒介として相互助言しあうことで、学習間の人間関係を作っていく。このことは学習者自身による作文のコンテクストの創造であり、学習環境作りの行為である。」と述べている。また、口頭ピア・レスポンスのほうがアドバイスや質問の意図が相手に伝わりやすいという面もある。

一方、ライティング・ピア・レスポンスは、学習者間の日本語の能力の差がピア・レスポンス活動に影響をあまり与えないと考えられている。しかし、例えば批判的なレスポンスをする場合、建設的なコメントをしたつもりでも、コメントの受け手である作文の筆者はそのコメントを読んで　「非難された」と感じる可能性も否定できないといった、口頭で伝えられるメッセージと活字で伝えられるメッセージの印象が異なってしまう難しさもライティング・レスポンスにはある。

また、田中(2006)によると日本語能力が中級レベルの中国人学習者の場合、ライティング・ピア・レスポンスよりも口頭ピア・レスポンスのほうが学習者の評価が高い。「コメントの書き方が分からない」「いつも同じような内容になってしまう」「批判的なコメントが書けずに、無難な内容になってしまう」というのがライティング・ピア・レスポンスへの否定的な意見である。口頭の方が、相手へ自分の意図が伝わりやすいということで、中国人学習者は話し合いを好むようだ。しかし、池田(2004)が言う口頭ピア・レスポンスによる「学習者間の社会関係性の構築」に関わる感想を持つ学習者はいない。これに対して、田中はピア・レスポンス活動が行われた時期が通年授業の後期で、既に一定程度の人間関係が学習者間に存在していたこと、また作文の課題(内容、難易度)が学習者間の深い人間関係構築に結びつくようなものではなかった可能性も認めている。

口頭ピア・レスポンスについての否定的感想としては、「教師(または日本語の上手なクラスメート)から教えてもらいたい」「ピアと話し合うという活動自体に適応できない」「日本語の能力に問題があり、話し合い自体がうまくいかない」の3点が挙げられている。教師への依存度が高すぎる、つまり教師から独立できていないために他の学習者との協働作業に否定的・消極的になってしまうということであろう。しかし、この問題を東アジアの学習者の特徴、「文化の差異」としてのみ捉えずに、「個人の差異」の視点でも捉えるべきで、個々の学習者の性格等に配慮した役割分担があってもいいのではないだろうか、と田中は主張している。目標言語で話し合うことについては、日本語で話し合うことに学習者が負担に感じている側面は否めないものの、「母語で話すことへの後ろめたさ」や「日本語の作文について母語で話し合うことの難しさ」を挙げる学習者も多く、「日本語を使用したい」という学習者の気持を最大限活用しながらも、学習者間の日本語能力の差異を解消するためにも母語でのピア・レスポンス活動のあり方を考えるべきだとしている。

2−3. インターアクションの意義

教室での教師と学習者の関係は今日大きく様変わりした。教師から個々の学生へ一方的に学習内容が伝達される教授スタイル(教室A)から、教師の役割が学習者間のインターアクションの支援(教室B)に変わってきた。

図1 教室における教師と学習者の関係(池田・舘岡 2007 P.47参照)

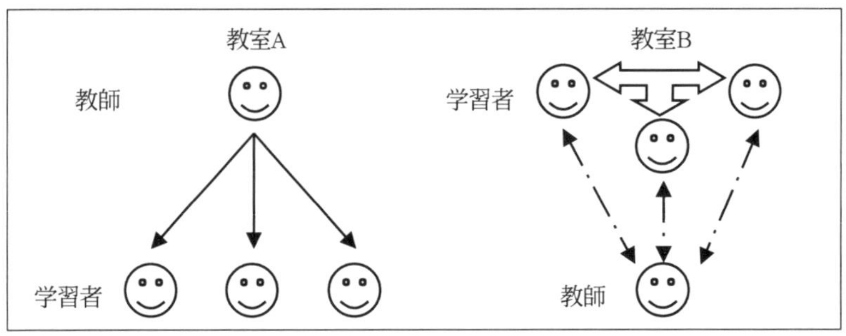

ピア・レスポンス活動はまさに 「仲間同士の対等で互恵的な関係の中で、互いに貢献しあう(舘岡2007)」学習方法で、学習者間のインターアクション活動を基本に置いている。

しかし、上で既に述べたが、東アジアの学習者はインターアクション活動自体に適応できないことが往々にしてあることが明らかになっている(田中2006)。仲間からのフィードバックを 「質的に物足りない」と感じたり、逆に仲間へのフィードバックを与えることを「負担」に感じたりする学習者が多いことから、フィードバックを受ける側も与える側も、双方が教師のような完全なフィードバックを求めており、これは潜在的な教師主導の学習観が影響していると考えられている。

ただし、田中(2009)はこのような学習者には、仲間からのフィードバックをもとに推敲した後、推敲の過程に対してもフィードバックをする機会を設ける等の方法でピア・レスポンス活動は有効な教室活動になりうると主張している。書き手は読み手に推敲プロセスを言語化することで、自分自身の推敲の過程について内省が促され、受身的な書き手から推敲に主体的に関わる書き手へ変われると考えられている。

3 研究方法

ピア・レスポンスは池田(2001)の研究を参考にしたデザインで行った。ピア・レスポンスの後に推敲された「ピア・レスポンス推敲」作文と、教師からのフィードバックを受けた後に推敲された「教師のフィードバック推敲」作文のそれぞれの効果をはかるスケールとして、教師評価(分析的評価)の得点をもとに、一番最初に書いた作文 「第一作文」から推敲した作文「推敲作文」への変化を見た。

3-1. 対象者

韓国の某サイバー大学日本学科の日本語作文授業の受講生のうち42名である[4)]。作文の授業の対象学年が3年生であるため、受講生の大半

4) 受講者数は102名であった。しかし、第一作文未提出者や講義の受講を途中で放棄した学習者がいたり、他の学習者と比較して極端に作文能力が低い、また高い学習者を本研究の対象者から除外した。除外の理由は、対象者間に極端な日本語レベルの差があると、ピア・レスポンスが有効に機能しないことが先行研究によって確認されているためである。また、ピア・レスポンス活動ができなかったグループ等もあったために、対象者が受講者数の半分以下となった。

は日本学科に在籍中の3年生であるが、他の学年の学生や他学科の学生もいた。受講生の日本語レベルは、受講前にプレースメントテストが行われないので初級から上級までさまざまであるが、本研究の対象者は中級レベルの学習者である。

日本語作文の授業は1学期、2学期に1科目ずつあり、本研究のデータは2008年の2学期の資料である5)。

3-2. 作文授業

1学期の初めの頃はごく短くて自己紹介文などの個人的な内容のテーマで作文が書けるようになることを学習目標とし、徐々に複数の段落の簡単な説明文が書けるようにステップアップしていく。2学期には敬語を使って様々な内容のEメールが書けるようになることを学習目標に据えて授業を行った。

受講生が書いた作文に対するフィードバックは、1学期の前半までは従来の教師主導の方法、つまり受講生が作文を書いて大学サイト内の講義掲示板にアップすると、教師が添削をするという方法で行った。その際、添削は文法、語彙の誤用の指摘に止まらず、内容や構成についてもコメントをした。これは、後に受講生同士がピア・レスポンス活動を行う際のコメントが文法や語彙の誤用の指摘に止まらないようにモデルを示すためである。後半にはピア・レスポンス活動(講義掲示板に各自が作文をアップし、更に他の受講生のアップした作文を読ん

5) 池田(2006)と劉(2008)は、東アジアの学習者は教師主導型の作文講義に慣れているためにピア・レスポンス活動に最初は積極的に関われないが、回を重ねるごとにピア・レスポンス活動に適応していくことを報告している。

で、フィードバックのコメントを韓国語または日本語で講義掲示板に書き込むというライティング・ピア・レスポンスを行った。2学期は第4週までは教師が受講生の個々の作文にフィードバック(受講生が作文を推敲するの際のヒントになるようなコメントのみ)を与え、受講生はそのフィードバックを参考に自分で自身の作文を推敲し、完成文を講義掲示板に再びアップするようにした。そして、講義開始後から2ヶ月後にピア・レスポンス活動を導入した。

3-3. データ収集の方法

分析対象が作文プロダクトで、学習者のオリジナル作文から推敲作文への変化を見る場合、そして教師のフィードバックについて検証する場合、先行研究では絵や漫画のストーリーを作文することをタスクとしていることが多い。しかし、本研究では授業で扱った内容と類似したテーマを第一作文のテーマとした。その理由は、教室活動が中心のオフラインの講義と異なり、オンライン講義の場合、受講生達がどのように作文を書く作業をしているのかは教師には把握できない。受講生の能力だけで作文が書かれれば、問題はないが、上述したように受講生が「コピペ」をしたり、ネット上の自動翻訳機を使うと、推敲の変化を正確に把握することが出来なくなる。そこで、あえて講義で扱ったテーマと類似したテーマを第一作文のテーマとして与え、テキストのある表現を模倣したり応用する力、辞書や文法書などを最大限に活用して作文する力も「作文能力」として評価することにした。

第一作文はオンラインでの中間テストの問題の一つとして出題され、受講生が試験時間内に作成し提出したものである。その後、筆者が全受講生を5、6人のグループに分け、そのうちの2名の作文をグループのメンバーでピア・レスポンス活動を行い、作文の筆者がピア・レスポンスの結果を受けて自分の作文を推敲し提出した(ピア・レスポンス推敲)。残りのメンバーは、前述の二人の作文に対してピア・レスポンスを行う前に、教師からフィードバック[6)]を与えられた自分の作文を一人で推敲し提出した(教師のフィードバック推敲)。

ピア・レスポンスはサイバー大学のインターネット上の講義掲示板内に設置されている「토론방[7)]」内の「대화방[8)]」を利用し、韓国語でライティング・ピア・レスポンスを行った。「대화방」では音声チャットも可能であるが、受講生同士のやり取りを録音することが不可能である。文字チャットはチャット終了後にやり取りをファイル形式で教師に提出することが可能なため、ピア・レスポンス活動の過程を把握するという理由で今回は文字チャットを採用した。また文字チャットの際のパソコンでの日本語入力の負担を考慮し、受講生の母語である韓国語を使用することにした。

---

6) 文法や表記の間違いについては、教師が間違っている部分について下線をつけるにとどめた。構成に問題がある場合や、内容的に不足している部分がある場合は、「最初に挨拶の言葉がありません」のような簡単なコメントをつけた。

7) 受講生がある事柄について、各々の意見を書き込んで討論することが出来る。

8) 「토론방」では文字を介して意見交換が行われるが、「대화방」では文字チャットや音声チャットで受講生同士が意見交換を行うことが出来る。

図2　本研究のピア・レスポンス活動の流れ

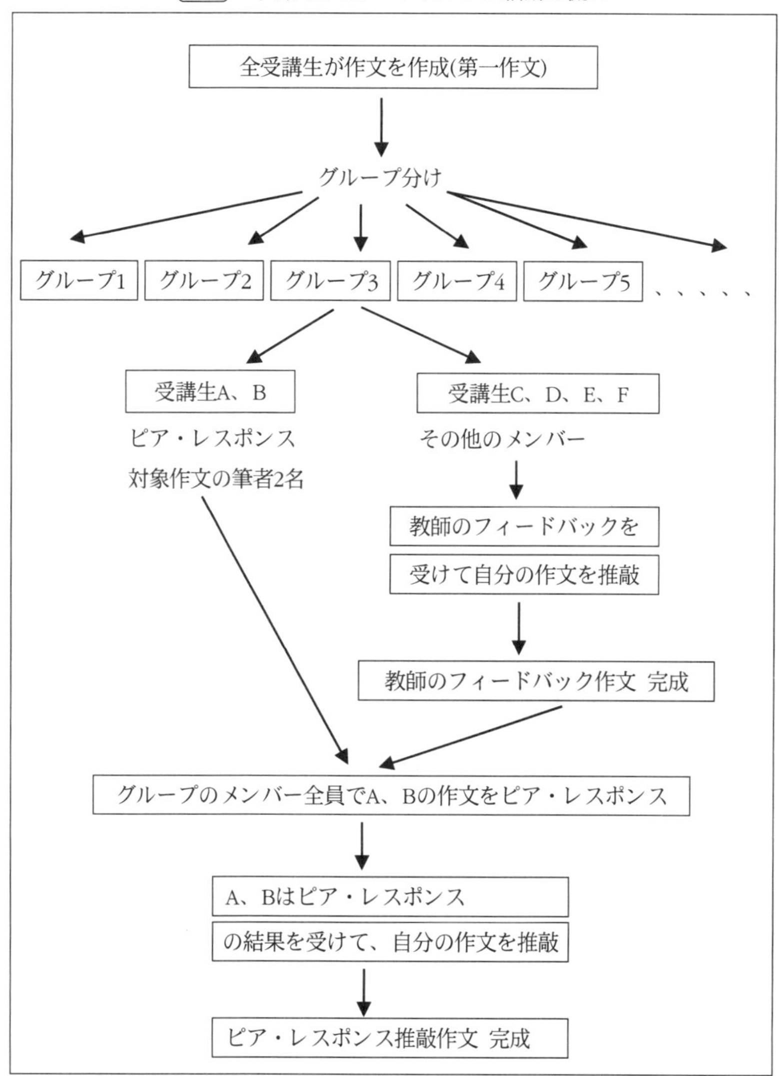

受講生のピア・レスポンス活動への評価についての調査は、ピア・レスポンス活動終了後、それぞれの推敲作文と共に「ピア・レスポンス活

動に参加してみてのアンケート」を提出してもらい、それを分析した。

3－4. 作文の分析方法

3名の日本人の日本語教師が第一作文と教師のフィードバック推敲作文、ピア・レスポンス推敲作文を各項目の評価を合計して行う分析的評価(評価項目は 「内容」、「構成」、「語彙」、「文法」とした)で得点をつけた。日本語教育学会(1991)では作文を分析評価する際、評価項目として、「趣旨の明確さ」「内容」「正確さ」に分類し、さらに「正確さ」を「文法・語法」「語彙」「文字・表記」に細分化し評価する方法を提案している。しかし、本研究では池田(2001)の分析方法を採用した。

また、採点者2名以上が一致した得点を本研究のデータとして採用した。

4 作文分析の結果

4－1. 分析的評価の結果

表2 分析的評価(内容)の結果

Max=4

	教師フィードバック推敲(n=20)	ピア・レスポンス推敲(n=22)
第一作文の平均点	2，55	2，41
標準偏差	0，50	0，49
推敲後の作文の平均点	2，65	2，77
標準偏差	0，48	0，50
向上点	0，10	0，36＊

表 3　分析的評価(構成)の結果

Max=4

	教師フィードバック推敲(n=20)	ピア・レスポンス推敲(n=22)
第一作文の平均点	2, 60	2, 55
標準偏差	0, 50	0, 50
推敲後の作文の平均点	3, 15	3, 23
標準偏差	0, 36	0, 42
向上点	0, 55 *	0, 68 *

表 4　分析的評価(語彙)の結果

Max=4

	教師フィードバック推敲(n=20)	ピア・レスポンス推敲(n=22)
第一作文の平均点	2, 80	2, 73
標準偏差	0, 60	0, 54
推敲後の作文の平均点	2, 95	3, 05
標準偏差	0, 38	0, 37
向上点	0, 15	0, 68 *

表 5　分析的評価(文法)の結果

Max=4

	教師フィードバック推敲(n=20)	ピア・レスポンス推敲(n=22)
第一作文の平均点	2, 75	2, 73
標準偏差	0, 54	0, 45
推敲後の作文の平均点	0, 35	3, 05
標準偏差	0, 22	0, 54
向上点	0, 30 *	0, 32 *

4－2. 考察

「内容」「構成」「語彙」「文法」のすべての項目において教師のフィードバック推敲よりもピア・レスポンス推敲のほうの平均点が向上したことが確認できた。しかも、ピア・レスポンス活動前と活動後の平均得点の間には有位水準5パーセントで優位な差も認められた。教師のフィードバックも「構成」と「文法」において、フィードバックの前後の平均得点の間に優位な差が認められた。

池田(2001)らの結果とは一致しないが、これはオフラインの授業と比較して、オンラインの場合、受講生達はピア・レスポンス後、又は教師のフィードバック後の推敲作業に時間を十分にかけることができたことに起因すると考えられる。オフラインの授業では一定の時間内でピア・レスポンス活動が行われ、推敲作業も授業時間内に教室内で行われることが多いが[9]、オンラインの場合は、50人近い学生がそれぞれの場所で同時に活動することが困難であるために、ピア・レスポンス活動のみならず、ピア・レスポンス活動前の準備や推敲に十分な時間が与えられることになる[10]。また、オフラインの授業が教室という限定された空間でピア・レスポンス活動や推敲活動が行われるのに対し、オンラインでは学習者はコンピューターさえあれば、どこででもピア・レスポンス活動に参加可能であり、推敲作業にいたっては作業場所、推敲の手段は文字通り自由である。さまざまなストラテジー

9) 池田(2001)の場合、学生に90分の授業内で推敲させ、その作文を提出させている。

10) 本調査では、ピア・レスポンスの活動期間を3週間とし、メンバーの都合のいい日時を各グループごとに設定してもらい、一つの作文にたいしてピア・レスポンスを行う時間を最長90分とした。しかし、グループによっては2時間以上かけてピア・レスポンス活動を行ったグループもあった。

を駆使し、推敲作文を仕上げたことが予想され、これらの理由が推敲作文の点数を押し上げたと考えられる。

しかし、上記のような学習環境は、ピア・レスポンス活動を受けて作文を推敲した学習者A・Bと、教師のフィードバックを受けて作文を推敲した学習者C・D・E・Fに共通している。それにもかかわらず、教師のフィードバック推敲作文よりもピア・レスポンス推敲作文の方が向上するということは、ピア・レスポンス活動の有効性が証明されたということにほかならないだろう。

5 ピア・レスポンス活動に対する学習者の評価

ピア・レスポンス活動終了後、受講生にアンケートを行い、受講生のピア・レスポンスに対する感想(選択肢を選択)と、ピア・レスポンスの効果的な点や問題点(自由記述)について調査した。回答者数は40名であった。結果は以下の通りであった。

5−1. ピア・レスポンス活動に対する感想

質問1「ピア・レスポンス活動は楽しかったですか。」
楽しかった 楽しくなかった どちらでもない

質問2「ピア・レスポンス活動のような協働作業は好きですか。」
好き 好きではない どちらでもない

質問3 「ピア・レスポンス活動は日本語の作文の勉強に役立つと思いますか。」

役に立つ 役に立たない どちらでもない

質問4 「またやってみたいと思いますか。」

やってみたい やってみたくない どちらでもない

表6 ピア・レスポンス活動に関する感想

質問 ＼ 回答	はい	いいえ	どちらでもない
1 楽しかったか。	32人(79%)	5人(13%)	3人(8%)
2 好きか。	25人(60%)	6人(16%)	9人(24%)
3 役に立つか。	35人(87%)	3人(8%)	2人(5%)
4 またやりたいか。	31人(77%)	5人(13%)	4人(10%)

ピア・レスポンス活動を楽しんだ受講生が32人(79%)いる反面、「楽しくない」「どちらでもない」と答えた受講生が計8人(21%)いた。オンライン講義の場合、ピア・レスポンス活動を教師がセッティングをしても、オンライン上で実際に受講生同士がピア・レスポンス活動をするかどうかは、受講生に委ねられている。受講生を5～6人のグループに分け、ピア・レスポンスをするようにネット上の講義掲示板に公示を出し、成績評価の項目に「ピア・レスポンス活動への参加度」を加えたが、実際にピア・レスポンス活動ができたのは13チーム中、8チームに過ぎなかった。しかも、そのうちの数チームはメンバー全員が参加できなかった。面識のない人と、その上、職業も年齢も様々な人とインターネット上でグループ活動をする難しさから、活動を楽しめない受講生がいたことは否定できない。これは自由記述をしてもらった

質問6で多くの受講生が書いた内容とも一致する。

協働作業に対する質問では、「協働作業が好き」と答えた受講生は25人(60%)に止まった。各サイバー大学では、学期中、受講生がオンラインで講義を受講するという受身的な学習態度に終始しないように、ネット上の講義掲示板に様々な機能を持たせ、能動的に学べる環境作りに苦心している。しかし、受講生によっては「忙しいから、普通の大学ではなくサイバー大学に入ったのに、いろいろな課題やグループ活動があると、何のためにサイバー大学に入ったのか分からない」(自由記述から)という協働作業に否定的・消極的な受講生もいるのが現状だ。

ピア・レスポンス活動が日本語の作文学習に役に立つかどうかについては、35人(87%)の受講生から肯定的な回答を得た。ピア・レスポンス活動の有用性は理解、実感できるが、「サイバー大学では不向き」(自由記述から)という声もあった。オフラインでのピア・レスポンス活動は盛んだが、オンラインでのピア・レスポンス活動のあり方をさらに考えなければならないだろう。

また機会があれば、ピア・レスポンス活動をやってみたいと答えた受講生は31人(77%)に上った。上述の質問事項と同じ傾向として、ピア・レスポンス活動がうまくいったグループのメンバーからは、4つの質問に対して肯定的な回答を得ることができたのに対し、メンバーが全員揃わなかった、活動に消極的なメンバーがいた等の理由でピア・レスポンス活動がうまくいかなかったグループのメンバーや、受講生自身が「대화방」の機能をうまく使いこなせなかったり、文字チャットに慣れていなかったりすると、ピア・レスポンス活動に否定的な印

象を持つ傾向がある。

5−2. ピア・レスポンス活動の効果的な部分と問題点

質問5 「ピア・レスポンス活動の長所は何だと思いますか。」(自由記述)

協働作業について

- 「ピア・レスポンス活動を通して、他の学生と交流することができてよかった。」(12名)
- 「自分の書いた作文を先生に直してもらう作文の授業とは違って、新鮮で楽しかった。」(9名)
- 「同じグループのメンバーと友達、知り合いになれるのでいい。」(4名)

作文の読み手の立場から

- 「他の人の作文を読んで、表現の仕方など、新しい発見があった。」(4名)
- 「上手な人の作文を読んで、もっと自分も頑張らないといけないと思った。」(4名)
- 「他の人の作文に対して指摘しなければならないので、自分の作文を書くときよりももっと気を使って辞書を引いたり文法を調べたりしたことが、とても勉強になった。」(2名)

作文の書き手の立場から

- 「いろいろな表現方法があって、作文の答えは一つではないことが分かった。」(2名)
- 「いろいろな人から意見が聞けて面白い。」(2名)
- 「自分ではいくら考えても気づかないことを指摘してもらえるので、為になる。」(1名)
- 「人と話し合うことで自分の意見が整理される。」(1名)

- 「自分一人の考えで書くのではなく、他の人の意見が反映されるので、読んで分かりやすい文章になる。」(1名)
- 「先生に直してもらったときは、なぜそれが間違いなのか考えることもなく指摘されるままに直していたが、仲間から指摘された時は、考えたり調べなおしたりして直したことが勉強になった。」(1名)
- 「作文を書くときに、自分の書いたものが人に伝わりやすいか考えるようになった。」(1名)

質問6 「ピア・レスポンス活動の問題点は何だと思いますか。」(自由記述)

協働作業について

- 「初めてだったので、最初どうしていいのか分からず戸惑った。」(5名)
- 「会ったこともない人にその人の作文の間違いを指摘するのは気が引ける。」(5名)
- 「よく知らない人に自分の作文についていろいろ言われて正直に言って気分が悪い時もあった。」(2名)
- 「サイバー大学の学生のほとんどは仕事をしている人なので、グループのメンバー全員が同じ時間にネットに接続してグループ活動を行うのは本当に大変だった。」(2名)
- 「忙しいから、普通の大学ではなくサイバー大学に入ったのに、いろいろな課題やグループ活動があると、何のためにサイバー大学に入ったのか分からない」(1名)
- 「オフラインの学校では効果があるのかもしれないけれど、全てがインターネット上で行われるサイバー大学ではこの学習方法は合わないと思う。」(1名)

作文の読み手の立場から

- 「自分よりも日本語が上手な人の作文に対してコメントするのは相手の為にならないような気がする。心理的負担が大きい。」(3名)

- 「ちょっとおかしいかなと思うところがあっても、自分の日本語に自信がなくて指摘できない。」(3名)
- 「日本語のレベルが同じぐらいの学生同士、作文の間違いを指摘し合うのには無理がある。」(3名)

作文の書き手の立場から

- 「あまり参考にならないコメントをされることもあった。やはり先生に指摘してもらう方がいい。」(3名)
- 「自分の作文を他の人に読まれるのは恥ずかしい。」(2名)
- 「みんなから自分の書いた作文についていろいろなことを言われるのは正直に言ってあんまり気分のいいものではない。」(1名)
- 「先生ではなく学生同士が間違い探しをするので、間違っていないのに間違っていると指摘されることがある。」(1名)
- 「自分としてはいいと思っている表現、内容について指摘されると、直さざるを得なくなって、納得のいく作文にならなくなる。」(1名)

ピア・レスポンス活動の長所として受講生が挙げた中で特に目立った意見は「他の受講生との交流」である。一人で自宅等でオンライン講義を受講することが大学生活の大半であるサイバー大学の学生にとって、オンライン上とはいえ他の受講生との交流は新鮮な体験であったことが分かる。上述の田中(2009)と同様、池田(2004)が言うピア・レスポンス活動による「学習者間の社会関係性の構築」まで感じる受講生はいなかったが、しかし今回は学期中にピア・レスポンス活動をしたのは一回のみであった。ピア・レスポンス活動の回数を増やせば、オンラインであっても「学習者間の社会関係性の構築」の可能性はあることを示す結果ではないかと思う。

一方で、サイバー大学の受講生ならではの感想として、面識のない者同士がオンライン上である受講生の作文の間違いについて話し合うことの難しさが挙げられた。また、受講生の多くが社会人であるサイバー大学の場合、グループのメンバーが同時にネット上に会してグループ活動をすることの困難さを訴える声も少なくなかった。前者の問題は、今回の調査が行われた2008年の2学期は学期中に一回しかピア・レスポンス活動を行わなかったが、今後、学期中にピア・レスポンス活動等を数回行う等、受講生同士の交流を図る機会を増やすことで解決をしていく必要がある。後者に関しては、現在各サイバー大学側でも受講生が講義をインターネット上で受身的に受講することに終始しないように、様々な方策を打ち立てている。社会人であろうとなかろうと、サイバー大学の学生にも積極的な学習態度が求められている。受講生も教える側も意識の変革が必要であろう。

読み手の立場からのピア・レスポンス活動の長所に、読み手は単なる読み手ではなく、ピア・レスポンス活動を通じて得た知識・情報を自分の作文へ生かそうとする意識を持てるようになるということが挙げられた。これは教師から添削されたものを、ただ言われるままに清書するよりも、ピア・レスポンス活動ははるかに効果的だと受講生が実感していることの表れであろう。しかし、自分自身の日本語に自信が持てず、作文の間違いを指摘できないという声、逆に書き手の立場から「参考にならない助言をされた」「間違っていないのに間違っていると指摘された」という声も一方である。ただ先行研究では、日本語の実力の高い者が低い者へ助言する時のみ、その助言が役立つわけではなく、「日本語能力の低い読み手の指摘であっても、それを書き手にぶつけることによって、書き手の中に疑問を生み出し(中略)書き手は、それを自分の作文の問題として受け止めることができる(原田2006)」という指摘もある。また、必ずしも書き手は読み手からの指摘や助言を全て参考にして推敲作文を完成させるわけではなく、話し合いの過程で自ら感じたことや、考えたこと、気づいたことを更に深く掘り下げる作業をしていることが分かる。ピア・レスポンス活動においては、受講生間の日本語のレベルの差は問題にならないことを、事前に受講生に十分な説明をする必要性があるだろう。そして、東アジア日本語学習者の潜在的な教師依存に起因すると考えられる書き手の立場からの「先生に指摘してもらいたい」という学習者を、ピア・レスポンス活動に対する十分な説明と、ピア・レスポンス活動の継続で学習者を「自律した書き手」へ育成[11]していくべきであろう。

最後に、アンケートの回答数40人に含まれていない受講生(グループのメンバーの半数以上がピア・レスポンス活動に不参加、またグループの責任者が非積極的だった等の理由でピア・レスポンス活動が行えなかったグループのメンバー、また逆に何らかの理由でピア・レスポンス活動に参加できなかった受講生)の声もサイバー大学の実状として記しておく。上のような受講生からは、オンラインでのピア・レスポンス活動の難しさを訴える内容のコメント(「自分は一生懸命に取り組みたいと思っても、非積極的なメンバーのせいでグループ活動がちゃ

11) 東アジアの学習者はピア・レスポンス活動のような協働活動は適応が困難であるという指摘もあるが、池田(2006)や劉(2008)田中(2009)では、ピア・レスポンス活動に対する学習者の意識の変化を継続的に調査した結果、ピア・レスポンス活動を繰り返すことで、東アジアの学習者も十分に適応できるという結果が報告されている。

んとできなかった。」)が目立った。事実、オフラインでは教室にいる人でピア・レスポンス活動を行えばいいが、サイバー大学ではピア・レスポンス活動が成功するかどうかは受講生のやる気に左右されるところが多い。やる気があればネット上の講義も受講し、グループ活動をするために講義掲示板に頻繁にアクセスするが、そうでないと講義の受講、中間試験と期末試験の受験、レポートの提出といった最低限のことしかしないということになる。サイバー大学生の学習態度をより積極的なものにすることを同時に考えなければ、ピア・レスポンス活動をはじめとした「協働活動」はオンラインでの日本語教育において学習者の日本語能力向上に何の役割も果たせないことになってしまう。

6 今後の課題

本稿では、オンラインでの日本語作文教育が抱える問題を解決するために、ピア・レスポンス活動は有効かどうか、オフラインの作文教育では多く導入されるようになったピア・レスポンス活動を、オンラインの日本語教育において実践し、受講生の作文を分析し考察した。その結果、オンラインでのピア・レスポンス活動の有効性が実証でき、今後のサイバー大学での日本語作文教育での指導のあり方を考える上で意味があると思われる。

本研究では作文の評価にあたり分析的評価を採用したが、言語能力が統合的なものである以上、学習者の作文を全体的評価でも評価し、ピア・レスポンス活動の有効性をさらに検証する必要があるだろう。また、ピア・レスポンス活動が、作文にどのような変化をもたらしたのか明らかにするために、ピア・レスポンス中の受講生同士の会話の分析等も必要になる。

また、アンケート調査で明らかになったサイバー大学の学生が感じたピア・レスポンス活動の問題点を解決するために、オフライン日本語教育でのピア・レスポンス活動の方法をそのまま受け入れて模倣するのではなく、オンラインのためのピア・レスポンス活動のあり方、教師はどのようにピア・レスポンス活動を補佐すればいいのか、その方法についての考察は今後の課題としたい。

참고문헌

- 池田玲子(2005)「ピア・ラーニング」『新判日本語教育辞典』, 大修館書店
- ______(2001)「日本語作文教育におけるピア・レスポンスの研究」お茶の水女子大学博士論文
- ______(2004)「日本語学習における学習者同士の相互助言(ピア・レスポンス)」『日本語学』23-1, pp.36－50.
- ______(2006)「ピア・レスポンスによる日本語表現法のデザインの可能性－東アジア系学習者のためのデザイン－」『大学での学習を支える日本語表現能力育成カリキュラムの開発：統合・協同的アプローチ』科学研究費補助金研究成果報告書 pp.73-88.
- 池田玲子・舘岡洋子(2007)『ピア・ラーニング入門』ひつじ書房
- 衣川隆生(2005)「主観的・統合的作文評価結果と相関関係を持つ分析的・客観的な量的指標の抽出」『日本語教育論集』20, 筑波大学留学センター, pp.35－44.
- 市嶋典子(2006)「相互作用に関する考察 共有化に至る相互作用のプロセス」『言語文化教育研究』4, 言語教育文化研究会, pp.4─16.
- 舘岡洋子(2007年)「日本語教育通信 日本語・日本語教育を研究する 第33回 ピア・ラーニング
http://www.jpf.go.jp/j/japanese/survey/tsushin/reserch/033.html(検索日：2010.10.20)
- 田中信之(2006)「中国人学習者を対象としたピア・レスポンス─ビリーフ調査から話し合いの問題点を探る─」『小出記念日本語教育研究会論文集』14, 小出記念日本語教育研究会, pp.21－36.
- ＿＿＿(2009)「自立的な書き手を育成する活動としてのピア・レスポンス─ピア・レスポンスへの適応過程の分析を通して─」『アカデミック・ジャパニーズ・ジャーナル』1, 日本語教育学会, pp.25－36.
- 日本語教育学会編(1991)『日本語テストハンドブック』大修館書店
- 根岸雅史(2009)「ライティング・テスト作成の心得」『TEACHING ENGLISH NOW VOL.14』三省堂, pp.14－15.
- 原田三千代(2006)「中級日本語作文における学習者の相互支援活動─言語能力の差はピア・レスポンスにとって負の要因か─」『世界の日本語教育』16, 国際交流基金,pp.53－73.
- ＿＿＿(2007)「作文の変化にピア・レスポンスがどのように関わったか─中級日本語学習者の場合─」『小出記念日本語教育研究会論文集』15, 小出記念日本語教育研究会, pp.55－69.
- 広瀬和佳子(2000)「母語によるピア・レスポンス(peer response)が推敲作文に及ぼす影響─韓国人中級学習者を対象とした3ヶ月の授業活動をとおして」『言語文化と日本語教育』19, 日本言語文化学研究会, pp.24－37.
- 村上京子他(2004)「作文の評価手順が評価に及ぼす影響について－analytic scoringの採点に関して」『言葉と文化』5,名古屋大学大学院 国際言語文化研究科, pp1－16.
- 金性希(2004)「韓国におけるサイバー大学の現状と展望に関する考察」『日

本教育工学会論文誌』28増刊号, 日本教育工学会,

- 劉娜(2008)「ピア・レスポンス活動によって作文学習意識はどう変わるか－JFL環境の中上級中国語母語話者を対象に－」『言語文化と日本語教育』34, 日本語言語文化学研究会, pp.78－81.

Implementing Multicultural Education in South Korea
: Experiences and Perspectives

Kim, Eun Young*

要 旨

다문화 교육의 필요성을 절감한 교육과학기술부에서는 한국의 학생들에게 다문화 교육을 가르치기 위해 2007년 전국에 걸쳐 12개의 시범학교를 선정하였다.

이 소논문은, 다문화 실습 학교 중 하나인 서울 경동 초등학교에서, 교감선생님 이하 여러 선생님들과 팀을 이루어 다문화교육을 실시한 내용과 그 결과를 토대로 2008년 국제 비교 교육학회(CIES)에 발표한 내용을 요약한 것이다.

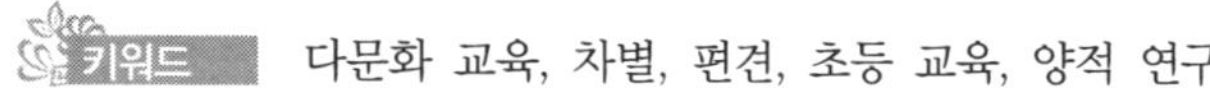

키워드 다문화 교육, 차별, 편견, 초등 교육, 양적 연구

Introduction

Martiniello(2002) reminds us that modern nationalism emerged after World War II, when the Third World began breaking away to gain

* American Deli Nanum Foundation Director Eun Young Kim, Ph.D.

independence from its colonial lords of the First World(p. 26). Martiniello also notes that South Korea experienced a strong surge of nationalism as a reaction to many years of foreign occupation. According to Shin (2002), when "faced with imperialist encroachments [by Japan from 1910 to 1945], Koreans began banding together to create a single and autonomous nation, conscious of their own uniqueness" (p. 2). The notion of one people, one nation, that is, that Korea is a homogenous society, played a strong role in its unification, built a strong sense of patriotism and collectivism, and helped accelerate economic development.

In recent years, however, this homogenous society has undergone changes which parallel those seen in terms of nationalism. Globalization and a low birth rate have led Korean society to change its views about foreigners and become more willing to accept the world at large. It has seen an enormous increase in international marriages and the arrival of many foreign workers, mainly from the Western and Southern Asia, as well as citizens from North Korea (the Saeteomin). This has resulted in a change of attitude by Koreans, who see their country gradually turning into a multicultural society. No surprise, then, that multicultural education has now become a major concern and is seen as necessary.

The initiative to establish a national program of multicultural education came from the Ministry of Education and Human Resources Development(MEHRD). It selected 12 model schools to make multicultural education part of their curriculum for the school year of

March 2007 - February 2008. For this purpose, Seoul Kyung-Dong Elementary School (Kyung-Dong), one of the 12 model schools, developed a multicultural program that focused specifically on reducing discrimination against people from different cultural backgrounds. The model program of multicultural education was followed by a survey that evaluated its results.

This paper, which looks into the outcomes of this experiment in multicultural education, focuses upon three main areas: (a) the need for multicultural education, (b) implementation of multicultural education at Kyung-Dong Elementary School, and (c) an assessment of how the program was conducted and of its effectiveness. Discussion and suggestions will follow from a multicultural as well as an international education perspective.

The Need for Multicultural Education in Korean Society

Globalization and information technology have made the world ever more interdependent: "The world is shrinking from a size small to a size tiny and flattening the playing field at the same time" (Friedman, 2005, p 10). In this age of rapid change, with the world becoming smaller and with the distances being reduced by modern means of transportation and communication, political, economic, and cultural motives lead people to move back and forth across the globe. This trend has weakened the traditional concepts of the single and homogeneous nation. Globalization has particularly made it possible for any given society to experience the multiple variety of the human kind.

The impact of globalization is being felt in many parts of the world, especially in terms of economics. Martiniello(2002) notes that immigration from Sub-Saharan Africa and the Middle East into the European Union, a phenomenon related to the economic conditions of the 1970s, created a more diversified European society(p. 20). Even Japan, which for many years followed a policy of assimilation of its minorities, such as the Ainu and the Koreans, has also changed from an educational system that focused on a single, homogeneous nation and culture to a curriculum that includes multiethnic and multicultural viewpoints(Miyamoto, 2000, p. 240). As in the cases of the European Union and of Japan, "a tight labour market has led to Korea employing migrant labour, mostly unskilled…this phenomenon has been relatively recent, mostly since the early 1990s"(Park and Leggett, 2004, p. 324).

An increase in the number of migrant workers and other effects of globalization have been moving Korea, which has traditionally considered itself a homogeneous society, towards becoming a multiethnic and multicultural nation. According to Korea's National Statistical Office, immigration has increased about 14 times during the last 15 years(from 49,000 in 1990 to 750,000 in 2005). Indeed, the Ministry of Justice announced that the foreign population, including illegal immigrants, had surpassed one million in 2007(migrantsinkorea.net, 2008), comprising more than 2% of Korea's population. The MEHRD, in response to this rapid increase of foreigners in the population and the multiplication of multicultural families, has sought to include multiculturalism in its education system so as to prepare the children to become responsible citizens of the diversified society of a globalized world.

The Meaning of Multicultural Education in Korea

What does multicultural education mean? The concept is viewed differently, depending upon one's perspective, the make-up of society, and the need for multicultural education. According to Banks(2004), in the United States, multicultural education is an idea or a concept, an educational reform movement, and a process to let all students have an equal opportunity for educational success(p. 3-4). Bennett(2007) also defines multicultural education in the United States as "an approach to teaching and learning that is based on democratic values and beliefs and affirms cultural pluralism within culturally diverse societies in an interdependent world"(p. 4).

As we can see, unlike what happened in the United States, where multicultural education is based on the rights and needs of "under-represented groups," in South Korea the initiative to establish multicultural education came from the top, from a government which has traditionally been proud of presiding over a homogenous society that shares common language, blood, and history. In other words, as noted by Kivel(2002), it is powerbrokers of society who are challenging the status quo and who seek to educate those members of society who resist change(Stanford website). However, since multicultural education in Korea is in initial phase, it faces quite a challenge. There is no model that fits the conditions of Korea, a country that is homogeneous, strongly nationalistic because of past foreign occupation, with ideological differences according to the various regions, and where competition for success in education is quite fierce. It is because of these conditions that multicultural education in Korea has not yet been clearly delineated. However, based on research by the MEHRD and on the report issued in 2007 by the 12 model schools, researchers have detected that the current goals of the first phase of multicultural education in South Korea deal with mainstream society and multiethnic groups in the following manner:

1. The children must be made aware of the realities of an interdependent world, and of the different ethnicities and cultures in order to learn about the evil of prejudice and discrimination against people who are different.
2. Education must assist multicultural children become bilingual and bicultural citizens of Korea.
3. The goal of education is to shape one's identity also as a citizen of the world.

It is only natural that many scholars have concerns about certain details of the program of multicultural education in Korea. For Kwon (2007), "the direction of multicultural education is neither to teach traditional culture nor to introduce cultural diversity"(Multicultural education policy study schools report, p. 211); and for Park (2007), "the eventual goal of multicultural education is to reduce or eliminate discrimination in order to achieve social justice and equality as a democratic ideal…Multicultural education is based on understanding the different culture, to cultivate children to be responsible citizens in a diverse society and to eliminate discrimination and prejudice" ("Multicultural education policy study schools report," p.219-221).

Implementation of Multicultural Education at Kyung-Dong Elementary School

The area where Kyung-Dong Elementary is one of numerous small-scale factories that employ many foreign workers. Seeing or living near foreigners is a common experience for the students of Kyung-Dong. In the 2006 school year, with the cooperation of the foreign laborers, the school conducted a special program aimed a reducing prejudice. In March 2007, Kyung-Dong Elementary had 13 students from cultures other than Korean, most of them were children of foreign workers from Southern and Western Asia. Multicultural education was added to the curriculum, along with a study of the school's environmental concerns, in order to prepare the children to become responsible citizens within an increasingly diversified society.

The goals of this experimental study were (a) to educate the children to become aware of a multicultural Korean society and (b) to assess the overall effectiveness of Kyung-Dong's program. 70 teachers, 1,659 students (840 boys, 819 girls, as of March, 2007), and the parents of Kyung-Dong Elementary were involved in the project, which spanned the 2008 school year (March 1 - February 29).

Content and Methodology of Multicultural Education

Kyung-Dong's program of multicultural education was implemented in three stages. The first stage involved making sure that the environment to launch multicultural education was appropriate. Consequently, the administrative staff was made responsible to determine each one's area of responsibility for multicultural education. Then, all of Kung-Dong's teachers were asked to participate and were given seven training workshops. Newsletters were sent to the students' homes and the parents were invited to participate in seminars designed to allay prejudice and make them familiar with multicultural education. Furthermore, a network of related organizations, such as the International Mongolia School and Janghanpyeong Foreign Juveniles School, was put together. This network made it possible for foreign instructors from Mongolia, India, and Vietnam to come to Kung-Dong to teach about their history and culture to the students of all grades.

The second stage set the program in motion. Now it was time to act. A multicultural curriculum was developed and taught after the traditional curriculum was carefully analyzed. This analysis followed the directives of the Ministry of Education's 7th educational reform, which call on the schools to "nurture flexible and creative Koreans to lead 21st globalization and information era.," As a result, the Multicultural Education Program: Harmonizing Our World Together came to life and was entrusted to the teachers to make use of it in their classrooms. It encompassed four sessions, making up 8 lessons and taught for a total of 8 class hours with the following content: (1) Changing Our Neighbors; (2) Opening Our Classrooms to the World; (3) Accepting Our Minorities; and (4) Making Friends with People Around the World.

The first session, "Changing Our Neighbors," aimed at encouraging awareness of the transformation that Korea was undergoing from a homogeneous to a multicultural society. The curriculum of the 5th and 6th graders approached the theme directly, as they learned how present Korean society was becoming increasingly multicultural, the result of international marriages, of the influx of foreign workers, and of the Saeteomin. For their part, 1st to 4th graders were taught about a diversified world of many countries, nations, ethnicities, skin colors, and about how interdependency brings them all together.

The second session, "Opening Our Classrooms to the World,"

explored the world's diversity. Here was when several instructors from different countries came to teach about their culture and the similarities and differences between them and the Koreans. 1st, 5th, and 6th graders learned about Vietnamese culture, 2nd graders studied Mongolian culture, 3rd graders were acquainted with Iranian and Filipino culture, and 4th graders were introduced to the culture of India. They also learned about similarities and differences in the customs and etiquette of the various countries. In addition, 5th and 6th graders learned much about the world, not only from an economic or political perspective, but also from a variety of perspectives by making use of different maps, things such as geographical and climatic peculiarities, and even about the Nobel Peace Prize annual awards.

The third session, "Accepting Our Minorities," was designed to help students learn why discrimination and prejudice against others exist and how to understand the mindset of those who discriminate against people for whatever reason. For the younger students, fairy tales, including Cinderella and The Ugly Duckling, were used to teach about human rights and to have the students understand what prejudice and discrimination are all about. 5th and 6th graders explored examples of discrimination and prejudice as well as the negative consequences of discrimination and prejudice in the world, including things such as the One-Drop Rule and the Rwanda Massacre.

The fourth session, "Making Friends with People around the World," identified what students need to know and understand in order to have a friendly attitude towards people from different cultural backgrounds. Students of all levels were taught how to learn about and respect other cultures so that all peoples can be friends. Adopting children born to other cultures was also exemplified as a sign of friendship toward other peoples of the world.

In the process of integrating all four sessions, the teachers of each grade developed a variety of activities appropriate to the level of understanding of each class. Most teachers used creative art, such as pop-up cards, word designs, and clay toys, to articulate diversity; others resorted to the fairy tales of other cultures or assigned students to write creative poems. The products of these activities were also exhibited on the school grounds. By seeing the end-result of what each class had done, the students were able to compare their work with that of the others, thus adding to their insights and understanding of the meaning of multiculturalism.

In addition, the students took an even closer look at the meaning of multiculturalism by participating in a number of events outside of their campus, things such as field trips to the African Cultural Center, the Mongolia Ulaanbaatar Promotion Center, and the Latin American Cultural Center, thus opening for the students a window to the world outside Korea. Furthermore, Kiung-Dong Elementary also sponsored joint-activities where multicultural families could learn about traditional Korean culture.

In sum, the *Multicultural Education Program: Harmonizing Our World*

Together was crafted in a way that took into consideration the students' cognitive stage so that they could familiarize themselves with the enormous variety of nations and peoples across the world. Upper-level students were introduced to the reality of Korea, which is no longer the homogeneous culture of the past and where people who do not fit the traditional model might suffer all sorts of discrimination and prejudice. All students learned to accept differences and place themselves in the position of those who are discriminated. The special events gave them a visualization of the meaning of multiculturalism. At the same time, the students also learned how to work together for the same group purpose. The researchers believe that working together or cooperating toward common objectives is a key factor in the building of a harmonious multicultural society.

The final stage of this multicultural education project was to summarize the outcomes and disseminate them. Kyung-Dong posted the summary of the program on its Website so that insiders and outsiders could take a look at it. For security reasons, however, one had to be a member of the site to get all the contents of the multicultural program. During the whole process of carrying out the multicultural education program, Kyung-Dong's teachers, students, and parents kept communicating with each other and sharing through the Website. At the end of the year, the multicultural program developed at Kyung-Dong was published, thus becoming available to the general public.

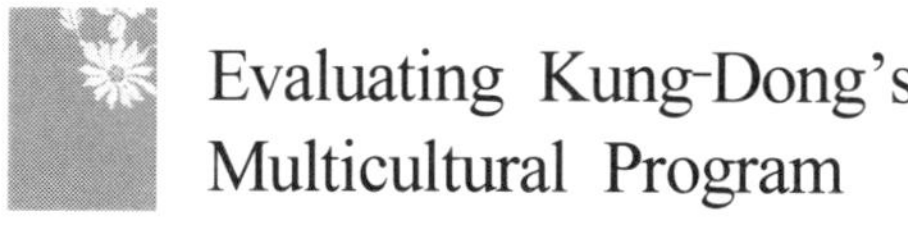

Evaluating Kung-Dong's Multicultural Program

After the program of multicultural education was implemented during a whole school year, three questionnaires designed to study its results were passed on to 615 students at Kyung-Dong (K), 180 students from 3 different elementary schools (D), and 131 parents of Kyung-Dong's students (P).

A comparison of the two student groups, K and D, revealed that the K students were more aware of the fact that Korean society was becoming multicultural(K = 90.7%; D = 70.5%) and that there was a need for multicultural education(K = 60.3%; D = 20%). On the other hand, student group D took a more negative attitude, for many of these students had little or no awareness of an emerging multicultural Korean society(K = 9.3%; D = 29.5%) nor saw the need for multicultural education(K = 1.5%; D = 24.8%). Likewise, when asked whether they would help people who were discriminated against on account of culture or ethnicity, the students of group K answered more positively than those of group D(K = 47.3%; D = 28.6%). Not surprisingly, the students of group D answered more negatively than those of group K when asked whether they were willing to help the underrepresented people(K = 3.3%; D = 17.2%).

In addition, 91.3% of the K student group answered "yes" to the question of whether the multicultural program was helpful in making them understand the multicultural Korean society and "yes" to whether there was a need for multicultural education. They also answered "yes" to whether the multicultural program helped them understand other cultures(89.6%), while 45.8% noted that classes taught by foreign instructors were the most interesting. Overall, the majority of the students (88%) concurred that the multicultural program had assisted them in developing a positive impression of foreigners.

As for the P group, 60.5% answered that the newsletters were helpful and only 1.5% declared them not helpful; 84.8% viewed the seminars positively and only 1.5% viewed them negatively; and 84.8% stated that the program was helpful in making them aware of the need for multicultural education, with only 4% disagreeing. The P group also answered that multicultural education was useful for their children (70.2%) as well as for themselves(63.7%) in the efforts to reduce prejudice against foreign workers.

Conclusion

The surge in the numbers of people of different ethnicity and culture has prompted the Korean education system to heed to the new reality by including multiculturalism in the school curriculum so as to help build a harmonious Korean society. The MEHRD's selection, in 2007, of 12 model schools as laboratories to shape a curriculum with a multicultural approach was a response to the new reality of Korean society. As a model school, Kyung-Dong Elementary reshaped its environment to make multicultural education effective by involving and training teachers and parents to come to grips with the need for such education in Korean society. The Multicultural Education Program: *Harmonizing Our World Together* was designed and carried out to make Korean children aware of other cultures and ethnicities, to come to know the great variety of the contemporary world, to reduce discrimination and prejudice against different ethnic individuals in Korean society, and to prepare them to be citizens of the world who accept and respect other peoples and cultures.

This research study has come to the conclusion that Kyung-Dong's multicultural program was very effective. The multicultural experience helped children, who were used to the concept of a mono-ethnic society, to not only reduce discrimination and prejudice against different ethnic groups, but also to start viewing themselves as responsible citizens of the world. As Bennett (2007) stresses, "students from monocultural backgrounds must learn about multiple perspectives and worldviews in order to live harmoniously in a multicultural world" (p. 8). The cooperation established among teachers, parents, and organizational networks made the multicultural program a success. The teachers resorted to studying a number of authors and experts on multicultural education, visited cultural institutions, and were given appropriate training by a number of professionals. The parents attended seminars, visited several cultural institutions accompanied by their children, and helped along with the program. Networking organizations provided foreign instructors and all kinds of materials.

Discussion and Suggestions

The experience of Kyung-Dong inspired the researchers, giving them a more profound awareness of the need for multicultural education in South Korea and has encouraged them to do further studies on the subject. They believe that, since there are few multicultural students at Kyung-Dong, as in most of the elementary schools of South Korea, students need more opportunities to share cultural differences and similarities. In order to increase these opportunities, training programs for teachers and future teachers, as well as multicultural centers staffed with professionals from a variety of ethnicities and cultures, must be organized. These multicultural professionals can provide diversity in terms of multicultural education not only to the schools, but also to the entire community.

Furthermore, the multicultural program at Kyung-Dong was scheduled at hours other than the regular school hours for the other subjects of the curriculum. It seems, however, that multiculturalism should be made an integral part of the regular curriculum, not just an addendum. As Boutte(1999) stresses, "many elementary teachers erroneously assume that the goals of multicultural education are met by simply adding on a few units or making minor changes in their curriculum"(p. 114). Multicultural education should be carried out not by simply adding some multicultural content, but by reforming the textbooks in order to assist in the creation of a harmonious multicultural society.

Finally, as Banks(2004) points out, "multicultural education involves changes in the total school or educational environment; it is not limited to curricular changes"(p. 4). Since multicultural education is neither simply providing lessons nor adding content to the textbooks, but is a process of educational reform that leads to equity and social justice, it is essential to deal with multicultural education from a long-term perspective. The one-year study of multiculturalism made at Kyung-Dong as well as at 11 other model schools does provide a good example of the need for multicultural education in South Korea and it will help develop theories and practices for further study of Korean education. It is up to the various governmental entities and communities to build cooperating networks with the participation of the schools and the parents in order to create the appropriate environment for the success of multicultural education in South Korea.

* * *

Note: This paper is dedicated to my former advisor Suk-Ja Lee, Ph.D., at the occasion of her retirement. She instilled in me not only academic knowledge, but also the humanistic trust and the wisdom that transcend life. She has earned my deepest respect and admiration as the best teacher I ever had. Her lessons, her concern, and her caring have been a constant inspiration to me throughout my life.

참고문헌

- Bamber, G. J., Lansbury, R. D., and Wailes, N. (2004). *International and comparative employment relations: globalisation and the developed market economies*. California: Sage Publications.
- Banks, J. A. (2004). *Multicultural education: Issues and perspectives*. NJ: John Wiley & Sons, Inc.
- Bennett, C. I. (2007). *Comprehensive multicultural education: Theory and practice* (6th ed.). MA: Pearson Education, Inc.
- Boutte, G. (1999). *Multicultural Education: Raising Consciousness*. CA: Wadsworth Publishing Company.
- Friedman, T. L. (2005). The world is flat: A brief history of the twenty-first century. NY: Farrar, Straus and Giroux.
- Kim, Y. S. (2007). 2007 교육인적자원부 지정 다문화교육 정책연구학교 운영 보고서 [Multicultural education policy study schools report]. Korea: Jina Publisher.
- Kivel, P. (2002). "The culture of power," *Uprooting Racism: How White People Can Work for Racial Justice*. Retrieved on July 18th from http://www.stanford.edu/dept/CTL/Tomprof/postings/544.html
- Martinello, M. (2002). 현대사회와 다문화주의 [*Modern society and multiculturalism, translated by Jin Yoon*]. Seoul: Hanul.
- Miyamoto, T. (2000). カナダにおける多文化教育。江原。多文化教育の

国際比較。[*Multicultural education in Canada*. Edited by Ehara, T. International comparison of multicultural education]. Tokyo: Tamakawadaigaku.

- Shin, K. W. (2006). *Ethnic pride source of prejudice, discrimination*. News retrieved on August 2, 2006 from http://fsi.stanford.edu/news/koreas_ethnic_nationalism_is_a_source_of_both_pride_and_prejudice_according_to_giwook_shin_20060802/.

日本學研究의 地平과 再照明

영어독서지도수업을 위한 교안연구

- Pancakes, Pancakes! 을 중심으로 -

최 안 나*

The purpose of this thesis primarily is provide a brief overview of characteristic of a Lesson planning of an English reading class through kindergarten to elementary school level. Lesson planning may be biggest concern right now and rightly so. There are many things to consider when instructors are preparing to lesson plan for students' need and wants.

This thesis is not meant to be the one and only way to develop a lesson plan. It is a general overview that highlights the key points of creating a lesson plan and more specific example. Effective reading lesson plan works give students and instructors easier understanding and approaches of various cultures and ideas, so using lesson plan of reading literary works to teach English would build students' foundation for basis language proficiency. Also students would experience different and effective class through various literacy texts do not have limits of understand many aspects of lives because of the constructive lesson lan.

Based on theoretical study, this thesis is organized into four chapters. Each chapter is a list of steps involved in developing a lesson plan as well as a

* 경희대학교 일본어학과 강사. 본 소고는 영어독서교육안을 위한 연구로 향후 일본어 독서 교육안을 연구로 연결하고자 한다.

description of what each component should be. After the character of lesson plan, the first chapter 2 will describe about several regarding points to make lesson plan, then chapter 3 will show an lesson plan template and lesson procedure template including what kinds of structure has to contain in the templates. Also Chapter 4 will be introduces as a overview of how to teach each section (reading, listening, speaking and writing) including lesson activities.

The last chapter 5 will cover actual text lesson plan with 『pancakes. pancakes!』. This chosen text will be divided into two parts, which are lesson plan template and lesson procedure in term of the class pace and speed.

In conclusion, Using Lesson plan can be very signifiant progress for both instructors and students. In this thesis, it showed how to teach effectively and how to organize each sections with picture book 『pancakes. pancakes!』 In order to effectively utilize lesson plan, instructors should be better oriented to recognize the practical effectiveness of English reading texts in all classes and make exhaustive efforts to practice in lesson plan based teaching. Also planner including me should be remind "practice make perfect".

영어독서지도, 독서지도교안, 영어동화, 수업플렌

1 교안의 특징

교안(a teaching program[plan];a lesson schedule)이란 교수가 강의를 준비하는 단계로서 수업 활동 중에서 가장 기본이 되며 교사의 능동적이고 주체적이며 독자적인 활동이 이루어지는 단계라고 볼 수 있다. 주어진 시간 안에 알찬 내용을 학생들에게 전달하기위해 교안연구는 수업에 있어서 필수적인 과정이며 준비된 교안은 알찬 수업을 이끈다는 것은 당연하다. 그러므로 준비된 교안이 있다는 것 자체가 교사에게는 마음 든든한 조력자이며 교안을 만들어 가는 과정을 통하여 훌륭한 강의를 만들기 위한 훈련과정을 축적해 간다고 볼 수 있다. 교안 안에는 교사의 정확한 학습목표와 그에 따른 분명한 지도내용이 제시되어야하며 그 교안에 근거하여 교사는 교실 안에서 학생들을 지도하여야한다. 특히 모국어의 독서지도가 아닌 외국어 특히 독서로서의 영어지도교안 연구는 다양한 접근교수법을 통하여 문화적 이해와 텍스트가 함축하는 저자의 의도까지도 정확히 파악하여 교안에 접목함으로서 최대한의 학습목표를 거두기 위해 교안을 준비하여야 한다.

2 영어독서지도의 교안구성요소

본고에서 주로 다루는 영어교안 작성에 이용될 텍스트는 영미권 특히 북미지역의 여러 다양한 분야의 텍스트를 선정하여 활용하게 되는 수업이므로 교사의 보다 폭넓은 수업준비와 사전지식이 요구된다. 그러므로 교안지도안 또한 체계적이고 구체적인 사전준비가 요구되어진다.

(1) 교안 작성시 유의점

첫째, 학습자에 대한 사전 정보 수집

아무리 좋은 교육이라도 학습자의 조건이나 상태에 맞지 않는 교육이라면 좋은 교육이 될 수 없다. 따라서 교사는 교육할 학습자가 선정되면 학습자에 대한 정보수집이 요구된다. 학습자의 동기 및 요구가 무엇인지를 파악하는 것은 굉장히 중요하며 이 과정을 통해서만이 학습자 개개인에 알맞은 올바른 교육을 할 수 있다.

둘째, 학습자에 맞는 학습목표 설정

같은 텍스트일지라도 다양한 학습목표를 설정하여 차별화된 학습자의 수업이 가능하다. 이는 교육대상에 따라 사용하는 주제를 달리 하여 학습목표를 상향조정 혹은 하향조정하여 교육의 내용과 방식을 달리 할 수 있다는 초점이다. 그러므로 학습자의 영어 독서 수준 정보에 기초로 한 학습목표아래 영어독서지도가 이루어져야한다.

셋째, 교안과 연결된 다양한 활동 자료수집

교안을 작성하기 위해 주제 및 학습목표와 관련된 자료를 수집하고 분석하는 것은 교사로서의 당연한 업무이다. 교육내용을 설득력 있게 준비하기 위해서는 교사 자신이 그 내용을 숙지하고 있어야하며 주제와 관련된 여러 가지 정보를 신문이나 인터넷 등 다양한 미디어를 활용하여 참고자료로 학습하는데 이용하여야 한다.

넷째, 수업할 장소와 시간, 인원확인 및 교육 분위기(Set-Up)에 맞는 교안작성[1])에 관한 정보로서 어느 곳에서 수업이 진행될 것인지ㅡ 학습자의 인원 및 학습시간은 어떻게 구성되는지등은 더 효과적인 교안을 만들기 위한 필수 정보이다.

다섯째, 독서지도 수업의 평가

수업후의 학습목표가 성공적으로 전달되었는지를 평가하기 위해 다

---

1) 손정표『신독서 지도 방법론』, 태일사, 2001, p128

양한 독후활동을 활용하여 학습자의 만족도를 올린다.

가능한 시청각 도구를 사용한다거나 그룹 활동을 통해서 지나쳤던 학습목표를 재확인시키며 학습자의 만족도를 높인다. 이때 도표나 사진, 그림 등의 사용은 교육효과를 높일 수 있다.

(2) 영어독서지도 교안의 필요성

성공적인 강의는 교안이 좌우한다고 볼 수 있으며 교안은 교사에게 있어서 강의에 자신감을 한층 더해주며 학생들의 집중도를 높일 수 최대의 효과가 있다. 그러므로 성공적인 교안을 작성하기 위하여 다음과 같은 필요항목들이 요구된다.[2)]

첫째, 영어독서지도의 목적에 맞는 수업을 할 수 있다.

모국어의 독서지도와 영어독서지도는 교수방법의 접근이 달라야한다. 그러므로 교재 선정에서부터 지도목표를 우선시하여 그 목적에 맞는 수업교안이 이루어져야 한다. 그러므로 여러 가지 단계 및 학습자 상황에 맞춘 학습목적에 따라 교안 작성 또한 맞춘다.

둘째, 학습자의 독서단계와 능력 및 흥미에 따른 체계적인 지도를 할 수 있다.

아무리 좋은 교육이라도 대상의 조건이나 상태에 맞지 않는 교육이라면 좋은 교육이 될 수 없다. 따라서 교사는 교육할 대상이 선정(유치원생, 초등학생(저학년, 고학년), 중, 고교생 ,그 이상 :영어독서교육이므로 모국어로서의 독서대상선정과는 다른 기준이 적용되어야 한다.

---

2) 독서지도 계획안의 필요성『한우리 독서지도사 양성 과정 기본교재, 독서방법론』

본고의 교육대상은 미국의 독서래벨, AR 지수[3] 와 영어독서지수를 기준으로 선정한다)) 되면 학습자의 수업의도 즉 상태를 알아야 한다.

셋째, 학습내용을 다양하게 할 수 있다.

(읽기 전, 후 활동을 다양하고 활동적으로 구성한다) 학습자가 수업의 목표를 잘 인지하고 있는지를 확인하는 중요한 과정이다. 너무 쉽거나 너무 어려운 교수는 학습자의 흥미와 실질적인 학습목표를 망가뜨리게 되는 원인이 되므로 다양한 독후전후 활동을 계획해야한다.

넷째, 차시별 단원별 지도목표의 평가를 용이하게 하여 학습의 통일성을 유지할 수 있다.

동일한 텍스트를 가지고 차시별 혹은 분기별 등으로 구성될 수 있으므로 각 차시간의 관계를 생각하여 시초의 학습목표를 상기하며 교안을 작성해야한다.

다섯째, 주어진 시간을 효율적으로 활용할 수 있다.

일반적으로 학습자의 능력 및 흥미 도에 맞춰 조금씩 차이를 보이기도 하나 일반적으로 영어독서수업의 경우는 90분 수업을 한 차시로 교안을 준비한다. 이는 학습자의 학습능력과 연령에 따라 달라질 수 있다.

여섯째, 교재의 공급을 원활하게 할 수 있다.

계획안의 기간(연간, 중기(학기별, 분기별, 월별) 단기(단원별, 차시

3) AR:(Accelerated Reader): is an assessment that primarily determines whether or not a child has read a book.

별)에 맞추어 원활한 교재공급이 될 수 있어 학습자의 독서지도에 편리성과 연계성을 유지할 수 있다.

일곱째, 교수지도 및 활동자료 축적을 용이하게 할 수 있다.

교사는 학습제재 및 학습준비를 위한 활동을 통한 다양한 수업자료를 축적함으로서 학습자의 눈높이 및 학습 성취도에 맞춘 만족스런 수준 높은 수업을 할 수 있다.

(3) 학습목표를 명확하게 설정한다.

교안을 준비하면서 분명한 교육목표와 주제를 설정하는 작업은 다른 준비과정보다 우선시 연구되어야 하는 부분이다. 학습목표와 주제를 어떻게 정하는가에 따라 교육지도의 내용과 지도방식이 달라질 수 있기 때문이다. 따라서 교안준비과정에서 학습자의 정보에 기초한 분명한 학습목표와 주제를 세우고 출발하여야 한다.

(4) 지도내용을 명확히 기술한다.

무엇을 어떻게 지도할 것인지, 학습자의 독서능력에 따라 한권의 교재를 가지고도 여러 가지 수준별 지도안이 만들어질 수 있기 때문에 독서지도 전후과정에서 어떤 교수방법을 취할 지를 명확히 기술하여야 한다.

(5) 수업자료의 정확한 명시 및 연구

: 어떤 수업자료를 통하여 학습목표를 설정하고 어떻게 지도할 것인지 교안에 포함되어 있어 야하며 교사는 그 교안에 따른 전체적인 수업

계획을 명시에 놓아 교사와 학생이 자료를 중심으로 최대한 학습목표에 도달할 수 있도록 준비하여야 한다. 이때 교수안이 학습자에게 배부되는 수업계획서과 동일할 필요는 없다. 경우에 따라서는 학습자를 위한 전체적인 통괄 계획안이 전달되기도 한다.

3 교안의 종류 및 내용

(1) **단원별 계획**(Lesson Plan)

단원별 계획이란 한 단원에 대해 교사가 수업시간에 포함되어야 하는 교재와 교구 그리고 학습활동에 관계되는 전반적인 과정에 있어서 어떤 흐름을 갖고 진행할 지에 대한 전체적인 개략을 보여준다. 이 단계에서는 실질적인 수업진행계획에 들어가는 각 차시별 계획 이전에 간단한 교재 내용 및 수업 전체의 학습활동을 개관하는 단계로 일반적으로 한권의 도서를 선정하는 경우가 보통이나 하나의 주제 아래 여러 가지 도서를 선정하여 비교 분석하는 수업으로 계획할 수도 있다. 단원별 계획에는 Title(표제, 제목)Author and Illustrator(저자 및 삽화가), Author and Illustrator(저자 및 삽화가), Publisher(Year/Size) 출판사 및 출판년도 및 쪽수, Translation/Publisher(번역자/출판인), U-level(Understanding level), Genre(갈래), Theme(주제).Language Point(핵심구문), Grammar Point (구조핵심), Story Line/Plot(이야기의 줄거리) 등의 항목이 단원별 계획안(Lesson Plan) 에 포함되는 구성 요소들이다.

• Title(표제, 제목) : 책이나 시, 그림 등의 제목에 해당하며 표제를 통해

텍스트에 대한 성격을 나타내며 도서명이나 책의 표제를 중심으로 표현한다.

- Author and Illustrator : 저자 및 삽화가의 이름을 표기한다.
- Publisher(Year/Size) : 출판사 및 출판된 해, 쪽수를 표기한다.
- Translation(Publisher) : 번역자 혹은 옮긴이를 적는다.
- U-level(Understanding level) : 영어독서이해수준을 적는다.
- Genre : 갈래, 어떤 종류의 내용인지를 표기한다.
- Theme : 주제
- Language Poin t: 표현
- Grammar Point : 구문(문법)
- Story Line(Plot) : 줄거리
- Step : 수업 전 활동, 수업 중 활동, 수업 후 활동 및 활동 시 유의사항 등을 간단하게 기술한다.

(2) **차시별 계획**(Lesson Procedure)

각 차시별 수업의 내용을 더욱 구체화하는 단계로 전체 활동 학습 중 에서 본 수업에서 진행되어야할 학습목표를 기술함과 동시에 단계별로 진행되는 수업활동세부 내용, 교수에 필요로 되는 학습활동 시간 그리고 수업 시간에 요구되는 학습 도구 및 자료를 구체적으로 기술한다.[4] 본 Lesson Procedure는 한우리 영어 독서연구회에서 자체적으로 연구하여 만은 계획안을 근거로 계획을 구성하고 있으며 구체적인 내용은 영어독서 지도 수업교안임을 고려하여 이후로의 언어기술형식은 영문으로 하기로 한다.

- Title : the name of the book

---

4) Jeremy Harmer, 『How to Teach English』 Longman, 1998,

- Goal : Actual goal of this lesson
- Objectives : (1)What am I trying to get my students to achieve?
  (2)Objectives should be flexible as they can be modified to suit the needs and proficiency levels within your class.
  (3)Objectives should be connected to the evaluation.
- Teaching Strategies
  1. Motivation :
  2. Group Activity : activities mean that the lesson will teach the concept. what are the instructions for the students to complete the task? and when explaining instructions be as clear as you possibly can and always try to demonstrate the task with and for students.
  3. Feedback : this process provide students the ways to test understanding partway through so that instructor and the students know what still has to be worked on.
- Teaching Materials : What materials are needed to complete the tasks of the lesson?
- Detailed Procedure
  1. Step
     1) Introduction: Warm-up/Review :
        Choose an activity that encourages oral participation and heightens the energy level in the classroom. This will help prepare students for a class of activity oral participation. The warm up activity could also serve to introduce the skill of the lesson or as a review of previous skills.

     2) Development:
        (1) Before-Reading:
           · Getting ready to read is one of the most important parts of

the reading process. Situating the text in terms of its genre and audience can help students approach reading with a critical mind-set. Before readings are consisted of asking students to think about the few questions to encourage them to construct a context for the reading

· Make Predictions

Instructors will assist student comprehension by constructing questions about the reading for students to answer before they read the assigned text for the first time. Doing this helps students make predictions about the text and encourages critical interaction when they read. For example, if the students will be reading an article, you may ask questions that help provide a background on the issue.

· Introduce Vocabulary : Structure

Students often struggle to understand new and phrases. Reading exercises are an ideal way for these students to expand their working vocabularies. Instructors should create important or challenging words from the reading to handout. Students can look up the words in a dictionary and write down the definitions. This exercise encourages students to both learn the meanings of new words and phrases and to apply those meanings to the understanding of the assigned text. It helps students effective understandings.

(3) While- Reading

· First Reading

Have the students read through the text one time. Their

main purpose during the first reading is to achieve a working understanding of the text. After they finish reading, have them answer questions that connect the earlier steps of the reading process with their working understanding of the text.

1. Did any of your predictions about the text based on the title turn out to be true?
2. What, if anything, surprised you?
3. What is the author's purpose or argument? Is he/she trying to persuade, inform, describe, etc?
4. What kinds of support are provided by the author to make his/her case?
5. Does the author want the readers to take an action of any kind?

· Re-reading

After developing a working understanding of the text, students should look for the author's claims and assertions and determine if s/he backs them up effectively. Also, look for stylistic choices the author makes and analyze them for their effectiveness. If the lesson are consisted of second lesson durations, usually In a first duration will include introduction to course and the second duration will start with review of previous skills; report back on use of conversation skills.

Recommendation: Discuss practical application of the skills based on the student's experiences outside the classroom. Positively reinforce student's efforts to practice in the "real world." Discuss situations in which students found themselves feeling misunderstood, embarrassed, or puzzled. Model and practice appropriate responses

(4) After- Reading: Final Thoughts

The above process of how to teach students esl reading skills can be extended in many different directions depending on the purpose of the assignment, the level of the student population, etc. Students could summarize the reading or respond to it by extending an aspect of the reading they found interesting. Instructors could also assign short answer questions that further encourage critical thinking or use the exercise as a starting point for a larger writing assignment. Recommendation: Introduce skills- depth and detail will of course depend on student's levels and ages, introduce vocabulary and model skills.

Choose or design exercises to give students practice. Make general corrections and add additional detail if needed.

3) Closing /Evaluation

It contains how instructor measure the learning of the students; an exercise sheet, a group presentation using new vocabularies. Also this process discuss problems or concerns arising from skills practice through the class. Moreover, as a follow-up process, It will discuss how will the contents explored in the lesson be reinforced in future lessons.

After Evaluation, assign homework to reinforce skills.

2. Contents: It contains what kind of motivative materials or activities will be acted during the class to increase concentration works like

Greeting review or song together, or puzzle etc.

3. T-L Activities: Both teacher and students interact together to reach objectives.
4. Time: How long does the lesson process take? Each lesson consists of certain parts, and it should flow a routine so that the students can relax and not always be wondering what is coming next.
5. Teaching Aids and Tips.

4 영어동화를 활용한 교수지도 및 학습활동

(1) How to teach Reading(읽기방법지도) 5)

1) reading is not a passive skill: reading is an incredibly active occupation. To do it successfully, we have to understand what the words mean, see the pictures the words are painting, understand the arguments, and work out if we agree with them. If we do not do these things, then we only just scratch the surface of the text and we quickly forget it.

2) Students need to be engaged with what they are reading. A with everything else in lessons, students who are not engaged with the reading text- not actively interested in what they are doing - are less likely to benefit from it. When they are really fired up by the topic or the task, they get much more from what is

5) Longman Oxford Seminars: Hpw to teach english /Jeremy Harmer

in front of them.

3) Students should be encouraged to respond to the content of a reading text, not just to the language. The number of paragraphs they contain and how many times they use relative clauses. But the meaning, the message of the text, is just as important and we must give students a chance to respond to that message in some way because it is important to express their feelings about the topic.

4) Prediction is a major in reading.

When we read texts in our own language, we frequently have a good idea of the content before we actually read. Book covers give us a hint of what's in the book, photographs and headlines hint at what articles are about and reports look like reports before we read a single word. When we get these hints, our brain starts predicting what we are going to read. Teachers should give students 'hints' so that they can predict what's coming too. It will make them better and more engaged readers.

5) Match the task to the topic.

Once a decision has been taken about what reading text the students are going to read, we need to choose good reading tasks- the right kind of

(2) How to teach Speaking and Listening(말하기 및 듣기방법지도)

1) Speaking activities are activate rather than a study function. Instructors should consider how speaking activities provide opportunities for **rehearsal**(getting students to have a free discussion gives them a chance to rehearse having discussions outside the classroom),give both teacher and students **feedback**(speaking tasks where students are trying to use all and any language they know provide feedback for both teacher and students. Teachers can see how well their class is doing what language problems they are having Speaking activities can give them enormous confidence and satisfaction, and with sensitive teacher guidance can encourage them into further study)and motivate students because of their Engaging qualities; **Engagement**(Good speaking activities can and should be highly motivating. If all the students are participating fully- and if the teacher has set up the activities properly and can then give sympathetic and useful feedback- they will get tremendous satisfaction from it. Many speaking tasks (roll playing, discussion, problem-solving etc) are enjoyable in themselves.)There are four types of speaking activities: Information gap, survey, discussion and role-play.

2) One of the main reasons for getting students to listen to spoken english is to let them hear different varieties and accents-rather

than just the voice of their teacher with its own idiosyncrasies. The second major reason for teaching listening is because it helps students to acquire language subconsciously even if teachers do not draw attention to its spacial features. Lastly, just as with reading ,students get better at listening the more they do it! Listening is a skill and any help we can give students in performing that skill will help them to be better listers.

There are Six principles for listening :

(1) The tape recorder is just as important as the tape.
(2) Preparation is vital. teacher and students need to be prepare for listening because of he special features we discussed above.
(3) Once will mot be enough.
(4) Students should be encouraged to respond to the content of a listening not just to the language.
(5) Different listening stages demand different listening.
(6) Good teachers develop listening texts to the full.

(3) How to teach Writing(쓰기방법지도)

The reasons for teaching writing to students of English as a foreign language include reinforcement, language development, learning style and, most importantly, writing as a skill in its own right. Like many other aspects of English language teaching, the type of writing we get students to do will depend on their age, interests and level. We can get beginners to write simple poems, but we probably won't give them an extended report on town planning to do. When we set tasks elementary students we will make sure that the students have - or can get-enough language to complete the task. Such students can write a simple story but they can not equipped to create a complex narrative.

5 영어동화를 활용한 독서지도 수업 교안 : "Pancakes, Pancakes!"

(1) 본 교안의 특징

본 영어동화 **"Pancakes, Pancakes!"**의 교안은 어린이 동화작가로서 잘 알려진 Eric Carle의 『Pancakes, Pancakes! 』를 선정, 분석하여 영어 독서 지도안의 교안으로 선정하였다. 유치원에서부터 초등학교 저, 고학년에 이르기까지 다양한 수업접근을 시도 해볼 수 있는 점에서 이 텍스트를 선정하는 동기가 되었다.

실제로 이 텍스트는 북미의 대부분의 학교에서 권장도서로 선정되어 Language Art(국어, 유치원에서 초등 4학년까지)수업시간 에 활용되고 있으며 본고의 안은 초등학교 4학년이상의 고학년을 학습자 대상으로 선정하였다. 수업활동과 관련하여, 우선 Introduction /Review 단계에서는 이 책의 저자인 Eric Carle가 집필한 또 다른 책인 『The Very Hungry Caterpillar』를 같이 보여주면서 저자가 집필해온 잘 알려진 책을 보여줌으로써 그의 누구인지를 간단히 설명한다. 본 작품의 줄거리 및 작가에 관한 자료는 참고자료로 첨부하기로 한다.

(2) 수업 교안

Lesson Plan

Title	**"Pancakes, Pancakes!"**		
Author/Illustrator	Eric Carle		
Publisher (Year/ Size)	Alladin (October 1, 1998/ 32 pages	Translation (Publisher)	
U-Level		Genre	Picture book
Theme	Students will be understand and explain current economic system through the process of making pancake.		
Language Point	1.Be able to use and understand words of resources 1) new vocabularies: wheat, hen, milk, miller. the mixing utensils, frail, millstone. sickle flail water wheel mill 2) "I'd d like to have a big pancake for breakfast." 3) "Here's the milk, Let's make a pancake" 2. be able to make pancake 'Oh, Mama, I know what to do now~"		
Grammar Point	1.would ike to~ (Expression of wish, To infinitive) 2.a cup of milk(flour), an egg, a ladle of batter ,a jar of jam. Countable/Uncountable noun 3.will have to~.(auxiliary verbs) 4.put a cupful of flour ~ /break an egg~ (An imperative sentence.)		
Story Line	Pancakes, Pancakes! tells the story of a hungry little boy who wakes one morning with a craving for pancakes. He asks him mom for pancakes but she's too busy and tells him to collect the things needed to make them instead (they apparently don't sell the frozen ones in this story).		

<table>
<tr><td></td><td colspan="3">He's a good little boy and does so without complaint. He has to make the flour (by hand!), wait for the hen to lay an egg, milk the spotted cow, churn the butter and so on until he has all of the ingredients assembled. Frankly, I was surprised this poor child didn't complain and then collapse from exhaustion! Finally, the sweet boy gets his pancakes and all ends well.</td></tr>
<tr><td>Step</td><td>Procedure</td><td>Time</td><td>Teaching aids</td></tr>
<tr><td>Before -Reading</td><td>greeting, prediction about text. ask questions about breakfast. and who is jack?</td><td>20min</td><td>• Text,
• Picture cards, Webbing cards for learning new vocabularies.
• Story boards.</td></tr>
<tr><td>While- Reading</td><td>how can we get our breakfast and what do we need ,how can we make pancake. read and make it!</td><td>40min</td><td>• Text,
• Story boards.
• Drawing paper for each student (Teacher preparation)</td></tr>
<tr><td>After -Reading</td><td>do activity! make fun</td><td>20mit</td><td>• Text
• story book
• ready all stuff for making pancakes Ingredients and utensils for making pancakes. (Teacher preparation)</td></tr>
<tr><td>Activity Tips</td><td colspan="3">• Instructor must be prepared before class to make pancakes. If it doesn't have enough time , can prepare mixed pancake ingredience.</td></tr>
</table>

Lesson Procedure

NO.

Title	Pancakes Pancakes!
Goal	Be able to understand current economic system to get our food, and have thank of parents who give us meal.
Objectives	1. Students will be able to: Use illustrations from the book to explain how Jack used natural, capital and human resources to get his pancake breakfast : :Examples would be natural resources: wheat, hen, donkey milk, stone water soil ground human resources: Jack and miller. Capital resources : the mixing utensils, sickle frail, millstone, wheel
	2. Students will be able to: Describe how Jack's family used the physical environment to meet their needs.
	3. Students will be able to: Make pancake with fun
Teaching Strategies	1. Motivation : ask students this morning what kinds of breakfast they had. and show sort of some pictures about meal around the world.
	2. Group Activity : student can describe what sentences text use, and do activity how can we summarize each page's story, also students can be ended with making pancake.
	3. Feedback : confirm how they can describe ow wish and have some time to make pancake activity . In a closing strategies, ask students the order of making pancake and write a letter to parents!

Teaching Materials	Text Drawing paper for each student Webbing cards for learning new vocabularies. (Teacher preparation) Ingredients and utensils for making pancakes. (Teacher preparation)			
Detailed Procedure				
Steps	Con tents	T-L Activities	Time	Teaching Aids & Tips
Before Readings While Readings After Readings		**Warm-up/Review/Greeting** Show some pictures of "Pancake "and ask students "Do you know what it is? And "What comes to your mind when you see these pictures?" **Make Prediction /Motivation** 1) Think about the following questions. 1. What kind of breakfast did you eat this morning? 2. What is your favorite food? 2. When we make some cook like boiled rice, what kinds of things do we need? 3. Can you make any food by yourself? If, yes, what is it? or not, if you have some opportunity to make food what kind of food do you want to cook? 4. Have you ever thought how can we get many ingredients for cook like rice, bread and meat? 2) Instructor Say: show the text Pancakes, Pancakes! starts out with the "Kee-ke-ri-kee" of the rooster waking Jack	10 20~30	

	up. Jack wakes and decides he wants a pancake for breakfast. Jack's mother is busy so tells him he will have to help her. She send him out to the wheat field to get wheat, which he then had to take to the miller to be ground into flour. Once home, he has to go out to the chicken and get an egg. Once he has the egg, he has to milk the cow. He has the milk, but now he has to churn the cream from the milk to make the butter. Once done with the butter it was out to get firewood, then down to the cellar to get strawberry jam. Whew, he has everything he needs! Mother has everything out and tells him how to mix up the pancakes. She cooks the pancake and even flips it for him. Jack has no trouble knowing what to do next, it's finally time to eat it! Can you only imagine how hungry Jack was by the time he had to do and gather all the ingredients and items needed for that pancake? let's see how Jack did and maybe we can do like Jack!!! Instructions: Remind today's topic. - What is today's topic? **- Tell the students about the today's topic. "Today's topic is How can we get Pancake for our breakfast"** - Can you guess what we need for making pankes? 1. Bring in a recipe book. Look through the book and read off some of the recipes. Ask		

child to tell you what ingredients that they think are in pancakes. Let ' s read and see what ingredients it takes to make pancakes.

2. Bring in different pictures of breakfast foods.

   Have the children tell you what they like for breakfast. If you wanted breakfast, how would you go about getting it? Let ' s read and see what all Jack has to do when he wants pancakes for breakfast.

3. Bring in a Flying pan and pictures of pancakes or an empty pancake mix box. Ask the child to tell you how they would go about fixing pancakes.

   Let ' s read and see how Jack fixes his pancakes.

   1) Do you think Jack will get his pancakes?
   2) What do you think Jack is doing?
   3) What do you think Jack is going to get now?

Vocabulary Preview

Match the word with the same meaning and choose the correct words in the blank of examples.

Nature resources	wheat donkey ground soil water stone
Capital resources	sickle flail water wheel mill
Human resources	Jack-cutting and threshing The miller-threshing and grounding

- Explain new vocabulary
- Drill pronunciation of words

	- Write words on the board - Hand out the worksheet and give an instruction I'll give you a worksheet. Work individually. Answer the questions in 4 minutes. (Distribute the worksheets) **Voca- Activity** 1. Place students in cooperative groups of four and give each group a sheet of paper. Write the following chart headings on the chalkboard (using above chart) 2. Instruct the students to work in their groups and complete th chart. Have groups share their charts with class. Instructor: Who are you working with? How much time do you need? Answer students If they ask questions. Give time warning: 30 seconds left. -do the matching activity Check the answer together. • Elicit the meaning of key vocabulary from students. • Explain more certain example sentence if necessary • Choral drilling about key vocabulary • Match the words with the meanings on the right side and you work alone and you have 2 min, - "Who do you work with?" - Feedback A. Check the answers together B. Error correction	20~30	

- Explain to the students that they are now going to hear a story (or read a book) about a boy named Jack and what he had to do in order to have a pancake breakfast
- Read the story -alternatively let them make brief summary and work together to make sure what story this book has.

While -Reading :Instructor describe the three outcomes ,and how important people's work.

1) Economic outcome:

   Students will explain an understanding of the historical development and current status of economic principles, institutions, and processes needed to be effective citizens, consumers, and workers in modern society.

Instructor: Describe the relationship between economic wants and needs Identify economic resources located within a community.

2) Geography outcome:

   Students will explain an understanding of geographic concepts and processes as needed to study the role of culture, technology, and the environment in the location and distribution of human activities.

Instructor: Explain the relationship between the physical setting of a community and its ability to satisfy the wants and needs Describe how transportation and communication networks link communities

	3) Making pancake outcome: Students will explain and understand of parent's efforts to reach for their needs and wishes and then will have thankful mind for people who help them and fun. **Instructor**: Explain how to make a recipe of pancakes. After finding out how many pancakes that single recipe made, Describe how many times it would have to take it and how difficult to make our food. also explain the correct measurements for making pancakes. After that let them give opportunities how thankful their parents. **After- Reading:** **Discuss the following questions./open ended questions** (1) Recall what the story is about? (Answer)Jack was wanting pancakes for breakfast and all he has to go through to get them. (Follow Up) Tell me your favorite breakfast food. (2) Suppose you are Jack, how would you like having to gather all of the ingredients for your pancake. (Answer)Any logical answer. (Follow Up) Share about a time you had to gather ingredients for something. (3) Pretend you are Jack ' s mom, how would you like having to fix breakfast? (Answer) Any logical answer. (Follow Up) What is the one thing that	20	

took you the longest to fix?

(4) Remember about a time that you helped fix breakfast.
(Answer) Any logical answer
(Follow Up) List what all you fixed.

(5) What does that mean flail?
(Answer) An instrument used to separate the grain from the chaff.
(Follow Up) How does it work?

(6) Name what Jack wanted for breakfast.
(Answer) Pancakes.
(Follow Up) Share what animal woke Jack up.

(7) Recall what the first thing was that Jack had to get.
(Answer) Flour.
(Follow Up) How did Jack get the wheat to the mill?

(8) The egg came from what? And what color was the chicken?
(Answer) Chicken, black.
(Follow Up) Recall the amount of eggs that was needed.

(9) Jack made butter in what?
(Answer) Churn.
(Follow Up) Ladle was used for what?

(10) Tell me how Jacks mom turned the pancake.

	(Answer) She flipped it. (Follow Up) Tell me what was put on top of the pancake **Extension: Let's make a pancake** We will follow the same direction mentioned in the text.(follow the text order) Ingredients and the way of making a pancake. 1) In the kitchen, Jack's mother had filled the table with the flour, the egg, the milk, the butter. 2) There was also a mixing bowl. a cup, a wooden spoon, a ladle, a flying pan, a plate, a knife, and spoon. and a jar of strawberry jam. 3) And his mother said. (1) "put a cupful of flour into the bowl" (2) "Break an egg into the flour and stir" (3) "Pour a cupful of milk over the flour and eggs and stir again until batter is smooth and without lumps." (4) "Heat the flying pan over the fire." (5) "add a piece of butter- the butter melted fast" (6) "Our a ladleful of batter into the hot pan"- after a minute or two minutes battle turns to gold brown. (7) "Flip the pancake." (8) "Slipped the pancake from the flying pan onto the plate and spread some strawberry jam on it." **Conclude lesson** • Give each students a sheet of paper and instructions to draw and label a picture which shows one way that Jack used the	10	

		physical setting of the farm to satisfy his wants and needs. After that can describe how to made pancake activity. • Elicit today's vocabulary from students. • Give homework • Check the vocabulary you learned today again, learning how to use new vocabulary in context is a very important step in improving your communication skills. On this worksheet, write some of the new vocabulary you learned today and then write one or two sentences using new vocabulary. (Distribute homework worksheet) **Evaluation** Evaluate that I made a good pancake following the recipe which discussed and learned from the class with group members together. And then think about how can we get our every meal. Everyone good job today. See you!		

6 결론 및 제언

본고의 목적은 영어독서지도의 교안을 구성하는데 있어서 교안 작성 시 유의할 점을 시작으로 하여 꼭 필요한 구성요소 그리고 구체적인

Lesson Plan Lesson procedure에 이르기까지의 절차를 밟으며 그 실례로 『Pancakes, Pancakes!』를 들어서 수업플렌을 구성해 보았다. 모국어로서의 독서지도가 아닌 영어독서지도로서의 접근이라는 점에 있어서 학습자의 여러 가지 변수를 생각하며 교안을 작성해야 한다는 것을 다시 언급해 두고 싶다. 앞으로는 더 잘 짜인 교안을 만들기 위한 방법으로서 계속 적극적인 교안 연구 와 지도방법이 모색되어야 할 것이다. 더불어 이 교안은 추후 일본어독서지도방안으로 더욱 발전시켜가고자 한다.

참고문헌

- Pancakes, Pancakes! (Written by: Eric Carle)
- http://teachers.net/lessons/posts/521.html
- http://www.kiddyhouse.com/Teachers/Literature/pancakes.html
- http://www.montgomeryschoolsmd.org/curriculum/socialstd/grade1/Pancakes.html
- Jeremy Harmer(1998) 『How to teach English』 Longman
- Tesol/Tesl Certification Course 『Training Mananual』 Oxford Seminars.
- 김이정(2006) 읽기 능력향상을 위한 문학텍스트의 활용가능성 연구.석사학위 논문.경희대학교 교육대학원
- 허원석(2006) 영문학 작품을 활용한 효과적 영어교육. 석사학위논문. 홍익대학교 교육대학원
- 권미희(2003) 영어동화를 활용한 초등영어교육.석사학위논문.경희대학교 교육대학원
- 박혜정(2007)단편소설을 활용한 영어수업.석사학위 논문.경희대학교 교육대학원
- 독서지도자 양서과정 기본교재 Ⅰ.Ⅱ

日本學硏究의 地平과 再照明

能登半島における渡来文化

畑中 愛*

要旨

現在「裏日本」とされている日本側が古代においては大陸からの渡来文化を真っ先に受け入れる表玄関であった。現在でも能登半島には渡来文化の影響をうけた文化が色濃く残っている。普段、あまり意識することはない地域、生活に密着した渡来文化を見つめ直すことにより、自ずと「日本」という狭い枠を越えて朝鮮半島、大陸文化が視野に入ってくる。

키워드 渡来人、帰化人、渡来神、能登半島、渤海

1 序論

日本列島のほぼ中央に位置し、日本海に大きく突き出す形の石川県能登半島は、古代には海を渡って訪れる異文化を迎える玄関口であった。その日本海側の表玄関をくぐって大陸から様々な文化、技術、物

* 경희대학교 일반대학원 박사과정 4기

品を携えた人々が渡来した。その様々な交流の中で、独自の文化を育んできた能登半島には、今も生活に密着した渡来文化が色濃く残っている。

現在でも能登の海岸には強い西よりの季節風と対馬海流にのって対岸の朝鮮半島から大量のハングル表記の漂着ゴミがいやおう無く押し寄せてくることからも能登半島と大陸とは海上の重要なルートとなっていることが分かる。その潮の流れが古代においては新しい文化を次から次へと能登半島に持ち込み、ここでまず吸収され、陸路で都へ運ばれた。

そのような渡来人が古代より中国大陸及び朝鮮半島から大量に移住してきたわけだが、果たして彼らの日本古代国家形成にはたした役割を我々日本人はどれほど認知しているのだろうか。「帰化人」ともいわれる言葉の通り、日本に帰化すると同時に彼らのルーツは陰をひそめ、それらの偉業は当然のごとく「日本人」の業であるかのように見過ごされて来たように思う。または、「帰化人」の存在は認識しているものの、戦前の帰化人研究がそうであったように、「帰化人」の血統や文化を日本が同化・吸収したというような独善的史観に未だに縛られている部分があることは否めない。

一方、韓国では反対に「日本の文明は我が民族がもたらした」と誰もが胸を張って主張する。ここに両国相互間の認識にズレが生じ、時には摩擦が生じる原因ともなっているのではなかろうか。

そこで今一度、古代における渡来人の存在意義を再確認すべく本稿では渡来人の概念を始め、特に能登半島における渡来文化を考察したいと思う。

2 「渡来人」と「帰化人」

一般的に現在では教科書を始め様々な書物でも「渡来人」という表現が主流であるが、かつては「帰化人」という呼び名が学会等で多く使われていた。しかし、第二次世界大戦後、戦前の皇国史観への反省と植民地統治の是非をめぐる政治的な論争を背景に、「帰化人」という語には、日本中心的な意味合いを含むなどという理由から不適切な用語であるとされ、一九六〇年代に入り上田正昭や金達寿らにより「渡来人」の呼称が提唱され、学界の主流となった。

今でも研究者により「渡来人」か「帰化人」かと意見は分かれるが、その点に関して渡来人研究分野の先駆者とされる関晃及び田中史生の見解を考察してみることにする。

まず、関晃は吉川弘文館刊の『国史大辞典』四(一九八四年)で帰化人の項目を執筆した際、「なお最近では『帰化人』の語が中国で本来もっていた中華思想的な発想を嫌って、『渡来人』という新語を用いることも行われているが、日本に住みついて日本人の一部となった者という意味が含まれなくなるので、あまり適切な語とはいえない」と、「渡来人」という用語に問題があることを指摘している。

また、関は「帰化人」に対する評価も極めて高く、関が帰化人は日本人の一部だと言う時、差別や蔑視とは全く逆の革新的な意識があるといえる。その意識が現れている部分を著書『帰化人』[1)]より抜粋してみることとする。

---

1) 関晃(2009)『帰化人』講談社学術文庫、p10

以前は日本人の固有の文化とか素質とかいうものを、何かむやみに高いものときめてかかる風潮があって、帰化人のはたらきは、いかに大きなものだったにしても、結局はそういう固有のものの発展を外から刺戟し、促進したにすぎないという見方が強かった。しかし、実際は、彼らがその時その時に日本に持ち込んだ技術や知識や文物は、当時の日本のものにくらべて、桁ちがいに進んだ高度のものだった。(略) けっして日本文化の発達に貢献したなどという程度のことではないのである。[2)]

関はこのように戦前の日本の歴史認識を批判するとともに、「帰化人」の日本社会における決定的な役割をもってその存在が重要視される第一の理由としている。

また、第二の理由としてはその数をあげている。平安時代の初め、弘仁年間に朝廷で編纂された『新撰姓氏録』によると、左右京と畿内のものだけを収載してあるが、全体で一〇六五の氏のうち、帰化人系統と称する氏は三二五で、ほぼ三〇%を占めている。他にも栗田寛が古来の史籍に現れたすべての氏の数を調査した結果もだいたい同様で、二三八五氏のうち七一〇氏すなわち三〇%弱が帰化系統と言われるものとなっているという。

関はこの数値を単なる過去のこととして済ましてはおらず、現代の日本人は誰でも古代の帰化人たちの血を一〇%や二〇%はうけていると考えなければならないと主張している。また、帰化人の位置づけを帰化人はわれわれの祖先であり、彼らのした仕事は、日本人のためにした仕事ではなくて、日本人がしたことなのである、ともはや完全に帰化人＝日本人としている点に留意したい。

---

2) 関晃、前掲書、P10

一方、田中史生は「帰化人」の語が近代日本の民族差別意識に寄与したからといって、それを古代史から葬り去るべきとする主張には賛同しない[3)]としている。その理由として、古代において「帰化」の語は一定の政治的意味を持って使われていたにも関わらず、こうした理由で封印することは、戦後の渡来人研究が当初から批判の対象としてきた、近代国家によって都合良く解釈され、また都合良く描かれた古代の「帰化人」の、単なる変形を容認することになると考えるからである[4)]としている。しかし、田中は倭国の時代に王権に編成された自主的渡来者を『書記』のいうまま「帰化人」と称してよいとする考えにも疑問を感じており、七世紀以前の史料が乏しい現状で「帰化人」を倭国の段階に遡らせるのは慎重であるべき[5)]と主張している。

また田中は、渡来の契機の個別性と列島における渡来人受容の個別性、あるいは時間的経緯とともに変化する渡来者やその子孫の社会関係の個別性が、いずれも人の移動という共通の史的条件下に成り立つことに着目し、渡来人を移住者としてではなく、移動者と広く捉えた上で、古代資料の中における「倭」「日本」への渡来の契機を以下のように整理している。

① 自らの意志で渡来(「帰化」「来帰」「化来」「投化」)
② 漂流による渡来(「漂蕩」「漂泊」「漂着」「流来」)
③ 外交使節として渡来(「蕃客」「来朝」「朝貢」)
④ 人質として渡来(「質」)

3) 田中史生(2005)『倭国と渡来人-交錯する「内」と「外」-』吉川弘文館 p20
4) 田中史生、前掲書、p20
5) 田中史生、前掲、 p21

⑤ 贈与による渡来(「貢」「与」「献」「上送」)
⑥ 略奪による渡来(「俘人」「捕」「虜掠」)
⑦ 交易者として渡来(「商人」「商客」「商売之輩」)

ただし、これら①~⑦の個々の事例は実際には機械的に整理・分類するのは容易ではなく、複雑に絡み合っており、時間的経緯とともにその具体的な中身を変えていくことにも留意を促している。その例として七世紀以前には、技術・文化・知識を持って来航し、一定期間倭王権に仕え、その後帰国する者や平安時代になると国際商人のなかに「帰化」「朝貢」を称して日本政府に安置と交易許可を求め、結果的に帰国せず定着する者などがあった。このように移住・外交使節・漂流・商人・帰化なども、個別の事例をみれば複雑に絡み合っているのが分かる。

以上の理由から田中は渡来人を移住者としてではなく、その字句に立ち戻って移動者とすることに研究上の積極的な意味を見出し、渡来人が移住・定着することはあっても、渡来人=移住者とか、渡来人は渡来系氏族を包摂する上位概念としないという立場を取っている。

田中の指摘通り、長い年月を経て莫大な数の渡来人が日本に入ってきているだけに、個々の渡来の目的、事情はそれこそ千差万別であったことは言うまでもない。また、「帰化」という本来の語義[6)]に基づい

6) 広辞苑 第五版(岩波書店) における「帰化」の語義
①君主の徳化に帰服すること。
他の地方の人がその土地に移って来て定着すること。
②志望して他の国の国籍を取得し、その国の国民となること。
人間の媒介で渡来した生物が、その土地の気候・風土になじみ、自生・繁殖するようになること。

てみてもやはり律令国家成立以前の倭国の時代における渡来人までをも一律に「帰化人」と称するのは適切ではないと考える。従って、「帰化人」か 「渡来人」かの二者択一ではなく、海を渡って日本列島に入ってきた人々は全て広義の「渡来人」であり、その中で「帰化」の語義に該当する人々は狭義の「帰化人」と区別できるのではないだろうか。とは言え、やはり個人個人の事情に即して使い分けることは現実的に不可能であるため、包摂的な 「渡来人」の名称をもってするのが道理にかなっていると考える。ただしその場合、本来の語義である 「外国から海を渡って来ること[7]」という概念よりもさらに限定的、具体的な制限が字句を越えて付随することになる。まさしく、それが古代において中国、朝鮮半島から海を渡って日本列島に様々な技術・文化・知識をもたらした「渡来人」を指すことになる。

3 能登半島の渡来文化

3.1 能登と渤海

島国日本と渤海国との交流は、神亀四(七二七)年に始まり、渤海使高仁義ら二四人が出羽国に渡来入朝した。そして延長七(九二九)年までの約二〇〇年間に佐渡、越前、対馬等々日本海沿岸各地へ三五回(内一回は渤海国が滅亡後)来訪した。そのうち能登へは三回来訪している。渤海使来航の報告をうけた政府は、存問使を現地に派遣して審査し、代表を入京させ、ほかを現地近くに滞在させた。帰国も日本海ルートを

7) 広辞苑 第五版(岩波書店)

とり、送渤海使(遣渤海使)を同行させた。律令政府の外交ルートは、筑紫大宰府から難波を正式としたが、高句麗人の日本海沿岸への来着は昔からのことで、渤海を旧高句麗国とする立場をとって容認し、かわりに滞在や帰航にかかわる費用を地元に負担させた[8)]。

日本海沿岸各地に来着した渤海使節の多くは、能登から渤海へ向けて旅立った。なかでも能登半島の西岸に位置する福浦津は、渤海使の造船・出港地として指定されるなど、古代の交易地として活況を呈した。

宝亀二(七七一)年に出羽の野代湊に来着した一行三二五人を渤海へ送るため、翌年九月に出航した送渤海使の船団が遭難して、能登に漂着した時のようすを『続日本紀』は、「送渤海客使の武生鳥守らがともづなを解いて海に入ったところ、たちまち暴風に遭い、能登國に漂着した。客主はかろうじて死を免れ、福良津(福浦津)の便處に安置した」と書いている[9)]。この記事は、福良津には三二五人の渤海使節団が、滞在できる規模の大きな施設があったことを物語っている。

また、『日本後記』に延暦二三(八〇四)年に「比年渤海国使来着し、多く能登國に在る。停宿する処を疏陋にすべきでない。宜しく早く客館を造るべきである」と記している[10)]ように能登国に渡来した客人をもてなす客院の造立が命じられた。本文だけではどこに客院が造られたのかわからないが、おそらくこの福良津の「便處」が老朽化したことに対する措置と推定されている。

---

8) 高澤裕一 他(2006)『石川県の歴史』山川出版者 p67
9) 能登のくに刊行会(2003)『能登のくに-半島の風土と歴史-』北国新聞社
10) 前田憲二(2003)『渡来の祭り 渡来の芸能』岩波書店 p82

『三代実録』によると、元慶七(八八三)年には、「能登國をして、羽咋福浦泊山の木を伐損することを禁ぜしめた。渤海客が北陸道の岸に来着した時、必ず還船を此の山で造り、民の伐採に任せ、或いは材無きを煩うのである。故に予め大木を伐ることを禁じ、民業を妨げではならない」[11]という命令がだされており、福良で造船が行われていたことを示す重要な史料となっている。

福良の他にも能登半島の先端に位置する珠洲に貞観元(八五九)年に来着した渤海使節は日本に宣明歴を伝えた。宣命歴は律令政府に採用され、その後、江戸時代まで使用された。このように渤海との交流は、毛皮、ニンジン、蜂蜜などの特産品だけではなく、当時の国際情勢や最新技術ももたらした[12]。

3.2 能登の渡来系神社

能登の渡来文化を象徴するものの一つとして、「蕃神ノ社」、即ち渡来神を祭る神社の多さがあげられる。俗に能登の神社の80%が渡来系神社であるといわれている。

その社号からしてそれと考えられるものの代表例を下記の通り見てみることとする。

「久麻加夫都阿良加志比古神社[13]」

御祭神： 阿良加志比古神、都奴加阿良斯止神

11) 前田憲二、前掲書、p82
12) 能登のくに刊行会、前掲書、p111
13) 鎮座地：七尾市中島町宮前ホ部68-1-1

当社の由緒[14)]にも

> 「この神々は韓国の王族で阿良加志比古神については地神とも、3～4世紀頃の南朝鮮の阿羅国の王族とも言われており、その後、現在の鎮座地方を平定され守護神としてお祀りしてあります。都奴加阿良斯止神についても『日本書紀』の「垂仁紀」2年条の分註に、『御間城天皇之世、額有角人、乗一船、泊于越国笥飯浦。故号其処曰角鹿也。問之曰、何国人也。対曰、意富加羅国王之子、名都怒我阿羅斯等。』の記事があり、4～6世紀頃、朝鮮の南の方に栄えていた国の王子で、現在の敦賀に上陸、渡来したと記されております。」

と明記されているとおり、まさしく顕著な渡来系神社である。

また、当社の御神体としては、本殿には重要文化財に指定されている「久麻加夫都阿良加志比古神坐像」がある。写真を見る限りでは、朝鮮様式の冠帽と道服で装われたいかにも異国風の木像である。

なお、当社の祭礼も国の重要無形民俗文化財に指定され、能登の奇祭の中でも特に際立った祭りとして有名であるが、詳細は次章で扱うこととする。

「加夫刀(かふと)比古神社[15)]」

御祭神：加具土命、蛭児命、速玉之男命、大己貴命、少彦名命、倉稲魂命

---

14) 石川県神社庁公式ホームページ
http://www.ishikawa-jinjacho.or.jp/search/detail.php?e7a59ee7a4be4944=1395(検索日：2010.10.29)

15) 鎮座地：鳳珠郡穴水町甲ハ80

現在の祭神は上記のとおりだが、以前の明細帳には、主祭神を加夫刀比古神としていた。社名を、加夫都＋阿良加志と解釈し、加夫都＝加夫刀と考えると、前述の久麻加夫都阿良加志比古神社に祀られている、阿良加志比古神、都怒我阿羅斯等神と同神であり、加夫刀比古神＝都怒我阿羅斯等神と導き出される。従って、加夫刀比古神社もまた都怒我阿羅斯等神を加夫刀比古と呼んで祀ったものと思われる。

「白(しら)比古神社[16]」

御祭神：白比古大神

能登国式内等旧社記に今、白髭明神と称す[17]とある。白髭明神は新羅系と言われているところから察しても、白比古は新羅彦で渡来系神社と思われる。

「阿良加志(あらかし)比古神社[18]」

御祭神：阿良加志比古神

前述の久麻加夫都阿良加志比古神社と同神であることから、当社も渡来系神社であることが明らかである。

「美麻奈(みまな)比古神社、美麻奈比咩(ひめ)神社[19]」

御祭神：美麻奈比古神、美麻奈比咩神、菊理媛神、宇迦之御魂神、猿田毘古神

---

16) 鎮座地：七尾市白浜町21-1
17) 今井啓一、前掲書、p88
18) 鎮座地：七尾市山崎町カ３５
19) 鎮座地：鳳珠郡穴水町川島ホ-23-1、2

御祭神の美麻奈比古神、美麻奈比咩神はその文字通り、任那彦・任那姫であり、この地に帰化した任那人が、その祖神の男女神を奉齋したと思われる。

「古麻志比古神社[20]」

御祭神：日子坐主命

社号からも明らかなように、高麗系の渡来系神社とみられる。

上記にあげた各社以外にも摂末社を含めると能登には多くの渡来系神社が存在する。古代より能登は帰化人にとって恰好の定着地であり、彼らがそれぞれの地区にその中心的聖地としてそれぞれの祖神を奉齋したことがうかがえる。

上田正昭は、渡来人集団と渡来の神々のありようについて、三つの類型に分類している。第一は渡来系の神を渡来人集団が祭祀するタイプすなわち渡来型(イ)、第二は渡来系の人々が在地神などを祭祀するタイプの重層型(ロ)、第三は在地の人々が渡来系の神を祭祀するタイプの重層型(ハ)である[21]。

この三つの分類のうち、能登の各渡来系神社は(イ)タイプに属すると思われる。そして現在に至るまで地域に密着しながら多くの渡来系神社が遺っている珍しい地域であるといえる。

20）鎮座地：珠洲市若山町経念 12－32

21）水谷千秋(2009)『謎の渡来人 秦氏』文春新書 p192

3.3 能登の祭り—「お熊甲祭り」—

古代における能登は祭祀儀礼のるつぼであったことが気多大社[22]社域の寺家遺跡をはじめとする無数の祭祀遺跡発掘によりうかがえる。また、現代の生活の中に生きている祭りや民俗行事、そして伝説にも「渡来神」や「漂着神」に関するものが非常に多い。

その能登の祭りの中でも異国情緒漂う奇祭として有名なのが前述の久麻加夫都阿良加志比古神社の例祭 「お熊甲祭り」である。この祭りは国の重要無形民俗文化財に指定されており、毎年九月二十日に行われることから別名 「二十日祭り」とも呼ばれる。鮮やかな衣装に天狗面をつけた猿田彦が鉦、太鼓に合わせて踊りながら祭りを先導し、一九の末社の氏子たちがそれぞれ二十メートルもある真紅の枠旗を担ぎながら行列をなして本社に参集する勇壮な祭りである。

金達寿は実際にその祭りを目にし、「鉦はカン、カン、カンと木槌をもって打つ単調なものだったが、しかしそれを打ち鳴らすときの動作、というよりその踊りをみて私ははっとなった。(略)それはまさしく朝鮮の祭りとおなじものだった」[23]と述べている。

この祭りが行われる中島町はかつて 「熊木郷」と呼ばれていた。一九五四年に各村合併となって中島町となるまでは、熊木村というところもあった。その熊木という地名が「高麗来」から発生したとみられることが『石川県鹿島郡誌』の中で以下のように書かれている。

惟うに熊木村の出所を詳かにせざれども、或は高麗来の義より出でし

---

22) 石川県羽咋市に鎮座する神社。能登国一宮で、旧国幣大社。
23) 金達寿(1989)『日本の中の朝鮮文化5』講談社文庫 p206

にあらずや。要するに熊木と云う熊淵と云う、何れも語源の高麗に関係ありと見るは敢て附会の妄説にあらずや。[24)]

上記より熊木のほかにも熊淵という地名もあったことが分かる。また、現在でも中島町には熊木川という川の名や熊木姓がそのまま残っており、古代の渡来人の足跡を今に伝えている。

3.4 万葉集にみる能登の渡来文化

万葉集巻十六には、大伴家持が越中国守だった頃、能登巡行中に歌った「能登国歌三首」があり、そのうち二首に「熊木」を詠み込んだ和歌が収録されている。

(イ)梯立の熊来のやらに 新羅斧 落し入れわし 懸けて懸けて
勿泣かしそね 浮き出づるや と見むわし(三八七八)

(ロ)梯立の 熊来酒屋に 真罵らぬ奴わし 誘ひ立て
率て来なましを 真罵らぬ奴わし (三八七九)

平安時代の都人にとって能登は「鉄の國」であった。(イ)にみえる「新羅斧」は、造船などに用いられた朝鮮系の手斧ではなかったかと推測されており、鉄の文化の朝鮮半島との関わりを伝えている。能登の優れた製鉄技術はまさに渡来人による技術伝達の賜物であったことがうかがえる。

また、この歌には、この地には高句麗系と新羅系の二つの文化が重

---

24) 金達寿、前掲書、p183 より引用

層していたことが表れている。前述の通り、「熊来」という地名は高麗来、つまり高句麗が影響しており、「新羅斧」からは新羅が影響していることが明らかである。ここからも能登半島には長い年月をかけて多様な渡来文化が流入していたことが分かる。まさしく熊木郷は高句麗系住人、新羅系住人が融合して作り上げた多文化地域といえるだろう。

4 結論

一般に「渡来人研究」というと有名な渡来系氏族である秦氏や漢氏を始めとする大和政権や律令国家の基部を支えた氏族集団に関するものを指す場合が多い。もちろん、それらの豪族集団は古代史においては欠かすことのできない存在であり、政治のみならず農耕、土木、酒造、流通などの殖産興業の勃興にも大いに貢献した。これら渡来系氏族なしでは日本の歴史は語れないと言っても過言ではない。

しかし、それら有名渡来系氏族の存在はあくまでも書物を通した「日本史の登場人物」であって、なかなか身近な存在として感じることはできないだろう。

筆者は渡来人研究の意義として、特定集団や人物の活躍ストーリーよりも、日本のあらゆる文化は渡来文化との融合によって織り成されており、普段意識することはない身近な事物が実は渡来文化と深く関わっているのだという認識の発掘に重点をおく。なぜならそれら渡来文化を発見し、見つめ直すことにより、否が応でも自ずと「日本」という狭い枠を越えて朝鮮半島、大陸文化が視野に入ってくる。それがグローバル精神の基本となると考えるからである。

そのような意味からも本稿で取り上げた　「能登の渡来文化」の考察は、地域に密着した渡来文化を再認識するという点で一つの方法案となると考える。

現在は裏日本とされている北陸が古代においては最先端文化を真っ先に受け入れる表玄関であったという事実をどのように重要視し、さらには日韓交流にどのように活用すべきかが個人的な今後の課題として残っている。

참고문헌

- 今井啓一(1983)『帰化人と社寺』綜芸舎
- 金達寿(1989)『日本の中の朝鮮文化5』講談社文庫
- 関晃(2009)『帰化人』講談社学術文庫
- 高澤裕一 他(2006)『石川県の歴史』山川出版者
- 田中史生(2005)『倭国と渡来人-交錯する「内」と「外」-』吉川弘文館
- 能登のくに刊行会(2003)『能登のくに-半島の風土と歴史-』北国新聞社
- 前田憲二(2003)『渡来の祭り 渡来の芸能』岩波書店
- 水谷千秋(2009)『謎の渡来人 秦氏』文春新書

資料編

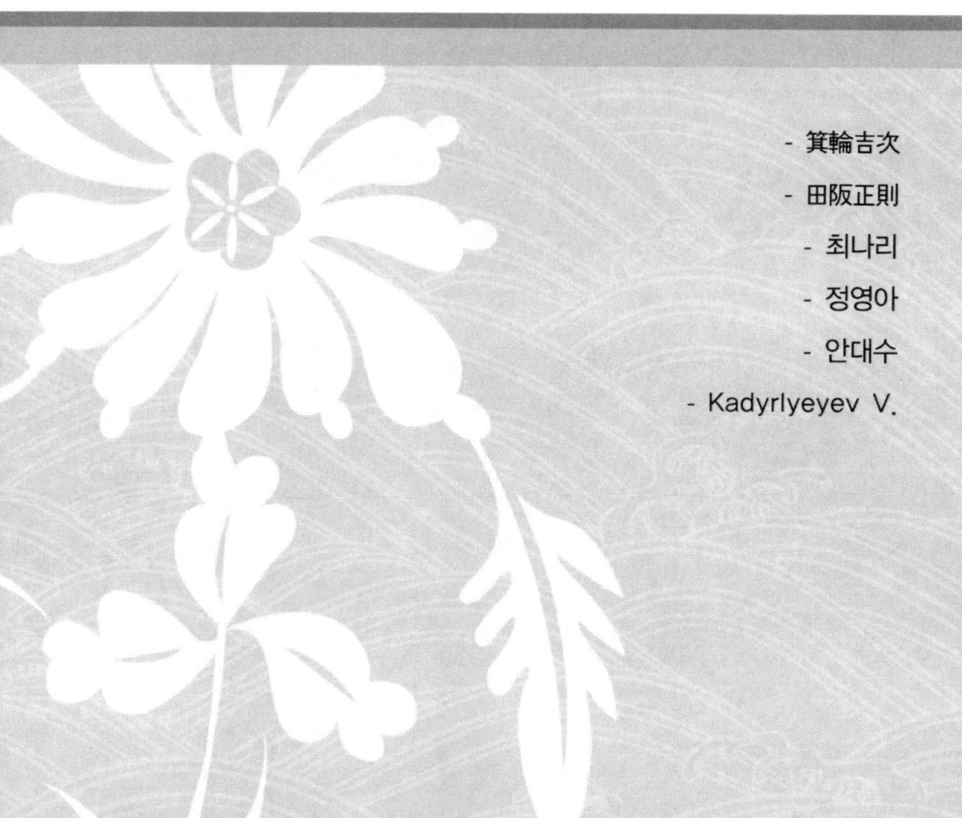

- 箕輪吉次
- 田阪正則
- 최나리
- 정영아
- 안대수
- Kadyrlyeyev V.

日本學研究의 地平과 再照明

『朝鮮国由来』解題と翻刻

－諸本との校異－

箕輪吉次*

解題

大韓民国国立中央図書館に『朝鮮国由来』(한古朝57-나28)という写本が所蔵されている。本写本は、二つの異なる内容から構成されている。冒頭に「朝鮮国由来」と内題する、神功皇后の三韓責めに関する伝承から秀吉の朝鮮征伐、及び、「朝鮮人来朝年代記」と題する、応神天皇の時からの来朝年代記があり、「延享五年戊辰年　来朝ス」までが記されている。

この部分は、本写本、あるいは、本写本の底本の筆者が独自に書いたものではない。「朝鮮国由来」と内題のある前半部分は、延享五年に京の菊屋七郎兵衛が刊行した『清道 朝鮮人大行列記 大全 延享五辰年新板ゑ入』の内、柱刻が「来朝 一」である冒頭の「朝鮮人来朝物語序」一丁分と、巻末ではあるが柱刻が「来朝 二(～八)」である部分を、ほぼそのままに剽窃したものである。「朝鮮人来朝年代記」も、前掲書本文四丁

* 慶熙大学校 教授

目裏の「朝鮮人来朝年代記」の内、書肆名を記した部分を除いて、同じく剽窃したのであろう。両書を比べると、若干の異同が見られるが、剽窃したことは明らかである。『清道 朝鮮人大行列記 大全 延享五辰年新板ゑ入』は、もともと菊屋七郎兵衛により正徳元年に刊行された『朝鮮人来朝物語』を一部編集しなおした書である。同書では、本写本の「朝鮮国由来」の部分は連続したものとなっているが、内容に違いはない。『清道 朝鮮人大行列記 大全 延享五辰年新板ゑ入』が写本に利用されているのは、『延享宝暦度 朝鮮人来聘記』[1)]の場合でも同様である。

その次に、「朝鮮物語」と内題して、対馬や朝鮮に関する記述がある。その冒頭部分は「対州ニ而家来松原新右衛門ト云者、数年朝鮮大通詞割役相勤、数ヶ年朝鮮にも在番仕、彼国之様子委細存知巧者ニ候。対州之暇を取、享保八年長州萩江参申候。予心易令話談、朝鮮物語承之、記置候事。」である。以下百三十六条にわたり、朝鮮国、あるいは対馬に関することが記されている。これは、いわゆる松原新右衛門の『朝鮮物語』である。末尾には次の如く、本写本のもとになった底本の識語がある。

右、如斯書ハ長刕於萩松原昌軒物語之由。大訳者成由。此書之内、人参出所、朝鮮以呂波百五十字有之候得共、秘事故別紙記置者也。
延享三丙寅弥生中旬
金剛仏子正厳
五十有四歳

1) 『広島藩・朝鮮通信使来聘記』呉市・安芸郡下蒲苅町、1990

これは、李元植氏蔵『松原昌軒 朝鮮談話』の底本識語

右、此書者長州於萩松原昌軒物語之由。大訳者成ル由、此書之内、人参之出所・朝鮮伊呂波百五拾字有之候得共、秘事故別紙二記置也。
延享三丙寅歳弥生中旬之日 記之
金剛仏師正厳 五十有四歳

と、ほぼ同文である。『松原昌軒 朝鮮談話』には、底本識語に続いて「宝暦四甲戌年初夏写之　木原孝朗」という識語に加え、「文政八乙酉季夷則上旬写之 南窓翁英足人藤原景徴(印)」という識語があるとのことで、延享三年三月中旬に金剛仏師正厳が書いた書を、宝暦四年初夏に木原孝朗が書写し、さらに文政八年に藤原景徴が書写してなった書ということになる。これも全百三十八条である。

本書『朝鮮国由来』は、「仏子」と「仏師」の違いがあって、釈然としないものの、同じ全百三十八条[2)]からなっており、『松原昌軒　朝鮮談話』と同様に、延享三年弥生中旬に正厳なる人が筆写した書をもとにして、安永八年に筆写された書であることが、次の識語によって知られる。

于時安永八己亥二月下旬
加計菊屋惣右衛門
六十有七歳写之畢

「加計」が号であるのか不詳。「菊屋惣右衛門」とあるので武士でないことは確かであろうが、何人たるか不明である。この次に、同人か、

---

2) 正確には、後述のように、全百四十条である。

あるいは後人の書き入れなのか、次の一首がある。

ナキ跡の か丶みとなれや 筆の跡 是ヨリ外ニ 知ル人もなし

裏表紙見返しに左の部分に「朝鮮物語」とある。右側の下部には、書籍受け入れに関する朝鮮総督府の検印の印鑑が四つ押してあり、他に「川小田岡田什物」ともある。「川小田岡田」の義は未考ながら、「川小田」は現在の広島県山県郡北広島町にある地名であろうか。また、「岡田」とは、表紙に見える「岡田爾亮」なる者の姓であろうか。「什物」であるので、書写者ではなく、所蔵者の名である。本写本は、文政八年(1825)に筆写された『松原昌軒 朝鮮談話』より四十七年前に書写された書ということになる。内容は、京都府立資料館に所蔵されている『松原新右衛門 朝鮮物語』の前半部に該当する。

京都府立資料館に所蔵されている写本は、他の資料との校合の上、木部和昭と松原孝俊の両氏により「萩藩朝鮮語通詞・松原正軒の『朝鮮物語』について」[3)]に翻刻されている。

解説によれば、松原新右衛門は実は元対馬藩通詞で、潜商に関与したため「御扶持被召放」となり、やがて藩の許しを得て対馬を退去した通詞小松原権右衛門であることなどが明らかにされている。

対馬通詞であった小松原権右衛門は、『類聚書抜』[4)]巻九によれば、享保元年丙申閏二月十九日二十日迄には稽古通詞になっており、この日、浅野才兵衛の代わりに草梁和館に渡るようにと命が下り、享保三

3)「韓国研究センター年報」vol.8 43
4) 長崎県立対馬歴史民俗資料館所蔵［記録類朝鮮関係Q21］

年八月十三日迄には渡海訳官に随行して対馬に戻っている。その後、草梁に戻り、同年十二月二十七日には、公作米受け取りについて、裁判瀧六郎右衛門とともに、本通詞の内から兼帯し、十二ヶ月の間、毎日坂の下に二三度行き、両訳に催促し、米二万俵を受け取ることができたので、褒美として白米十俵を拝領している。しかし、享保六年六月七日には、大庁横目堀部作左衛門の朝鮮人との反物の取り引きに関与して、お呵りを受けてしまう。同年七月十九日には、秘密にかかわることを朝鮮側が知っていることが詮議され、他の通詞とは違って、小松原権右衛門が、日頃、訳官と親しく交わり、同席して酒を飲むなどをしていることが露顕、「御用向を偏ニ大切ニ奉存、弁シ方、速ニ有之為、取分ケ心易仕候」と弁明したが、「仲間ニ違、朝鮮人共へ参会之仕方放埒」であり、「其上兼々風説も有之」ので「向後ハ軽儀も閣間鋪候」と、またまた、お呵りを受けている。他の通詞とは違い、訳官や、その従者の居所に入り込み、談論するなど、朝鮮語によく通じていた人であったと思われるが、そのことがあだになったということであろうか。

前掲、同論文によれば、松原新右衛門の『朝鮮物語』は次の六本である。

1、京都府立資料館蔵本
2、松田甲氏が『日鮮史話』第四篇「二百年前の朝鮮物語」に、その大半を抄録したという山口県萩安藤紀一蔵の写本
3、『通航一覧』に引用されている『朝鮮物語』
4、現在島根県立図書館に近代の転写本が「史籍記録原簿第50-11号」として保存されているという島根県日原村水津彦十郎氏所蔵本『秘書朝鮮新話』

5、『釜山府史原稿』第四巻に引用されている『朝鮮物語』
6、李元植氏蔵『松原昌軒 朝鮮談話』

ここに紹介する『朝鮮国由来』は、京都府立資料館蔵本の全252条と比較すると、本写本では、(1)条から(138)条までが収録されていることになるが、(13)の 「使者数之事」は二条に分けられ、(15)の末尾に、同じ条の一部として京都府立資料館蔵本の(31)が書き加えられており、(47)と(48)の間に(214)と類似の条が、(57)と(58)の間に(216)と類似の条があり、(68)と(69)の間に(77)が、(94)と(95)の間に(221)と類似の条があり、(135)は二条に分けられている。しかし、(136)の条は見えない。これは『松原昌軒 朝鮮談話』と等しく、両書は同系統の写本と断言できる。138条の内、(136)の一話がなく、かわりに、139条以降の3話があるので、全140話から成っているということになる。

小松原権右衛門の『朝鮮物語』は、小田幾五郎の著作と同様、草梁日本館や、当時の日本人の目から見た国情や風俗を知る上で貴重な文献である。ここに、全文を翻字し、前半部の「朝鮮国由来」は菊屋七郎兵衛板『清道 朝鮮人大行列記 大全 延享五辰年新板ゑ入』との本文の異同を、「朝鮮物語」の部分は、京都府立資料館本、及び、松田甲『日鮮史話』に抄録された本文との異同を、木部和昭と松原孝俊の両氏による翻刻に準じる形式で示すことにする。他の資料との異同については、前掲論文の翻字を参照されたい。

翻刻『朝鮮国由来』

凡例

一、すべて新字体とし、適宜、句読点を補い、改行した。

一、丁移りの表示は省いた。

一、「は」と読む「者」は、やや小さな文字で「者」とすべきであろうが、煩瑣なため、他の文字の大きさと同じとした。横書きのため、本来、右寄せにし、小さな文字で示すべき「江」「ニ」なども、煩瑣なため、本文の文字列と同じ所に、他の文字と同じ大きさで記した。了とされたい。「と」と読む「与」、「も」と読む「茂」は平仮名としたが、「て」と読む「而」は漢字のママ翻字した。「より」、「シテ」などの合字は表示できないため、「より」、「シテ」とした。二字以上の繰り返しである踊り字を表示できないため、繰り返すべき文字をそのまま記した。一字の繰り返しは、漢字は「々」を、仮名は「ヽ」で示した。闕字はすべて省き、一々注記しない。

一、本写本は、書き誤りを傍書して訂正してあるが、傍書訂正した部分を翻字し、一々注記しない。また、誤字等はそのままとし、ママと注記した。

一、「朝鮮国由来」と「朝鮮人来朝年代記」は、『清道 朝鮮人大行列記 大全　延享五辰年新板ゑ入』との異同を脚注に、刊：の次に注記したが、漢字、仮名、片仮名の違い、送り仮名の有無など、意味の解釈に支障のない部分は、すべて省略に従い、本文の違う場合のみ示した。刊本の書肆名、奥付刊記なども、参考のため掲げた。

一、「朝鮮物語」は、京都府立資料館所蔵『朝鮮物語』(22.5×17.0糎の半紙本)原本により、その異同を脚注に記すことにし、京：以下に校異を記した。松田甲『日鮮史話』との異同は、松：の次に注記した。

仮名、片仮名、漢字の違いについては脚注に記さなかった。他の諸写本との異同は、木部和昭・松原孝俊両氏の論を参考とされたい。三本だけでも、それを子細に比較すれば、「候」の有無など、多くの違いが見られるが、煩瑣なため、文脈や意味の解釈に違いが生じない場合は、すべて指摘を省いた。

一、各条目の最初に記した洋数字は、対照の便宜のため、前掲論文での条目番号に従うことにした。

一、脚注番号は、脚注を付そうとする部分の頭に付した。

一、未判読文字については、□を付した。また、未考であるものについては、■で記し、参考のため、他の諸本の場合を示した。ご教示を賜れば幸いである。

表紙

外題なし。但し、右に「開闢■(汚レ)前書」、左に「岡田爾亮」と打ち付け書きあり。中央に題簽が剥落した痕跡あり。

朝鮮国由来

朝鮮国ハ昔高麗国・新羅国・百済国[5]トテ三国ヲ[6]三韓ト称ス。三国共ニ各国王[7]在互ニ国ヲ責[8]テ、位ヲアラソヒ[9]、我朝ヘモシタガハ

5) トテ→刊：なり此
6) 刊：「むかしは」あり。
7) 在→ 刊：ありて
8) 刊：「テ」なし。

ズ、又大唐ヘモソムキシニ、神功皇后始テ三韓ヲ責テ日本ヘシタカエ[10]タマイ、其後唐ノ高宗皇帝、李勣トイエル名将ヲ遣[11]テ、高麗ヲ責シタカエ、高麗王ヲ責テ朝鮮王ト号ス。大明ノ代、高麗・百済[12]一統シテ、三国ヲスベテ朝鮮国ト名付ク。昔ハ三韓ト云、今ハ朝鮮ト称[13]也。マタ古ハ高麗ヲコマトイヒ、新羅ヲシラキト云、百済ヲクタラトイヒケルトナン。此後ニ三韓ト云ハ則朝鮮ノ内ナリ。[14]抑朝鮮国我朝ヘシタガイシコト、人[15]皇十四代ノ帝仲哀天皇ノ御宇[16]、熊襲トイエル夷ムホンノ聞ヘアリシカハ、天皇自ラ西国ヘ行幸マシ[17]ヽ、長門ノ国豊浦ノ宮ニ住給ヒ、大伴武持・武内宿祢等ニ命シテ熊襲ヲ討給フ。其折節、后アラタナル神詫（ママ）ヲカウムリ給イシカバ、后、天皇ヲ[18]スヽメテ、熊襲ハ此国ノ小敵ニテ何程ノ事[19]カアラン。カヽルフシギナル神詫（ママ）ニマカセ[20]、先熊襲[21]ハ差置急キ、新羅国責随給ハヽ、永ク此国ノ下臣トナリ[22]、大平ノ碁（ママ）タラント[23]イエトモ、[24]無程モ天皇不

9) 刊：て
10) タマイ→刊：給ふ
11) 刊：「テ」なし。
12) 刊：「皆」あり。
13) 刊：「是」あり。
14) 刊：「新羅高らいはくさいといふハてんせん乃内としるべし」あり。
15) 皇→刊：王
16) 刊：「に」あり。
17) 刊：「ヽ」なし。
18) スヽメテ→刊：すヽめのたまふは
19) カアラン→刊：やさふらふ
20) 刊：「て」あり。
21) ハ→刊：を
22) 刊：「て」あり
23) イエトモ。脇書きに「ノタマヘトモ」とあり→刊：の給ふといへども
24) 無程モ→刊：ほどなく

例ニテ御進罰モ難叶、后ヲ近ケ[25]朕病[26]重クシテ、ツイニ[27]ヱガタシ。朕イカニモ[28]成ン後[29]、御身自三種ヲ帯シ、四海ノ政ヲ[30]極メ胎内ノ王子誕生ノ後、念比ニ守立、万歳ノ法ヲ立、永ク宝祚ヲタレタマヘ。御身女人ト云共、其徳猶朕ニマサレリ。マタ胎内ノ王子タヽ人ニアルベカラズト、ノ給イ、終ニ崩御ナラセ給イシカハ、后御涙ヲヲサヘ、則、武内宿祢[31]大伴ヲ召テ[32]今カヽル軍中ニテ天皇俄ニ崩御ナラセ給ト聞カハ、[33]必ス利ヲ可失。天皇[34]崩御ヲ軍中ニカクシ、急キ熊襲ヲ[35]討亡シ可然トアリシカハ、数日ノ中ニ、熊襲其外[36]謀反人ヲ[37]タイラゲ、則神詫(ママ)ニマカセ、新羅国ヲ討ント思召、[38]御髪ヲツカネ、男子ノ姿ニカタドリ、劔戟帯シ、群臣ト軍ノ用意シ給イ、[39]諸国エ勅

25) 刊：「の給ふやう」あり。
26) 重クシテ→刊：おもふして
27) ヱガタシ→刊：いゆる事あるべからず
28) 成ン→刊：なりたらん
29) 刊：「ハ」あり。
30) 極メ→刊：しめし
31) 大伴→刊：武内大伴
32) 刊：「の給ふは」あり。
33) 刊：「官軍」あり。
34) 刊：「の」あり。
35) 討亡シ可然ト→刊：うちほろぼすべしと
36) 刊：「の」あり。
37) タイラゲ→刊：たいらぎしにより
38) 刊：「肥前国松浦の河辺にて大神宮をはひし給ひ、わがおもふことかなふべくんバ魚このゑばをはむべしとつりばりをなげ給へばたちまち大きなるあゆの魚をえ給ふ。今にいたるまで此河にあゆの魚おほし。女人つるときハうをゝえて男つるときハ魚をえず。又橿日の浦にて御髪をときてのたハく。われ西のかたを征伐せんとおもふそのしるしあるべくハわが髪わかれて両へながれんと御髪を海水のながれにひたしあらひ給へるに、たちまち両へわかれながれけれバ、すなはちわかるゝまゝに」あり。
39) 刊：「軍のやうにぎしたまひ」あり。

シテ兵船軍兵ヲ集メ、皇后自斧鉞ヲ取[40]、諸軍ヲ下知シ給フ。住吉明神顕レ出[41]、御船ヲ守給フ。亦自石ヲ取[42]、御腰ニハサミ、胎内ノ皇子征伐[43]ヲハリ、我帰朝ノ後、誕生シ給ヘトマジナイ給フ。[44]御船和珥ノ津ヨリ出ルトキ、波風甚アラカリシニ、海中ヨリ大魚龍蛇[45]、数多浮出、御船ヲ守護シ[46]、幾程ナク新羅ヘ着[47]、新羅[48]王[49]日本ノ神軍イタルト、聞[50]、大キニ恐レフセギ戦ニ無力[51]囚人トナリ、降参シテ、今ヨリ[52]永ク日本ノ奴トナリ、年々[53]貢物ヲ捧奉ルベシト申ス。官軍新羅王ヲ殺サント申ス[54]、皇后下知シテ、命ヲ[55]被免、新羅国ヲ巡見シ給イ、国絵図書物等ヲ納メ取、皇后ノ御杖ニ付給フホコヲ新羅国ノ城門ニ立置、後ノ[56]代迄ノ印[57]トス。新羅[58]国、則、人質ヲ奉リ、金銀珠玉綾錦、様々ヲ船八十艘ニ積テ奉ル。是ヨリ毎年八十艘ノ

---

40) 刊：「て」あり。
41) 刊：「て」あり。
42) 刊：「て」あり。
43) 刊：「も」あり。
44) 刊：「すでに」あり。
45) 刊：「のたぐひ」あり。
46) 刊：「けれバ」あり。
47) 刊：「給ふ」あり。
48) 刊：「の」あり。
49) 刊：「たちまち」あり。
50) 刊：「て」あり。
51) 刊：「みづから」あり。
52) 刊：「のち」あり。
53) 刊：「の」あり。
54) 刊：「に」あり。
55) 被免→刊：「ゆるし、ことごとく」
56) 代→刊：「世」
57) トス→刊：「となし給ふ」
58) 国→刊：「王」

貢物ヲ捧ケル[59]ニ、高麗王、百済王ヒソカニ人ヲ遣シ、日本ノ軍勢ヲ伺見セシムルニ、敵対難成見ヘケレハ、[60]各、皇后ノ御陳ヘ来リ、頭ヲタヽキ平伏シ、今ヨリ以後、永ク日本ヘ随、年々[61]貢物ヲコタル事不可在ト申ニヨリテ、子細ニ不及、三韓コトコトクタイラ[62]ゲヌレハ、大矢田[63]宿祢ト云人ヲ新羅[64]ニ留メ[65]、鎮守将軍トナシ、三韓ヲ下知セシメ、皇后ハ帰朝シ給。此時[66]魏ノ文帝ヨリ張政ト云者ヲ使者トシテ、皇后帰朝[67]ヲ賀シ奉ル。皇后[68]帰朝ノ時、筑紫ヘ帰リ[69]、皇子誕生[70]在リ。此后ヲ神功皇后ト申、皇子ヲ応神天皇ト申奉ル。八幡宮是ナリ。[71]夫ヨリ豊浦ノ宮ヘ入給[72]フ、仲哀[73]天皇ノ哀[74]ヲ納メ給フ所ニ、唐土呉王孫権ト云者、日本ヲ責ント数万騎ノ軍兵ヲ渡ストイヘドモ、日本ノ海上ヘ至ルト否ヤ、卒爾ニ波風ハゲシクヲコリ、悉ク吹ハナサレ[75]、死[76]タル[77]人数[78]不知、是神国[79]威徳タリト、西南[80]

59) 刊：「ニ」なし。
60) 各→刊：「ミづから」
61) 刊：「の」あり。
62) ゲ→刊：「ぎ」
63) 刊：「の」あり。
64) 刊：「国」あり。
65) 刊：「置て」あり。
66) 刊：「もろこしの」あり。
67) 刊：「の目出度事」あり。
68) 刊：「帰朝ノ時」なし。
69) 刊：「て」あり。
70) 在リ→刊：「し給ふ」
71) 刊：「皇后」あり。
72) フ→刊：「ひ」
73) 刊：「天皇」なし。
74) 哀→刊：「喪」
75) 刊：「て」あり。
76) タ→刊：「ぬ」

ノ異国人、日本ヲシタイ、不恐ト云事ナシ。[81]三韓悉ク此時ヨリ我か朝[82]ニ随フニヨリ[83]、朝鮮人来朝[84]此[85]時ヲ初ト[86]ス。此後ハ三韓ニ軍アレハ使者ヲ[87]遣テ是ヲ慎メ[88]、或ハ加勢ヲ遣シテ無道ニ[89]成ヲ亡シ給フ。人王廾九代宣化天皇ノ御宇ニ、任那ト云国ヨリ新羅ヲ責ル由、告ケ来ルニヨリ、大伴狭手彦ヲ大将トシテ、任那ヲ伐セ[90]給フ、任那国モ降参シテ、日本ニシタカフ。任那国ノ人、崇神天皇ノ御時ニ、越前ノ角鹿ノ津ニ来リケルニ、其人額ニ角アリト云伝タリ。世ニ云ヘルムクリコクリノ国ナルベシ。狭手彦日本ノ松浦ガタヨリ出船ノ時、日頃テウアイセシ佐用姫ト云ル女、ワカレヲヽシミ、山ニノボリ、狭手彦ノ船ヲハルカニ見送リ、歌ヲ[91]ヨンデ、其所ニヒレフシ[92]テ、ムナシクナリ[93]タリ、此所ヲヒレフル山トナヅ[94]ク、佐用姫[95]伏

---

77) 人→[刊]：「もの」
78) [刊]：「を」あり。
79) [刊]：「の」あり。
80) [刊]：「もろもろ」あり。
81) [刊]：「是より前代にも異国人来朝の事ありといへども」あり。
82) ニ→[刊]：「へ」
83) [刊]：「て」あり。
84) [刊]：「は」あり。
85) 時→[刊]：「御時代」
86) ス→[刊]：「するなり」
87) 遣テ→[刊]：「つかひて」
88) [刊]：「給ひ」あり。
89) [刊]：「ニ」なし。
90) 給フ→[刊]：「給ひしかば」
91) ヨンデ→[刊]：「よみて」
92) [刊]：「テ」なし。
93) タリ→[刊]：「たるにより」
94) ク→[刊]：「け」
95) [刊]：「の社をたて、今に是をまつる。又、佐用姫のひれ」あり。

タル形、石トナリ、今ニ在リ。其亡魂新羅[96]ヱ渡ルト云伝侍ル。佐用姫ノ事、異国人モ能聞伝、今ニ尋侍ルトカヤ。其後、欽明天皇ノ御宇ニ、新羅[97]国高麗一ツニナリ[98]、百済任那ヲ責メケレハ、日本ヨリ[99]膳手巴提（膳カシハテ）ト云者ヲ大将トシテ、百済任那ノ加勢ニ被遣ケルニ、[100]膳晴手巴提、新羅[101]百済ヨリ手ガイノ虎ヲ出シカケ[102]、責戦、膳臣少モ不驚、向来ル虎ノ細首中ニ討落シ、或ハ虎ニ[103]打乗リ、差殺シ、シメ殺シ、見せケレハ、異国人大キニ驚キ、弥日本ニ帰伏ス。然共、高麗ヤヽモスレハ異議ニ及事アリシカハ、又狭手彦ヲ大将トシテ高麗ヲ攻給フ。狭手彦無二無三ニ高麗ノ王宮[104]ヱ乱入、攻戦ケレハ、高麗王不叶、俄ニマヌカレ出テ逃（ノカレ）去、国ノ絵図、并ニ数多ノ宝物ヲ取テ、天皇ニ捧奉ル。[105]是ヨリ、其頃、狭手彦ノコトヲ朝鮮ニテハ鬼彦ト名付テ、恐レヲノヽキケルトカヤ。此時、百済王使者ヲ献シテ、丈六ノ仏像、并、仏経ヲ奉ル。是我朝ニテ仏法ノ始リナリ。マタ敏達天皇ノ御時、日本ノ知慮ヲハカラントテ、高麗ヨリ烏ノ羽ニ文字ヲ書テ送リケルニ、黒クシテ[106]見分ケ可申様モナカリシヲ、則飯ノ上ニ[107]押ケレハ、文字悉ク紙ニウツリテ、是ヲヨムニヨリ、異国人皆我朝ノ人知勇

96) ヱ→刊：「へ」
97) 刊：「国」なし。
98) 刊：「て」あり。
99) 膳手巴提→刊：「膳臣巴提使」
100) 刊：「膳晴手巴提」なし。
101) 百済→刊：「高麗」
102) 刊：「て」あり。
103) 刊：「ひらりと」あり。
104) ヱ→刊：「へ」
105) 是ヨリ→刊：「是によりて」
106) 見分ケ可申様モナカリシヲ→刊：「見わくべくやうなかりしを」
107) 刊：「をきてこれをむして紙をもちてからすの羽のうへを」あり。

ヲ兼タル事ヲ大キニカンジケル[108]トカヤ。是ヨリ後、三百余年ノ内、三韓異儀ナカリシカ、人王五十九代宇多天皇ノ[109]御宇、[110]マタ新羅国謀反シテ、数百艘[111]ヲ引テ対馬ノ国迄来リシヲ、筑前守文屋善友ヲ大将トシテ、対馬[112]エ行向テ、是ヲ討シム。則、異国人数百騎ヲ[113]討取ル。残ル者ハ武具馬具船等ヲウハヒ取、此趣ヲ新羅[114]エ帰リテ申セトテ、追ハナチ[115]帰シケル。是ヨリ後、三韓、或ハ[116]シタガイ、又ハ[117]ソムキ、不定ト云エドモ、サシテ其トガメ[118]モナカリシニ、文禄元年太閤秀吉公、自名護屋迄出馬アリ[119]、加藤肥前守清正、小西摂津守行長ヲ大将トシテ、朝鮮ヲ攻破リ、永ク日本ノ奴トナシ給フ。初ノホトハ[120]年々貢物ヲサヽ[121]ゲルトイヘトモ、次第ニ御[122]赦免アリテ、我朝[123]御代替ノ折節、必ス来朝ストナン。[124]慶長ノ頃ヨリ殊

108) トカヤ→[刊]：「となり」
109) 御宇→[刊]：「御時」
110) マタ→[刊]：「はじめて」
111) [刊]：「の兵船」あり。
112) エ→[刊]：「へ」
113) 討取ル→[刊]：「うちころし」
114) エ→[刊]：「へ」
115) [刊]：「て」あり。
116) シタガイ、又ハソムキ→[刊]：「そむき、あるひハしたかふ事」
117) ソムキ、不定→[刊]：「そむきて貢物をこたる」
118) [刊]：「モ」なし。
119) [刊]：「て」あり。
120) [刊]：「又」あり。
121) ゲ→[刊]：「ぐ」
122) 赦免→[刊]：「ゆうめん」
123) 御代替ノ→[刊]：「にめでたき御事ある」
124) [刊]：「今此大行列記ハよく聞あはせ少もちがひこれなきやうにくわしくかきあらハし、御はなしのたねにもなりなん。又ゑをよく入、御なくさみにもなり候。長久めてたし。△若相違仕候事有之候ハヽ、板本へ御しらせ頼上候。早々相改メ可申候。為御断以上 延享五年 戊辰正月吉日 京寺町松原上ル町 菊屋七郎

二万端立波也。善美ヲツクセリトナン。

朝鮮人来朝年代記

人王十六代応神天[125]皇　此時初テ来朝[126]ス。夫ヨリ毎年貢物捧ル。

人王三十代欽明天皇御宇　来朝[127]ス

人王三十一代敏達天皇御宇　来朝ス

人王三十二代用明天皇御宇　来朝ス

人王五十九代宇多天皇御宇[128]　来朝ス

　此間中絶ス。[129]

[130]天正十八年　庚寅年　来朝ス

太閤秀吉公ノ時代[131]、今延享五年マテ[132]百五十六年ニ成ル。

　此間六年

慶長元年丙申年　来朝ス

　此間十一年

同十二年　丁未年　来朝ス

　此間廾九年

寛永十三　丙子年[133]　来朝ス

　此間七年

兵衛板」とあり。

125) 皇→刊：「王」。以下同じ。

126) ス→刊：「してミつき物さゝぐる」

127) ス→刊なし。以下同じ

128) 刊：「に」あり。

129) 刊：「此本に物かたりくわしくあり」とあり。

130) この項は刊では「太閤秀吉云々」の次にあり。

131) 刊：「来朝より」あり。

132) 百五十六年→刊：「百五十七年」

133) 刊：「十一月」あり。

同二十年 癸未年[134] 来朝ス

此間十二年

明暦元年 乙未年[135] 来朝ス

此間廾七年

天和二年 壬戌年[136] 来朝ス

此間二十[137]九年

正徳元年 辛卯年[138] 来朝ス

此間八年

享保四 己亥年[139] 来朝ス

此間廾九年

延享五年 戊辰年 来朝ス

[140]

134) 刊：「六月」あり。

135) 刊：「九月」あり。

136) 刊：「八月」あり。

137) 九→刊：「七」

138) 刊：「九月」あり。

139) 刊：「九月」あり。

140) 刊：「京寺町 菊屋七郎兵衛板」あり。

朝鮮物語

[1]対州ニ而家来松原新右衛門ト云者、数年朝鮮大通詞割役相勤、数ヶ年朝鮮ニも在番仕、彼国之様子委細存知巧者ニ候。対州之暇を取、享保八年長州萩江参申候。予心易令話談、朝鮮物語承之、記置候事。但シ、右之通故、新右衛門儀、宝永正徳両度之信使之時分大通詞役ニ而江戸へ参候事。

(1)一、対馬国[2]広サ三拾六町壱里ニシテ、[3]長サ三拾[4]五里有、横ハ広キ所五里、或ハ[5]三里、或ハ二里、或者壱里也。

(2)一、赤間ヶ関より対馬へ之程、海上八十里余有。尤直程[6]也。

(3)一、対馬国[7]佐須奈之関より朝鮮釜山浦之船着迄、表方四拾八里ト云共甚近ク御座候。廾里計も[8]可有之事。

---

1) 京都府立資料館本 『朝鮮物語』前書きは次の通りである。「松原新右衛門朝鮮物語 松原新右衛門ハ本朝鮮之大訳官ニて対馬国之家来也。朝鮮にも数年在番し、彼国之趣を物語す。間に其答滞事なし。正徳元年なり、享保四年信使時分、其役として東武江往来し、其嶺を能知り、其後対州之暇を取、処士と成て、萩に至れり。惟は治教体明にして、不招といへ共、慕ひ国宝聚来する謂なり。私に其徳を考るに漂民之為而已ならす、臨時応変て重宝たらん事、長防之地勢に叶たる儀、今其計量をしらす。又本朝之書物を考るにも、悉其証有り。殊に近年之新儀に至てハ、古記ニ無具、其言を以、知易し。皆拠とするに足る故、是を草稿に記し、童蒙之使(ママ)とする也。 享保十三戊申I正月日 江隣擴格書之」。

2) 広サ→京：長サ

3) 長サ→京なし。

4) 五→京：八

5) 以下は、京「五七里也」で、この条終わり。

6) 也→京：ニシテ之積也、松：シテの積り也

7) 佐須奈之関→京：さすな浦之関所

但、佐須那浦ハ三月より八月迄出津場[9]ニ定也。佐須奈浦之儀、冬ニ相成候而ハ船之[10]乗前[11]悪敷、依之也。鰐浦より則朝鮮へ[12]里程、[13]さすな同前也。

(4)一、釜山浦船着より日本館迄之間、日本之[14]道程之一里、尤はまつたひニて候事。

(5)一、日本館之広サ五百間ニ三百[15]軒程之屋鋪ニ而、其内ニ小山抔も御座候。右之屋敷を[16]両輪ニシテ東ノ方ニ門有之、是ハ常つね出入之門也。北之方も門有之。是ハ[17]日本人饗応之場所へ参ル時之門也。右之饗応場へ間壱町程有之事。

(6)一、饗応場も百間四方程之屋敷ニ而、[18]家を段々立たるもの也。

(7)一、饗応場より日本道半里[19]程往て、[20]拝所と云有。[21]是を屋敷有て、門を二ツ入[22]候而、鳫木を揚り、其上に檀有。夫江[23]朝鮮

---

8) 可有之事→京・松：御座候事
9) ニ定也→京：ニシテ、松：に定る也
10) 乗前→松：乗下
11) 悪敷、依之也→京：悪敷に依りてなり、松：悪敷によつてなり
12) 里程→京・松：程
13) さすな→京：さすな浦
14) 道程之→京・松：程ニして一里有
15) 軒→京・松：間
16) 両輪ニシテ→京・松：一曲輪ニシテ
17) 日本人饗応之場所へ参ル時之門也。右之饗応場へ→京：日本人を饗応等仕時、屋敷より北(松：では「此」とする)之門江(松：では「に」とする)出、饗応場へ参なり。右に申北の門より饗応場江
18) 京「夫々」、松「夫に」あり。
19) 程→京・松：計
20) 拝所→京：祥所。但し「祥」はノ木偏に書いてある。「リツ」というルビあり。
21) 京：「拝所は」あり。
22) 候而→京・松：左候而
23) 朝鮮人→京・松：朝鮮

人ノ敷物抔敷候而、朝鮮王を拝させ申所也。其拝所より五拾間計上、楼閣有而、額を打有之候。其額ニ殿ノ字書て御座候、朝鮮王之殿と云事也。[24]直ニ拝する事ニ而なく、右之額打たる殿を拝し申候事。

(8)一、毎年対馬守殿より八度宛之使者有之。是ハ八送使と云。[25]毎年八度宛ノ順番ニシテ使者有之。其外一切りんじノ使者ハ[26]格別也。朝鮮之吉凶、日本之吉凶ニ付而之[27]常ニ使者、絶而儀無之事、又漂民二付而も使者段々有。

(9)一、八送使之度々、幾度ニ而も[28]拝所ニ而朝鮮王ヲ[29]拝して、尤饗応有之候事。

(10)一、饗応之様子、釜山近辺之大名へ朝鮮王より被申付、五里六里之間より出合候而、饗応仕候事。

(11)[30]饗応之儀、飯をハ出シ不申候。唯菓子酒肴計ニ而、段々饗応御座候。

(12)一、毎年初之使者にてハ双方安否抔を問ひ、或者書中抔を（ママ）有之。饗応計御座候。且又、弐番目之使者江馳走ニ女楽有之。女楽之人柄ハ東莱（トクネキ）之傾（ケイ）国来て女楽を仕[31]、段々囃子[32]有之候。楽器ハ十

---

24) 以下は京・松になし。以下の記述を含む書は『松原昌軒 朝鮮談話』のみ。

25) 京・松：「左候而」あり。

26) 格別→京：別格

27) 京・松「常ニ」なし。以下本書は、文脈が取りにくい。京：「使者、又漂民二付候而も使者段々有候事。」、松：「使者、又は漂民に付而も使者段々有候。常に使者絶る儀無之事。」

28) 拝→京：祥。但し、ノ木偏で、ルビ「リツ」がある。

29) 拝して→京：拝させ、松：拝し

30) 本写本では条目を分けず、改行せず、(10)に続けて書いてある。

31) 京・松：「候、女楽之節者」あり。

二弦之琴、九弦之琴、[33]、鼓、笛、錚等ニ而囃子申事。

(13)一、使者数之事

正月ニ第一船、正官 一人、副官 一人、都船主 一人、封進 一人、荷押主(ニナモリ)[34]、侍棒[35]壱人、大概第一船ニハ弐人付候也。[36]伴人六人。

右正月ニ往キ、六月ニ帰ル也、朝鮮之馳走ハ六十日之間なり。其間ハ何も用意不入事。

第二船、第三船、第四船

右使者数、以上八度ニ而、本ハ八艘迄有之候へ共、其後五船より八船迄ハ略ニ成、一船より四船迄ニ而相済候。尤八船使分ノ[37]饗応有之候。五船より已後[38]ハ使参たる心ニ而饗応有之候。二船、三船、四船之使者も六十日宛居申候事。且又、以酊庵(イテイアン)使之儀、正官壱人、封進壱人、[39]伴人、侍棒壱人

一、[40]右以酊庵使之儀、軽キ使者ニ付、第二船[41]ニ而往キ申候。昔ハ以酊庵[42]生、直ニ被参候処、其已後対馬殿より使者仕立被申。以酊庵使と名乗り[43]申候事。

---

32) 有之候→[京]・[松]：方也
33) [京]・[松]：「太鼓」あり。
34) [京]・[松]：「壱人」あり。
35) [京]：弐人も有、壱人も有
36) [京]：以下なし。
37) [京]：「段々」あり。
38) 八使参たる→[京]：ハ使者為参
39) 伴人→[京]：伴人弐人
40) 本写本では、他の条目と同じ字高で条目を分けてある。
41) ニ而→[京]：に付候而
42) 生→[京]：主。「生」は誤写ならん。
43) 申候事→[京]：参申候事

(14)一、五船より八船迄之使者へ馳走之儀ハ饗応分之下行有之候而、本式之饗応ハ無御座候。

(15)一、[44]釜山浦浜際(ハマキハ)ニ有城。[45]太閤様朝鮮陳(ママ)ノ時分ニ築候日本城ニ而、一方ハ沼、一方ハ田、一方ハ海ニて御座候。但城番之儀ハ交代ニ而、三年ニ一度宛、都より被参、入代リニ而御座候事。[46](31)但、釜山之城番ハ武官ニ而、釜山を守り候。尤兵船も三艘付居候。殊之外大船ニ而御座候事。

(16)一、右釜山之城之上手ニ又城有。是も日本城ニ而今ハ明城ニて御座候。城内ニ古キ墓共多相見へ申候。朝鮮陳(ママ)之時分ニ死たる者之[47]はかニて御座候事。

(17)一、対馬より参候究たる使者之饗応ハ釜山城番ヨリ之饗応ニて御座候。臨時之使者ハ[48]近辺領主時々被申付候而、饗応有之事。

(18)一、[49]八送使之度々、対馬守殿より朝鮮ニて礼曹参儀(ママ)参判[50]之官江書状被差越候。礼曹参儀(ママ)参判ハ外国より之取次仕役ニ而御座候事。

(19)一、対馬守殿江旧格ニ而朝鮮米壱万六千俵、五斗三升俵ニして買得也。其値(アタイ)[51]用易ニ被仕候。此方より遣し申候物、先ハ水牛角、

---

44) 釜山浦→京・松：釜山之
45) 太閤様→京・松：秀吉公
46) 以下の記述をこの条に記すのは『松原昌軒 朝鮮談話』のみである。京は、この条にはなく、(31)にある。
47) はかニて御座候事→京・松：墓と相見候事、松：墓と聞へ候事
48) 近辺→京：近年
49) 八送使→京・松：八使
50) 京：に「之官江書状被差越候、礼曹参儀(ママ)参判ハ」までがなく、「其」となっている。
51) 用易→京：用物替、松：用物易

是ハ阿蘭陀船より長崎ニて買得被仕。銅、ちうじやく、とたん、錫、めうばん、又、日本ニて[52]之塗物、焼物等をも遣シ被[53]申候。[54]尤分量(リヤウ)究而、[55]右之もの共ニ而米代払方相済候事。

(20)一、今之朝鮮王ハ李瓊(リクハン)と申候。六拾才余ニて子数多[56]御座候。[57]内壱人男子ニて御座候。

(21)一、五年已前隠居之願北京江被申出候処、赦免無之、朝鮮王ハ上代より隠居之例ハ無之故、其通ニて候。常々眼病難儀被仕由ニて候事。

(22)一、朝鮮より北京へ者一年ニ二度宛使者差越被申候。朝鮮王直ニ被参候儀ハ無御座候事。

(23)一、朝鮮国年号之儀、古格之通、本唐之[58]康熙(コウキ)号を[59]受居候事。

(24)一、対馬へ一年ニ買[60]得之人参[61]、値之儀、一斤ニ付凡新銀壱貫目程ニ当り候、尤其内[62]用物易日本物、唐物、[63]是又、阿蘭陀水牛角類迄を取集、色々遣し被申候。然共、壱斤ニ付、[64]新銀五

---

52) 之→京：多候
53) 申→京：下
54) 京・松：「胡椒、すほう、此二色なとも夷国ヨリ相求、遣シ被申候」あり。
55) 右→京：左
56) 京：「ニ」あり。
57) 内壱人男子ニて御座候→京：其内男子ハ壱人御座候事
58) ここに、京：「年号を請用ひ申候、只今則本唐之」、松：「年号を請ひ申候、只今則ち本唐の」あり。
59) 受→京・松：請
60) 得→京・松：込
61) 京・松：「千斤也」あり。
62) 用物易→京・松：用物替ニ
63) 是又→京・松：且又
64) 新銀五百目程宛参事→京：新銀五百メめ程ハ毎年朝鮮とられ候て、日本へ取帰候

百目程宛参事。

(25)一、朝鮮日本館へ対馬より[65]常住入込居候人数、凡五百人程[66]。

(26)一、日本館より日本道一里半程先ニ石碑、凸、如此成を建置キ、[67]日本人是より先へ[68]不参様碑ノ銘有之。依之、日本人[69]先キへ[70]不参事。

(27)[71] 人参之儀釜山浦あたり之山ニも有之候。尤人家にも植置て有之候。山ニ有之も人家ニ有之も一統ニ用候得共、兎角山ニ有之候自然生)之人参能ク御座候由之事。

(28)一、[72]釜山海之船着あたりより石碑有之候処迄之間、其外、近辺皆百姓家之事。

(29)一、阿蘭陀船者朝鮮江参不申事。

(30)一、砂糖ハ朝鮮ニ無御座候事。

(31) (15)の末尾にあり。参照されたい。

(32)一、対馬殿[73]根元知行高少ニて、大概朝鮮之方交易(カウエキ)之利詮(ママ)を以物成ニして被居候事。此十年程跡ニハ対馬殿之利詮(ママ)、元禄銀ニして三千貫目程[74]も唯一年之内有之候処)、近年ハ[75]少ク相成、大躰

儀ハ不相成候事、松：新銀五百貫目程づゝ毎年朝鮮の方へ被取候而、日本へ取帰し候儀は不相成候事。

65) 常住入込居候人数→京：入込候而居候人数常住、松：入込候人数常住

66) 京：「宛ニ而御座候事」、松：「家にて候事」あり。

67) 京・松：「日本人」なし。

68) 不参様碑ノ銘有之→京・松：不参様ニと書付切置候

69) 京・松：「夫ヨリ」あり。

70) 不参事→京：参候儀不相成候、尤石碑之銘ニモ日本人不参様ニと有之候事、松：参候儀不相成候。

71) 「一」の文字なし。

72) 釜山海→京・松：釜山浦

73) 根元知行高少ニて→京：根之知行高少々ニ而

今ハ千貫目計も可有御座候、近年ハ朝鮮物高直相成候。朝鮮も本唐より色々物買込候而、朝鮮物ニ交せ、朝鮮物と申候而、日本へも相渡候様ニ罷成、参還り候。唐之本か、殊外高直ニ相成候[76]故、段々高直ニ成、何角六ケ敷利詮(ママ)只様[77]欠り候而、対馬殿勝手、本よりハ悪鋪相成り候事。

(33)一、朝鮮、殊之外寒国(コク)なり。[78]釜山あたりハ東南海ニ而、其海之汐氷り申候。日本ニてハ海氷り候義無御座候。釜山あたりニ而海辺ハ皆氷リ申候。都ハ北故、猶以寒候事。

(34)一、日本館より都迄之道程十二日程也、都より本唐之境迄十五日程之事。

(35)一、朝鮮国ハ南北長ク東西へハ短キ国ニ候。

(36)一、人参之儀、自然生之人参ハ中々稀(マレ)之様ニ相見江候事。

(37)一、朝鮮之咄ニ、一里と[79]申ハ、日本程大概(カイ)卅六町位ノ積り以申候事。[80]

(38)一、朝鮮より本唐へ使者参候儀相究候而、冬至嘉儀被申越候。[81]、且又暦を受取ニ[82]参候使者、以上両度ニ相究候、其外臨時之使者ハ格別之事。

(39)一、本唐より使者朝鮮へ参候儀、昔ハ稀ニ候処、近年ハ節々ニ

---

74) [京]：「余」あり。
75) [京]：「中々」あり。
76) 故、段々高直ニ成→[京]：夫故、段々高直二参り還り何か
77) 欠り→[京]・[松]：減り
78) 釜山→[京]・[松]：釜山浦
79) 申ハ→[京]：追々申候儀
80) [京]：「一里が三町少シ余ニて朝鮮之千里が日本之百里と積候か能御座候事」あり。
81) [京]：「使者」あり。
82) 参候使者→[京]：差越候使者

而、一年之内一度、又ハ二度も有之由、尤唐より之使者をハ朝鮮ニ而勅使と唱申候。勅使参候得者、朝鮮之痛多ク、端々ニ至迄難義仕与、釜山之[83]者申候事。

(40)一、昔ハ鉄砲無之候処ニ、近年ハ大筒小筒共ニ日本之通ニ自由ニ有之候。秀吉公[84]朝鮮陳（ママ）之頃迄ハ鉄砲無之由、其以後日本之通ニ[85]不相易鉄砲出来ノ事。

(41)一、唯今[86]ニ而、陸陳（ママ）船戦共ニ毎年稽古仕、殊之外兵を練り候と相見候。釜山あたり様子、船戦等修行仕体ニ候事。

(42)一、虎を取候事、[87]子細も無之候。猫之形ニ而、殊ノ外[88]■敷ものと相見へ候。長サ壱間半計ニ相見へ候事。

(43)一、対馬より朝鮮へ之間、前ニも申通、二十里計も成、或ハ十八里計も可有之と考候。対馬之湊口より朝鮮を見候へハなかなか委細（ママ）(敷)相見へ、煙り之立も、或山抔焼も相見へ候事。

(44)一、対馬ニ居候雉子ハ朝鮮之雉子とひとつニ而候。日本地一統之雉子ハ格別ニ而、朝鮮も対馬も一様之生、殊之外、見事ニ細ク、尤味も能御座候事。

(45)一、朝鮮之者咄申候、朝鮮ニ而も一切之儀、昔と違、今ハ[89]驕（ヲコリ）申候。たはこ抔も昔ハ何ニ而も火を入、きせる、又ハ石を添、差出申候。其後、日本より[90]金きせる渡シ申候、只今ハ[91]煙草も

---

83) 者→[京]：者共
84) 朝鮮陳（ママ）之頃迄ハ鉄砲無之由→[京]：朝鮮陳（ママ）ニハ其頃朝鮮ニ鉄胞無之由ニ候
85) 不相易→[京]：不相替
86) ニ而→[京]：ニ而ハ朝鮮
87) [京]：「鉄砲ニても打申候、虎之形チハ何之」あり。
88) 未判読。糸偏に固という文字。[京]：には「きひしく」とある。
89) 「驕」は「忄」となっている。

たぬ者は無之候。則、日本同前ニ御座候事。

(46)一、対馬殿知行之儀、対馬国一万石、田城(ママ)一万石、[92]柳川壱万石、以上三万石ニて候。乍然家来ノ配ハ[93]賜米五万石程有之候。是ハ朝鮮国之交易其利詮(ママ)ヲ以家来配当も其通ニ被仕候。只今ハ朝鮮交易之利詮(ママ)、前々ニ違、少分ニ罷成候故、対馬殿勝手も差詰り、不自由ニ候事。

(47)一、正徳之信使之時分、対馬へ従公方様三万両拝借被仰付候。[94]宝永之節も其通拝借、正徳之拝借ハ三年経り調相成候。夫を返済以後、又[95]宝永之信使之時分も三万両拝借、被仰付候事。

(214)一、[96]朝鮮国之広サハ日本之九州ニ四国を添候程可有之候由ニ申候得共、夫より広ク可有之と被存候事。

(48)一、釜山之日本館あたり[97]ニも、[98]人形廻シ、又かぶき抔類、[99]軽業等之者皆参申候。秋ニ至り所務有之候時者、例年在々を勧

---

90) 金きせる渡シ申候→[京]：釜山之きせると而金張之きせる渡シ申候、[松]：金山きせるとて金張のキセル渡り申

91) 煙草→[京]・[松]：多葉粉盆

92) 柳川壱万石→[京]：柳川千石

93) 賜→[京]：現

94) 宝永之節も→[京]：享保之信使時分も

95) 宝永→[京]：享保

96) 現在島根県立図書館に近代の転写本が「史籍記録原簿第50-11号」として保存されているという島根県日原村水津彦十郎氏所蔵本『秘書朝鮮新話』と李元植氏蔵『松原昌軒 朝鮮談話』に共通して、この場所にある。京都府立資料館本の(214)「朝鮮国広サ之儀、太閤秀吉公朝鮮陣より以前ハ、九州に四国を添へ候程可有之と皆推量申候所に、右朝鮮人(ママ)時分得与相知れ候て、一円右之広サにて無之、凡者日本半国よりハ大キニ有之と見江候由之事」と類似。

97) ニも→[京]：江迄

98) 人形廻シ→[京]：古子遣ひ

99) 軽業→[京]：軽業仕

進ニ廻り申候。則日本之通ニ候。尤[100]人形遣ひ等之ものハ、日本之[101]様ニ[102]上るりこときき之儀語り申候。

(49)一、日本館廻り、都而釜山近辺へ[103]行脚之僧、一切廻国[104]法(ママ)者共、数多相見へ候儀、則日本之通ニ御座候事。

(50)一、東莱(トクネギ)ニも城有之。都より[105]番代りニ参申候。東莱之城番ハ文官ニて、城ハ是も日本城之由ニ候事。

(51)一、朝鮮より対馬殿へ壱年間[106]ニシテ使者参申候。当年参候へハ、又来々年参り申候。対馬殿江戸より下着候と、早速朝鮮へ知せ候而、使者を差越被申候。是ヲ告還使(カウクワンシ)と申候。対馬殿より[107]口上も、御無事ニ候や、承度候。此方も国元へ罷帰候。東武相易儀無之由、申達せられ候。[108]又朝鮮よりも口上ニ御無事ニ候て珍重ニ存候。東武御静謐之段、目出度由抔之口上、相当り之儀ニて、使者上々官[109]二員、上下百人計之人数、船壱艘ニ乗リ参候。兎角九十日計逗留ニ而、罷帰り候。其間、対馬殿段々[110]馳走ノ事。

---

100) 人形遣ひ→[京]：古子遣ひ

101) 様→[京]：分

102) 上るり→[京]：歌浄瑠璃

103) 行脚→[京]：行帰

104) 法→[京]：仕

105) 番代ニ→[京]：城番代り代り

106) ニシテ→[京]：に

107) 口上も、御無事ニ候や、承度候。此方も国元へ罷帰候。東武相易儀無之由、申達せられ候→[京]：相替儀無之と被申達候。又夫を請取候而、朝鮮より使者参リ、申候。

108) 又朝鮮よりも口上ニ、御帰り御無事ニて珍重ニ存候。東武御静謐之段、目出度由抔之口上、相当り之儀ニて→[京]：朝鮮よりも口上ニ、御無事ニ御帰り、珍重存候。東武御静謐之段、目出度存由抔之口上、相当之儀ニて

109) 二員、上下→[京]：二頭参候、上下ニて以上

(52)一、公方様と朝鮮王との御書通ニ、日本よりハ正徳何年、享保何年と[111]御書せ候へ共、朝鮮之方よりハ年(ネン)号無之、ヱトヒヨミ計を書申候。昔より今ニ至迄、朝鮮国ニ年号ヲ得立不申、唐之年号を受申候。今も清(ミン(ママ))朝之年号を[112]受候故、書ニもきのとくニ存候。又朝鮮ニハ年号無之故、可仕様無之。年号なしに書札相調候事。

(53)一、朝鮮より唐暦を受ニ使者を以申達、[113]暦を請、国ニて(ママ)罷帰り候。[114]暦之仕立ハ殊之外大キニ御座候。都テ日本之通ニ替儀無之、いろいろ書付候而有之。かまぬリニ吉、たねまきよし、何初メ吉抔と有之儀、日本ノ通易義なし。

(54)一、右唐暦を対馬殿より朝鮮へ被致約束、二ツ宛公方様へ毎年差上ケ被申候。

(55)一、朝鮮ニ而虎之儀、釜山あたリニも爰かしこニ居候て、ワルサ仕候。第一人をも喰、牛馬抔ハ猶更喰、其外をも喰申候。海川をもおよぎ渡り、牛馬江仕かけ候。朝鮮ニて之申伝へニ、虎之義人を壱人喰候へハ耳ノ切壱つ有之、二人リ喰候へハ[115]二ツ、三人喰ハ三ツ有之。[116]ひとの数程とかく耳ノ[117]切有之由、申候。

---

110) 馳走ノ事→京：ニて罷帰候事
111) 京：「年号」あり。
112) 受候故、書ニもきのとくニ存候→京：請申候、唐之年号を書候も気之毒に存
113) 暦を請、国ニて罷帰り候。→京：其使者暦を請取候而罷帰り候
114) 暦→京：唐暦
115) 二ツ→京・松：二ツ切レ
116) ひと→京・松：喰候ひと
117) 切→京・松：切目

(56)一、虎か木抔へ上り候時、惣身之毛[118]さかたち、其[119]声音さわさわ申由ニ而、風を生する抔俗説ニ候事。

(57)一、日本館屋鋪之内抔ニも不図易りたる足跡ある儀御座候。さためて虎ノ足跡ニ而可有[120]由ノ事

(216)一、[121]日本館ニ参り居候者共、諸用通達之儀、朝鮮ノ方と申合せ、市を立、用ものをもとめ候事。

(58)一、日本館屋敷之内ニ日本之寺と云一ケ寺有之候。東向寺と申候。其寺へ対馬之出家弐人参候て居申候。日本人相果候へハ[122]葬仕候事。

(59)一、朝鮮釜山あたりノ出家を見申候ニ、皆沓を拵、筆仕、其外色々之細工物仕、夫を代易ニ而渡世仕候と見へ候事。

(60)一、日本館之取繕ひ、造作抔有之候節ハ、日本館近辺之出家ハ何も[123]工役ニ被出、[124]日雇等相勤、夫々に得たる業仕候。日本之出家とハ中々違相見江候事。

(61)一、朝鮮国ハ金銀殊之外少ク、不如意ニ有之候。尤金山銀山共大分有候得共、日本之通山中へ深ク不掘、[125]入口寄付計を掘取候故、金銀一円ニ出不申。且又、銭も少ク御座候所、近年ハ鋳出

---

118) さかたち→京・松：殊外にさかたち
119) 音→京：声音
120) 由ノ事→京：と皆被申候事
121)『松原昌軒 朝鮮談話』にもこの場所にある。京都府立資料館本の216「日本館関門之前ニて毎朝市立申候。是ハ本日本館日本人之用達之為より起たる市也。近辺之朝鮮人も買取用達仕候。専魚菜を売申候。或ハ木綿類ニても其外も売買仕候事」と類似。
122) 葬→京・松：葬祭
123) 工役→京：公役
124) 日雇等→京・松：日用所ニ
125) 入口寄付→京：只、寄口

候而、大概多成事。

(62)一、是ハ本唐之儀ニて候へ共、伝へて承候。[126]只今康熈（カウキ）帝之儀ハ女直国（ニヨチヨクコク）之王之弟ニて、根本[127]女直国之王之娘美人成を、康熈帝之父聞付、娶被申候。左有之、段々男子共誕生ニて候。康熈も則其子ニ而、其後、康熈之母疱瘡ヲ煩ひ、[128]形チ悪敷被相成候。夫より康熙之父寵愛薄相成候。夫を[129]后も憤り、惣領之子ヲ連テ女直国へかへられ、今女直国之王ハ右之連かへられし男子[130]直り被申候由、康熈熙帝之為ニ兄ニ而候。女直国王ヨリ清朝康熈之方ヲ幕下之様ニ兎角仕成ニ申度と種々論有之。常ニ不絶其通リニ候。近年者唐より女直国へ毎年金子何斤と有之。其外種々之物、如何程と候而被送、唐よりも機嫌を取被申、常住六ケ敷論有之由ニ御座候。

(63)一、近年朝鮮風説有之候。本唐之康熈帝ノ男子数多有之。其内壱人朝鮮王ニ可仕と、[131]左候時ハ、朝鮮王ハ浪人ニ成被申、存念有之由、聞被申候。如何可相成哉と下部之取沙汰ニて御座候。色々朝鮮ニても色遣ひ仕、又ハ日本隣好之参り懸り、旁種々申なし、左様無之様、仕候を、朝鮮人之取沙汰承候事。

(64)一、日本館へ[132]近年ハ朝鮮人数多参候而、常々いろいろはなし申合候。其内、此方より雑談ニ、朝鮮人之[133]髪鬚本唐へ不構、往

---

126) 京：「本唐ニて」あり。
127) 京：「まづ」あり。
128) 形チ→京：面体
129) 后→京：各
130) 直り→京：残り
131) 京：松：「存念有有候由、専申候」あり。
132) 近年ハ→京：近辺之

古之如く立候而居候儀、日本之[134]願ニ申候。日本[135]ニ而の参り懸りを唐へ色々と申立、其通ニ居候と、[136]申候へハ、朝鮮人之返答ニ、日本人ニ構不申、迚も髪ハ此通抔と申候へ共、実ハ日本より申通ニ可有御座候事。

(65)一、朝鮮之信使参候節、上々官とて六人参り申候、上々官ハミな通詞仕候。江戸御城下抔ニてハ上々官之通詞ニ而候事。

(66)一、朝鮮人琉球と出会候歟と尋候処、朝鮮人申候ハ、琉球人之儀朝鮮江ハ参不申故、一切出合(ママ)申儀無之候。朝鮮人本唐へ参候へハ朝鮮之旅館と琉球人之旅館と並居候。其節出会之由、申候事。

(67)一、朝鮮人医者ヲ数人見申候。何も本道鍼(ハリ)外科共兼而相勤候。都鄙共ニ其通之由、朝鮮ニ而日本人病キ之時ハ、対州より参居候医師療治仕候。又朝鮮医者も呼候[137]事。

(68)一、長州其外、近国又ハ九州之内、何ニても朝鮮漁船等漂(ヒヨウ)着之時ハ、其所より[138]長崎へ送られ、対馬殿屋敷へ受取、改所より之尋相済候上ニ而、御差図之上、対馬へ送り届ケ、対馬より釜山之方江送り届申候。朝鮮へ[139]帰り候而、則、委細糾明有之と相見へ申候。左候てそこそこノ本之所へ差帰し申由ニ候。其時送り参候対馬殿家来へ殊外挨拶能馳走等仕候事。

---

133) 髪鬚→京：頭髪
134) 願ニ申候→京：願ニて候
135) ニ而の→京：との
136) 京：「此方ヨリ」あり。
137) 事→京：而も参候事
138) 京：松：「長崎へ送られ、対馬殿屋敷へ受取、改所より之」なし。
139) 帰り候而、則、委細糾明有之と相見へ申候→京：松：返し候得ハ、朝鮮よりも役人出、段々様子相尋、委細の究有之と相聞候

(77)[140]一、長門あたりへ漂着之朝鮮人、海上一日一夜程ニ着仕候事。

(69)一、日本館有之候釜山傍ハ大方田畠之地ニ而、耕作之仕様、日本同前ニ相易儀無之候事。

(70)一、牛馬之遣ひ方、日本ニ相易儀無之候事。

(71)一、田畠之植物、米ハ不及申、麦、蕎麦、其外何も日本ニ而栽候類ハ皆植申候事。

(72)一、酒ハ日本より薄ク、甘ミモ少ク[141]不相勝候事。

(73)一、味噌ハ無之。味噌ニにたる物有之。夫ニ而物を煮給候事。

(74)一、権現様御治世ニ朝鮮へ度々御使者被遣、隣好之儀交易等之儀、被仰遣候得共、初ハ中々合点不仕、日本より参候使者[142]を殺し抔仕迄ニ御座候。[143]其後合点仕、朝鮮より申候ハ、秀吉公朝鮮陳(ママ)之時、擒ニあいたる朝鮮人大分日本ニ居申候。夫を御帰[144]被下ハヽ、[145]隣好仕、交易共仕度存候と申候、然ハ其通ニ可被成との事ニ而、只今之通ニ相成り、隣好交易之儀も御座候。右之節、日本へ連帰候擒之朝鮮人[146]も大形被差帰候事。

(75)一、[147]朝鮮陳(ママ)之時分、朝鮮人大分死[148]去ニ候。其以後今ニ至ても

---

140) 『松原昌軒 朝鮮談話』でも(68)と(69)の間にある。

141) 不相勝候事→松：候事

142) を→京：毎度

143) 其後→京：且々

144) 被下ハヽ→京：被下様ニ左候ハヽ

145) 京：「隣好仕、交易共仕度存候と申候、然ハ其通ニ可被成との事ニ而、只今之通ニ相成り」なし。

146) も→京：共

147) 京：「朝鮮人之咄承候」あり。『松原昌軒 朝鮮談話』も本写本と同様、「朝鮮人之咄承候」なし。

148) 去→京：失

朝鮮国之人数、中々少ク、いまた往古之人数ニハ[149)]合申由ニ御座候事。

(76)一、朝鮮王国中を巡狩等被仕候儀、無御座候様ニ相見へ候。[150)]巡国使者節々廻り候様ニ聞へ候事。

(77)　(68)と(69)の間にあり。参照されたい。

(78)一、朝鮮国中官人を始、下部之者も皆不残、衣服着仕候計ニて、何も無刀ニ而罷居候。尤、武官、軍官之身柄ハ表方[151)]相勤候時計、劔を負候。其外[152)]武具をも帯し申候。是を以、平生ハ無刀ニて罷居候。勿論上下人々不残、少キかつふりを腰ニ下ケ罷居候。朝鮮国[153)]風一統ノ事。

(79)一、朝鮮国銭之銘、常平通宝と有之。古より今ニ其通と相見へ申候。外ニ銘ハ不申候事。

(80)一、朝鮮ニてくつろと申もの、座敷南座之所ヲ土ニ而塗、其上ニ何ニ而も相応之敷物仕、焼火之煙を床之下へやりめくらし候様ニ、色々石[154)]垣抔ニて道を付拵、煙をやり候而、夫ニ而ぬくもり、満候様ニ仕、別而老人是を用ひ申候。老人ハ大概四季共ニ其座鋪ニ罷居申候。対馬抔も専はやり申候。[155)]是又朝鮮之申方ニ、此くつろ出来候而以来、朝鮮人之寿命短ク相成候由申

149) 合申由ニ御座候事→[京]：逢不申由候事
150) 巡国使者節々廻り候様ニ聞へ候事→[京]：巡使者廻り候と聞候事、巡国使者節々廻り候と聞へ候事
151) 相勤候→[京]：何そ
152) [京]：「何ニても」あり。
153) 風→[京]：風俗何れも
154) 垣→[京]：組
155) 是又→[京]・[松]：且又

候。然時ハ毒ニて可有御座候へ共、差当り寒を凌候段、日本之火燵ノ心ニ而、老仁ニ殊ノ外能と[156]申事。

(81)一、前に申置候八送使の儀ハ、第一船より四船迄之使者ニて、以上四度、以酊庵使、[157]葛(ママ)松院使、一特送使、副特送使、是ニ而八送使也。

(82)一、朝鮮より対馬江一年間ニ参候使者、[158]是又何そ吉事、凶事ニ付参候使者、何も訳官使と唱ル也。

(83)一、日本館之儀、秀吉公朝鮮陳(ママ)以前ニ、釜山浦、蔚山(ウルウ)、熊川(コモカイ)、以上三ケ所ニ日本館有之。入込之日本人[159]数多罷居、朝鮮、日本之両国互ニ心安申合、売買等之儀ハ[160]勿論之事ニ候。[161]朝鮮之申候ハ、朝鮮陳(ママ)おこり申候。[162]少シ前より右三ケ所之日本館ニ居候日本人、追々何となく皆日本へ罷帰り候。朝鮮ニ而後ニ考候へハ、朝鮮陳(ママ)之催し存候故、そろそろ日本へ帰りたるかと朝鮮ニて各申たる由ニ候。段々旧記ニ相見へ申候事。但シ朝鮮陳(ママ)以後ハ唯今之通、釜山浦一ヶ所ニ日本館御座候事。

(84)一、朝鮮より対馬へ銅ニて拵候朱印を差越置候。朝鮮江つしまより[163]日本人被差越候節ハ、右之朱印を突候て持せ、日本之賊船等を別而嫌ひ申候。右之朱印持参候分之船、不残、対馬より被

---

156) 申事→[京]・[松]：何れも用ひ候事
157) 葛松院使→[京]：万松院使
158) 是又→[京]：且又
159) 数多→[京]・[松]：数千
160) 勿論之事ニ候→不及申儀ニ候
161) 朝鮮之申候ハ→[京]：然所、[松]：然る処に
162) [京]・[松]：「朝鮮陣之」
163) 日本人被差越候節ハ、右之→[京]：被差越候八送使、其外一切差越候船毎ニ、此

差越候船之証拠ニて、朝鮮と対馬と其段申合、右之朱印を日本へ受取置、[164]右之通日本船に印形を持せ候事。但日本より[165]印形不被遣置候事。

(85)一、朝鮮ニ而諸臣下之儀、類族二ツニ分レ、一方を南方と云、一方を西方と云、日本ニ而源氏平氏と分たる趣ニ候。唯今国政之柄ヲ取候者、南方より[166]相勤、西方より出而、柄を執り候事も有之。其段ハ南西ニ限り候事。

(86)一、官名之次第儀、三公、領議政 日本ノ太政大臣、左議政 日本ノ左大臣、右議政 日本之左大臣、如是ニ候。都而諸官名大概唐ニ似候事。

(87)一、米直段、白米五斗三升俵ニ付、昔安キ時者銀五匁位仕候。唯今ハ大形拾匁位仕候。先年寅之年、飢饉之節ハ五拾目も仕候。其時分ハ大分死人ニて候事。

(88)一、人参直段之儀、凡一斤ニ付、新銀壱貫目位ニ当り候段々前ニも申候。其内人参[167]之段、上中下ニ而直段有之候を拝し候而之積り仕候事。

但、壱斤四拾両也。壱両者四匁候也。

(89)[168]朝鮮人ニ承り候所、鴨緑江(ヲウリヨクカウ)より北京之順天府迄送(ママ)程五十日路と申候事。

(252)一、[169]右之趣、松原新右衛門と申者、十三歳より対馬殿家来に

---

164) 右之通日本船に印形を持せ候事→京：右之印判を持せ候事。
165) 印形→京・松：印判
166) 京・松：「出而」あり。
167) 「之段」以下→京：段々上中下ニて値段上中下有之候得共、壱貫目と申候者上中下有之候へ共、壱貫目と申候ハ上中下を拝し候而之積候事
168) 「一」なし。
169) この条、京になし。『松原昌軒 朝鮮談話』には、ここにあり。

て、朝鮮江参、滞留、殊ニ彼のもの通詞能心得候故、萩へ被召抱候。夫故、朝鮮ノ物語追々承候処、具ニ書記シ置候者也。

遂[170]加　朝鮮人於江戸、公方様御見参、其外聞書。

(90)一、三使江戸ニて致登城、御目見之儀ハ、御簾之外ト次之間より拝仕候。厳有院様御代迄ノ格ハ、御簾を高ク巻上け候而拝被仰付候。然ル処ニ常憲院様之御代、[171]御簾を御身柄半分も不見程ニ[172]早ク巻上ケ候[173]故、三使申方ニ格式違申候間、拝難仕候迚、拝を不仕、何共不相済、場之しらけ候儀相成、対馬殿其時三使と段々掛合有之、[174]其通公方より被仰出たる儀、[175]達而、今申事絶て不相成事、日本の例ニ而候。[176]兎角拝不仕時ハ、則対馬殿三使と指違る外無之抔と種々申合之上、漸納得仕、拝を致候。若君様御簾も[177]如右ノ、[178]はやく巻候。是ハ[179]幾重も拝[180]不相成由申候。未位ニも[181]許不給事ニ候得者、一円不相成と申切、依之、其時被仰出候ハ、公方様へ右之通ニ而拝仕候間、若君様江之儀ハ御了簡被成、[182]前々之通ニ而[183]拝被仰筈ニ相

---

170) 京：「追」とあり。
171) 京：「初三使登城有り、拝之時、不図、間違候而」あり。
172) 早ク→京：卑ク
173) 故→京：処
174) 其通→京：壱通ケ様
175) 達而、今申事絶て不相成事→京：絶而不相替
176) 京：「兎角」なし。
177) 如右ノ→京：同く如右
178) はやく→京：卑ク
179) 幾重→京：幾寄
180) 不相成由申候→京：相成不申候
181) 許→京：付
182) 前々之→京：其
183) 拝被仰筈→京：拝可被仰付しと

成、拝仕候。其時、天和之格式を以、御当世初り、[184]正徳之三使迄ニ至り、何れも簾を少上ケ[185]候様ニ、被仰出、右之格式ニ而、若君様ノ格式ハ、[186]前之ことく簾を高ク上けさせ候事。

(91)一、大坂ニて三使江上使を被成候得ハ、大坂[187]御城代之宿者門跡ニて候。常憲院様[188]御代ニ初り、天和迄之格者、座敷へ上使[189]と三使ト一同ニ出合申候。文章院様[190]御代ニ初り、[191]宝永ノ三使之時分、大坂へ着之砌、江戸より[192]被差越候。此度ハ上使門跡之堂へ御上り之時、階[193]ノ本へ三使迎ニ被出、又上使御帰之時分も其所へ送りて被出候へ[194]との御下知ニ而、三使ニいろいろ被申聞候得共、承引不仕候。[195]兎角左様ニ思召候ハヽ、[196]朝鮮王江伺候而、又々可参候。唯今俄ニ被仰越候而者、自分抔之仕形[197]ニ何共不相成と申切、江戸よりハ兎角迎送り被仰付、[198]つまりそうろう由、被仰下、其間之懸り合、大

184) 正徳→京：享保
185) 候様ニ、被仰出→京：拝を被仰付候ハ
186) 京：「前之ことく」なし。
187) 御城代之→京：御城代ニて候ふ。
188) 御代ニ初り→京：御代初
189) と→京：を
190) 御代ニ初り→京：御代初
191) 宝永→京：正徳
192) 被差越候→京：被仰越候
193) ノ本へ→京：下被候
194) との→京：共
195) 京：「兎角」なし。
196) 朝鮮王江伺候而、又々可参候。唯今俄ニ被仰越候而者→京：先達而朝鮮江可仰越儀ニ候。左候ハヽ朝鮮王江伺候而日本江可参候、只今俄之被仰懸ニてハ。この部分、京都府立資料館本は一部墨の汚れあり。
197) ニ何共→京：兎角
198) つまりそうろう由→京：如クニ

坂ニ[199]日数滞留候得共、不埒ニ而詰り之所承引無之候。[200]いつ迄も此所ニ差置、又ハ、追立る[201]かと成りとも、[202]可仕と申候。正使之[203]匠学士ニ東郭と申者有之。夫抔ヲ以、いろいろ申させ、[204]いつ迄も此分ニ候へハ惣中も難義之事ニ候得者抔と、種々申達、惣中も[205]遂出仕候而、三使江其通ニ被仕、相済候而、可然と相[206]頼候様、旁々三使も[207]■り、漸々納得ニ而、階之上際迄迎送仕候。然共御当代初、[208]正徳信使之節ハ迎送仕候ニ不及。天和之[209]格ニ相成、本へ戻り之事。

(92)一、[210]宝永之信使之時分ニ江戸ニ而御書翰被成御渡之。御書日本[211]封ニ仕候而者受取ましきと[212]申候。[213]御文言之内ニも朝鮮王先代之[214]語ヲ諱字等有之。是をも請取ましくと申候而、否仕候。ケ様之儀ニ付、殊之外にもつれ不埒ニ相成、俄ニ[215]三使

---

199) 日数→京：三十日余
200) いつ迄も此所ニ差置→京：何れも此所ニ差置か
201) 京：「かと」なし。
202) 可仕と→京：仕候と
203) 師→京：師匠
204) いつ迄も→京：いつれも
205) 遂出→京：退屈
206) 頼→京：願
207) ■り→京：込り
208) 正徳→京：享保
209) 格ニ相成、本へ戻り之事→京：例の如く、座敷へ上使と左り右ノ方江一同出相之格ニ相成、本へ戻り申候事
210) 宝永之信使→京：且又、正徳之信使
211) 封→京：符
212) 申候→京：申否仕候
213) 御文言→京：御文書
214) 語ヲ諱字→京：諱字
215) 三使より飛脚を以、朝鮮江申越され候→京：朝鮮へ三役より飛脚を以申越

より飛脚を以、朝鮮江申越され候。朝鮮よりも参国書文言も直り候処有之。漸々相済候。日本よりハ右[216)]御書押付テ被遣候事。

(93)一、[217)]文章院様御代ニ者、御返翰ニ日本国王と調被仰付候。是も御当代[218)]正徳ニハ変り、日本国源吉宗と天和之[219)]格ニ被仰付、昔へ戻り候事。

(94)一、[220)]御代々格式、江戸御城へ三使罷出候節ハ、御能拝見被仰付候処、文章院様御代[221)]宝永ニハ音楽被仰付候。是を[222)]御当代正徳ニハ本之格式へ戻り、御能拝見被仰付候事。

(221)一、[223)]文章院様御代宝永ニ参候三使ハ、朝鮮帰り候而、上々官抔も皆流罪ニ相申候。大坂ニて迎送り仕候不調法、且又、格式悪敷御返翰を請取帰リニ而、不調法、畳条之咎ニて流されたる由之事。

(95)一、釜山浦日本館[224)]之義ニてハ無之、[225)]対馬より参候使者[226)]申

---

216) 御書→京：御状

217) 京：「且又正徳」あり。

218) 正徳→京：享保

219) 格ニ被仰付→京：例之通被仰付

220) 京：「且又」あり。

221) 宝永→京：正徳

222) 御当代正徳ニハ→京：御当代者。「正徳」とあるのは「享保」の誤りならん。

223) この条、京(221)に類似。『松原昌軒 朝鮮談話』には、ここにあり。(221)「一、常憲院様御代初天和ニ被参候三使ハ、御簾之例格違ひたるを以、朝鮮江三使被帰候と即時流罪二て御座候、左候而、三使何れも配所二て死被申候。此時上々官茂不残流罪ニて候が、是ハ三年程して宥免有り。配所より帰被申候事。且又、文章院様御代初正徳ニ被参候三使、古例ニ無之、大坂之旅館ニて上使被遣候時、階下迎送り被仕例、格違、且又、格式悪敷、御返翰を請取たるを以、朝鮮江三使被帰と即時、流罪ニ而候。是も三使何れも配所ニて死被申候。此時上々官茂不残流罪ニて候が、是も三年程して宥免有。配所より帰被申候事」

224) 之義ニてハ無之→京：ニて候儀ニて無之様ニ、松：にての儀には無之候。

225) 松：「外に」あり。

談、馳走等有之候[227]額ニ遠柔堂と有之候。是は[228]遠来をやすんする之心[229]之額と申事。

(96)一、信使江戸往来之節、そこそこの馳走次第、何[230]も如何様と有之[231]俄（ママ）、対馬殿江戸江被申上格ニて候。[232]宝永信使時分ハ安芸蒲苅御馳走[233]一番と注進御座候。[234]正徳信使時分ハ長門下モノ関御馳走[235]一番と注進有之候事。

(97)一、朝鮮諺文と申ハ、朝鮮中古ニ吏文大師と申僧之作りたる字ニて、朝鮮計ニ有之字ニ而、日本之いろは之ことし。其字皆朝鮮常之言之声を付たるものニ而、口ニ一くたり有之者、下江付ケ字ニ而、是を以、常々通用、書状も相済申候。常之[236]言音を付たる物故、何レも書レ申候。此字出来候而已来ハ通用自由ニ相成候故、[237]以前より者学文之心懸薄ク相成候と朝鮮人[238]申候事。[239]

(98)一、朝鮮吏文と[240]申書物も則吏文太師作り申候。是ハ漢字ニて夫

---

226) 申談→[京]：申請
227) 額ニ遠柔堂→[京]：堂之額遠第等堂
228) 遠来→[京]：遠来寺
229) 之額と申事→[京]：也。額を打有之候事、[松]：にて額を打有之候
230) も→[京]・[松]：か
231) 俄（ママ）→[京]・[松]：儀
232) 宝永→[京]：正徳
233) [京]・[松]：「之次第」あり。
234) 正徳→[京]：享保
235) [京]・[松]：「之次第」あり。
236) 言音→[京]：言之声
237) [京]：「其」あり。
238) [京]：「も」あり。
239) [京]：「且又諺文之儀、別巻委細記置分ニ候事」あり。
240) 申書物も→[京]：申ハ、是も

に[241]てハ字を書加へたる物ニて候。是ニて朝鮮之上より書付、下へ遣物、下より書付而[242]上ル物出る物等を調候。常之書札抔ニ者[243]遣ひ不申、吏文を作り候故、吏文大師と[244]申かと被存候事。[245]

(99)一、[246]享保十年より十八年か十九年か前之儀ニて候。竹嶌之儀ニ付、朝鮮と日本と[247]大出入有之候。其趣者竹嶋[248]ハ伯耆国之[249]沖ニ有之。地より二[250]泊りも三泊も[251]へたて有之有(ママ)嶋也。伯耆国より年々繖船往テ色々之繖仕候。伯州へ付たる嶋之心得ニて居候[252]所ニ、朝鮮よりも年々繖船参り、いろいろ之繖仕、朝鮮之嶋と心得居申[253]たる由ニ候。然共、朝鮮人、日本人一同ニハ終ニ不参相候故か、夫より以前ハ何之詮儀も無之処ニ、或時伯州之繖船竹嶌へ船を[254]かけ、早束(ママ)大筒を打放し候而、船より揚リ[255]候。尤船よりあかり候而も、大筒を打候へハ、嶋之内よりも大筒を合せ候て[256]申候。此趣ハ、此竹嶋を朝

241) てハ字→京：てねはの字
242) 上ル物出る物等を調候→京：上へ出す等之物を相調也
243) 遣ひ→京：遣シ
244) 申かと被存候事→京：申ニて候事
245) 京：「且又、吏文之儀、別巻委細記置分ニ候事」あり。
246) 享保十八年か十九年→京：享保十年より十八年か十九年
247) 大→京：大成
248) ハ→京：之儀
249) 沖→京：仲
250) 京：以下「泊」を「伯」と誤記。
251) へたて→京：間
252) 京：「所ニ」なし。
253) 京：「たる」なし。
254) かけ→京：付け
255) 候。尤船よりあかり候而も→京：候故、其時も其通船より上候と、

鮮ニてハ鬱陵嶋（ウツリヤウトウ）といふて、元ヨリ朝鮮之[257]内成。依之、朝鮮之鱲師[258]共よりより申候、何者か我国之欝陵嶋へ参、鱲仕候。参候ハヽ咎メ可申と手組[259]して、態仕構居候[260]折から、右之通、日本人より鉄抱打候故、合せ申候。左候て、右之者共出合、[261]日本嶋と申、朝鮮之嶋と云論儀（ママ）、埒明不申[262]ニ付、伯州より江戸へ訴へ有之候。[263]依之、江戸より対馬へ被仰付、朝鮮へ申参候者、以来朝鮮人彼嶋へ不参様との儀、[264]朝鮮人一円承引不仕、段々掛合有之、江戸へも[265]委細注進仕候。兎角ケ様ニてハ不相済と、対馬殿より朝鮮へ申参候[266]ニ付、漸々[267]合点之様相成、[268]朝鮮方より之申方書通ニ、我国之欝陵嶌江一切人不参様ニと申付候。我国之欝陵嶋さへ人[269]不被遣儀ニ候へハ、況や日本之竹嶌へ可参様無之候。左様[270]心得との儀ニ候。

対馬より[271]江戸へ不申参、[272]直ニ返答被申達候ハ、是ハ[273]壱

---

256) 申候→[京]：打申候
257) 内成→[京]：内と申候
258) 共よりより申候→[京]：其外ニも参候
259) して→[京]：候而
260) 折から→[京]：折柄
261) 日本嶋と申、朝鮮之嶋と云、論儀→[京]：日本之嶋と、朝鮮之嶋と之論
262) [京]：「ニ付」なし。
263) [京]：「依之、江戸より対馬へ被仰付、朝鮮へ申参候者、以来朝鮮人彼嶋へ」なし。
264) [京]：「朝鮮人」なし。
265) 委細→[京]：追々
266) ニ付→[京]：所ニ
267) [京]：「半」あり。
268) 朝鮮方→[京]：朝鮮
269) 不被遣→[京]：不遣
270) 心得との→[京]：心得候へと之
271) [京]：「是ハ」あり。
272) 直ニ返答→[京]：直ニ又

嶋を二名ニ仕たる事申方也。此分ニてハ不相成と被申達候処ニ、其後[274]何たる返答も不仕、其[275]後江戸へ注進仕候処、此上ハ竹嶌を朝鮮へ可被遣と之儀ニて、[276]結句仕損し候と[277]政所ニてハ申候。其後左様ニ御沙汰相成リ、日本人往事無之、朝鮮より[278]其秋数人参、鱲を仕候。尤[279]番人遣置外、人一切入不申候事。

(100)一、清朝順治皇帝本唐ヲ征伐被仕候時分ハ、江戸より対馬へ被仰付、朝鮮へ[280]被仰遣候、自然朝鮮へも順治之軍勢仕掛ケ参候[281]ハ、日本より加勢可被遣との御事ニて、朝鮮より之返答、早戦も[282]治り候、尤[283]朝鮮へハ軍仕掛不申故、[284]御加段不及と之儀ニ候。[285]家光公御代也。[286]

(101)一、九州五嶋之向ニ嶋有。朝鮮之嶋ニて候。名ハ済州と云、此嶋人大概日本言葉を遣ひ、日本之歌などをうたひ[287]申候。[288]此

273) 壱嶋を二名ニ仕たる事申方也→京：壱嶋と一(ママ)名ニ為仕申方
274) 京：「何たる」なし。
275) 後→京：段
276) 京：「其通相澄申候、是ハ対馬ニ吟味過候故」あり。
277) 政所ニてハ→京：跡ニてハ
278) 其秋→京：春毎ニ
279) 番人遣置外→京：常ニ番人抔も遣置、朝鮮之外之人
280) 被仰遣→京：被差越
281) ハ→京：ハヽ
282) 治り候→京：相澄寄
283) 朝鮮へハ軍仕掛不申故→京：朝鮮へも軍を仕懸不被申候
284) 御加段不及→京：不及御加勢
285) 京：「将軍」あり。
286) 京：「右之扣も対馬ニ御座候事」あり。
287) 申候→京：常々其通ニて候
288) 此嶌之初ハ日本人参候て→京：此嶋人始者日本人参初メ候て

嶌之初ハ日本人参候て、其筋ニて、段々人数多出来、[289]今迄之通ニ相成たる由ニ候。朝鮮より支配[290]仕、朝鮮之内ニて候事。

(102)一、東莱[291]ハ日本館より三里有之候。釜山浦日本館之諸沙汰仕候役人も東莱ニ居申候。無拠用事等も有之候節ハ日本館ニ居申候対馬之役人東莱へ参、朝鮮役人江令相対、罷帰候事。

(103)一、朝鮮ニて子共[292]わるきの事仕候時、親其外之者ニても恐らかし候を承候。倭奴来(ワヌヲンダ)と申候。[293]是ハ日本人可参となり。彼国より日本をおそれ候、参り掛、右之通ニ候事。

(104)一、釜山浦之城主ハ武官ニて候。釜山僉(セン)使と唱候。東莱之城主ハ文官ニて候。東来府使と唱候。対州より朝鮮へ使者参候度々、東莱府使、釜山僉使何も出合候。[294]対馬之使者とハ対座之格ニ而相対有之候事。

(105)一、対馬より家老衆為使者被参候時ハ、朝鮮之都ヨリ挨拶人を壱人釜山浦江差出シ被申[295]人柄之位、日本へ三使抔へ参候もの[296]同前程之格相之身柄ニて候。[297]是を接慰(セツイ)官と唱候。此接慰官と対馬之家老との座配対座之事。

(106)一、朝鮮人之漂流人抔を対馬より送り参候時ハ、[298]釜山近辺之城

---

289) 今迄之通ニ相成たる由ニ候→京：今之通之由候
290) 仕→京：相成
291) ハ→京：江
292) わるきの事仕候時ハ→京：あるき仕候時、松：ワルサ仕候時は
293) 是ハ日本人可参となり→京：日本人参候となり
294) 京：「兎角其通ニて候」あり。
295) 京：「候、罷出候」、松：「罷出候」あり。
296) 松：「大方」あり。
297) 京：「是を接慰(セツイ)官と唱候」なし。
298) 釜山→京：釜

主[299]皆々挨拶釜山浦へ出申候。是も接慰官と唱申候事。

(107)一、萩より朝鮮へ方角を考るに、西北之真隅之[300]通、慶尚之内、嗜張と申所へ当り可申と存候事。

(108)一、朝鮮ニて目金細工得不仕候。遠目金ニても平生之目金ニても細工不相成候。夫故日本より求候事。

(109)一、朝鮮ニ而ハ日本之挽茶[301]を殊の外賞翫仕候。日本と違朝鮮ハ肉食を強仕候故、肉食已後、日本之茶を用ヒ候へ者、胸を[302]押下ケ候て、殊之外能と申候。朝鮮王ヨリ対馬守へ所望ニて被送候。又対馬守殿よりも[303]送り被申候。依之、日本之茶朝鮮ニ不絶有之候。夫ゆへに朝鮮王常々呑茶ハ日本之宇治茶用ヒ被申候事。

(110)一、朝鮮之書物輿地照（ママ）覧と申書之内ニ相見へ候朝鮮国之儀、[304]日本と和好仕候か国之ためも能有之候。兎角、已来、末々ニ至迄、[305]日本と和好仕候義、宜鋪可有之候。左様仕候へと記置候。是以考るニ、日本ト[306]和好たへ候時ハ朝鮮之為ニ悪鋪[307]事多有之候と存候事。

(111)一、朝鮮ニてハ水牛無之候。殊之外水牛をほしかり候。水牛ニ而半弓を拵候事。日本よりも大分渡り候。水牛参り候ハねば半

---

299) 皆々→[京]・[松]：替々
300) 通→[京]：通りが
301) [京]：「都而日本之茶」あり。
302) 押下ケ→[京]・[松]：押上
303) 送り→[京]：起こりても、[松]：起り候ても
304) 日本と和好仕候か国之ためも能有之候→[京]：日本と和合仕候ハね者不宜候
305) 日本と和好仕候義、宜鋪可有之候→[京]：日本と和合仕候てが国之為能有之候
306) 和好たへ候時ハ→[京]：和合絶候時ハ
307) 事多有之候と存候事→[京]：儀、多有之故ニテ可有御座と存候事

弓[308]拵候事不相成候事。

(112)一、朝鮮ニ長キ弓、日本之[309]通之もの無之候事。

(113)一、[310]対馬殿被仰付候朝鮮人参千斤宛[311]毎年[312]買取相成候。然る処ニ[313]三つ宝、四つ宝銀之時代、[314]銀子を対馬より[315]遣シ見候得共、三つ宝、四つ宝共ニ中々いやかり候而、取不申候。[316]夫故、人参之買入不相成段、江戸へ相伺候ヘハ、新規ニ銀子御鋳させ被成、対馬へ被差出、人参[317]買取被仰付候。此銀子特鋳銀と御名付ケ被成、対馬へ被指出、人参[318]買取、本のごとく無別条相成候。其特鋳銀を考候ニ、今之新銀共よりハ能相見へ候。此段差而世上ニ不存儀ニ候。三つ宝、四つ宝時代ハ右之特鋳銀を以、朝鮮へ之銀子払ニ仕候。[319]其後ハ只今之新銀ニて買得被仰付事。

(114)一、朝鮮釜山浦より[320]京師迄之道程十二三日路有、亦[321]釜山浦より朝鮮之往詰唐之境迄十四五日路も有之候由申候。両条合テ見

---

308) 拵候事不相成候事→[京]：何共不相成と而ほしがり候事
309) 通之もの→[京]：様成者
310) 対馬殿→[京]：対馬守殿江江戸より
311) [京]：「兎角」あり。
312) 買取→[京]：買得
313) 三つ宝、四つ宝銀→[京]：三宝、四宝。以下同じ。
314) [京]：「両様之」あり。
315) [京]：「朝鮮へ」あり。
316) [京]：「夫故」なし。
317) 買取→[京]：買得をも
318) 買取→[京]：買得
319) 其後ハ只今之新銀ニて買得被仰付事→[京]：其以後二相成候而祐、只今之新銀をハ被仰付候事
320) 京師→[京]：朝鮮之京都
321) 釜山浦→[京]：京都

候得ハ[322]京師より唐境迄二十七八日路之長サと相見へ申候事。

(115)一、人参之儀も朝鮮之内ニ而も白頭山ニ有之人参を[323]第一と仕候事。

(116)一、対馬国ニハ人参[324]ふさい不申、対馬殿朝鮮より人参を大分取よせ[325]植させられ候へ共、一円そだち不申候。[326]尤つしま山ニ有之人参一通御座候。是ハ尾人参ニ而、対馬ニ[327]大分御座候事。

(117)一、本人参も[328]根之違候計ニて[329]性ハ少も変無之、花も[330]一ツ也。

(118)一、人参之花之儀、先ハ白花ニて間ニハ色違ノ花も有之候[331]由ニ候へ共、白花計之人参を見申候。色ノ違たる花ハ終ニ見不申事。

(119)一、朝鮮人武芸之儀、馬乗り候儀、兎角日本より上手ニて候。勿論馬上ニて種々之業、弓を射、鑓を遣イ候義、中々上手ニて候。[332]尤其外武芸ハ日本[333]上手[334]ノ候事。

(120)一、[335]朝鮮ニて劒を負候を度々見申候ニ、[336]劒ニてハ無之、日

---

322) 京師→京：釜山浦
323) 京：「以」あり。
324) ふさい→京：こさい
325) 植させられ候へ共→京：被植見候得共
326) 尤→京：且又
327) 京：「尾人参ハ」あり。
328) 京：「尾人参も」あり。
329) 性ハ→京：あとハ
330) 一ツ也→京：何も一ツ儀ニ而候事
331) 由ニ候へ共→京：由ニハ申候得共)
332) 尤→京：且又
333) 京：「之方が」あり。
334) ノ→京：ニて
335) 朝鮮ニて→京：朝鮮人
336) 京：「一円」あり。

本之刀ニて候。仕立も則日本之仕立ニて候。夫を[337]負申候。抜候時ハ[338]左りか右か背之上より抜申候。[339]左リ之手ニて抜上ケ右之手ニて抜候事。

(121)一、鑓を持せ[340]行を見申候ニ、鞘[341]無之、皆抜身ニ而、都而鞘と申もの無之事。

(122)一、先年長崎之町人伊藤小左衛門、日本之武具を大分朝鮮へ内証ニて渡、夫より朝鮮ニ日本之武具大分有之由ニ候。[342]秀吉公[343]朝鮮陳之節、捨り居候武具も有之、[344]色々之訳ニて彼方ニ残り候。依之、日本之武具用ひ来り、朝鮮之武具より兎角[345]能候迚、日本之武具之通[346]拵候事。

(123)一、甲冑、并、刃物之分[347]ニても、鑓抔之類ニても、[348]日本之通[349]いつれも拵候事。

(124)一、秀吉公[350]朝鮮陳（ママ）之[351]時、朝鮮ニ鉄鉋と申義無之候。朝鮮ニて書申候徴非（ママ）録ニも鉄鉋之儀を[352]丸ニ当りて死スと有之候事。

---

337) 負→京：背負
338) 左りか右か背之上より抜申候→京：右肩之上より抜申候
339) 左リ之手ニて抜上ケ→京：最左之手ニてつき上ケ
340) 行→京：ありき候
341) 京：「ハ一円」あり。
342) 京：「最」あり。
343) 朝鮮陳→京：朝鮮御軍
344) 京：「其外」あり。
345) 京：「日本武具之理方」あり。
346) 京：「追々朝鮮ニて何も」あり。
347) 京：「太刀」あり。
348) 京：「何も」あり。
349) 京：「いつれも」なし。
350) 朝鮮陳→京：朝鮮御軍
351) 時→京：時分迄ハ

(125)一、日本ニて申竹嶋之義者朝鮮ニて申候通欝凌[ママ]嶋と云、兎角朝鮮之内と被存候。朝鮮之記録ニも上代此嶌を取リ朝鮮之[353]内ニ仕候と有之候。日本ニ而竹嶋を見出し候者も指テ遠キ[354]事ニて無之事。

(126)一、[355]釜山之町ハ宿ニ而[356]、町之長サ一里程御座候事。

(127)一、朝鮮ニて町之家作リ之儀、日本之町之ことくせぎて作り[357]不申、夫故、火事抔有之候ても[358]一軒焼、類焼無之候。

(128)一、朝鮮ニて之座敷之儀、[359]畳と云もの無御座候。先ハ板敷ニて、客有之候へハ[360]莚抔敷あいしらい候事。

(129)一、朝鮮之役人[361]慰ニ行候を見候ニ、人をも大分つれ、鑓ハ[362]右之通鞘なし。兎角籏を持せ、尤昇之籏ニ而、[363]錦之籏ハ大籏ニて三四敷も有之候、行列之節者籏持候者も籏持なから馬ニ乗り候事。

(130)一、日本館之儀、古と今ハ違申候。古ハ別之地ニ有之、今之日本館より一里計間有之候。此古キ日本館之地を只今[364]釜山之内ニ

---

352) [京]：「鉄砲とハ一円申も無御座候」あり。
353) 内→[京]：領内
354) 事→[京]：年数
355) 釜山→[京]：釜山浦
356) [京]：「御座候」あり。
357) 不申→[京]：候様→ニ無之、悠々とせき不申様ニ作り候而有之候
358) 一軒焼→[京]：大概一軒焼ニて相済
359) [京]：「都而」あり。
360) 莚抔→[京]：莚抔を出シ候而
361) 慰ニ→[京]・[松]：歴々
362) 右之通鞘なし→[京]・[松]：鞘なしニて何れもぬき身ニて候、鞘と申儀、無之候
363) 錦之籏ハ大籏ニて三四敷も有之候→[京]：籏色々ニて白キ籏ニて三四枚敷も有之候
364) 釜山→[京]：釜山浦

て古館と唱申候。

(131)[365]　只今之日本館之地をハ草梁と申候。古館より一里程間有之。日本館地易之次第ハ、先年筑前之町人伊藤小左衛門、つしまの町人[366]数人申談、朝鮮之朝廷江も申合、役人と談して日本之武具を大分渡シ候而、其段相知レ候而、以後、何も御仕置キニ被仰付候。其以後之御沙汰ニ日本館之有所悪敷故、右之こともきも出来候。所柄かわらるへきとの御事ニて、朝鮮へ日本より被仰達、日本館之地替、熊川へ仕候様と被仰遣候へ共、朝鮮之方ニ左様ハ不仕、漸々[367]只今之所へ替リ申候。唯四十年跡之事。

(132)一、[368]対馬ニ経国大典と申書物有之候。是ハ朝鮮書物ニて朝鮮当世一切治方之記録書物ニて候。殊之外能書物ニて候得共得写不申候事。

(133)一、韃靼馬之儀、日本之馬より高ク一倍有之候。惣躰之大キサも一倍程有之候。韃靼馬朝鮮へも参、朝鮮人数多乗ありき申候事。

(134)一、韃靼馬者皆[369]淫（イン）丸を抜申候。玉を抜候へハ淫之発気無之、馬のもたへ久ク有之故と也。朝鮮ニも間ニハ淫丸ヲ抜申候馬有之候事。

(135)一、[370]朝鮮人朝廷ニて女中江入交り候役人之儀、孰も淫丸ヲ抜申候。是も[371]淫丸ヲ抜候へハ淫之気不出様ニとの義ニ候事。

---

365) 本写本では、条目を分けず、前条の一部として記述されている。
366) 数人→京：数拾人
367) 只今之所へ替リ申候→京：只今之日本館ニ相成候ハ
368) 対馬ニ→京：対馬守殿書物之内
369) 淫丸→京：きん玉。以下、同様である。
370) 朝鮮人→京：朝鮮
371) 淫丸ヲ抜候へハ淫之気→→京：発気

一、[372]本唐には[373]閉切之人を用ひ候得共、朝鮮人ニハ淫丸を抜申候、此違有之候。朝廷之外ニも淫丸ヲ抜たる人を女中へ交へ申候役人ニ用ひ、閉切仕たる人ハ、兎角[374]淫気起り候へ共、淫丸を抜候へハ[375]発気無之物ニ候事。[376]

(136)[377]

(137)一、秀吉公朝鮮御陳(ママ)之時分ニ[378]被改候都開城府也。其後今之都ニ替り申候。[379]日本の京都有之ことくニ候。前之都開城府を古都と申候事。

(138)一、朝鮮王常に日本之酒を能候迚給被申候。日本ニ而京都[380]関東屋か酒気に逢、追々対馬へ申来、京都より取寄候而、遣被申候事。

右如斯書ハ長州於萩、松原昌軒物語之由、大訳者成由、此書之内、人蔘出所朝鮮以呂波百五十字有之候得共、秘事故別紙ニ記置者也。

延享三丙寅弥生中旬

金剛仏子正厳

---

372) 京都府立資料館本では(135)の一部となっている。

373) 京：で「閇」とする。同字である。

374) 淫気→京：発気

375) 京：「絶而」あり。

376) 京：「私儀もきん玉類抜様習覚候而、人ニても馬ニ而もぬき候事」あり。

377) 人蔘の出所を記述するこの条が、本写本に見えないのは『松原昌軒 朝鮮談話』と同様である。

378) 被改候都開城府也→京：被成御攻候都か開城府也モ

379) 日本の京都有之ことくニ候→京：前之都開城府を只今古都と申候。日本之今京と南都有之如ク候事

380) 関東屋→京・松：買東屋

五十有四歳

于時 安永八己亥二月下旬

加計菊屋惣右衛門

六十有七歳写之畢

ナキ跡の かたみとなれや 筆の跡

是ヨリ外ニ 知ル人もなし 」(終わり)

日本學研究의 地平과 再照明

芳洲会所蔵『吏文大師』解題と翻刻

田阪正則*

解題

『吏文大師』における吏文とは、『世祖実録』世祖三年七月甲戌條 「吏曹啓、吏科及承蔭出身、封贈爵牒等項文牒、皆用吏文、獨於東西班五品以下告身、襲用吏読、甚為鄙俚、請自今用吏文、従之」に見られる、朝鮮朝の官庁にて用いられた国内文書様式を指すものであり、吏文大師とは、こうした公文書を扱う胥吏階層の行政実務者が用いた吏文の学習書の一つである。

『吏文大師』は、韓国内においては、高麗大学校および東国大学校の図書館に三種が確認され、いずれも吏文のうち吏読の部分にのみハングルで読法が表記されているが、ここに翻刻する滋賀県長浜市芳洲会所蔵『吏文大師』は、吏読のみならず全文の左側にハングルが併記されている点で、これらと異なる。

書誌は『雨森芳洲関係資料目録[1)]』によると、次の通りである。

---

* 慶熙大学校 日本語学科 助教授 比較文学。

1) 『雨森芳洲関係資料調査報告書』、滋賀県教育委員会編集、高月町立観音の里歴

1冊、27.0×19.5、八(七)紙、楮紙、袋綴冊子装、堅帳、縒仮綴、雨森芳洲編カ、雨森芳洲筆、江戸中期

(原表紙)本紙共紙、(原表紙外題)(内題)吏文大師

(備考)原表紙に「右謹言謹陳」、また「雨森芳洲自筆」(二橋筆)

凡例

一、滋賀県長浜市高月観音の里歴史民俗資料館に保管されている芳洲会所蔵『吏文大師』の翻刻である。

一、漢字は通用の字体に改めた。

一、本文の改行は原文のとおりとした。

一、行移りも原本のままとした。

一、誤字は後部に(ママ)と示した。

一、丁移りは」で示し、裏にのみ」8のように数字で丁付を示した。

一、一カ所のみ上部余白部分に表記があり、〈 〉内に示した。

一、割書きは[ ]内に示し、行移りは / で示した。

一、虫損は□で示した。

『吏文大師』の閲覧等にあたり、高月観音の里歴史民俗資料館(滋賀県長浜市)および芳洲会関係者の皆様には大変お世話になりました。記して御礼申し上げます。

史民俗資料館、1994, p.85。

翻刻

吏文大師 右謹言右謹陳所志矣段右所陳為

니문대ᄉᆞ 우근언우근딘소지의단우소딘ᄒᆞ

白内等奴矣段[公事/공ᄉᆞ]為相考事[云ゝ/운ゝ]合行牒呈伏請照験

ᄉᆞᆲ 등노의단 위샹고ᄉᆞ 합힝텹뎡복쳥죠험

施行須至牒呈者右牒呈某牧使府使郡守[又/우]某使

시힝슈지텹뎡다우텹뎡모목ᄉᆞ부ᄉᆞ군슈 모ᄉᆞ

為行下事[云ゝ/운ゝ]合行移開請[前同考音云ゝ/젼동다딤우ゝ]白等矣身亦他矣

위힝하ᄉᆞ 함(ママ)힝이관쳥 ᄉᆞᆲ등의신녀타의

財穀夜間突入偷取恣意連命資生現露辞縁依律

ᄌᆡ곡야간돌입투취ᄉᆞ의년명ᄌᆞᄉᆡᆼ현노ᄉᆞ연의뉼」

施行報使教事矣徒等亦矣身 向為良矣身耳亦

시힝보ᄉᆞ이샨일의내등이여의몸향ᄒᆞ아의몸ᄯᆞ려

易亦専亦便亦先可最只教是物ゝ白活這ゝ考音

아ᄂᆞ혀뎐혜ᄉᆞᄅᆡ여아딕아딕기이시간ゝ발궐ᄅᆞᆫゝ다딤

追于別乎㗖不喩他矣帖字件記置簿除良捧上絃

조초버림ᄲᅮᆫ안디ᄂᆞᆷ의톄ᄌᆞ블긔치부더러받자시우

如初亦役只導良舎音擬只的只為只為卜定是如

러초혀계기드듸아ᄆᆞᄅᆞᆷ시기마기ᄒᆞ기삼지뎡이다

良中沙始叱謀計向入下手不得更良作文尺文不

아희사비ᄅᆞᆯ모계안드러하슈모질가ᄉᆡ아질문자문안」1

冬遲晩推考報狀牒呈移文開字粘移秘蜜私通相
들디만츄고보장텸뎡이문관ᄌᆞ졈이비밀ᄉᆞ통장(ママ)
考斟酌分揀招引設計懲戒奸猾作弊援引決罪決
고짐쟉분간쵸일셜계징계간활쟉폐와일결죄결
〈爲去等ᄒᆞ거든〉杖為等如歧如其等徒憤怒發悪為去乙粗也為乎
당ᄒᆞ트러가로러지드내분노발악ᄒᆞ거ᄅᆞᆯ아야라ᄒᆞ온
所詮次以為白齋為白置為白遣行下事推考捉送
배뎐ᄎᆞ로ᄒᆞ숣져ᄒᆞ숣두ᄒᆞ숣고힝하ᄉᆞ츄고착송
捜括擲奸看審事荒唐焉乞三切隣并以為白等典
수괄뎍간간신□황당개결삼졀린아오로ᄒᆞ숣든뎐」
當以為乎追于為白良尓為卧乎為白良結為白如
당으로ᄒᆞ온조쵸ᄒᆞ숣아금ᄒᆞ누온ᄒᆞ숣아져ᄒᆞ숣다
可為白有昆為白置有亦為行如可閑良閑丁餘丁
가ᄒᆞ숣유곤ᄒᆞ숣두이시이여ᄒᆞ녀다가한량한뎡여뎡
以抄　付受贈納賂吟囑偏聽飾詐付同退伊相考逃
으로쵸부수증납뇌령촉변청식사부동믈리샹고도
亡為是遣為白乎事為白乎喩為乎㫆諸雑事考準
망ᄒᆞ여고ᄒᆞ숣온ᄉᆞᄒᆞ숣온디ᄒᆞ오며제잡ᄉᆞ고쥰
未盡條件乙良囚禁督促秩丶以恵伊分揀勢家投
미진됴건을안슈금독촉디딜노저스리분간셰가투」2
托壓良為賤僞造文記隣里不睦用術書員頑悪鄉
탁압량위쳔위조문긔린리불목용술셔완완악향
吏侍老為悪非理好訟輕蔑士族凌慢長上年壯處
니시로위악비리호숑경멸ᄉᆞ족능만댱샹년장쳐

女教事一矣身耳亦萬端侵責為乎矣便亦不納為

녀이샨ᄉᆞ 의몸ᄠᅳ려만단침ᄎᆡᆨᄒᆞᄉᆞᆲᄃᆡᄉᆞᄅᆡ혀브납ᄒᆞ

乎樣以次知並囚為白沙餘又為精兵抄出為白臥

온양으로ᄎᆞ지ᄌᆞᆲ슈ᄒᆞᄉᆞᆲ사나마우위졍병쵸츌ᄒᆞᄉᆞᆲ누

乎所加于支當不得極為悶望為白去乙謀免拒逆

온바더욱지당모질극위민망ᄒᆞᄉᆞᆲ거를모면거역」

様以秘密捕促累朔囚禁為白乎旀隣里人叚置常

양으로비밀보착루삭슈금ᄒᆞᄉᆞᆯ오며닌리인ᄯᆞᆫ두샹

為蔑署詈罵悪談為去等易亦對荅為白在如中決

위멸약은마악담ᄒᆞ거등안으려ᄃᆡ답ᄒᆞᄉᆞᆲ견다ᄒᆡ결

不安接為白昆科丶分揀使得存保為白良沙歧如

블안졉ᄒᆞᄉᆞᆲ뽄 과+분간ᄉᆞ득존보ᄒᆞᄉᆞᆲ아사가ᄅᆞ라

等状始訟元情决得無期曖昧莫甚許多卜役並只

등장시숑원졍결득무긔ᄋᆡᄆᆡ막심허다딘역다므기

擬只役只除良雑物以収合定日納官為有去乙罰

시기격기더러잡믈로슈합졍일납관ᄒᆞ잇거늘별」3

定催促乙仍于粗也措備已為捧上尺文受出為有

뎡최촉을지즈루아야라조비이위밧ᄌᆞ자문슈츌ᄒᆞ잇

在而亦更正謀計誣詐白活發明無路仰不下手接

견마리여ᄀᆡᆼᄉᆡᆼ모계무소말괄발명무로앙블하슈뎝

足不得為有如乎適音相逢不意追逐頭髪扶曳滿

족모질ᄒᆞ잇다온마ᄌᆞᆷ샹봉블의츄츅두발부예만

廷周揮軍令决杖僅得解放為有去乙誣飾欺罔萬

뎐슈휘군녕결댱근득ᄒᆡ방ᄒᆞ잇거늘무식긔망만

般侵㔟別乎督徵為巴只揚臂戟目侍其頑悪威力

반침노벼롬독□ᄒᆞ도로기양비극목시기완악위력」

據奪任意私用延拖不納尤于過甚為白齋况旀當

거탈임의ᄉᆞ용연타블납우우과심ᄒᆞᄉᆞᆲ져ᄒᆞ믈며당

畨臨迫悶望無除流離絃如安接不得為白去乎一

번님박민망무메뉴리시우러안졉모질ᄒᆞᄉᆞᆲ거온일

時推閲的實為白去等勿侵事乙分揀解悶是白在

시츄열젹실ᄒᆞᄉᆞᆲ가등믈침ᄉᆞ를분간ᄒᆡ민이ᄉᆞᆲ견

如中使無民寃為白乎去望良白去乎叅商(ママ)行下教

다ᄒᆡᄉᆞ무민원ᄒᆞᄉᆞᆲ올가ᄇᆡ라ᄉᆞᆲ가온참샹힝하이샤

矣唯只怨悶辞縁段根脚不知不干之人乙一族之

되오직원민ᄉᆞ연짠은근각브지블간지인을일족지」4

役無数被侵其等徒根泒詳細査覈曽呈立案并以

역무수피침저드내근패샹세사힉증졍님안아오로

退伊相考不干與否切隣色掌推閲逖亡物故公文

믈리샹고블간여부졀린ᄉᆡᆨ당츄열도망믈고공문

追于現納潜隠充定暗受立案乙良取納爻周為白

조초현랍즘은츙명암슈닙안으란취랍쇼듀ᄒᆞᄉᆞᆲ

遣今後乙良一切勿侵使之安接萬家天恩為白在如中

고음후으란일졀믈침ᄉᆞ지안졉만몽명은ᄒᆞᄉᆞᆲ견다ᄒᆡ

苦務殘民畨價整齋都目牌字蝙蝠之役都将發遣

고무잔민번가명졔도목ᄇᆡᄌᆞ편복지역도댱발견」

勦捕堅囚衙門請托毀訴呈状百般稱頉欲免其役

쵸보견슈아문청탁훼소졍장ᄇᆡᆨ반칭탈요면기역

逢點時公然不現罪不可掩泛濫莫甚是(ママ)白乎矣終

뎜시공연블현죄블가엄범남막심ᄒᆞᄉᆞᆲ오ᄃᆡ동

始發明其悪不測如此奸滑之人乙不為重治後弊

시발명기악블측여ᄎᆞ간활지인을블위듕치후폐

難防孱不喩每欲冒頉不無其責着枷項鎖足鎖従

난방ᄉᆡᆫ안디ᄆᆡ욕모탈블무기ᄎᆡᆨ착갈항사독사동

重决杖使無後弊為白乎旀欺罔官員謀弄呈状偽

듕결댱ᄉᆞ무후폐ᄒᆞᄉᆞᆲ오며긔망관원모롱뎡댱위」5

造文記印後加書悲背洗濯壓良為賤官行為私謀

조문긔인후가셔비ᄇᆡ셰턱압량위텬관ᄒᆡᆼ위ᄉᆞ모

術奸謀淩慢作乱謀陥誣訴横行収斂侵民取利之

ᄉᆞᆯ간모릉만작난모함무소횡ᄒᆡᆼ슈렴침민ᄎᆔ리지

物乙良不分是非盡為属公以懲其濫是白乎旀前

믈으란블분시비딘위쇽공이징기남이ᄉᆞᆲ오며뎌

頭良中身矣茂火一應制馬雑役推刷監考捕盗部

두이ᄒᆡ의몸더브러일응쇄마잡역츄쇄감고보도부

将勸農陥穽守直擬只是沙餘良郷所座首別監長

댱권농함뎡슈딕시기이삼나마향소좌슈별감댱」

官丘従使令羅将吹手軍器庫直伺候別定色吏押

관구죵ᄉᆞ령라댱취슈군긔고딕ᄉᆞ후별뎡ᄉᆡᆨ니압

領罪人拿去移文到付関字成給為有置用術書員

녕죄인나거이문도부관ᄌᆞ셩급ᄒᆞ유두용ᄉᆞᆯ셔원

頑悪郷吏是置自權文書身致富足此必侵民作弊

완악향니이두ᄌᆞ권문셔신치부죡ᄎᆞ필침민작폐

百般謀勅收斂以為己物甘當重治仕官出干粘連

빅반모칙슈렴이위긔믈감당듕티ᄉᆞ관츌궐쳠년

呈状論罪除良已為决折更良訟事真偽現捉更推

명장논죄더러이위결졀가ᄉᆡ아숑ᄉᆞ진위현착ᄀᆡᆼ츄」6

决尾交易放賣逃躲闕失差役歇役成川浦落違法

결미교역방매도타셔실ᄎᆡ역헐역셩쳔개락위벅

决給重記磨勘頒赦行移有旨箋文如前待候毆打

결급듕긔마감반샤ᄒᆡᆼ이유디전문여젼ᄃᆡ후구타

叱辱乱打結縛皆是迷劣一應風損旱災大倘同儻

즐욕난타결박ᄀᆡ시미녈일응풍손한ᄌᆡ대당동당

盡力搜括乗夜突入衝火煨燼恐其反坐構成虛事

딘녁수괄승야돌입튱화회신공기반죄구셩허ᄉᆞ

暗然還放知非誤决姑此書塡

암연환방디비오결고ᄎᆞ셔딘」

『芳洲履歴』 탈초와 해제

최나리*

『芳洲履歴』 해제

『芳洲履歴』의 서지적 사항은 「雨森芳洲関係資料目録」 p123에 다음과 같이 소개되어 있다.

> 雨森芳洲履歴 / 二三・三×四五三・五(①一四〇・二②一一一・五③一一三・〇④八八・八)、四紙、続紙、明治 / (原表紙) 紙本灰色地 / (原表紙外題) 芳洲履歴(貼題簽) (内題) 芳洲履歴 / (奥書) 桂川 (印「子悊」) (印「松守拙印」) / (印記) 印一ノ二 一面 第一紙、印六ノ二 一面 巻首、/ 印九 一面 原表紙見返し、「松守拙印」陰刻方印 一面 巻末、/ 印「子悊」 陰刻方印 一面 巻末 /芳洲の出自と略歴、および対馬における友人・門人・著作・雨森家所蔵の諸先生の書蹟の一覧等を列記したもの。

芳洲의 약력을 중심내용으로 한 책으로 지금의 『芳洲履歴』는 배접 등의 보수작업을 거쳐 권자본(巻子本) 형태로 高月観音の里歴史民俗資料館에 소장되어 있다.

---

* 경희대학교 대학원 박사과정.

『芳洲履歴』는 '近江ノ國、雨森村ノ地士、雨森加兵衛清納嫡、俊良ト称ス、後東五郎ト改ム。芳洲ト号ス(원문은 한문)'와 같이 시작된다.

芳洲의 출신을 시작으로 18세에 木下順庵선생의 문하로 들어간 일부터 81세에 和歌를 익혀 많은 시를 남긴 일까지 芳洲의 약력을 간단히 소개하고 있다. 그 뒤로는 '芳洲、於對馬、尤モ親睦ノ友人、左ニ記'라 하여 大浦忠左衛門・松浦儀右衛門・加嶋兵介・陶山庄右衛門・古川繁右衛門・滝 六郎左衛門・加納幸之介와 같이 対馬에서 芳洲와 깊은 친목을 나눈 벗 7인의 이름과 '以下門人'라 하여 仁位彌三郎・朝岡一學・大浦益之進・堀江道玄・柳 隆元・水崎元意・佐治軍吾・多田新藏(이하생략) 등의 対馬의 문인 19인의 이름을 나열하고 있다.

그 다음에 芳洲의 제자들에 대한 내용과 芳洲著述 40권의 책 이름, 雨森家에서 소장하고 있는 진필류가 '諸先生直筆、雨森家へ所蔵セシハ左ノ人々'라 하여 '仕加賀 木下順菴 先生 / 仕柳川 安東省菴 先生 / 三河 石川丈山 先生(이하생략)'와 같이 33인의 선생들의 이름을 열거하고 있다.

「雨森芳洲関係資料目録」 서지해제에 기술되어 있는 것과 같이 권미에는 桂川이란 이름이 있고 주印 「子懋」와 「松守拙印」이 있다.

『芳洲履歴』 탈초

凡例

가. 芳洲会所蔵이며 滋賀県長浜市高月観音の里歴史民俗資料館에 保管되어 있는 '芳洲履歴'을 탈초 한 것임.

나. 임의로 쉼표와 마침표를 적었음.
다. 원본의 送り仮名는 위에, 返り点은 밑에 적었음.
라. 원문에서 작은 문자로 두 줄로 쓰여 있는 주석은 (　)안에 적었음.

권수본 표제

第一八七号

芳洲履歴

본문

芳洲履歴

近江國、雨森村地士、雨森加兵衛清納、嫡、俊良稱。後東五郎改。号芳洲。別-号橘窓、拾八歳ヨリ来江戸、從學木順菴先生。順菴稱、爲後進領袖、因レ薦メニ、筮-仕対馬、掌文教ヲ、恒接對韓人。追年諸書著述。東-西勉強、数-十度、任用人。
芳洲通象胥之言、毎与韓人、說話、不假譯者、通辨語、八部著述。年及八十一歳、始將學倭歌、執讀古歌、讀古今集、一千遍、後、賦者、一萬首拾六冊。
芳洲於對馬、尤親睦友人左記

大浦忠左衛門

松浦儀右衛門

加嶋兵介

陶山庄右衛門

古川繁右衛門

滝 六郎左衛門

加納幸之介

以下門人

仁位彌三郎

朝岡一學

大浦益之進

堀江道玄

柳 隆元

水崎元意

佐治軍吾

多田新藏

平山文徹

小林藤藏

大浦左兵衛

古藤最吉郎

庄嶋四郎八

阿比留久五郎

古森泰菴

岩崎正太夫

滿山右內

松浦彈正

味木左兵衛 晩学入門四十歳ニシテ学ニ入

印

○本家、近江國伊香郡雨森村地士、披官十七竈土地共ニ代々之姓名ハ別紙ニアリ。

○家系ニ芳洲代儒家ノ三氏ヲ推擧ストアリ。

○朝岡一學蘭畹ハ元豆酘村阿比留(幼名太郎八)ナリ。杉村家若黨タリシガ、学才アルヲ以テ内弟子トナシ、學バシム。遂ニ學成、儒業ヲ以テ追々ニ昇進、後百石ニ命ゼラル。本姓ノ親族タリ。(이 부분 위 여백에 '父六左衛門モ杉村家若党タリ' 라고 되어있음.)

○大浦益之進(幼名徳太郎)枏溪ハ、元六十人ナリ。學ヲ好ミ、内弟子トナランコトヲ希フ。望ニ應シ學バシム。後、儒業ヲ以テ七十石ニ命ゼラル。数代同断ノ事。

○庄嶋四郎八ハ元町人ナリ。同ク學ヲ好ミ、内弟子トナリ、學バシム。遂ニ三人扶持、三石ニ命セラル。互ニ同穴ノ誓約アリ。墓印ニ銀杏ヲ植タリ。(長寿院朝陽軒)境ナリ。後年ノ目的トナランコトヲ希フ。数代同断ノ事。

○芳洲、朝鮮語八部ヲ著述シ、通辨ヲ成サシム。通詞中指揮ヲ致セリ。芳洲以後、朝鮮方頭役ヨリ指揮ス。

○芳洲ノ儒業ハ朝鮮人モ甚尊ヒ、在世中ハ、信使ノ度々、門前ニテ三使輿ヲ下リ候ト、申傳候。

○寶暦四申成五月十七日

芳洲八拾七歳ニシテ、概ヲ祝ス。概ニ書キ有之文、直筆ニシテ、

米 甲戌寶暦四年五月十七日雨森東五郎誠清誕日

概 闔門平安、子孫蔓衍、吉祥善事、仰荷天祐

○芳洲執匕門人古森泰菴ナリ。病体次第ニ衰弱ニ至、泰菴申候ニハ、先生枯レ木ニ花ハ咲キ不申ト被述ケレハ、拙者モ最早枯レ木ニ花ハ咲カヌト存ズルト被答タリ。

日ナラズシテ卒去 寶暦五乙亥正月六日ナリ

○芳洲著述

橘窓茶話

大王連(タワレ)草

治要管見

勧懲定式

一字訓

斛一件記録

交隣始末物語

雨森了簡書

陶鑄規模

芳洲口授

橘窓文集

交隣提醒

鷄林聘事錄

朝鮮風俗考

加信記聞抄

朝鮮大昕錄

朝鮮略説

訥菴先生墓誌

遺愛碑文

芳洲唱酬

潜商論 陶山 松浦 雨森 三先生論

居官頂針

芳洲教諭八條

芳洲訓言

芳洲七ヶ條和解

朝鮮通交初書

信使停止覚書

御通交惣論

讀荘竂言

國書書改惣論 新井白石 芳洲

芳洲詠草 一万首

以下朝鮮語

全一道人 都詞ナリ

交隣須知

隣語大方

崔忠傳

叔香傳

玉香梨

林慶業傳

書状錄

常談

以上四拾部

○諸先生直筆、雨森家へ所蔵セシハ左ノ人々。

仕加賀	木下順菴	先生
仕柳川	安東省菴	先生
三河	石川丈山	先生
近江小川村	中江藤樹	先生

仕柳澤	物 茂卿	先生
仕大府	室 鳩巣	先生
同	新井白石	先生
仕明石	梁田蛻翁	先生
仕津輕	五井純禎	先生
陸奥	鳴 錦江	先生
長門	瀧 鶴台	先生
播磨	三宅滄溟	先生
唐	蘇州伊草	
朝鮮	李 東郭	
同	申 維翰	
賀嶋成白	先生	
陶山訥菴	先生	
元播磨	松浦霞沼	先生
	古川方久	先生
	滿山雷夏	先生
	古藤文菴	先生
	朝岡蘭崦1)	先生
	大浦枘渓	先生
	大浦 忠	先生
	西山寺 梅山	先生
	仁位彌三郎	先生
蓮池	岡 龍洲	先生
加賀	伊藤斎宮	先生
	礒部困斎	先生
雨森鵬海	芳洲嫡	
松浦竜岡	同二男	

1) 원본 앞 부분에는 '朝岡一學蘭畹(エン)'이라고 되어있음.

雨森涓菴　　　　同嫡孫

初 雨森平蔵　　　松浦桂川　　　同二孫

○寶暦五乙亥正月六日 芳洲八拾八歳日吉ニテ没(本宅上馬場筋 別荘日吉)

引導論

西山寺梅山和尚ハ高名ノ僧ニテ、追々引導ヲ近親門下ヨリ依頼スト雖モ、承諾セズ。再三ニ及ヒ、承諾ス。長壽院ニ送リ、棺ヲ飾リシ上、梅山合掌シテ曰、

得タルヤ、ヱセザルヤ、ト。再三ニシテ、ヱセズンバ、野僧ガ一句ヲ示サン

柳ハ碧花ハ紅、ト申終テ焼香ス。

○以酊菴和尚(京都五山ヨリ輪番)　　参ラレテ

宜キ所ニ早ク参ラレヨトテ、焼香セラレタリト云。

○川本惣九郎ハ雨森平蔵(松浦家中絶ノ処、再興ニ付、弾正トナリ、家名相續ス)門人ニシテ、精學儒業ヲ以テ大小姓ニ命ゼラル。元來樫滝村給人、川本氏庶子ナリ。平蔵(後弾正)、中栗栖村牢居中、尚モ指南セシメ、如此仰付ラレタリ。(数代親族タリ)

○永瀬理兵衛(元町人佐護氏)ハ芳洲ノ門人(大浦左兵衛、雨森最左衛門)両門下ニ立入、精學セシメ、儒業ヲ以テ、貳人扶持貳石徒士ニ命ゼラレ、後、大小姓ニ命ゼラレタリ。(右同断)

桂川 印 印

日本學研究의 地平과 再照明

小倉文庫本「天主十戒」 해제와 탈초

정 영 아*

해제

「天主十戒」는 동경대학교 문학부 도서관 오구라문고(小倉文庫)에 소장되어 있는 귀중한 필사본으로서 1932년에 나카무라 쇼지로(中村庄次郎, 1855~1932)가 오구라 신페이(小倉進平 1882~1944)에게 기증한 약 27권에 해당하는 책 가운데 하나이다. 오구라문고에 소장되어 있는 나카무라 쇼지로의 기증본에 대해서는 현재 후쿠이(2002, 2006, 2007)[1), 그리고 정승혜(2008)[2) 등에 의해 연구되고 있다.

후쿠이(2006)는 나카무라 쇼지로의 기증본을 ①역사, 지리, 사회 ②천주교 ③어학 (교과서, 문법, 문자, 작문, 기타) ④문학 (소설, 설화집, 가사) 등 자료의 성격에 따라 총 4가지 항목으로 나누어 분류하고 있다.

---

* 경희대학교 대학원 박사과정.

1) 福井玲(2002)「小倉文庫目録其一新登録本」『朝鮮文化研究』第9号, 東京大学大学院人文社会系研究科·文学部 朝鮮文化研究室紀要, pp.124-182.(2006)「나카무라 쇼지로가 남긴 한국어 학습서에 대하여」『이병근선생퇴임기념 국어학론총』, 태학사, pp.1595-1610.(2007)「小倉文庫目録其二旧登録本」『朝鮮文化研究』第10号, 東京大学大学院人文社会系研究科·文学部 朝鮮文化研究室紀要, pp.105-130.

2) 정승혜(2008)「小倉文庫所藏 나카무라쇼지로 資料의 國語學的 考察」『일본문화연구』 제26집, 동아시아일본학회, pp.101-130.

이 분류에서도 볼 수 있듯이 나카무라 쇼지로의 기증본 가운데 특이한 점은 천주교 관련 자료가 있다는 것이다. 「天主十戒」와 「聖教」가 그것인데 나카무라 쇼지로가 어떠한 목적을 가지고 이 자료를 필사했으며 참고한 원본자료가 무엇인지 아직 밝혀지지 않고 있다. 후쿠이(2006)가 제시한 나카무라 쇼지로 기증본 일람을 보면 나카무라 쇼지로의 기증본은 나카무라 쇼지로가 직접 자신이 필사했다고 적은 자료와 그러한 내용을 찾아 볼 수 없지만 붓글씨로 보아 나카무라 쇼지로가 필사한 것으로 추정되는 자료로 나뉘는데 천주교 관련 내용을 담고 있는 필사본 중에서 「天主十戒」는 전자이며 「聖教」는 후자에 해당된다. 나카무라 쇼지로의 「天主十戒」가 필사된 시기를 감안해 보았을 때 어떤 자료를 바탕으로 「天主十戒」를 필사 했는지에 대해 알아보기 위해서는 조선후기의 한글 필사본 천주교 자료에 대해 파악해 볼 필요가 있을 것이라 여겨진다.

「天主十戒」의 서지적 사항은 후쿠이(2002)에 의하면 다음과 같다.

中村庄次郎写 / 明治10년(1877)写本. / 1冊(22丁). / 16.7x2.3cm. / 仮綴. / [中村翁遺書].

「天主十戒」 탈초

범례

一、원본 쪽수는 해당쪽 맨 끝에 '」(1a)'와 같이 표시했음.

一、띄어쓰기를 하여 마침표를 찍었음.

표지

片巻深々功夫省察自己罪
中村松景
明治十年第十二月謄写

天主十戒

본문

天主十戒

第一戒

祖上의 목픽(木牌)의 절ᄒᆞ기를 죄 잇고 異端의 말ᄒᆞᄂᆞᆫ 쟈 죄 잇고 이단 일을 효험 잇ᄂᆞᆫ 줄 밋ᄂᆞᆫ 者.

온갖 吉凶의 증조 밋ᄂᆞᆫ 쟈.

쑴이 맛ᄂᆞᆫ 줄로 밋ᄂᆞᆫ 쟈.

疑心ᄒᆞ고 셩ᄉᆞ 밧ᄂᆞᆫ 쟈 죄 잇고 입으로 비교ᄒᆞᄂᆞᆫ 말ᄒᆞᄂᆞᆫ 쟈.」(1a)

남의 뜰아 셩교 훼방ᄒᆞᄂᆞᆫ 쟈.

샤망ᄒᆞᆫ 일을 스ᄉᆞ로 行ᄒᆞᄂᆞᆫ 쟈.

남을 도아 샤망ᄒᆞᆫ 일 行ᄒᆞᄂᆞᆫ 쟈.

聖教 도리가 춤 되지 아닌가 의심ᄒᆞᄂᆞᆫ 쟈.

텬당 디옥이 춤으로 잇디 아닌가 의심ᄒᆞᄂᆞᆫ 쟈.

텬쥬의 샹별이 공번되지 아닌가 의심ᄒᆞᄂᆞᆫ 쟈.」(1b)

妄佞되이 셰목을 ᄇᆞ라ᄂᆞᆫ 쟈.

규계 직희기 어려워 아니 직희여 ᄒᆞ다가 後에 곳치쟈 ᄒᆞ기를 내 功이 足히 乘天홀 만ᄒᆞ다 ᄒᆞᄂᆞᆫ 쟈.

죄를 짓고 곳치지 아니ᄒᆞ고 내 원 디옥으로 가렷다 ᄒᆞᄂᆞᆫ 쟈.

셩ᄉᆞ를 밧으면 내 죄를 샤ᄒᆞ리라 ᄒᆞ고 짐즛 犯ᄒᆞᄂᆞᆫ 者.」(2a)

공연이 텬주 령적 뵈시기를 ᄇᆞ라ᄂᆞᆫ 쟈.

ᄌᆞ식이나 財物이나 ᄉᆞ랑ᄒᆞ기를 텬쥬의셔 더ᄒᆞᄂᆞᆫ 쟤.

텬쥬ᄉᆞ랑ᄒᆞᄂᆞᆫ 열심으로 홍샹 발ᄒᆞ지 아니ᄒᆞᄂᆞᆫ 쟤.

病드나 艱難ᄒᆞ거나 ᄒᆞᆫ ᄯᅴ예 天主의 도아주지 아니신다 ᄒᆞ고 怨望ᄒᆞᄂᆞᆫ 쟤.

조만과 궐ᄒᆞᄂᆞᆫ 쟤.」(2b)

요긴ᄒᆞᆫ 도리 ᄇᆡ화 닉키기를 게얼니ᄒᆞᄂᆞᆫ 쟤.

셩교 글 보기 게얼니ᄒᆞᄂᆞᆫ 쟤.

도리 드를 ᄣᆡ의 조으ᄂᆞᆫ 쟤.

열심 업시 미샤 쳠례ᄒᆞᄂᆞᆫ 쟤.

다ᄅᆞᆫ 사ᄅᆞᆷ의 신공 브ᄌᆞ런이ᄒᆞᆷ믈 슬희여ᄒᆞᄂᆞᆫ 쟤.

념경홀 ᄣᆡ예 다ᄅᆞᆫ ᄉᆡᆼ각을 ᄒᆞ거나 혹 조으ᄂᆞᆫ 쟤.

념쥬나 셩두나 더러은ᄃᆡ 두ᄂᆞᆫ 쟤.

무ᄉᆞᆷ 연고를 의논치 말고 셩두를 혹 사거나」(3a) 팔거나 ᄒᆞᄂᆞᆫ 쟤.

대샤를 위ᄒᆞ야 념쥬나 셩픠를 사거나 혹 팔거나 ᄒᆞᄂᆞᆫ 쟤.

대죄되ᄂᆞᆫ 이라.

第二戒

내가 져진 일을 아니ᄒᆞ엿다 ᄒᆞᄂᆞᆫ 재.

만일 ᄒᆞ엿시면 숀목이 부러지겟다 ᄒᆞᄂᆞᆫ 재.

내가 ᄒᆞᆫ 말을 모로노라 ᄒᆞᄂᆞᆫ 재.

내가 万一 그 말을 ᄒᆞ엿시면 벙어리가 되겟다」(3b) ᄒᆞᄂᆞᆫ 재.

혹(或) 내 혜가 썩겟다 ᄒᆞᄂᆞᆫ 재.

입으로 나오ᄂᆞᆫ ᄃᆡ로 헛 ᄆᆡᆼ(盟誓)셔ᄒᆞᄂᆞᆫ 재.

하늘임아 보옵쇼셔 ᄒᆞᄂᆞᆫ 재.

푸른 하늘이 ᄂᆞ려다 보신다 ᄒᆞᄂᆞᆫ 재.

万一 내가 이 말을 ᄒᆞ엿시면 벼락을 맛겟다 ᄒᆞᄂᆞᆫ 재.

ᄆᆞ옴과 말이 서로 ᄀᆞᆺ지 아닌 말 ᄒᆞᄂᆞᆫ 재.

ᄋᆡ긍이나 념경이나 경을 직희리라 ᄒᆞ쟈 ᄒᆞ고」(4a) 盟誓ᄒᆞ엿다가 후에 그 ᄃᆡ로 아니ᄒᆞᄂᆞᆫ 재.

원슈(怨讐)갑거나 셜치(雪恥)ᄒᆞ거나 그런 몹쓸 일을 ᄒᆞ쟈 ᄒᆞ고 盟誓ᄒᆞᄂᆞᆫ 재.

하늘이나 대희나 ᄇᆞ람이나 비를 원망(怨望)ᄒᆞᄂᆞᆫ 재.

第三戒

쥬일(主日)이나 대쳠례 날이나 규계를 직희지 아니ᄒᆞ고 파공ᄒᆞ지 아니ᄒᆞᄂᆞᆫ 재.

다른 緣故-업시 쇼ᄌᆡ(小罪)나 대ᄌᆡ를 직희지 아니ᄒᆞᄂᆞᆫ」(4b) 재.

쳠례포를 ᄌᆞ조 보지 아니ᄒᆞᄂᆞᆫ 재.

다른 연고-업시 대ᄌᆡ 날 져녁의 어듭기 젼에 졈셤 먹ᄂᆞᆫ재.

第四戒

父母-늘거나 병 든 ᄶᅢ에 恭順치 아니ᄒᆞ고 슬희여ᄒᆞᄂᆞᆫ 재.

父母 일ᄌᆞᆨ 죽기를 願ᄒᆞᄂᆞᆫ 者.」(5a)

父母를 ᄭᅮ짓고 ᄒᆞᆫᄒᆞᄂᆞᆫ 재.

악ᄒᆞᆫ 말노 父母를 상해오ᄂᆞᆫ 者.

父母-듯지 아니ᄒᆞᄂᆞᆫᄃᆡ 회방ᄒᆞ고 과실의 말 ᄒᆞᄂᆞᆫ 者.

쌀々ᄒᆞᆫ 낫ᄎᆞ로 父母-待接ᄒᆞᄂᆞᆫ 者.

父母와 ᄒᆞᆫ 가지로 드ᄅᆞ며셔 말ᄃᆡ접 ᄒᆞᄂᆞᆫ 者.

父母와 관쟝(官長)을 훼방(毁謗)ᄒᆞᄂᆞᆫ 재.

ᄆᆞ옴으로 国王과 官長을 ᄒᆞᆫᄒᆞ야 일ᄌᆞᆨ 죽기를」(5b) 願하ᄂᆞᆫ 者.

존장을 업슈이 넉이ᄂᆞᆫ 者.

父母의 바ᄅᆞᆫ 명(命)을 듯지 아니ᄒᆞᄂᆞᆫ 者.

父母의 바로지 아니ᄒᆞᆫ 명 듯ᄂᆞᆫ 者.

힘을 다ᄒᆞ여 父母의 靈魂 늘 도라보지 아니ᄒᆞᄂᆞᆫ 者.

父母 病 든 ᄣᅢ에 힘을 다ᄒᆞ야 조치ᄒᆞ고 안위ᄒᆞ지 아니ᄒᆞᄂᆞᆫ 者.」(6a)

兄弟와 ᄌᆞᄆᆡ와 서로 셩내여 ᄭᅮ짓고 싸호ᄂᆞᆫ 者.

父母의 衣食을 도라보지 아니ᄒᆞᄂᆞᆫ 者.

父母를 爲ᄒᆞ야 쥬ᄭᅴ 보우ᄒᆞ야 주시기를 구ᄒᆞ지 아니ᄒᆞᄂᆞᆫ 者.

兄弟와 ᄌᆞᄆᆡ와 존장과 親戚 모든 사ᄅᆞᆷ을 미워ᄒᆞᄂᆞᆫ 者.

夫婦 서로 怨讐ᄒᆞ고 ᄒᆞᆫᄒᆞᄂᆞᆫ 者.

子息이 八歲 後에 要緊ᄒᆞᆫ 道理와 經文을 ᄀᆞᄅᆞᆺ」(6b)치지 아니ᄒᆞᄂᆞᆫ 者.

子息이 大罪를 犯ᄒᆞᄂᆞᆫ 줄노 ᄇᆞᆰ이 알며 힘을 다ᄒᆞ여 그 罪根을 ᄭᅳᆫ허주지 아니ᄒᆞᄂᆞᆫ 者.

子息을 盜賊질ᄒᆞ기를 ᄀᆞᄅᆞᆺ치ᄂᆞᆫ 者.

子息이 盜賊질ᄒᆞ여 온 믈건을 감초와 쓰ᄂᆞᆫ 者.

奴僕의 령혼을 도라보지 아니ᄒᆞᄂᆞᆫ 者.

子息이나 婢僕이나 過度히 치ᄂᆞᆫ 者.

子息이나 婢僕이나 病 든 ᄯᅢ예 힘을 다ᄒᆞ여 죠」(7a)리(調理)ᄒᆞ여 주지 아닌 ᄒᆞᄂᆞᆫ 者.

子息을 일즉 죽기를 願ᄒᆞᄂᆞᆫ 者.

子息을 탓ᄒᆞ야 ᄭᅮ짓고 辱ᄒᆞᄂᆞᆫ 者.

안ᄒᆡ와 子息의 衣食을 도라보지 아니ᄒᆞᄂᆞᆫ 者.

子息이 잘못ᄒᆞᆫ 거슬 過度히 責望ᄒᆞᄂᆞᆫ 者.

第五戒 이계 남이라 말은 父母 同生 親戚 비복이 아니라

사ᄅᆞᆷ을 肉身을 죽인 죄.

ᄆᆞ옴으로 사ᄅᆞᆷ을 죽인 죄.」(7b)

남을 怨望하고 ᄒᆞᆫᄒᆞᄂᆞᆫ 者.

남을 미워ᄒᆞᄂᆞᆫ 者.

남의 ᄌᆡ앙(災殃)과 환난(患亂)을 만나거나 죽거나 ᄒᆞᄂᆞᆫ 거슬 보묘 즐겨ᄒᆞᄂᆞᆫ 쟈.

입으로 사ᄅᆞᆷ을 죽기커나 毒한 말노 사ᄅᆞᆷ을 ᄒᆞᆫᄒᆞ거나 원망ᄒᆞ야 ᄭᅮ짓ᄂᆞᆫ 者.

남을 付囑ᄒᆞ여 서로 원수되게 ᄒᆞᄂᆞᆫ 者.

남을 여러 사ᄅᆞᆷ의 압헤셔 능욕(辱)ᄒᆞ여 븟」(8a)그럽게 ᄒᆞᄂᆞᆫ 者.

손으로 사ᄅᆞᆷ을 죽인 죄.

쥬먹으로 치거나 발노 차ᄂᆞᆫ 者.

잘그나 막ᄃᆡ로나 毒藥으로 ᄀᆞ만이 사ᄅᆞᆷ을 害ᄒᆞᄂᆞᆫ 者.

사ᄅᆞᆷ의 령혼을 죽인 죄.

내가 샹업ᄉᆞᆫ 노ᄅᆞᆺ슬ᄒᆞ여 남이 보고 ᄯᅩᆯ아ᄒᆞᄂᆞᆫ 쟈.」(8b)

나 젹은 사ᄅᆞᆷ을 誘引ᄒᆞ야 罪犯ᄒᆞ게 ᄒᆞᄂᆞᆫ 者.

그른 道理를 강논ᄒᆞ야 남이 밋개ᄒᆞᄂᆞᆫ 者.

남이 가난하고 병 든 거슬 보고 힘이 능(能)히 구(救)ᄒᆞᆯ 만ᄒᆞᆫᄃᆡ 구ᄒᆞ지 아니ᄒᆞᄂᆞᆫ 쟈.

남이 罪를 犯ᄒᆞᄂᆞᆫ 거슬 보고 도로 기리고 슬히 ᄒᆞ야 주ᄂᆞᆫ 쟈.

스ᄉᆞ로 죽인 죄.

내 몸을 스ᄉᆞ로 원망(怨望)ᄒᆞ여 죽고 시프다 ᄒᆞᄂᆞᆫ 쟈.」(9a)

내 몸을 스ᄉᆞ로 원망ᄒᆞ여 죽기를 원ᄒᆞᄂᆞᆫ 쟤.

내 몸을 스ᄉᆞ로 샹해오ᄂᆞᆫ 쟤.

음식을 과(過)히 먹어 병(病) 나개 ᄒᆞᄂᆞᆫ 쟤.

병 든 ᄯᅢ예 병 더 칠거슬 먹ᄂᆞᆫ 쟤.

병 든 ᄯᅢ예 醫員의 말이 드ᄅᆞᆯ 만ᄒᆞᄃᆡ 듯지 아니ᄒᆞᄂᆞᆫ 쟤.

술이 醉ᄒᆞ여 술을 토ᄒᆞᄂᆞᆫ 쟈.

ᄌᆞ식을 죽인 죄.」(9b)

藥이나 무슴 計較로써 子息을 ᄇᆡ지 못ᄒᆞ개 ᄒᆞᄂᆞᆫ 쟈.

子息 ᄇᆡ여실 ᄯᅢ에 操心ᄒᆞ지 아니커나 藥을 먹어 落胎ᄒᆞᄂᆞᆫ 쟈.

밤의 ᄌᆞ다가 삼가지 아니ᄒᆞ여 子息을 눌너 죽이ᄂᆞᆫ 쟤.

아희 病이 重ᄒᆞᆫ ᄯᅢ예 대셰ᄒᆞ여 주지 아니ᄒᆞᄂᆞᆫ 者.

남이 和睦지 아니믈 보고 힘이 능히 和睦븟칠 만」(10a)ᄒᆞᄃᆡ 권ᄒᆞ지 아니ᄒᆞᄂᆞᆫ 쟈.

자로나 노흐로나 스ᄉᆞ로 죽으리라ᄒᆞᄂᆞᆫ 쟈.

비리ᄅᆞᆯ ᄇᆞ리지 아니하고 짐즛 쓰기ᄅᆞᆯ.

第六戒

음난ᄒᆞᆫ 지방에 가ᄂᆞᆫ 쟈.

음난ᄒᆞᆫ 生覺을 짐즛 즐겨 머무ᄅᆞ고 즉시 믈나치지 아니ᄒᆞᄂᆞᆫ 쟤.

음난ᄒᆞᆫ 지방과 사ᄅᆞᆷ과 믈건을 ᄉᆞᆫ허 ᄇᆞ」(10b)리믈 원치 아니ᄒᆞᄂᆞᆫ 쟈.

입으로 음난ᄒᆞᆫ 말을 일우ᄂᆞᆫ 쟈.

子息 나하 기ᄅᆞ기를 슬희여ᄒᆞ야 힝방ᄒᆞ지 아니ᄒᆞᄂᆞᆫ 쟈.

음난ᄒᆞᆫ 말을 듯기 즐겨 ᄒᆞᄂᆞᆫ 쟈.

음난ᄒᆞᆫ 노ᄅᆡᄒᆞᄂᆞᆫ 쟈.

男女-가 만ᄒᆞᆫ 곳의셔 ᄉᆞᄉᆞ로이 말ᄒᆞ야 유인ᄒᆞᄂᆞᆫ 쟈.」(11a)

짐즛 肉身을 ᄭᅮ며 다ᄅᆞᆫ 사ᄅᆞᆷ 誘引ᄒᆞᄂᆞᆫ 者.

짐즛 단졍치 아닌 衣服을 닙어 ᄒᆞ톄를 들어내여 조출ᄒᆞᆫ 표양 문흐치ᄂᆞᆫ 쟈.

夫婦 서로 대셰ᄒᆞᄂᆞᆫ 쟈.

夫婦 서로 대셰ᄒᆞᆫ 後에 힝방ᄒᆞᄂᆞᆫ 쟈.

대셰ᄒᆞ야 준 사ᄅᆞᆷ과 서로 샤음을 犯ᄒᆞᄂᆞᆫ 쟈.

第七戒 」(11b)

남을 일 씨기고 품 주지 아니ᄒᆞᄂᆞᆫ 쟈.

남의 일을 ᄒᆞ야 주고 그 物件을 ᄀᆞ만이 가지가ᄂᆞᆫ 쟈.

쟝인이 나문 거슬 ᄀᆞ만이 감초ᄂᆞᆫ 쟈.

혹 흥졍ᄒᆞ야 주고 ᄀᆞ만이 남겨가ᄂᆞᆫ 쟈.

남의 일을 마타 잘 ᄒᆞ야 주지 아니ᄒᆞᄂᆞᆫ 쟈.

빗 주고 변니 밧ᄂᆞᆫ 쟈.

빗 지고 즐겨 갑지 아니ᄒᆞᄂᆞᆫ 쟈.」(12a)

감시 ᄊᆞᆫ 거슬 탐ᄒᆞ야 盜賊질 ᄒᆞ여 온 거슬 사ᄂᆞᆫ 쟈.

盜賊질 ᄒᆞ야 온 거슬 감초아 주ᄂᆞᆫ 쟈.

남의 財物을 노ᄅᆞᆷᄒᆞ야 업시 ᄒᆞᄂᆞᆫ 쟈.

남 보ᄂᆞᆫᄃᆡ 것출 착ᄒᆞᆫ 톄ᄒᆞ야 남의게 기ᄅᆞᆷ 든ᄂᆞᆫ 쟈.

남의 나믈이나 실과를 盜賊ᄒᆞ여 오ᄂᆞᆫ 쟈.

남의 남글 盜賊ᄒᆞ야 오ᄂᆞᆫ 쟈.

집안 어른 모ᄅᆞ개 무ᄉᆞᆷ 믈건을 ᄀᆞ만이 다ᄅᆞᆫ 사ᄅᆞᆷ 주ᄂᆞᆫ 쟈.」(12b)

즁ᄒᆞᆫ 져울과 큰 ᄌᆞ와 말로 ᄭᅮ어오고 졍ᄒᆞᆫ고 젹은 거ᄉᆞᆯ 갑ᄂᆞᆫ 쟈.

남의 큰 믈건을 盜賊ᄒᆞ야 오ᄂᆞᆫ 쟈.

남의 ᄲᅡ진 物件을 어더 가져 본 님쟈의게 도라보내지 아니ᄒᆞᄂᆞᆫ 쟈.

남의 우마나 계건을 盜賊ᄒᆞ야 오ᄂᆞᆫ 쟈.

남의 젼쟝이나 가ᄉᆞᆫ을 ᄲᅢ아사 가ᄂᆞᆫ 쟈.

집안 物件을 ᄉᆞ々로이 감초고 兄弟와 더브」(13a)러 고로 ᄂᆞᆫ호지 아니ᄒᆞᄂᆞᆫ 쟈.

속이고 남의 財物을 ᄲᅢ앗ᄂᆞᆫ 쟈.

시ᄌᆡᆨᄒᆞᄂᆞᆫ 사ᄅᆞᆷ이 아니어ᄂᆞᆯ 내 物件을 밧기를 밋쳔을 ᄀᆞᆺ치 ᄒᆞ야 니를 ᄂᆞᆫ호쟈 ᄒᆞ고 다만 밋쳔이 々ᄌᆞ라진 거ᄉᆞᆯ 내 모ᄅᆞᄂᆞᆫ 톄ᄒᆞ야 그 害를 ᄀᆞᆺ치 당치 아니ᄒᆞᄂᆞᆫ 쟈.

다ᄅᆞᆫ 사ᄅᆞᆷ의 財物이 내게 잇ᄂᆞᆫ 거ᄉᆞᆯ 그 본 님자의게 도라보내지 아니ᄒᆞᄂᆞᆫ 쟈.」(13b)

物件을 빌어다가 샹해오고 ᄀᆡ워 주지 아니ᄒᆞᄂᆞᆫ 쟈.

거즛 物件을 ᄆᆞᆫᄃᆞ라 ᄎᆞᆷ 物件을로 속여 파ᄂᆞᆫ 쟈.

흥졍ᄒᆞᆯ ᄯᅢ예 갑ᄉᆞᆯ 더 밧고 본 님자의 도라보내지 아니ᄒᆞᄂᆞᆫ 쟈.

사ᄅᆞᆷ으로 盜賊질 ᄒᆞ기 ᄀᆞᄅᆞ치기를 사ᄅᆞᆷ이 盜賊질 ᄒᆞᄂᆞᆫ 쟈.」(14a)

쟝사ᄒᆞᆯ ᄯᅢ에 남ᄂᆞᆫ 니를 ᄂᆞᆫ홀제 동모를 속이ᄂᆞᆫ 쟈.

남의 일홈 제 ᄆᆞ옴과 힘을 다ᄒᆞ야 ᄒᆞ지 아니ᄒᆞ고 ᄒᆞ야곰 은젼을 헤비케 ᄒᆞᄂᆞᆫ 쟈.

돈과 양식(糧食)과 부셰를 밧치지 아니ᄒᆞᄂᆞᆫ 쟈.

젹은 거ᄉᆞᆯ 주고 큰 거ᄉᆞᆯ 밧고ᄂᆞᆫ 쟈.

나ᄌᆞᆫ 物件을로 놉흔 믈건을 밧고ᄂᆞᆫ 쟈.
남의 財物을 속이ᄂᆞᆫ 쟈.」(14b)

第八戒

거즛말을ᄒᆞ여 사ᄅᆞᆷ을 害 밧게ᄒᆞᄂᆞᆫ 쟈.
平生ᄒᆞᆫ 일의 거즛말ᄒᆞᄂᆞᆫ 쟈.
내 망증ᄒᆞ므로 다ᄅᆞᆫ 사ᄅᆞᆷ이 보고 원통ᄒᆞ개 ᄒᆞᄂᆞᆫ 쟈.
관졍의셔 망녕되이 증참ᄒᆞ여 사ᄅᆞᆷ으로 해를 밧개ᄒᆞᄂᆞᆫ 쟈.
다ᄅᆞᆫ 사ᄅᆞᆷ이 음난ᄒᆞ고 盜賊질 ᄒᆞ고 무」(15a)ᄉᆞᆷ 비리에 지실ᄒᆞᄂᆞᆫ가 의심ᄒᆞᄂᆞᆫ 쟈.
말을 젼수ᄒᆞ여 사ᄅᆞᆷ을 훼방ᄒᆞᄂᆞᆫ 쟈.
남의 훼방ᄒᆞᄂᆞᆫ 말을 듯고 도로 혀 부촉ᄒᆞ여 더ᄒᆞ개 ᄒᆞᄂᆞᆫ 쟈.
다ᄅᆞᆫ 사ᄅᆞᆷ이 착ᄒᆞ지 아닌 일들 ᄒᆞ여도 々로 혀 찬미ᄒᆞᄂᆞᆫ 쟈.
뎌-가 잘못ᄒᆞ고 남의게 미워ᄒᆞᄂᆞᆫ 쟈.
다ᄅᆞᆫ 사ᄅᆞᆷ의 허물을 보고 들어내ᄂᆞᆫ 쟈.」(15b)
공교ᄒᆞᆫ 노ᄅᆡ 곡쵸로 사ᄅᆞᆷ을 속이고 만모ᄒᆞᄂᆞᆫ 쟈.
남의 벼ᄉᆞᆯ과 本業을 ᄲᅢ앗ᄂᆞᆫ 쟈.
그ᄅᆞᆫ 사ᄅᆞᆷ을 쳔거ᄒᆞ여 공사 차지ᄒᆞ개 ᄒᆞᄂᆞᆫ 쟈.
남의 시비를 젼ᄒᆞ여 들어내고져 ᄒᆞᄂᆞᆫ 쟈.
남의 시비를 젼ᄒᆞ야 ᄆᆞ옴의 비록 해케 ᄒᆞᆯ ᄉᆡᆼ각이 업ᄉᆞ되 다ᄅᆞᆫ 사ᄅᆞᆷ이 맛ᄎᆞᆷ내 그 해를 밧」(16a)ᄂᆞᆫ 쟈.
物件을 일코 다ᄅᆞᆫ 사ᄅᆞᆷ이 盜賊ᄒᆞ여 간가 의심ᄒᆞᄂᆞᆫ 쟈.
物件을 일코 망녕되이 이웃 사ᄅᆞᆷ을 무함ᄒᆞ야 독ᄒᆞᆫ 말노 ᄭᆞ짓ᄂᆞᆫ 쟈.
이웃 사ᄅᆞᆷ과 서로 不和ᄒᆞ여 달과 ᄀᆡ를 빙거러 ᄭᆞ지ᄂᆞᆫ 쟈.

사름을 강박히 ᄒᆞ여 남의 ᄉᆞᄉᆞ로은 일과 숨」(16b)은 죄악을 뭇는 쟈.
다른 사름의 악ᄒᆞᆫ 일을 낫ᄎᆞ로 말ᄒᆞ여 그 사름으로 怨望ᄒᆞ고 ᄒᆞᆫᄒᆞ개 ᄒᆞᄂᆞᆫ 쟈.
모든 사름 즁 웃듬으로 화를 짓고 시비를 일우워 사름으로 ᄒᆞ야곰 해를 밧개ᄒᆞᄂᆞᆫ 쟈.
남의 ᄉᆞᄉᆞ로온 일에 젼파치 말기를 임의 허락ᄒᆞ고 후에 들어내ᄂᆞᆫ 쟈.
ᄉᆞᄉᆞ로이 남의 片紙 써여 보ᄂᆞᆫ 쟈.」(17a)
여러히 모화 무익ᄒᆞᆫ 말노 어ᄌᆞ러이 강논ᄒᆞ야 남의 시비쟝단 말ᄒᆞᄂᆞᆫ 쟈.
남의 그릇ᄒᆞᆫ 일이 업ᄂᆞᆫ 거ᄉᆞ로 내가 그 잇ᄂᆞᆫ 줄노 증참ᄒᆞᄂᆞᆫ 쟈.
다른 사름의 착ᄒᆞ지 아닌 일을 저 사름은 알고 이 사름은 모로ᄂᆞᆫ 거슬 내가 전파ᄒᆞᄂᆞᆫ 쟈.
공교ᄒᆞᆫ 말로 사름을 도ᄋᆞ고 훼방ᄒᆞᄂᆞᆫ 쟈.」(17b)
훼방ᄒᆞᄂᆞᆫ 말 듯기 됴화ᄒᆞᄂᆞᆫ 쟈.
다른 사름이 본 ᄃᆡ 不和ᄒᆞᆫ 거슬 내가 도아 더옥 不和ᄒᆞ개 ᄒᆞᄂᆞᆫ 쟈.
사름을 달내고 유인ᄒᆞ야 남의 시비를 젼ᄒᆞ개 ᄒᆞᄂᆞᆫ 쟈.

第九戒

지아비나 지어미나 엇즌타ᄒᆞ고 ᄆᆞ옴의 슬희여 ᄒᆞ고 ᄒᆞᆫᄒᆞᄂᆞᆫ 쟈.」(18a)
다른 사름의 지아비나 지어미나 착ᄒᆞ다 ᄒᆞ고 블버 ᄒᆞᄂᆞᆫ 쟈.
夫婦 합방홀 ᄯᅢ예 다른 사름을 ᄉᆡᆼ각ᄒᆞᄂᆞᆫ 쟈.

第十戒

길 ᄃᆞᆫ일 ᄯᅢ예 빠진 財物 엇기 ᄉᆡᆼ각ᄒᆞᄂᆞᆫ 쟈.
망녕된 부쟈되기 ᄉᆡᆼ각ᄒᆞᄂᆞᆫ 쟈.

일교오」(18b)

ᄌᆞ긔가 다ᄅᆞᆫ 사ᄅᆞᆷ의셔 열심과 규계 직힘과 도리의 명ᄇᆡᆨᄒᆞ미 다ᄅᆞᆫ 사ᄅᆞᆷ의셔 나흔가 ᄉᆡᆼ각ᄒᆞᄂᆞᆫ 쟈.

ᄌᆞ긔 이건으로 固執ᄒᆞ고 ᄎᆞᆷ 道理의 降服지 아니ᄒᆞᄂᆞᆫ 쟈.

다ᄅᆞᆫ 사ᄅᆞᆷ이 自己를 恭敬ᄒᆞ고 밧들기 원ᄒᆞᄂᆞᆫ 쟈.

착ᄒᆞᆫ 일 잇ᄂᆞᆫ 거슬 텬쥬개 도라보내지」(19a) 아니ᄒᆞ고 ᄌᆞ긔 힘을 아ᄂᆞᆫ 쟈.

학문과 ᄌᆡ능을 미어 ᄌᆞ긔를 과쟝ᄒᆞ고 다ᄅᆞᆫ 사ᄅᆞᆷ을 경홀이 넉이ᄂᆞᆫ 쟈.

스ᄉᆞ로 놉고 큰 톄ᄒᆞ야 남의 착ᄒᆞᆫ 말을 듯지 아니ᄒᆞᄂᆞᆫ 쟈.

큰 일 ᄒᆞ기를 됴화ᄒᆞ야 사ᄅᆞᆷ의게 기람 구ᄒᆞᄂᆞᆫ 쟈.

ᄌᆞ긔ᄒᆞᆫ 일을 ᄌᆞ랑ᄒᆞ여 그 능이 만흔 줄」(19b)노 들어내ᄂᆞᆫ 쟈.

다ᄅᆞᆫ 사ᄅᆞᆷ과 슈작ᄒᆞᆯ ᄶᅢ예 ᄌᆞ긔를 과쟝케 ᄒᆞᄂᆞᆫ 쟈.

ᄌᆞ긔의 사오나온 일과 흉한 일을 층찬ᄒᆞᄂᆞᆫ 者.

二ᄂᆞᆫ 간린　　삼은 미ᄉᆡᆨ

四ᄂᆞᆫ 분노　　五ᄂᆞᆫ 탐도

六은 질투」(20a)

남의 벼슬과 財物잇ᄂᆞᆫ 거슬 슬희여 ᄒᆞ고 미워ᄒᆞᄂᆞᆫ 쟈.

ᄌᆞ긔의 본분은 가ᄒᆞ지 아니믄 살피지 아니ᄒᆞ고 남의 편벽되이 잇ᄂᆞᆫ 거슬 한ᄒᆞᄂᆞᆫ 쟈.

다ᄅᆞᆫ 사ᄅᆞᆷ의 풍셩ᄒᆞᆫ 거ᄉᆞᆯ 흘희여 ᄒᆞ야 해할 ᄭᅬ를 두ᄂᆞᆫ 쟈.

남의 일이 아니되ᄂᆞᆫ 거ᄉᆞᆯ ᄯᅳᆺ에 즐겨 ᄒᆞᄂᆞᆫ 쟈.」(20b)

칠나태

념경ᄒᆞᆫ 것과 착ᄒᆞᆫ 공부ᄒᆞ기의 게얼니ᄒᆞ고 맛당이 ᄒᆞᆯ 일의 게얼어 ᄒᆞ지 아니ᄒᆞᄂᆞᆫ 쟈.

ᄌᆞ녀와 하인을 요긴ᄒᆞᆫ 도리를 ᄀᆞᄅᆞ치기의 게얼니 ᄒᆞᄂᆞᆫ 쟈.

무익ᄒᆞᆫ 일에 시일을 허비ᄒᆞ고 착ᄒᆞᆫ 공부ᄒᆞ기의 힘 쓰지 아니ᄒᆞᄂᆞᆫ 자.」(21a)

이 十戒를 仔細히 보와 셩찰ᄒᆞ라.
十戒를 보니 텬당 길이 아득ᄒᆞ다.
죄를 셩찰ᄒᆞ되 十戒 ᄎᆞ리 ᄎᆞᆺ지말고 호々망々 ᄉᆡᆼ각ᄒᆞ여 셩찰ᄒᆞ여 가지고 단々이 고ᄒᆡᄒᆞ라.
셩찰ᄒᆞ야 ᄀᆞ지고 탁덕 압희 이라러 고ᄒᆡᄒᆞᆯ ᄯᅴ예 몬져 내가 신덕 보존치 못 홈과 망덕 건고치 못 홈과 ᄋᆡ덕 ᄒᆞᆼ샹 발」(21b)치 못홈을 몬져 고ᄒᆞ고 후에 고ᄒᆡᄒᆞ라.

中村庄次郎翁より寄贈
昭和七年八月　　　進平」(22a 뒷표지 면지)

참고문헌

- 정승혜(2008)「小倉文庫所藏 나카무라쇼지로 資料의 國語學的 考察」『일본문화연구』제26집, 동아시아일본학회, pp.101-130.
- 정영아(2010)「小倉文庫本「天主十戒」필사의 배경 -「셩찰긔략」을 중심으로 -」『일어일문학연구』제75집, 한국일어일문학회, pp.361-378.
- 福井玲(2002)「小倉文庫目録其一新登録本」『朝鮮文化研究』第9号, 東京大学大学院人文社会系研究科·文学部 朝鮮文化研究室紀要, pp.124-182.(2006)「나카무라 쇼지로가 남긴 한국어 학습서에 대하여」『이병근선생 퇴임기념 국어학론총』, 태학사, pp.1595-1610.
- _____(2007)「小倉文庫目録其二旧登録本」『朝鮮文化研究』第10号, 東京大学大学院人文社会系研究科·文学部 朝鮮文化研究室紀要, pp.105-130.

『和韓拾遺朝鮮人来聘』

- 大韓民国国立中央図書館所蔵 -

安代洙*

해제

癸未通信使의 정사 趙曮은 역대 통신사보다 많은 사건과 사고에 휘말렸다. 특히 1764년 4월 7일 大坂 西本願寺에서 대마도 통사 鈴木傳藏에 의해 저질러진 崔天宗 살해사건은 일본에서도 큰 소동이 되었을 만큼 충격적인 사건이었다. 최천종 살해사건은 그 후 歌舞伎와 浄瑠璃는 물론 여러 實錄으로 만들어지게 되었다. 대한민국국립중앙도서관에 소장되어 있는 『和韓拾遺朝鮮人来聘』(한古朝51-나164)도 그 실록중의 하나이다.

凡例

一、대한민국국립중앙도서관 『和韓拾遺朝鮮人来聘』를 탈초한 것임.

一、문자는 널리 통용되는 글자체로 통일했음.

* 慶熙大学校 東洋語文學科 博士課程。日本近世文学専攻

一、필자가 적당하게 임의로 행을 바꾸었음.

一、衍字와 誤字는 그대로 쓰고, 위에 ママ로 표기했음.

一、미판독 문자를 ■로 표기했음.

탈초

표지

和韓拾遺	朝鮮人 来聘	乾

본문

四海波静に、十五の風雨時を違えす、聖代乃徳に潤ひ、樵夫山に歌へハ、牧童ハ野に拍、関ニ戸セされハ、行客道に憂なく、遠き異国より貢をさけて、わか大君乃萬々歳をしゆくすなる韓人の行粧、見ぬ人をして知らしめむと、彼土を出るより帰国まて乃始末、ひろい集て、つひに十の巻となし、いさゝか世人一笑乃種をまかんと、浪華乃遊人、茅屋の孤灯に向て書す。甲申季夏。

和韓拾遺物目録

　第一

韓人来朝乃由来

朝鮮国方角、言語、衣ふく、土産乃事

中華十五省乃分、并、朝鮮国祭乃説

　第二

朝鮮国王撰信使官人、并、都訓導官乃事

信使本国出達乃事

　第三

信使対州着岸、并、都訓導奇夢乃事

同対州出達乃事

国々路次大坂町中普請乃事

御堂交代、并、九月二日暴風乃事

　第四

信使壱岐勝本着乃事

同筑州藍嶋着乃事

関本何某刃腸（ママ）切腹乃事

　第五

信使藍嶋を発事

同赤間関越年乃事、并、諸官元旦賦詩

同播州室着船、并、深江何某口論切腹乃事

同摂州兵庫着乃事

第六

同着坂前ふたゝひ町中見分乃事

韓舟大坂川口へ入事

大坂町家通り筋華麗乃事

御舟請信使入旅館事

於旅舘儒医賦詩、并、形名手大力乃事

第七

信使武州へ發事、并、見物群集乃事

同京都着、并、江戸道中記

同江府着、并、対州信使御登城行列、附、献上物乃式曲馬乃次第

第八

大坂旅舘留守中、并、小童病死乃事

雨水損韓舟、并、下官口論及刃傷事

信使江府出達乃事、并、都訓導通詞と異見口論乃事

第九

信使帰坂、并、四月七日夜珍事

旅舘騒動信使再入来乃事

三使より御奉行所へ使者乃事、并、両家中御吟味

第十

出奔人御吟味、并、下人案内乃事

四方配符捕手乃事

蜂田何某手柄乃事

於旅舘拷問乃事

御役人中御評定、并、信使帰国乃事

右惣目錄終

和韓拾遺巻之一

韓人来朝之由来

朝鮮国衣服、方角、言語、土産乃事

中華十五省乃分、并、朝鮮国祭乃説

和韓拾遺巻之一

韓人来朝乃由来

抑朝鮮国より、我朝へ聘使を渡す由来を尋るに、往昔神功后宮かの地を責給ひしより、我王化ニ長くしたかわんことを約しぬ。それよりして千歳乃星霜を経て、中比乃事とも委細ニしるしかたし。近くハ太閤秀吉公、人皇百八代、後陽成院乃文録（ママ）元年壬辰乃始、かの地を征し、大に利を得て、凱歌を発し給ふ。都大仏門前の耳つかといふハ、其時乃印也。其後慶長元年丙申、朝鮮国王より和を乞により、秀吉公詮義有て、彼方より乞にまかせて和をゆるしたもふ。慶長三年戊戌秀吉公薨ス。夫より慶長九歳、家康公将軍たり。同十年御子秀忠公将軍と成り給ふ。御当家始りてより、此歳慶長十二年丁未乃はしめ、朝鮮より来朝す。

正使　呂祐吉

副　慶暹

従　丁好寛

寛永十三丙子歳、将軍家光公乃御時来朝。

正　白鹿任絖

副　　　　　　　　東溟金世濂

従　　　　　　　　青丘黄床

同二十癸未年、将軍同前。

諸年代をてらし見るに、此時乃将軍ハ家光公也。是より八年後、家綱公将軍ニ任し給ふ。しかる時ハ家光公乃御時ニハ、二度来朝せしか。

正　　　　　　　　尹順之

副　　　　　　　　趙絅

従　　　　　　　　申竹堂

明暦元乙未歳、将軍家綱公乃御時来朝。

正　　　　　　　　趙珩

副　　　　　　　　兪瑒

従　　　　　　　　南竜翼

天和二壬戌歳、将軍綱吉公乃御時来朝。

正　　　　　　　　尹趾寛

副　　　　　　　　李彦綱

従　　　　　　　　朴慶好

正徳元辛夘歳、将軍家宣公乃御時。

正　　　　　　　　趙泰億

副　　　　　　　　任守幹

従　　　　　　　　李邦彦

享保四己亥歳、将軍吉宗公乃御時。

正　　　　　　　　供致中

副　　　　　　　　黄璿

従　　　　　　　　李明彦

延享五戊辰歳、将軍家重公乃御時。

正	供啓禧
副	南泰耆
従	曹命采

宝暦十四甲申年、

正	趙明瑞
副	李季修
従	金仲祐

右乃ほかにも来朝有へけれ共、星霜久鋪事にして、悉く記得しかたし。後の君子是をあきらかにせよ。

朝鮮方角、言語、衣ふく、土産乃事

夫朝鮮と言ハ、古乃高麗、百済、新羅也。此三国を昔ハ三韓といふ。今ハ国を八道ニ分ツ。其広事、凡日本乃九州にことならす。四季乃気こうハ、大てい日本武蔵の如し。人物ハ外国故、賎しきやうなれと、忝も文宣王乃道を尊ひ、儒道を学ふことハ、中華、日本ニ同し。方角ハ唐土より東北乃すみにあたる。日本よりハ西北乃方にして、少西寄也。唐土中華とハ、山一ツを隔て境とす。此山ハ、かの朝鮮名産大人参乃出る山也。山乃頂ニさかひ有て、山乃西北裏ハ唐土、東南表は朝鮮也。依て人参ハ日表を善とす。尤朝鮮を最上とす。釜山浦ニ日本対馬乃番所有。其所より朝鮮乃都府まて八日路有り、対馬乃津より海上四十八里也。鰐浦といふ所渡シ口ニて、此所より朝鮮乃牧嶋見ゆる。四十八里といへ共、甚近し。此牧嶋に朝比奈乃宮あり、太刀を納めて神躰とすとかや。朝鮮より対馬へハ官人隔年出仕ス。若亦商船なと他

国へ吹流されし時ハ、一旦長崎へ送り届け、其後又対馬へ渡され、対馬より朝鮮へかへさるゝ事也。唐土中華乃内ハ山海を隔て、要害をなすといへ共、朝せん国ハ至而、たもちかたき国也。是如何となれハ、国王乃心として中華へしたかへハ日本を恐れ、又日本へ随へハ中華を恐る。是によつて平生和漢を左右とし、両和融乃謀をなすとかや。其以前、中華乃王より朝鮮国乃衣服、頭髪なとを今の清朝乃如く改へき由、いひ渡しけれハ、朝鮮王文武乃官人をあつめ、此旨いかゝと評議あるに、各申けるハ、只今双方へ相随ふ乃時、衣服、頭髪なとあらためなハ中華へ随ひしこと、明白ニして一旦日本へ好をむすひし段、言訳有まし。其上平生乃言語、礼義、みな中華乃風を用る事なれハ、一ツハ日本へしたかひ、一ツハ中華に随ふて、事を左右になし、古風を守らんニハしかしと、各評義一決して、此旨使者をもつて、中華へ侘けるに、清乃帝尤ニ思ひ、古風乃通り、まもるへしと返答ス。仍て朝鮮乃衣服、頭髪なと盛なりし、大明乃世とかハることなし。しかる時ハ朝鮮乃外夷といえとも、大明乃風残りて、達旦乃夷よりも古風を守る事ハ尊し。言語乃事ハ音、少唐とも変り有。たとへハ、通政大夫といふを唐音ニハ、トンチンタアフウといへハ、朝鮮ニハ、トグゼクタイフウといふほと乃替りあり。是ハ外国ゆへなまり候といふか如し。たとへハ、日本ニて、山城乃言語と蝦夷松前なと乃詞変り有か如し。

其ほか言語、

茶(チヤ)ツア　酒(サケ)チフ　水(ミス)シユイ　肴(サカナ)カフ　妓女(ケイコ)クイニイ　菓子(クワシ)コヲツ
烟草(タハコ)ヱンサフ　烟管(キセル)ヱンクワン　好女(ヨキヲンナ)ハフニイ　悪(アク)女チフニイ
好男(ヨキ)ハフナン　若衆(ワカシユ)シヤフトン　老(ロウ)人ラフイン

右乃ほか、言語少乃かわり有といへ共、大かた中華ニ異なる事なし。

平生乃言語大かたしれし事なれハ、委記サス。

朝鮮乃土産

人参　黄耆　其外、薬種類多し。

木綿　トロメン　サンハキ　牛黄　油布　線香　筆

鱈　油紙　扇　墨　鴨　織もの　土焼物　米　鶴

右朝鮮ニても、最上乃物をゑらひ記ス。其外、多くハ大唐と土産物を交易して売買すと也。尤、鶴、鴨抔乃たくひハ、年々対州へもち参りて売となり。

中華十五省之分

抑、大明乃世を北狄達旦より攻なひけ、ことなき中華を取て、北京ニ都し、国を改て、大清と号し、大唐を己が有となしぬ。清乃大宗皇帝順治年中、唐土乃地を十五ニ分ツ。たとへハ、日本五幾七道乃如し。

南京　北京　山東　山西　陝西　河南　湖廣　江南

浙江　福建　廣東　廣西　雲南　遺州　四川

是を中華乃十五省といふ。今日本ニて唐と称するハ、此十五省より外なし。和俗、阿蘭陀、琉球にても、唐と称スル有り然らす、十五省乃外ハみな外国なり。唐と称すへからす。外国多しといえ共、其内にも、朝鮮、琉球、東京、大寃、交趾。右乃五ヶ国ハ、中華のほかなりといへとも、尤、中華乃王命にしたかゐ、中華乃文字を用ひ、言語も相かハらす、少乃違イ有といへ共、三教通達し、至而、発明なる国也。此外の異国ハみな横文字を書、人物甚たいやしく、中華ニ似すして物を食するに、匕、箸を不用、手つかみニして、食すとかや。

朝鮮国祭乃記

文録(ママ)乃頃、太閤秀吉公朝鮮を攻らるゝ時、多く乃勇将有之といえ共、其内ニも加藤肥後守清正ほと、か乃地ニて恐し将ハなかりしと也。爰ニ朝鮮ニ一年ニ一度大祭りあり。如何なる事をし、いかなる祭りなるそといふに、其名を肥後守調伏といふ。其祭りいかやう乃事をすると、対州よりかなたへ渡海せし人に尋けるニ、毎年朝鮮国乃北乃はつれ、地名ハなけれ共、さも大なる入口有。此所ハ昔日本よりかの地を責し時、多く乃韓人を切殺たる所とかや。其謂ニや、七月上旬より此入口ニ大なる船二艘浮へ、壱艘ハ日本舩ニこしらへ、壱艘ハ朝鮮舟ニ仕立置キて、日本舩乃内ニ、藁ニて大将乃人形をつくり、日本風乃鎧を着セ、是を名付て加藤肥後守清正と称ス。此祭大ニして朝鮮乃内ニ而も、五里十里を越て、七月中旬までに来る事也。是ニ依て日を定めす、数万人集るをまつて、日を撰てまつりを始メ、既ニ其日ニなれハ、件乃日本舟へハ日本人ニ仕立し者乗て、是を日本より清正か来りしと号ス。扨また朝鮮舟ニハ、かなたの装束セし人々乗あつまりて、太鼓を打、かねをすり、其躰専軍中を学ひ、先双方乃舟を近々と乗寄、互ニ鉄鉋(ママ)を打違へ、矢合おして鯨波をつくり、両陣互ニ名乗合て、得道具を持ていとみたゝかふ。尤木刀、竹鑓也といへ共、其中にも疵を蒙る者多し。水へ落入者も有とかや。其日ハ互ニいきをもつかす、責戦ひ、日も西に傾く時分、日本舟まけしと見へて、件の清正に作りたる藁人形を大勢乃者寄合、我一ニと切ふせ(切ふせ)、腕をぬきて捨るも有、又足を抜てなくるも有、後ニハ首を打落し、籏竿ニ突立、色々ニ分散し河中へ捨。其後又、鯨波を揚て朝鮮乃勝ニて、肥後守をは亡したりと嬉ひあへり。此祭り年々也といへとも、毎年人死なしといふ事なく、国王是を聞て是畢竟益なき事也。殊更肥後守死セし跡ニて調伏といふ事。詮する處、国中の人をそこなふ而已ならす、益なき事也とて停止成しか、其後朝鮮ニゑきれゐ時行て、民家多く死てけれハ、愚民共、是ハ定て祭りを停止セられし故ならんと、国王へねかひをあけ、又元の如くに祭をおこのふとかや。されハ祭り乃徳ニや、ゑきれい時行といふ事なし。是を以見る時ハ、朝鮮乃者共、大イに日本を恐れ、殊更清正を鬼上官と号て、今乃世迄も恐れおのゝくといふハ、偏ニ日本武徳乃誉れにあらすや。

和韓拾遺巻之一終

和韓拾遺巻之二

朝鮮国王撰信使官人、并、都訓導官乃事

信使本国出達乃事

和韓拾遺巻之二

朝鮮国王撰信使官人、并、都訓導官乃事

日本宝暦十四年甲申乃夏の比、朝鮮国王日本へ聘使立んと議して、文武乃百官を召あつめ、各評議有りて、官人を撰ひけるに、中ニも豊城乃人ニ、趙曮字ハ明瑞といふ人、智勇を兼備へ、文道ニ達し、人品骨から備りけれハ、此度新ニ、通政大夫乃官を給りて、正使となす。又全義乃人ニ李仁信(ママ)、字ハ季修といふ人、是を撰て副使とし、通訓大夫乃官を給る。又光山乃人ニ金相翊、字ハ仲祐といふ人を従事と定メて、同通訓大夫の官を給ハる。扨亦附随ふ人々何も文武兼備し人を撰て、各新に増官してけり。上官十六員、次官六人、中官六拾五人、下官八拾五人、是を正使属とし、上官十三員、次官四人、中官五十八人、下官八十五人、是を副使属し、上官十員、次官三人、中官四十八人、下官八十四人、是を従事属とし、三使乃人数都合四百八十人と定、人を撰、其器量を試て、其後に渡さるゝ事也。扨又日本へ遣ス用意せんとて、先学士ニ仰せて、此度日本へ献スル書をあましめ、書記ニ仰せてかゝしむ。是等を始として、献上乃馬ハ駿足を撰み、鷹はたくましきをもとめ、其外土地乃名産大人参ハ、別て吟味甚しく、形人形乃如くなるを撰ひ、其ほか虎乃皮、珊瑚珠、扇、筆墨、油布、油紙なと名産数を尽しけり。爰に南陽乃人に趙東晋、又昌寧乃人に金壽兵といふあり。是は朝鮮ニても大力乃聞へあつて武官也。其力量を試るに、馬乃四足を以軽々と差上ケ、牛乃尾を以て引戻すなと、其外大力乃聞へあれハ、両人を刑（ママ）名手に相定メ、刑（ママ）名手ハ大旗持役也扨又日本へ渡りて、曲馬を乗事有。あらかしめ馬上乃達者を撰て、曲馬乃稽古をなさしむ。先嘉祥殿より玄武門乃通り、埒ゆひまハし、国王嘉祥殿ニ出て、曲馬の稽古を上覧有。其外和国の外聞とて、舞楽乃名人を撰ひ、則清州乃人ニ金泰城、金山乃人に鄭徳亀と云人あり。二人共ニ元来六律ニ達し、楽を奏する事を好ム。依て此度も二人共、典楽官となり、楽人乃頭役をつとむ。其外乃楽人日本に至らハ、諸人乃耳を驚かさんと、各楽器乃内ニも、銘々か得物を表とし、太鼓銅鼓太平嘯喇叭螺角瑟嵆琴、思ひ(思ひ)ニ心を尽し、曲をはけみて、出達乃日を待居たり。爰に、従事官外せき乃従弟ニ金岷江といふ人有り。此人元来家富栄へなにくらからす暮けるか、生質色欲ニふかく、本妻、妾ともに三人有り、子二人有て、栄耀栄花ニして、夜ハよもすから酒宴をなし、荒婬ニして度なし。昼は妾宅ニいたりて楽をなす。是によつて、いつとなく元気おとろへ、気分あしく、医師是を脉して曰、此症ハ腎虚し心乃高ふり也。先房事を忌へし。とこにつくに至てハ、養生すとも治かたからんと。是に依てかれか一家議して、かれ此国ニ有時ハ、常ニ荒婬ニして度なし。然といへとも、病なれハ是非もなし。たとへ我(我)いか様ニいふとも、中々用ひまし。幸成かな、此度日本へ使を立らる。何卒かれをも日本へ遣しなハ養生共なり。又見ぬ日本を一見する事なれハ、幸是ニ過しと、一族打寄て相談し、岷江を呼て申けれハ、岷江も元来望事也といふにより、従事官より此事をねかひけれハ、国王是を許容有り。則三使乃心次第とあれハ、小童ニ仕立召連参へしとて、小童十六名乃内へ加へたり。

或説ニ、此小童ハ従事官乃甥也といふ有り。しからす実ニ従弟也。従事ハ高官といひ、年はへなれハ此人のあいさつから何角叔父、甥乃ことし、夫故かゝる説有物か。

既ニ人数も揃ひしに、爰に十七年以前に、来朝せし人々、あるひハ老年に及ひ、又ハ死去セしも有てけれハ、今般ハ行列乃ことをそらんし、都訓導官ニ 都訓導位ハ上々官也 なるへき人なし。抑朝鮮乃都訓導といふハ、日本ニて目付役乃如し。道中何角乃差図をなし、行列乃備に委く、一度ハ日本へも渡海セし人々あらされハ此役つとめかたし。されハある日、国王乃前へ百官を召集め、誰か都訓導乃官たらんといふニ、誰あつて、言葉を出す者なし。国王申けるハ、我国ひろしといへ共、わすか乃官に進へき人なし。拙きかなしと有けれハ、右乃方の側より、大なる声にて、我王何として我国を拙しと宣ふそと呼ハる者あり。諸人驚き是を見れハ、身乃丈五尺八寸、面ハ童の如し。髭長くして容貌威あつて、猛からす。則此度の従事官に撰れし金相翊、字ハ仲祐といふ人なり。国王是を見て、汝いかなる能キ異意かあると尋けれハ、仲祐申けるハ衆乃内を思ふニ、釜山浦乃人、塞伝宋ならん。此人ハ先年乃信使ニも小童十六名乃数たり。文武兼そなへ、和朝乃ことをよく知り、行列乃備に委く、其うへ家とみ、大身なれハ諸人乃望ニ叶人也。是を召て、都訓導となし給へと進けれハ、国王聞て大ニ悦ひ、三使ニ此旨談しけれハ、何も同意して塞伝宋来りなハ、何乃愁かあらん、急キ使者を遣され召よせらるへしと奏しける。仍而即時ニ上使差越、礼をあつくして塞伝宋をまねきける。此時塞伝宋所労ニよつて、引込居しか、使度かさなりけれハ、無是非病を押して出られたり。国王ハ元より、三使已下の官人、各安堵して、即日上々官都訓導乃印をさつけらる。尤役からハ賤きやうなれとも、国王乃直の命をうけて附随ふ人なれハ、上下皆此人を恐れけり。其上役からといひ、且三使の衆も此人を熱望せられたれハ、附したかふ者乃内ニ而も、いたつて此人を大切ニおもひけり。

注曰、塞伝宋年三十四才、釜山浦乃人ニして、其名朝鮮乃都府に高し。殊ニ和韓乃音律ニ達し、いたつて発明なる人也。元来、みなとを領してけれハ、家富栄へ何くらからす、諸官人へも用達し、此度の信使入用銀も多くハ此人より出セしとなり。是を以見れハ、持へき物ハ金銀か。又退てよく思へハ、身を立るも金、ほろほすも金、明日乃栄華、今日乃寂莫と古人乃賦セしもことハりなり。ういてんへんとハ今こそ思ひしられたり。

信使本国出達乃事

かくて出達乃吉日ニ間もなけれハ、正使を始各列をたゝし、行列乃道具揃へ、玄武門乃前ニて、勢揃へをせらる。ヶ様ニする事ハゆへなくして渡海せん為と聞へし。

正　使　　此度来朝乃表役也。

副　使　　使者乃そへ役也。

従　使　　両使乃不足を補う役也。

書　記　　祐筆也、三人有り。

学　士　　文道ニ達セし物知り也。

医　官　　御典薬也、三人有り。

写字官　　写物する役也、三人有り。

画　官　　絵所也。

堂上訳官　堂乃上の事を用(ママ)る役也。

上通事　　上乃事を通する役也。

押物通事　諸荷物已下乃ことを用(ママ)る役。

軍　官　　弓矢、刀杖を帯する役。

別破陣　　鉄鉋(ママ)かゝりの役也。

馬上才　　曲馬を乗役也。

典樂官　　樂人の頭役、二人有り。

礼単直　　献上物乃役人、三人有り。

理　馬　　馬医師也。

盤　纒　　旅用物の事を用(ママ)る役。

廳　直　　玄関番也。

騎船将　　三使舟乃頭役也。

卜舟将　　荷物舟乃頭役也。

都訓導　　諸事乃奉行役、三人有り。

小　童　　児性共也、十六人有り。

小通事　　下々乃用事を達する役。

刀　尺　　料理人也。

羅　将　　罪あるものを正す役。

吹　手　　笛なと吹役。

節　手　　はた持也。

鉞　手　　鉾持也。

形名手　　大籏持也。

纛　手　　毛鎗持也。

砲　手　　石火矢持役也。

屠牛手　　牛、いのこを料理する役。

三房騎　　三使舟乃かこ共也。

繚　手　　そんしたる物をつくろふ役。

碇　手　　船乃碇の役人。

舞　上　　おとりをする役。

右乃ほか、名もなき下官にいたつてハ、委ク記しかたし。都合四百八十人、皆々渡海乃用意をそなしける。爰ニ又従事官の下官乃内に何某といふ者有り。此もの元来対州、長崎なとへ商ひニ往来するもの故、日本へ乃道法よく覚へ、日本言葉も少ハ習ひしものなれハ、幸也とて従事乃下官になりぬ。此者壱人乃弟有り。是ハ先達而より仕官して正使乃下官なるか、兄乃何某従事乃下官となり。弟か正使乃下官なり居るをそねみ、弟か受取し装束、笠印をハ、そつと取かへ置て、事に紛れて、己正使乃下官ニならと謀る。是ハ正使と従事とハ上下とも位乃余ほと違ふ事ゆへ、かく計らいしと也。弟是を知りて大ニ腹をたて、直に正使乃伴人へ願けるハ、私兄ニ而候何某と申者、無道乃者ニ而、君より給ハりし装束、笠印を奪ひ取、役を替らんと謀り候。何卒兄を御召あつて、曲事ニ被仰付候て、やはり私、君乃下官となり候様ニとねかひけれハ、伴人頓て、此旨申上、早速兄を召出シ、己匹夫の身として上をおそれぬ奴かな。国王より下シ置るゝ処乃品を奪ひ、弟をないかしろにする條、言語同断、憎き奴也。しかれ共かく出立以前なれハ、罪を軽く申付る也と、羅将に命し三十杖鞭打セ、其後又件乃弟を呼出シ、己いかなれハ兄乃罪をうつたへ、曲事ニなとゝ兄弟の義をしらさる愚人也。是へうつたへすとも、其方ニてよろしく兄ニ随ひなハ、兄も又、其心さしをかんし、事治り、兄弟むつましくいたすへきに、兄ハ弟をあわれます、弟ハ兄に随ハさる曲もの共也と、又羅将に命して弟をも三十杖うたせける。是を見る人爪はしきをして、憎みあへり。兄弟ハ何共面目なく退しか、愈夫より中悪く、互に意趣を残したり。嗚呼浅間鋪かな。兄弟ハ手足の如しといふ古語とあるに、左ハなくしてヶ様乃争ひ、血て血を洗ふといハんか。かくて出達乃用意早一等ニ調ひてけれハ、諸官威義を正し、国王へ暇乞乃礼を尽し、酒宴済て出立ける。国王より高官の人をして、見送らセらるゝ。其中一家一族、朋友までも、口には祝シ、目にハ別乃儀をふくんて、送別乃詩を送るも有り。又文を作りて義を賀するも有り。思ひ(思ひ)に見送りける。或ハうらやみ見送るも有り。中官より以下ハ、妻子陸地をひろい送るもあり。其日朝鮮の都府より海辺まて、おひたゝ敷群集ス。夫よりして、各釜山海にいたつて、三使を始メ次第(次第)ニ舟ニよそほひして、既ニ岸をはれ(ママ)れけれハ、諸官岸を望んて、且しほれ、且楽しみ物語なとセらる。其日殊ニ晴天ニて、海原静ニ、いとかう(かう)たり。風ハ清道の籏を吹なひかし、日ハ青竜乃刀に映シ、順風に和し、即日凞々たり。舟列を正し、棹乃歌を発シ、笛を吹、鼓を打、其音浪に響きて、心耳をすまし、いと殊勝ニも、又勇々敷かりし有様也。

和韓拾遺巻之二終

和韓拾遺巻之三

信使対州着岸、并、都訓導奇夢乃事

同対州出達乃事

国々路次大坂町中普請乃事

御堂交代、并、九月二日暴風乃事

和韓拾遺巻之三

信使対州着岸、并、都訓導夢乃事

去ほとに、諸官合し四百八拾員、大舩に打乗て、名にあふ釜山海の湊を経て、幸に波静なれハ、十月廿七日、官舩対州の鰐浦と云所へ着岸す。対州ニも兼而期したる事なれハ、夫(夫)乃役人威義を正し、こと厳重にして出迎ひ、三使を始、下官ニ至まて、惣人数を引て客舘ニ入しむ。対州殿ニも三使へ対面あり。三使より国王乃書、并、数乃献上ものを捧ける。対州よりも御馳走善尽し、美尽さる。去ほとに是より摂州迄ハ、海上乃事なれハ日和乃ほともしれかたく、尤所々国々乃大名衆乃御馳走有と云共、此一件ニ付てハ、対州御請取乃事なれハ、諸事乃入用米銭を始め、豕鶏のたくひ、或ハ味噌、しほ、醤油、菜乃たくひ、其外衣腹以下乃事までも御尋あつて、万事不自由ニなきやうにと乃事ニて、御調へ有。且家中凡上下六百五十人、武具、馬具、弓、矢、鉋、鑓、長刀、かたな、脇指、或は衣服以下等之用意ハ随分麁末なきやうにと、前以御調在けれハ、御馳走乃事済なハ、日和を見合セ出立んと、各相待居ける。爰に都訓導塞伝宋ハ、本国を出し時、所労ニて有けれ共、国王より使度々かさなりて是非なく病を押て来しか、対州へ着してより、何とやらん身心脳乱してけれハ、床に伏して居けるに、暫くまとろむうち、所ハ日本乃地とおほしくて、風景こと変り、繁花なる市乃辺ニ、楊柳青みたる一ッ乃楼有り。余り奇麗なる楼乃かまへなれハ、しはしたゝすみ、始乃ほとハ、登らん共セさりしか、よく(よく)見れハ、人有りけにも見へす。苦しかるましとおもひ、ひそかに登りて見れハ、其楼乃大キさ、千畳もしくへく、其結構なる事いふ計なし。暫く徘徊してけるに、いつく共なく、赫々たる光さして見へけれハ、あやしく思ひ、辺りを見るに、楼乃正面より其丈ケ三尺もあるへき金人、忽然として出現し給ひ、近く歩み寄りて妙なる御声ニて宣ふ様、休なん(休なん)、汝此度乃行、しかるへからす。彼土ニ刺客あつて 刺客トハ人ヲタマシ、コロシニスルモノナリ。 汝を脳(ママ)さんと欲す。我汝を憐むのみにあらす、且ハ日本乃騒動ならん事をなけく。汝久しからすして、我もとにきたらん。ゆく事なかれ(なかれ)と、念頃に宣ふ。塞伝宋これを聞て、いと不思義ニおもひ、そもたれ人ニて渡らセたまへハ、何ゆへかくハ宣ふそ。且爰ハいかなる所ニて候とたすねけれハ、かの人宣ふ様、我未来を知てかくいふのみ。汝此所ニいたつて、かならす害あるへしとて、一紙をあたへたもふ。塞伝宋、猶も不思義に思ひ、頓て是を見れハ、四句乃文有り。其文ニ曰、

四上載一(シシヤウイツヲサイス)　木下点一(モツカイツヲテンス)　頁横雙原(セキハワフテケンニナラヒ)　土直覆寸(トハナヲシスンヲヽホフ)

如此文有けれハ、是いかなることにやらんと尋んとする内、かの金人ハ、書消様ニうセ給ふ。塞伝宋、奇異乃思ひをなし、件乃四句の文乃心をつく(つく)と案すれ共、さらに解セす。夢覚て後思ひけるハ、我此度王命をうけて日本へ渡る事、等閑の事にハあらし。しかるに今夢

中に正しく渡海をとめられしこそ心得ね。殊さら彼人乃いふを思ヘハ、彼地ニ詞客有て詞客といふハ詩文を作る人也。我を脳(ママ)さんとすと、我元朝鮮に生れ、文字ニ志シ、詩文をこのみぬれハ、たとへ日本に李伯、杜之美か如き者あり共、物の数とも思ハす。其上夢中に見し所乃文一ツとして取にたらす。嗚呼おとろへたりと、流石凡人乃浅ましさハ、未前を悟らすして捨置ぬ。しかるに金人乃いゝしハ、刺客也。塞伝宋ハ詞客と心得、字の違し事を知らす、音乃同しきゆへ、かく取違しもの也。是偏に秦乃始皇乃子乃胡亥なるを知らすして、胡国乃夷と心得、長城を築しに異ならす。今塞伝宋、刺乃字を詞とこゝろへ、何の気も付す。只内虚と思ひ、薬を腹して全快したりとかや。もと夢ハ五臓乃煩ひニて内実なれハ、夢なしと云へ共、古人より夢によつて利を得しこと、和かん例多し。唐土ニてハ漢乃高祖、専、項羽と戦ひし時、ある夜乃夢に、高祖ハ羊となり、いとみ戦ふ項羽ハ虎と成り戦しに、暫くして、項羽乃虎、高祖乃羊の頭と尾とを喰切しと見て夢覚ぬ。是を張良に御尋有に、張良か曰、此御夢ハ大吉夢ニて候へ。其故ハ羊といふ字乃頭と尾とを取候へハ、王といふ字になり候。君、今年中に王となり給ハんといひしかハ、果して其年項羽をほろほし、王位を得給ふと也。日本ニ而ハ永禄の比、家康公武田とたゝかひ給ふ時、其折しも、正月朔日なりしか、日三竿ニ登る迄、御寝所を出給ハす。本多平八心元なく思ひ、いかゝ渡らせ給ふと伺ひけれハ、家康公宣ふ様、我今朝不祥乃夢を見る。我運命も当年に至と、御機嫌以の外あしけれハ、本多申けるハ、如何なる御夢ニて候そ、御物語候へ。不肖ニは候へとも、判し申さんともふしけれは、いしくも申たりとて、則御顔ハセ和らき御もの語有けるハ、所ハ八幡宮乃神殿なりしか、我専ら武運をいのる所ニ、社壇よりふくいくたる香気ニつれ、白髪の老翁一人、忽然として顕れ、善哉(善哉)と一杖の短冊をあたへたもふ。戴て是を見れハ、

まつたへてたけたぐひなき旦かな

是を思ふ時ハ、松たえてハ、我松平也。竹たぐひなきハ武田也。松絶へて、竹類ひなけれハ、我運命たのみなしと思ふ也と仰けれハ、本多手をうち、笑ひてもふしけるハ、是ハ近頃君乃御吟し様の悪きニてこそ候へ。此御夢ハ大吉夢也。ヶ様ニ吟し申時は、

松たへで武田首なきあしたかな

如斯にこりを直してよみけれハ、君にも斜ならす、御機嫌にて、本田ニ引出物下されたり。果して武田を討て大ニ利を得給ふと也。人乃運に乗する事かく乃如し。今此官人か見し夢も正夢なれと、禍乃前表なる事をしらさるこそ是非なけれ。

信使対州出達之事

抑、対州と申ハ、元来朝鮮之近国ニて、日本より彼国の押へとし給ふ国なれハ、朝せん乃事に付てハ、万事吟味をとけ、永く両国好みをして、絶しめぬ謀をなす事也。形の如く、近き国なれハ往来自由にして、対州乃役人ハ元より売人なとも、朝鮮へ入込て、菜種を始め、多くの土産を交易する事也。夫ニ付、対州に六拾人衆と号して、常にハ町家ニ居て、売買を業とし、朝鮮へ入込ンて、心易出会、言語能覚、かなたの様をよく知りて居けれハ、信使来朝乃節ハ、帯刀を許され、中已下乃通詞をすとかや。則六十人衆といゝて、大坂の惣年寄の如し。鈴木伝蔵なと、此六拾人の内也。平生何として帯刀をせさるとい

ふに、対州小国ニして、家中の多き事を愁ひて、かく町人として置るゝ事とかや。去程ニ、十月廿七日此所へ着し、余ほと延引してけれハ、何角の用意調ふて後、十一月十三日といふに、天気も能けれハ、先舩ニは対州乃留守居、并、徒士、次ニ鉄鉋懸りの役人、鉄鉋廿挺、玉箱四荷、長柄奉行弓大将宗対馬守殿を先として、家老、役人列を正し進ける。扨又朝鮮乃方ニハ三使をはしめ、学士、書記、医官、次官、下官ニ至迄、大舩ニ打乗、数多のふね対州乃浜を出す。韓舟ニは楽を奏し、舞人ゆふひを尽し、対州の船は棹乃歌を発し、武威を輝し順風ニ帆を揚て、壱岐乃勝本へと進みける。

国々道中筋、大坂町中普請乃事

かくて、和韓乃両国舩、次第(次第)に国をへて来る事、先対州を発して摂州迄、壱岐、筑前、長門、周防、安芸、備後、備前、播广(ママ)、以上乃国々をへて来ることなるか、何れニも御馳走仰付られ、前もつて其用意をし、道あしけれハつくり道をこしらへ、橋あれハ新ニかけせしめ、広莫ニして限りなき所ニ、やらひをゆひ伏芝立砂、例の如く、浜辺ニは、上り場を拵へ、其外客舘の華麗云に及ハす、役人或は城下乃町人百性(ママ)迄も、事厳重ニ相守。対州より舟路の間、普請等委ハ爰に略ス。後巻へ見るへし

此時、大坂ニハ信使来朝之事、早先達て知れけれハ、此年宝暦十三未乃春より風説有り。先、公儀より仰付られ、所々乃橋々をあらたに架せしむ。まつ、東大川筋ニてハ、京橋、天満橋、天神橋、此三ツ乃橋を新ニ架ス。

私曰、先年より此橋を普請あれ共、渡し舟ニて、往来を通す。しかるに此度ハ、右三ツ乃橋々、各仮橋を懸られ、人馬往来乃便りとす。さも大なる川に、かよハき仮橋を懸し事なれハ、自然供水抔乃節、流れん

事も有へきニ、幸ニ水乃愁なく、仮はし殊之外繁昌して、人ハ壱文、馬ハ二文と定られ、其日又拾貫文余有りしとかや。其頃乃評判ニ、今度仮橋乃知恵は巻頭なりといゝけらし。

難波橋、是ハ近年架セし故、未普請ニ及ハす。東堀、高麗橋新ニ架ス。本町橋同断、其外朝鮮人乃目にふるへき所ハ、悉くふしんせらる。南ニ而ハ心齋橋を新ニ架セしめ、殊ニ日限三十日限りに仰付らる。此橋は南に有て、何乃用ニやといふニ、先年来朝セし砌、大坂旅舘近辺出火有て、殊ニ信使滞留乃間なれハ、殊更周章せしか、諸役人乃ふせき厳敷、焼亡もなく、火鎮りぬ。ヶ様乃急難計かたく、此度ハあらためて、旅舘より四方ニ当て、急難の節、信使を取除んと、土地を撰れたり。東ニてハ、玉造乃稲荷乃社、南ハ難波村瑞龍寺。俗ニいふてつけん 此所に行ニハ心齋橋をへて、道頓堀へいで、難波へ行か順道なれハ、是か為に、ふしんを急かれしと聞へし。扨又、西ハ薩广(ママ)堀願教寺、北ハ北野村太融寺也。すへて此四ヶ所へ往来乃道筋ハ、かくへつ普請念入被仰付たり。其外、堀江川、立売堀、江戸堀、西横堀、大川筋、是等乃如き韓人乃目に触るへき所ハ一入念入し也。右乃所をはしめ、すへて、濱藏、濱納やハ一統ニ白壁ニ而、腰板あれハ黒くぬり。中ニも大川筋ハ諸大名乃藏屋鋪多けれハ、かくへつ奇麗を尽し、濱先ニ青竹ニて、手摺をこしらへ、且見苦しき所あれハ、葭簀を以構こと也。三郷町中ハ言ふに及ハす、端々近村迄も未乃五、六月頃迄ニ用意しけり。其外大坂町中へ觸しらされけるハ、此度韓人来朝ニ付、町々ニおひて尽夜町人へ直番仕へし、火の元用心第一にして諸事隱(ママ)便にいたすへし。万一出火有之節ハ、きひしく御咎メ可被仰付由御触なれハ、人々恐れ、厳敷昼夜守りけり。

御堂交代、并、九月二日暴風乃事

斯而来朝ニ間もなけれハとて、八月上旬より大坂西本願寺乃対面所をしつらゐ、本尊を同宗乃道場浄久寺といふへ移し、其外乃佛具、什物等残らす取片付、寺僧、役人ハ近辺へ外宿し、則日を約して岡部氏乃家中へ先例乃通り、引渡しけり。されハ時日まてハ帰命無量乃こえいと殊勝ニ聞へしも、今日ハ武威臨々として長鎗日に映し、高姚(ママ)灯夜を照し家中乃銘々夫々乃役人、其間(其間)乃掃除、雑作形乃如く念入、本堂対面所其外役所(役所)夫々ニ請取て勤番しける。誠ニ人ハ侍、魚ハ鯛といふことハさ、むへなるかな。門前四方ニ番所をすえ、役人厳重ニして、非常を正し、火事装束花やかに出立、侍二騎大勢を引連て、日夜共近辺を廻れたり。其時難波に隠遁者乃有けるか、一首の狂歌を詠られし。

御堂へハ一向参りも内膳乃正も佛も権威にハさて

爰に又同年九月二日、希有乃天変あり。其日ハ天気も宜敷、四方に一片乃雲もなく秋風乃そよく、木乃葉の音静に、ものわひしかりしか、夜も三更に及ころ、一天に雲立ならひ、暴風忽西南に起りて、天地も震動しけれハ、何レ乃家にも大に恐れ、唯風ニよつて、火を起さん事をのみ案し、家内を守りけるか、よく(よく)聞ハ、風乃音ニつれもの騒敷、数万乃人音して何やらん、打ひしく様ニ聞へ、只今乾坤共ニ金輪ニ落やしぬらんと、すさましく、人々弥恐れ、外へ出るものもなし。翌朝風も止みけれハ、此事四方ニ風説有り。人々出て見るに、所ハ幸町上ハ住吉橋より下へ、橋四ツ落たり。是ハ俄乃風なれハ、川口ニ有し大舩、小船風乃為に内川へ吹入られ、風厳しけれハ人力舩をとゝめかたく、幸町乃川へ込入舩ニて橋を打落し、幸町の川迄千石二千石乃舩とかうへに込入り、共ニ船を損しけり。是か為に、河水あふれて町家乃軒下へ来り、暫時海乃如く見へたり。夫而已ならす、安治川口ニも橋三ツ落て、破船数を知らす。下ハ難波、嶋三ツ家辺乃人家野辺ニ出、川辺に添し家ハ悉く吹破られぬはなし。爰に又、哀なるハ難波村乃漁人とかや。其夜常乃日和と心得、已上十八人、小舟ニ乗て、はるか沖へ漕出し、網ニ而魚をとらんとす。折しも風急に吹来り、いとゝ小舟乃よるへなく一度にさふと打返へされ、命から(から)嶋を求て揚しもあり、又海底乃もくつとなりしもありとかや。纔か二時計ニ大舩小船数を知らす破損し、さも大キなる橋四ツ落、安治川乃橋三ツを落し、民家数多吹たをす。難波浦をはしめとし破損せし船乃内に、落命せし者も多かりき。誠ニ不定乃世界、暫乃内、ヶ様乃変ありと、人々驚き合へり。又、此時西本願寺南側乃塀、風乃為ニたをれたり。最早岡部氏うけ取られし後なれハ、御堂よりふしんすへくもなく、其侭にて有しか、見苦しとて公儀へことわりけれハ、即時ニ普請被仰付たり。扨又幸町辺乃破損せし所を急き普請すへきとし被仰付、いつれも油断なく造作せしなり。後に思ひあわすれハ、かやう乃天変有る事も、当年乃前表ニやと人々言あへり。其砌、難波に清狂道者とて、うき世壱分五厘乃人ありけるか、たま(たま)余か宅に来られ、同道して幸町乃辺を見物に行しか、あな夥敷とて、二首乃狂歌をそ詠せられし。

朝の間に見れハこそあれ住吉の橋の近所ハあわてしもあり

大かせに橋ハ落たり水ハ高し皆見物にこらえよりまさ

かゝるもの騒かしき時節ニも変を愁へぬ道者かな、ヶ様の言葉を出せしも誠ニ千者万別のせかい也。

和韓拾遺巻之三終

和韓拾遺巻之四

和韓拾遺巻之四

信使壹岐勝本着船乃事

去ほとに十一月十三日、殊ニ天気快晴なれハ順風ニ帆を揚て、未ノ中刻ニ壹岐国勝(カザ)本ニ着舟ス。此所は松浦肥前守殿領分也。江戸より海陸三百廿三里也。抑当城ハ、高麗陣乃時、御取立ニ而、アマセ包城共、又武末乃城ともいふ。則対州を合せて二嶋といふ。兼而期したる事なれハ、三使を始諸官人の揚り場をこしらへ、諸役人出迎ふて信使を客舘ニ入らしむ。御馳走例のことく善尽し、美尽さる。しかるに此度にかきらす、信使渡海の砌ハ、かなたより人参をはしめ、朝せん乃土産を多く持きたり、日本へ賣て利を得んことを求む。然れ共、直ニ日本人へ相對ならさる故、対州乃通詞六十人乃内をたのみ、分相応に賣買をなすとかや。是によつて、対州乃通詞乃内ニも、鈴木傳藏なと是等を張本として、かの拂ものを受取て、己か有として、銘々か利分ニなるやうに計ふと聞へし。譬ハかなたより素物を出して、壱貫目に賣拂ひたきとたのめは、心得申とて、件乃しろものをハ日本人へ入札落ニして、壱貫五百目と落けれハ、朝せんへハ八百目に賣しなと内外ニ云紛し、通詞のことなれハ、詞乃通せさるを幸にして、多くの利を得となり。ヶ様乃私欲多きことなれハ、悪ニハ友多くして合躰乃族も数多あり。殊更此所ニてハ、廿日餘り乃逗留なれハ、件乃鈴木か輩、是を幸として、かやうの品度々有しとそ聞へし。斯て、此所乃御馳走濟て、献上乃馬ハ先達而、同月十八日に出帆す。同廿八日ニハ、信使出帆とふれけれ共、天気不勝なれハ、此日乃出帆ハ止みて、十二月三日といふニ、晴天順風なれハ、此日おの(おの)松浦氏へ禮を述て、又船に乗つゝ勝本を発しける。

同藍嶋着乃事

順風に帆を揚て行けるほとに、同日酉乃上刻ニ、筑前あひの嶋に着す。此所ハ松平筑前守殿御領にして、居城ハ福岡といふ。高五十三万弐千五百十二石、江戸より海陸弐百九拾八里也。此所ニ而も例乃ことく、御馳走有て逗留五日といふに、舩を出しけるか、此日ハ天気も心よからねハ、しハし見合せし所ニ、幸風も止みけれハ、各舩を出しけるか。朝鮮乃船壱艘、これハ副使乃荷物舟なるか、ト船将か差図ニて卜船将といふハ荷物舟乃頭也磯辺をこひて、近々と沖乃方へ出さんとせしに、筑州乃家士に関本郷左衛門といふ者、濱辺奉行四百五十石見送り乃為、其船の辺に居れしか、此躰を見ていふ様ハ、磯ハ水浅くして舟行かたからん。沖へ出してこくへしと制しけれ共、朝鮮人乃習ひとして、短気血気にまかせ、其まゝに漕ゆかんと、もかきけるか、いとゝさへ重き荷物を積しふねなれハ、波風ハなけれとも、浅瀬のかなしさハ、水乃力薄く、あれや(あれや)といふ間もなく、さしもの大舩を乗しつめて、水舩となしぬ。此間ニ一騎当千乃もの共、漸々小舟を廻して、人を乗せうつし、荷物抔もひろい揚ケけるか、さして捨しものとてハなけれ共、尤大切なるものを水にぬらせしも有りとかや。始より沖へ出しなハ、かやうにもろくハ水舟にせましきものを、後悔先ニ立す、剰へ其ふねの楫を折けれハ、是によつて、余ほと乃所へ乗出しけれ共、進み行事あたわす。各評義有て、又もとのなきさへ漕戻し、二度藍嶋の客舘へ入にけり。是畢竟、筑前の不運といふへし。かゝりしかハ、筑前ニも元乃如く客舎をしつらゐ、御馳走被仰付たり。爰に関本郷左衛門ハ、此度来朝によつて始より国乃外聞を思ひ、随分麁末なき様ニと、役からを重んし、道中掃除等ニ至迄、残所なく申付られ、日夜心を尽し、油断なく、差図せられける所ニ、此度海上ニて、不意乃破損ゆへ二度出戻りしけれハ、始にかハらす万事を守られけり。爰にト舩将ハ此度舩をそんせし時、関本か差図をもれて、船を損せしことを無念ニ思ひ、何卒此恥をすゝかんと思ひけるか、折節我朋友乃官人騎舟将といふ者有り。是ハ三使船乃かしら役也此度多く乃人参を持来りしか、兼而小通詞鈴木傳藏へたのみ置、直段宜しく賣拂ひたき由なれハ、鈴木此所乃逗留を幸と思ひ、所乃役人をたのみてよきに計ハんと思ひ、濱奉行関本へ右乃段世わニなり度由いゝける。此関本元来正直ニして、武士一辺乃御義なれハ、此一言を聞て大イニのゝしり、是畢竟商人同然之しわさ也。我等何そ左様の事をせんや。関本をハいかなる者とおもひたまふそといひけれハ、鈴木も赤面ニ及しとかや。ト舩将是を聞て、弥無念ニおもひ、何卒して関本へ仕落をさせむと思ひけるか、ふと思案してある日、傳藏同道ニて、関本宅ニ至り云けるハ、扨も此度不意ニ舟損し、当国ニも永々敷逗留也。各役人中ニも苦労もふす所なし。しかしいつ迄も件乃ふね調申さてハ詮あるまし。一刻も早く当国乃力をかつて、舩ふしんいたしたし、夫ニ付、たとへ船出来候ても楫なくてハ叶ふまし。抑朝鮮舟乃かちといつハ材木ニ撰有。檜か、槙か、此二品の中ならてハ叶ふまし。急キ国中を詮義あつて、件のかちニ成へき材木を吟味あれかしといふ。関本ハ始より是を難題を言て、まいなひを出させんとの謀と推せしか、態といゝけるハ、当国已然より材木殊外拂底ニ候へハ、左様の宜敷なるあらん事覺束なしといゝけれハ、ト舟将か曰、今天下泰平ニて、国々通路自由成る節、当国ニあらすハ他国ニあらん。一国乃領主として、何そ左様乃少キ事をいゝ給ふ。但シ貴殿乃せまき了簡ニて、廣き日本国中にわつか楫壱本こしらへ申、材木なしと思ひ給ふか。当地ニあらすハよし(よし)本国へ申遣シ、早速取寄せ御目に懸ん、御見物かへと、傍若無人にのゝちりけれハ、関本腹にすへ兼、口惜しと思へと、役からを思ひ、殊ニ外国乃上使たる家来なれハ、虫を押へて堪忍し居たりしか、鈴木傳藏此間賣物乃事ニ付、耻辱をうけしかハ、ともにト船将か口上にかさかけて、関本か一分乃たゝぬ様ニいゝけれハ、関本暫く思案して云様、しからハ暫く日延をし給ふへし。其内にハ吟味いたさんと云。ト船将是を聞て、然らハ五日乃日延を仕らん。其間に急度とゝのへ給へと、いかめしく申付て立帰りける。跡に関本只壱人差うつむきて居たりしを、関本か子息、同名三左衛門と云者、此体を見て、父ニハ何とかし給ふそと尋けれハ、郷左衛門笑をふくみて、此間の草臥ニや今暫し居ねむりしと、餘事ニ紛らし返答す。夫より関本思ふやふ、先、国中へ触を廻し、梶入用材木吟味せしか、一ツハ檜、あるひハ槙か。各元口弐尺五寸、長サ五間、右二品乃内を所持乃者ハ早々持参すへき由、国中へ触けれ共、右体乃木曾てなし。かれこれ吟味乃内、早日延乃五日になりぬ。此夕、関本、嫡子三左衛門を一間へ呼て申けるハ、扨も此度来朝ニよつて、当国におひても聞をはゝかり色々御馳走あり。我等役からを以て万事差図し、先年乃例を以、何ニ不足なく、主君乃御名を恥かしめす、且対州へも聞へ有と思ひ、万心をゆたぬる所ニ、如何せん、対州乃通詞等か、専ら権威を鼻にかけ、朝鮮乃族と通達して、我等か輩より、まいなゐを得んことを求む。され共、武士たる者、人にへつらい何かせん。殊更、外国乃者ともへ左様の金銀さたニて、心よくするものならハ、此後とても例となり、国乃為あしかりなん。殊ニ筑州乃家士こそ朝鮮乃外人を恐れ、まいなひをもつて無難を得たりなとゝいわるゝ時は、主君の名を恥かしめ、以後国の為あしかりなん。所詮我此度かのト舩将、并、鈴木か輩をうつて、非道乃我まゝを除キ、其後こゝろよく腹切て死する時ハ、主君乃為といゝ、後々迄当国の武威を恐れ、左様乃輩、此国ニおひて、一言乃非義をいふ事有まし。殊ニかれら合体して賣人同然乃ふるまひ見るにしのひす。此度ハいつれ死する期也。汝も早成長したる事なれハ、跡ニ残りて随分母に孝を尽し、主君乃大切ニして忠義を忘るゝ事なかれ。表は忠也、裏ハ孝也。しかりといへ共、古人より忠孝ニツなから全キ事なし。忠孝ハ左右乃手ニひとしといへ共、武士乃家に生れ、一旦主君ニ仕ふるとき、早いか命は差上し事なれハ、忠義ほと守るへき物外なし。我死しなは汝、必、我を残念とすることなかれ。必(必)主君を大切ニし、我此度死するハ、あなかち罪有ニてもなし。殊更かれを害し、我も死する上ハ、双方に申分なし。依て我等か家御取上ケもあるへし。万一此度の義、不調法ニきわまり、家御取上ケ乃うへ、其方も浪人同前乃御沙汰もあらハ、我一通を残し置ん間、主君御他出乃砌、直ニ御乗物へ差入、汝ハ遥に下つて訴訟すへし、跡乃事共、細々と申つけけれハ、三左衛門も悲歎乃涙にくれ、さやうの思召に候ハヽ、共ニ黄泉乃御道しるへ仕らんといヽけれハ、いやとよ汝ハ跡ニ残り、君に忠を尽し、我家名を穢ことなかれ。其上の孝心は有ましきそと、口にハりつはに云へ共、目ニハ涙を浮へけり。誠に人乃子を思ふ情ハ至て切也。とかうする内、時刻も移らんと関本ハ其用意をなして、夜乃明るをまち居たり。

藍嶋ニて関本何某刃傷切腹乃事

明れハ十二月十八日也。元来此所乃逗留ハ五日なるに、不意に舟損し、ことに此間打続日和もあしけれハ、各いたつらに日を暮しける。然るにト船将ハ鈴木と心を合せ、先達而、関本へ難題を云かけしに、はや日延乃五日になれハ、いかヽあらんとまつ所に、関本か方より使者壱人来りて申けるハ、関本申候ハ、先達而、被仰付し材木の義、段々吟味仕候処、漸々夜前当国乃辺土より持来り候。尤寸法、長短正しく候得共、猶又材木乃品御改有て御用ニ立可申哉、御覧あり、委細之義承り度間、各同しくト船将とともに、拙者屋鋪へ御出下されよと、口上を延けり。是を聞て鈴木伝蔵、左様之材木有間鋪と思ひ、難題をいひしに、出しと聞て案に相違しけれ共、詮かたなく、心得申と返答し、使者を返し、ト船将と外乃通詞壱人差添、関本か宅へ遣しける。此時鈴木か至りなハ、後の愁ハ有ましきに、命冥加ニも行さりし。斯て二人ハ関本か宅へ至り、案内しけれハ、関本頓て出迎ひ、先此方へとト船将壱人を伴ひて、坐鋪へこそハ通しける。関本ハ鈴木か居さるを残念に思ひけれ共、早期せしことなれハ、ト船将を坐につけて、其身ハ一間に入しか、家内ひつそと音もなし。ト船将やヽふしきに思ひ居る処に、関本用意せし覺乃一腰をさけ、ト船将か前ニ寄て一

紙を差出ス。開き見るに其書に曰、

今般因聘使来朝、於當国光景、善尽羨尽此無如何。不意舩損、楫折而、信使再皈客舘、依之汝等不道強欲之輩幸之、為得路賄、此難事責我。我能雖知之、對賊不施諂諛。只為令知當国武威、誅而如汝等賊、欲為我黄泉導。速可延首以書令知之。

如斯書付て見せしことハ、言語通せさるゆえ計いしとなり。此書の句ハ、此度来朝に仍て当国ニおひて、御馳走有之候處、如何せん舟損し、信使ふたゝひ出戻せり。是を幸として、汝か強欲乃輩、まいなひを求んと、難題をいゝかけ、我を責。然共、我汝にへつろふ事をせす、只国乃武威を知らしめん為に、汝かことき賊をころして、我めいと乃道しるへとなさんとなり。卜舩将是を見て大に驚き、トグハライ(ライ)と呼ける。是通詞来れと云事也。此声を聞て一間にひかへし通詞走り来る所を、関本早刀を抜はなし、卜舩将をめかけ切てかゝる。すへて朝鮮人ハ腰ニ半刀を帯したれハ、関本か切込刀をよけて手早クも半刀をぬひて刀をうけたり。関本ハ太刀、卜舩将ハ半刀ニて少しおくれて見へたりしか、両人互に気をはけまし、日本乃流義、朝せん乃釼法、右ニ突左に切込、和韓乃戦ひいつはつへしとも見へさりし、通詞も見兼て、両人共ニ暫しまてと制しけれ共、更ニ耳ニも聞入れす。あまりに制兼て辺りニ有合う屏風をもつて、両人か中へわつて入けれハ、関本いらつて、汝某に邪广をなす事なかれ。事乃起りハ己等也。鈴木かなきハ残念といふまゝに、件乃通詞かみけんをめかけ、観念せよといふより早く、拝み打ニしてけれハ、二つに成て死してける。その隙に卜舩将得たりやかしこしと後より突かゝる。関本心得たりと身をかわし、一足二足行そと見へしか、取て返し切つくれハ、卜舩将か耳乃根より肩先キまて切つけたり。疵を蒙りてかなわしとや思ひけん、いち足出して逃行を、郷左衛門声をかけ、いつくへ行。きたなし。返へせと、後よりかたさきより腰のあたり迄、切下ケけれハ、はかなきかな、卜舟将二つになつてたほれ伏。郷左衛門ゆう(ゆう)と坐になをり、既ニ切腹と見へし処に、子息三左衛門をはしめ、家内乃者共、今一度御対面とふすまをへたてゝ聞へけれハ、関本聞て声をあらけ、汝等我最後乃妨をなさんとするか。誰にてもあれ、此所へ来し者ハ七生迄乃勘當也。未練千万と制しつゝ、いと静に座に直り、腹十文字にかき切て、うつふしになりて死しぬ。行年五十八歳。惜むへし、忠臣国乃為に命を落す。世澆季におよふといへ共、如斯人物此国に有事をしらす。かゝりしかハ、此こと早かくれなく、筑前乃家士落合権六、堀井源左衛門二人検使として関本か宅へ来り、扨双方乃疵口を改メ、委さひにかきしるしける。

関本郷左衛門　五十八才
卜船将白緑石　卅四才
小通詞前田甚之丞　廿八才

其上三人か懐中を改しニ、卜船将か腰より、革袋を取出す。明て見るに、金廿両有り。通詞か懐中に紙入乃内に、金五両、銀卅匁斗、人参三両、其外小道具あり。扨又関本か懐中に一通之書付有。披キ見るに、其書ニ曰、

一　此度来朝ニ依而、於当国御馳走被仰付、私共下役人迄、無麁忽様ニ心を揃、随分大切ニ仕候処、不意ニ船損シ、信使逗留延引ニ付、是を幸として、卜船将、鈴木か輩と合体仕、国内に無之大木を出すへしと、難題を申懸候て、賄賂を求メ候得共、為武士者、施諂諛は他国之

外聞、且ハ主君乃御名折と存候間、此輩を討捨、当国之武威をしらしめんとほつす。此段私不調法ニ相成候ハヽ、某か死骸を以、可被正国法候。仍而切腹仕者也。此段宜御披露奉頼入候。以上。宝暦十三年未十二月十八日、関本郷左衛門 判

検使書置を披見して、此旨言上すへしとて各帰へられたり。誠ニ和韓国を異ニし、人心乃清濁ハ如斯。関本か君を思ひ、国乃ために死す。いさきよき事を人々言あへり。夫ニハ似すして懐中ニ金銀を隠し、死恥をさらす事、中(中)日を同ふして論しかたし。扨此事筑前守殿ニも聞し召、歴々乃評義有ニ、双方共ニ死し事なれハ、如何共せんかたなく、喧嘩両成敗乃掟なれハ筑前ニも、かなたニも申分なしとて、其まヽにあひすみける。其後筑前守殿ニも、関本か忠死、殊ニ書置といヽ、国乃為にしらさる者なれハ、かれか忰を御取立有て、家名をつかしむへき旨、被仰出けれハ、家士何某申けるハ、誠ニ関本か忠臣かんするに絶たり。しかれ共、大切ナル官人をあやめし事なれハ、今彼か家を御取立あらハ、かへつて信使へ対して、無禮且対州乃手まへもあれハ、此事ハ後日に宜敷はからい申さんと、只おんひんに取納、専ら信使を大切ニせられける。

和韓拾遺巻之四終

和韓拾遺巻之五

信使藍嶋を発事

同赤間関越年乃事、并、諸官元旦詩賦

同播州室津着船、并、深江何某口論切腹乃事

和韓拾遺巻之五

信使藍嶋を発事

去ほとに、去ル十二月三日、勝本を出帆あつて、其日藍嶋へ着せしか、思ハさるに舟損シ、諸乃凶事出来せしかハ、此所に逗留永々しく成て、各殆退屈ニおもひけり。され共十二月十八日関本か忠死ニよつて、筑前乃武威を恐れ、一言も出す者なかりける。先達而破損乃舟、中々急ニ出来なりかたく、諸役人評義有て、件乃舟は其まゝに差置れ、筑州乃大舟を吟味し調へ、是に以前乃大船につみし荷物并人数を乗セけり。扨用意一々に備りけれハ、十二月廿六日といふに、ことさら天気よけれハ、各筑前守殿へ禮謝して藍嶋を出帆ある。都而此度道中筋ニ於て、少々乃故障ハ有といへ共、藍嶋の凶事こそと、心あるも、心なきも、此後とてもいかゝあらんと、是而已いゝあへり。是よりして長州赤間ヶ関迄、海上廿里なれハ、一乗にせんと、棹乃歌を発してすゝみける。

同赤間関越年乃事、并、諸官元旦賦詩

斯而対州乃舟を先として、朝鮮乃舟共次第(次第)に漕行しか、十二月廿六日辰乃刻計ニ藍嶋を発し、明ル廿七日午乃上刻ニ、長州赤間ヶ関に着舟す。此所ハ松平大膳大夫殿御領ニして、大坂より海上百廿六里とかや。此あひたハ雨天ニして各雨具をせられ、客館ニ入けり。長州よりも形のことく御馳走念を入らる。殊更寒気甚しけれハとて、部屋(部屋)に大火鉢を出され、夜具ふとんなとの用意、残所なく仰付られ、最早歳暮なれハ、各此所ニて越年有へしと定らる。晦日ニ成てけれハ、朝鮮の人々異国乃新春を向へんと、諸官客屋に集り、友をなして物語

し、古郷を思ひて詩を賦するもあり。古郷今宵千里を思ひ、霜髪明朝又一年と述懐をするもあり。名もなき下官ニ至てハ只妻子の事のみ物語して、徒に眠るもあり、思ひ(思ひ)に闔中ニ入られけり。明れハ宝暦十四年甲申乃新玉の年立帰り。領主大膳大夫殿より仰付られ、客館乃義ハいうニ不及、国内ニハ端々までも、例年より華美を尽し、諸家中の銘々衣服大小きらひやかに、各年頭乃嘉義を述らる。扨亦朝鮮ニは三使を始、珍敷日本乃新歳を迎ふ事なれハ、諸官人ハ申に不及、風景乃変りしことを思ひ、詩を賦して三使を祝賀し、楽人ハ太平楽を奏して義を祝し、鼓乃音、笛乃声、海上ニひゝき、いと殊勝にも又ゆふに見へたり。楽終りけれハ、三使を始、学士、書記已下乃官人、下官ニ至迄、本国のほうに向ひて禮をなして、君臣乃義を守りけり。規式事終りけれハ、文官の銘々、元旦乃詩を作リて雅情を求るもの多し。

元旦	秋月
数声鐘鼓忽催春	喜見東方曙巴新
両國好成共聖世	齊呼万歳仰佩辰
同	玄川
曙色一天函谷雞	帝州逢望赤関西
東風徐動乾抻暁	佳気偏廻上下斉

右乃外、除夜元旦乃作有といへ共、事繁多なる故荒増をしるす。扨此所乃逗留五日ニて、又正月二日、大膳大夫殿へ禮謝して、各舟に乗て急きける。同日巳ノ上刻上ノ関着岸し、此所ニ二日逗留して、同五日ニ出帆。同月九日午ノ中刻ニ、安藝乃かまかりに着す。此所松平安藝守殿御領也。江戸より海陸二百卅里也。国主より御馳走有て、十一日夘ノ刻蒲刈を出帆し、同日申ノ下刻備後乃鞆へ着す。此所乃御馳走方ハ、十二日

ハ空くもり、雪少々降てけれハ、船を出し、十三日ニハ備前牛窓へ着す。領主松平内蔵頭殿也。至而御発明と聞へし。元来此所ニても五日乃逗留ニして、御馳走有所に、此度ハ一日逗留して舟を出しこと、いかんと尋るに、今度来朝ニ付、いつくニても御馳走おろかなしといへ共、別而此所ニてハ到着乃日、役人中評義あつて、御馳走乃御料理ハかくへつ、下行物、米、味噌、醤油、魚肉、野菜のたくひ迄沢山ニとゝのへ、五日分をハ到着乃日ニ渡しける。依て、中官已下ことの外悦ひ、大キに徳付し事に思ひ、一日逗留して四日分ハ徳にせんと議してけれハ、次の日上官乃方へ言上しけるハ、今日は至て天気よしともふせとも、明日ハ天気甚悪敷からん。いそき舟を出して播州へ御渡り候へといふ。何れも天気乃ほとハしれかたし。しからハ急き舟を出すへしと触けれハ、各用意して、其日船を出しける。尤下行ものハ五日分渡しけれ共、一日逗留ニて出達せしかハ、彼是御物入違ひしと聞へし。是よりもおかしきハ朝鮮より江府献上乃鷹なるか、信使より先達而此所へ着してけり。右乃鷹ニ対州の家士付随ひ、朝せん乃鷹師、并、下官人少々来りしか、其折節天気も心よからねハ、此所に逗留したりしに、鷹に付し役人、是を幸として色々乃入用をいゝて、備前乃家中を悩しけるか、如何様乃事をいひても、夫(夫)にあたへけれハ、大ニ悦、餘り云ことに事を欠キてや、ある日備前の役人へ申けるハ、扨も此度大切乃献上ものを請取、何卒無難ニ江戸迄達し申度存候所、如何せん、鷹眼をうれへ、殊の外難義仕る。此躰ニてハ江府まてつゝかなき事ハ覚束なし。何卒当国乃力をかりて是を無難ニして給ハんや否やといふ。備州乃役人太田伴左衛門是を聞て、献上乃鷹なれハ、是ほと大切の事ハなし。いかゝして無難ならんやと尋けれハ、然らハかなたより参りし鷹師ニ御尋候へ。入用の品申ニて候半といふ。しからハとて、鷹師を呼んて、鷹乃病、いかなるものを用ひて宜やと尋けれハ、鷹師か曰、鷹の病ハ眼病ニて侯。是ハはる(はる)と、海上をへて来りしことなれハ、船にゆられ塩風ニ当りしゆへ也。是を療治せんニハ、何ニても色乃至つて黄なるもの也。此黄なるものを用ひ候。自然当国に左様乃ものあらは御出し候へといふ。伴左衛門当惑し、何の品をハいわす、只色乃黄なるものと計ハ心得かたし。名を承りたしといふ。鷹師か曰、色黄ニして最上乃ものハ、ワンキンマンリヤンと申物也。然りといへ共、至て少なきもの也。先国中を吟味有へしといゝて帰りける。是によつて、役人中評義有て、書付をしたゝめ、ワンキンマンリヤンといふ名にして、色黄なる物を尋出ス者ハ、御ほうひ下さるへしとふれけれ共、誰有て知るものなし。爰ニ備前の和気といふ所ニ、禪寺の有けるか、是は黄檗派ニして、よく唐音ニ通したる人ニて、寺号を万禪寺といふ。此寺乃住持、右乃噂をきゝて、ある日備前乃役人太田伴左衛門へ対面して申けるハ、扨も此度鷹入用ニ付、御尋有所乃物を、よく(よく)考へ候ニ、当国ハ不及申、何の国ニても、まれなるものニて候。中々触廻されても、出す者有まし。其まゝニて捨置るへしと申されけれハ、伴左衛門申けるハ、愚なることを宣ふもの哉。忝くも江府へ献上の鷹なれハ、一羽ニても、当国ニて落候時ハ、当国乃不調法ニなる事なり。自然貴僧右之品を御存あらは、御知らせ被下かしと申ける。万禪寺いと易き事ニて候。しかし申せし上必驚き給ふ事なかれ。抑ワンキンマンリヤンと申物ハ唐音ニて、是を日本音に訳し候時は、黄金万両と申事也。是ハ当国よりまいなひを求めんと、はかるもの也と申されけれハ、伴左衛門始て夢乃覚たる心地して、且笑且驚申けるは、左あれハとて捨置かたしとて、次乃日件乃鷹師と役人とを呼て、先達而仰付られしワンキンマンリヤン、当時ことの外拂底ニて、色々と尋出し少々調へ候也。是を御用ひあれと、なにやらん箱ニ入、渡されける。鷹師是を見るに、五寸計乃箱ニ金百両入てけれハ、笑を含んて、是こそワンキンマンリヤンといふ物なれとてもの事にマンリヤンこそ、あらまほしけれと、ぬからぬ顔ていゝしとなり。何国ニても、出かたき物ハワンキン也と、備前乃役人ハ高き薬を出しける。此所ニ而ハ始終ヶ様ニせしゆへ、件乃輩も相手になりかたく、逗留も一日ニて舟を出せしとかや。是をや唐士ニも張謂といふ人、詩をつくりて曰、世人交り結ふニ、須黄金、黄金不多時ハ交り深からすといゝしもむへなるかな。

同播州室着船、并、深江何某口論切腹乃事

正月十三日、牛窓を発し、同十四日未乃中刻ニ播州室ニ着舟す。此所ハ酒井雅楽頭殿御領ニ而、此所迄御出有て御馳走也。しかるに対州より以来、御馳走乃国々、何レニても先格乃書付ヲ以、客館揚り場迄、しつらい御馳走有事也。室ニ而も先例之ことく、御しつらい有て、去年より用意あり。爰ニ信使乃船着せしに、酒井家乃役人評義有て、下行物を一日分渡し、其外野菜、魚肉乃類ハ、入用したひ役人へ取ニ来るへしといゝ渡し、其饗何となく、けんやくニ見へけるか、禍ハ下(下)からといふならい、次官已下乃者共、寄合ていふ様、先日牛窓ニて着舟乃日、五日分下行を渡されしか、此所ニてハ漸一日分を渡条、何としてヶ様けんやくなると、上を恐れぬ者ともすみ(すみ)ニて、つふやきける。其翌日、信使舟より揚りける時分、対州小通詞鈴木伝蔵、酒井家乃奉行深江杢之進といふへ申けるハ、三使上官乃上り場ハ見へ候か、惣官なとハ何方より揚ケ可申哉と尋けれハ、此奉行急乃事ニて返答ニあくみ、何方より成共、揚られよといふ。鈴木伝蔵申けるハ、信使着舟乃義、先達而より犬打わらへ迄も聞及ひ、能知れし事也、しかるに当国ニてハ上り場たにとゝのひ申さぬ条、是畢竟役人乃不念也と、以の外に叱りけれハ、深江大キニ腹を立、当国ニも先格乃通、相守候処、役人の無念とハ、何ヲ以いゝしそ。汝等信使乃役人なるを以、権威をふるまふ条、奇怪也。今一言いふて見よ、舌乃根を切下ケんものと、已ニかうよと見へ候処に、辺りに有合ふ人々、漸々制し留メけり。深江も無念に思ひけれ共、彼ハ信使ニつきし役人なれハ、後難いかゝと其まゝにして扣しか、早三使ニハ舟より上り、以下の官人したい(したい)に客舘ニ入られけり。残る惣官をハ鈴木か差図ニて、三使の上り場よりあけけり。ヶ様のことを見るに付ても、深江弥口憎事ニ思ひ居けり。去ほとに、信使、十五日ニハ舟を出して、兵庫へ進まんとせしか、先舟より報しけるハ、昼後より天気あしからんの間、先舟を戻し見合せへしといふ。是によつて役人中評義有。天気乃ほとハ計かたしと、ふたゝひ室に出戻し、各日和を見合せける。此日ハ先達而牛窓を出し日よりも天気宜かりしに、下々乃者何角といひて斯計いしと聞へし。爰に深江杢之進此間乃口論せし事、大切乃信使乃前ともはゝからす、麁忽乃至、役から不相応との事ニて、御前乃首尾あしく、心ならす下宿に引籠居しか、つく(つく)思ひけるハ、我此度の義ニ付、不調法たる覚なし。先格乃書付を以、万事をとゝのへ置しに、かれら何成ともこたてを取て、まいなゐを得んと欲る也。然りといへ共、武士たるもの、左様乃事をせんや。所詮かく鬱して居んより、彼鈴木とやらんを討捨、其後心よく腹切て死せんニハと思ひ定てかしこへ行んと出立しか其道ニて朋友同家中、飯田隼人といふ者ニ出会しニ、隼人いふ様、此間ハ打続御意得す。先以貴殿ニハ引込居らるゝとの事。いかゝいたしたる事やらんと尋けれハ、深江夫といわんとせしか、ちと思ふ子細有けれハ其儀ニ付、少々御相談申度事乃候。手前屋敷迄来り給ハんやといふ。隼人も辞せずして同道ニて行けるか、既に宿所に至りけれハ、杢之進、先酒を出して饗、其上ニて申けるは、扨も御聞及候ハん。此度乃義といつは、信使着船ニ付対州乃鈴木何某、我等ニヶ様(ヶ様)乃恥辱をあたへ、当国乃役人をハ芥乃ことく憎んし、事に依てまいないを求めんとはかる。且ハ後々乃ためならん、某、彼鈴木を討てすて、腹切て死せんと思ふハいかにといひけれハ、隼人聞て大に笑ひ、扨々貴殿ハ埒もなき事をいふ人かなと、又大ニ笑ひしか、深江其心を悟らす、何として笑ひ給ふそと云ふ。飯田答て、我余乃ことを笑うニあらす。貴殿か一を知て、二をしらす、我をしりて、君をしらさる事をわらふ也。其ゆへハ畢竟、私乃怒りを以主君乃難を起す也。たとへいかやう乃事あり共、刃傷ニ及ほと乃事や有。彼ハ陪臣といへとも、此度信使ニ随ひて来りし者なれハ、狐虎乃威をかりしに殊ならす。しかるを貴殿か怒りニ依てかれをあやめ給ふ時は、主君乃御身に御難義かゝり、信使へ對して、不禮乃御咎在て、当国乃御仕落とならんハ必定也。しかる時ハ君ニも怒りを発して、譜代相伝乃深江乃家も断絶に及ハんか。左様乃事あるにおひてハ、貴殿か先祖へ黄泉ニ於ても面目有まし。是畢竟無益なることゝ思ふかゆへに笑う也。血気乃勇を出し給ふ事なかれと、理を責て口説しかハ、深江も理に伏し、しからハ刃傷乃事相止メ可申といふに寄て、隼人も悦ひ、朋友乃詞を立思ひ、とゝまり給ハんことたのもし候と、酒数盃をかたむけて別れけり。隼人思ふ様、深江理に伏したりといへ共、生れ付片意地なる男なれハ、如何あらんと、其夜辺りニ徘徊して自然不意あらん事を恐れて、心かけ居たり。ヶ様乃事をもしらす、杢之進ハ只壱人隼人かいゝし事を思ひ、主君乃御身ニ御難義かゝらんといへハ是も黙止かたく、さあれハとて我生へきやうなしとて、其夜四更計に、人しれす腹切てあひ果ぬ。是をや、俗ニいふ死神乃付たるとハいふならん。始上り場をとひし時、彼ニ對して先格也といわんに何乃咎メかあらん。殊更隼人か理を責ていひ聞せしに、誠に犬死といふハ是也。かゝりしかハ此事家中へ聞へて、日下部藤内、井上平馬二人検使として来り、死骸を改メけるに、自害ニ相違なけれハ委細に書記し、言上せられける。此切腹ハ筑前とハこと変り、相手も無、書置なともなけれハ、聞へをはゝかり、内分ニてひそかに取置しと也。依之信使乃かたニも、誰有て知るものなし。只酒井家ニハ乱心乃やうに云伝へり。斯て正月十八日、天気快晴なれハ、各其用意し、酒井家へ禮謝して、諸官こと(こと)く舟に乗、順風ニ帆を揚て、明十九日早朝に兵庫乃濱へ着す。此所ハ尼ヶ崎乃城主松平遠江守殿御領也。元来御馳走の有へき所なれとも、天気も快晴なれハとて、暫くやすらい、同日申の刻ニ出帆ありしとかや。

和韓拾遺巻之五終

(裏表紙)

표지

和韓拾遺	朝鮮人 来聘	坤

본문

和韓拾遺巻之六

和韓拾遺巻之六

信使着坂前ふたゝひ町中見分之事

去年十月頃より、いよ(いよ)来朝ニ間もあるましとて、大川筋を始として堺筋、備後町、御堂辺、都而此度通るへき筋ハいふニ不及、其外朝鮮人乃目に触るへき所ハ、一入念を入被仰付たり。是によつて万事無滞といへ共、又申ノ正月の始、右乃通り筋其外町々まて、役人衆見分有り。

其砌町々多く見分せらるゝ事なれハ日を暮されしか、所は立売堀とかや。はしめ上塗をせしかと、鼠壁ニ塗しかハ白くすへしといゝ付られ、何か急なる事なれハ、先左官をやとゐけるか、其頃ほと左官のいそかしき事ハなきとかや。此所よりも漸やとひ出しけるか、日暮より来りて松火を照し、屋根下を塗しか、餘り明松の光り強くして煙見へけれハ、件乃見分役人是を見て、定而手過ならんと駈付しか、彼左官、是を見て、けしからぬ事に思ひ、恐れわなゝき屋根より落て腰を打しとなん。かやうの事あまたなり。しかるに、韓船早、川口へ入といふと、ひとしく大坂町中ハのゝめき立、先火乃用心第一に念を入、殊さら堺筋辺乃町々ハ焼火を禁せられ、炭火ニて物を煮し事也。扨又先達而被仰付し、四町四方にかまへし半鐘はしこの上に、莚を以かこひ、夜ハ火を灯し、日夜共ニ遠見して、各すわといハゝ相図をせんと待居たり。その厳重なる事、軍中ハいさしらす、近年まれ成事とかや。

韓舟大坂川口へ入事

去ほとに、正月十九日兵庫を発しけるか、尼ケ崎の城主松平遠江守殿、大坂迄ハ大半領分なれハ御見送として、対州乃次ニ舟を進メらる。幸なるかな、此日順風心よくして明れハ宝暦十四年甲申正月廿日也。夜明かたに大舩数艘、大坂川口へ乗込ける。しかるに先例として先此所に韓舟をとゝめ置て、大坂より信使御迎として多乃舟を出されける。先一番に将軍家乃御舩ニハ、

紀伊国丸 此御舟金ニて孔雀乃餝り在り仍世に孔雀丸といふ 土佐丸

新土佐丸 浪速丸

右四艘乃御舟ハ、各朱塗ニして、金ニてつくりし孔雀、鳳凰乃餝りあ

り。其外金物或ハからくさあるひハ御紋なと、悉く金を以餝とし、各綾乃紫幕ニ御紋付候を打廻し、其結構なる事、中々筆ニも言葉にも尽しかたし。次ニ諸大名乃御船ニは

壱	長門	二	備後
三	豊前	四	伊豫
五	阿波	六	安藝
七	土佐		

右乃舩を先として、其ほか大舩小舟数を尽して、七ヶ国乃舟思ひ(思ひ)にきらを尽し、錦乃戸帳、金様の障子、其奇麗なること、いふ計なし。中ニも阿波豊前乃船にハ、此度あらたに銀光丸天保丸といふ額を懸られたり。各旗、吹貫へんほんとして風にひるかえり、錦のまんまくきらひやかに、舩乃内にハ弓矢、鉄鉋(ママ)をならへ、其外鑓、長刀なと餝り立、諸役人船をつらね、こと厳重に相詰らる。右乃船一艘(一艘)列を正し、河水に浮みし有様ハ何にたとへんものハなし。大坂近辺ハいふに及ハす、近国近在より見物ニ出し老若男女、僧尼乃たくひ迄、おひたゝ敷群集ス。上ハ博労より九條、安治川、勘助嶋、前たれ嶋、難波嶋、木津村乃辺、袴屋新田のあたり迄、すへて川に添し所ハ、両方乃川岸に出、我一ニと見物す。とかくする内、春日も早午ノ刻下りニなりけれハ、三使をはしめ、和韓乃人々舟ニて中飯乃支度有て、舟乗りうつり乃用意をそしられける。

同通り筋町家華麗乃事

去ほとに韓舟、川口へ入と聞へしかハ、先下ハ博労よりして大川筋、町内ニてハ、堺筋、備後町、御堂辺、都而信使乃通るへき筋々ハ其用

意をなし、前日より形乃如く掃除なとして、幕打廻し、毛氈を敷つらね、金屏風ニてかこひ、通筋ハ濱先、或ハ町家軒下ニても、青竹をもつて、人除をこしらへ、其内ニハ、白砂を蒔、ほふき目掃除、思ひ(思ひ)ニ美を尽し、見物乃大勢をして、其所ニて見せしむる事也。されハ平日ハ売人、職人乃見せなりしも、今日ハ大名屋敷にことならす。斯乃如き通り筋ニて、見物せんと思ふものハ、いろ(いろ)とすうきを求メ、或ハ切手をもらいなとして、あるひハ一家、親類、知音、朋友なとかたらひ行もあり。廣き内ニハ千を以かそへ、狭き内ニハ百を以かそふ。見物乃男女今日をはれと美腹(ママ)を銹り其花やかなる事言語ニのへかたし。爰ニ又堺筋、備後町辺、立つらねたる金屏風あまた有といへ共、中ニも金屏風一双乃間ニ、橋壱ツ絵かきしあり、周山か筆也。同所ニ又、金地ニ假名乃四十八文字をハ、打付書にせしあり。同銀地に墨絵の鳥をかきし有。又同所ニ朱熹乃筆跡を青貝乃細工にこしらへしあり。是等ハ皆此度評判乃屏風なり。金屏風数多有といへ共、唐画唐筆を尊ます、只日本の草花、軍絵、高名乃図なと、是等を専らとす。敷つらねし毛氈は夕日にかゝやく山紅葉乃ことく、打廻したる幕ハ東雲に万里の山に雲乃かゝりしにことならす。事も仰山に構へたり。其日ハ此銹り立し様子を見物に出し人ニも多かりき。此已前来朝せし時も、見物多しといへ共、今度乃こときハあらし。実に夥敷事とも也。

御船諸(ママ)信使入旅館事

斯而川口ニハ早時も延引してけれハ、乗移らんと、各本舩ニて衣冠を正し、用意一等ニ調ひてけれハ、三使を始、諸官先龍亭を國王より日本へ奉る書簡乃入しこし也浪速丸へ乗せ、次ニ正使を紀伊國丸乗しむれハ夫々乃官人附随ふ。次ニ土佐丸へ副使を乗しむ同官人附随ふ。従事官は官人と共ニ、新土佐丸へ乗しむ、其外学士、書記乃こと上々官、是等ハ将軍乃御舟ニ乗も有、又諸大名乃御舟に乗もあり。江府へ乃献上物、諸荷物等悉く役舟に乗せ移し、名もなき下官ニ至てハ、平舟に乗も有り。悉く乗移けれハ、役人此旨を朝鮮乃官人へ知らせたり。かなた乃風義として、すいよしといふと、等しく先鉄炮をひゝかし。是を相図にあまた乃大船小舟共、次第(次第)に列を守り、各棹の哥を発し、声浦風にこたえて、さもきらひやかに漕出す。ヶ様に万事格式有事なれハ、時刻延引せしもことハり也。亀井橋乃辺にハ、早日も暮れてけれハ、御坐舟にハ燭をてんし、数乃舟ニ、各明松を灯、両方乃濱にハ挑灯万燈乃如く立つらねけり。此光一天に映し、四方八面白昼のことし。はるかあなたに見ゆる灯ハ、かゝやく星にさも似たり。大川筋へ来りし節ハ、夜も早二更に及ひし也。次第に漕行しほとニ、難波橋の上手揚リ場に着けれハ、岡部乃家中威義を正して相詰られ、且公義乃役人ハ非常を正し、警固のため、其辺に満々たり。次第に返して岡部の役人御馳走の輿を出されしかハ、朝鮮乃役人、はた持、鑓持を先として、対州乃留守居諸役人出馬かゝり。是等を始メ、楽官ハ先ニ音楽を奏しけれハ、三使輿に乗を見て、炮手鉄鉋（ママ）をひゝかしたり。次ニ上官已下下官ニ至迄位をゑらひ、品を定て、行列正敷音楽四方に聞へ、朝鮮乃官人禮をそなへ、和韓乃人々前後をかこみ、堺筋より備後町へすゝみける。此間役人中壱町に辻堅メして警固あり。夜乃四更計ニ各客館に入けれハ、炮手又鉄鉋（ママ）をひゝかし、御堂に於て音楽暫し奏して、其後岡部氏乃家中差図して各部屋に入ける。

於旅舘儒醫賦詩、幷、形名手大力乃事

明れハ正月廿一日也。此日ハ岡部家乃御馳走にて、三使へハ七五三乃御膳、上々官ハ五々三、中官ハ二汁五菜、夫より以下、下官ニ至てハ一汁三菜也。さてまた岡部家御馳走乃義、此度にかきらす、格式有といへ共、先達而より其用意有て、多く乃金屏風なとを持来り、其ほか銀乃燭臺廿対、或ハ行燈火鉢、たはこ盆、是等の者迄美を尽して、御馳走有。御料理を出さる日ハ格別、其餘るハ下行場といふ処にて、夫々へ魚肉、又ハ野菜なとを渡さるゝ事也。下行場といふハ、旅舘の内に十二間ニ七間乃かりやをしつらい、其内におひて鯛、鮪、はまち、■、鶏卵のたくい、野菜ニてハ、ねふか或にんしん、大根、蓮根なと乃ことき、是等乃ものを数多貯へ置て、上下乃差別もあつて、役人より渡さるゝ事也。爰を下行場といふ。扨又旅舘におゐて御用の物を、町人入札落にして承る事也。膳茶碗、白木の木具、おけ、小桶なと、或ハ油、蝋蠋(ママ)、味噌、塩、醤油、是等を先として、菓子、まんちうなとに至迄、数おゝきことなれハ、町人多く出入して御用を承る。其内ニも、料理かた乃義ハ、先年よりの格ニて玉造紀の國屋何某といふ町人請取て、又外々へも申付しとかや。廿一日ハ公私乃用事多くして、さもなかりしか、次ハ早朝より、儒医、各入来て詩文を作りて、日本乃文章を知らしめんと、才にほこりし人々性(ママ)名を通して入来るもの弐百人に及へり。此度ハ先年とハこと変り、只詩文のとり遣りのみにして、其餘の筆談、雑談をかたく制禁せられたり。其上席上ニて書し下書乃類、一ツに集メ置、役人是を請取て、林大学頭殿へ差上る事也。是いかんとなれハ、先年来朝せし砌、書記官李濟庵といふ者、大坂旅舘膳部の役人野口何某へあたへし書に、少し日本の事をそしりたる文体有。菅沼文庵といふ医師、是を聞て、易からぬ事に思ひ、又文章をつくりて是に答へし事有。ヶ様のことゝも有りてハ、畢竟日本の譽にならさるなれハ、詮する処、餘り朝鮮と心易應対いたすゆえ也と有て、詩を送ることハかくへつ、其餘の雑談ハ無用と制せられしと聞へし。贈答乃詩作少々左にしるし。

奉呈大学士秋月案下

漢城玉節拂雲来　建章■然王李才

客競龍門浪華舘　五星先動鳳凰臺

奉呈書記室案下

国望千里外　盟是為金蘭

相對紺還裏　春風自入観

右乃外贈答の詩あまたありといへ共、事繁きゆへ爰に略す。すへて到着乃以後儒医の来る事多くて、諸方より乃御見舞、大坂御城代、御奉行所を始として、諸役人門内門前ニ、満々、馬乗物市の如し。門前ニハ無用乃輩を道留せらる。猥に人をして入しめす。此間に三使より対州乃屋敷へ使者を遣ス事有。元舟へ行通ふ事、日々也。則西横堀富田屋の何某といふ町人か濱先より荷物已下官物本舟乃通ひ口々定らる。爰に又始逗留乃内、旅舘ニおゐて馬上戈とて曲馬を乗官人着馬を責けるに、いかゝしたりけん、此馬門前へ走り出、逸参ニ飛行けるか、多く乃人々追々にかけ付る内、岡部家乃若黨是を見て、引とめんとせしか、却而馬ニて蹴ちらされたり。朝せん乃内に、形名手とて大籏を馬上ニて持役なるか名をハ趙東晋といふ。此度撰にあひし、大力馬上乃達者也。門前へ走出件乃馬に追付、尾つゝを以引戻す。大乃男乃大力ニ引とめられ、さしもの駿足ひつめを蹴立はね廻るを事共せす、猶も腕にて引とめけれハ、少も動く事叶ハす。少ひるむ処を、あハやと見る内件乃形名手大手をひろけ馬乃ふと腹ひんたかへ、ヱイと声して何乃苦もなく軽々と、門内へ持入けるか、其有さまひとへに小児乃たハむれにことならす。是を見し人々大に驚キ、是人間業ニハあらしと大力乃ほとを感しける。夫ことや胡兒十歳ニして能馬に乗るといふ物か、すへてかなたのものハ馬上を得しとかや。

和韓拾遺巻之六終

和韓拾遺巻之七

　信使江府へ出達乃事

　同京着、并、江府道中記

　同江府着、并、對州信使御登城行列附り、献上物曲馬乃次第

和韓拾遺巻之七

信使江府へ出達乃事

斯而大坂ニおひて御馳走相濟、三使以下乃用意一等に調ひけれハ、正月廿六日江府へ出立と定られ、其日に成てけれハ、備後町、堺筋又始乃ことく華麗を尽しける。殊更此度ハ出達乃白昼なれハとて見物せんと思ふ者ハ、廿五日乃宵より、各相約せし家々へ行て待居ける。始メ着坂乃砌は、夜ニ入て物乃あやちも見へかたけれハ、委細に見さる輩多ニよつて、始に倍し見物人ことのほか群集す。斯て廿六日になりけれハ、前夜より見物に来りし者共、今や(今や)と待けれ共、いかゝしたりけん、時刻延引して正午乃刻ニ旅舘を出けり。其行列始乃如くにして、難波橋へ行し頃ハ八ツ時に成ぬ。此所より又各舟ニ乗ける。先

壱番ニ宗対馬守殿、御坐舩ニ乗て、諸役人をしたかへて、先を拂いて進みける。次ニ紀伊国丸に正使を乗せしめ、土佐丸へハ副使を乗しめ新土佐丸へハ従事、浪速丸へハ学士、書記其外、大名方乃舩ニハ上々官上官を乗しめ、舟列を正し、天下乃御舩をは先として、長門、備後、豊前を次とし、清道乃籏、形名乃はた、青龍刀、追尖刀、ヶ様乃物ハ跡舟に成て、其外楽官是に乗、荷物等ニ至ツてハ跡舟ニ乗も有。是等ハ川乃西奇を通りけり。下官ニ至てハ、平舟ニ乗も有。日本乃役人警固乃舟夥敷漕出す。天下乃御舟を始として、大舩拾壱艘、其外乃役舟、平舟ニ至てハ数をしらす、各淀川乃流れに浮みし有様ハ、ゆゝしくも又目覺しく、是を見物せんとて、南ハ網嶋、京橋迄、北ハ佐田村乃辺迄、両方乃川端ニハ、近國、近在乃老若男女其数幾千万といふことをしらす。男乃かさす扇ハ、山ニかゝりし白雲乃如く、女乃いたゝきし綿帽子ハ麓に敷し雪に似たり。並居る躰を見渡せは、千躰仏のことく、皆々爰をはれと美服を餝り川乃西岸ハ吉野龍田乃花紅葉を一度に見るかとこたかわれ地ニ、一寸乃明地なくさしも乃唐人も此人ニハ目を覚けると也。尤大坂近きものハさもなかりしとや。遠くより来りし者ハ今朝より待わひけれハ、中飯乃支度たに成かたく、空腹成レとも外ニ食物なけれハ、漸々壱文菓子、餅なと買て食しぬ。始乃ほとこそ、あれ後にハ餅くわしも売切り、急ニ高直（ママ）に賣しほとに、壱文に賣しハ三文、三文に賣しハ五文とし。夫而已ならす、大に徳付しは網しまより佐太村乃辺都而川端に見物せし者は、地より冷へるをしのひ兼、近辺を吟味して藁を求て敷ものとせしか、藁壱把ニて八文、拾文ニ賣しとかや。外乃者と違ひ持帰られす、其まゝニて捨置しか、はしめ賣しもの、又是をひろい取て帰りしかハ、不計ニ銭をもふけたりと、菓子餅なと売し者ハ、皆是をうらやみしとなり。扨舟を漕行けるハ、淀川ハ上高くして常乃往来たに舟を曳登事なれハ、ましていわんや、大舟乃事にてあれハ、舟を人足夥敷、かけて一様ニ木錦の股引、きやわんして、うへに繻(ママ)半を着し、大舟一艘に百人、以下ハ五十人計もならひて引ける。されともこと乃外ひまとつて、佐田村辺ニて日を暮せしとかや。

信使京着、江府迄乃道中記

去ほとに各舟を早メ進みけるか、其夜乃三更計に、河内乃枚方に着しけり。此所ハ松平紀伊守殿御馳走なり。大坂より舟ニて五里来りしことなれハ、各暫く休息あつて、又舟ニ乗、夫より三里拾弐丁行て、山城国淀に着す。城主稲葉丹後守殿御馳走也。次乃日舟を揚り、又已前の如く行列して、三里行て京都へ入ける。淀より京都迄乃間、見物ことのほか群集す。然りといへ共、大坂ニて見物群集を記し伝れハ、京都は是に准してしるへし。先旅舘本國寺へ入けれハ、本多隠岐守殿御馳走方也。扨亦京都ニて御馳走済けれハ、各用意して是より東路へ趣きける。道中御馳走休泊乃したゐ左に記す。

京都より江州大津迄三里泊り

青山下野守殿

大津より守山迄四り半泊り

石川主殿頭殿

守山より八幡迄三里半休み

加藤佐渡守殿

八幡より彦根迄三里廿一丁泊り

彦根より今須迄六里廿六丁休み

井伊掃部頭殿

今須より大垣迄四り半泊り

戸田采女正殿

大垣より尾張国起迄六里休

起より名古屋迄五里泊り

名古屋より鳴海迄二里半六丁休

尾州殿

鳴海より三州岡崎迄五里半五丁泊り

松平周防守殿

岡崎より赤坂迄四里休

稲垣対馬守殿

赤坂より吉田迄三里二丁泊り

吉田より遠州新居迄五里半拾六丁休

松平伊豆守殿

中根大隅守殿

新居御舟奉行

松平源八郎殿

新居より濱松迄三里半十二丁泊り

井上大和守殿

濱松より見附迄四里半休

三浦志摩守殿

見附より掛川迄四里泊り

掛川より金谷迄三里二十九丁休

太田摂津守殿

金谷より駿州藤技迄三里六丁泊り

本多伯耆守殿

藤枝より府中迄五里十七丁休

内藤丹波守殿

府中より江尻迄二里廿三丁泊

鍋嶋紀伊守殿

江尻より吉原迄六里廿五丁休

京極佐渡守殿

吉原より豆州三嶋迄五里十六丁泊

松平左兵衛督殿

三嶋より相州箱根迄四里休

箱根より小田原迄四里八丁泊

大久保大藏太輔殿

小田原より大磯迄四里休

脇坂淡路守殿

大磯より藤沢迄三里廿六丁泊

西尾主水正殿

藤沢より武州神奈川迄五里十八丁休

溝口主膳正殿

神奈川より品川迄五里泊り

伊藤豊後守殿

江戸旅舘浅草東本願寺

江戸御馳走方　　加藤遠江守殿

伊豫大洲六万石

毛利能登守殿

長州府中五万石

信使江府着、并、信使対州御登城行列附、献上物之式、曲馬乃次第

去ほとに大坂より遥々陸路をへて、二月十六日といふに、信使、并、宗対馬守殿惣勢、旅舘浅草東本願寺ニ到着ス。

註曰、江戸ニおひて信使逗留乃内、御馳走乃次第、或ハ諸乃雑事なきにしもあらす。しかりといへとも忝くも、将軍家乃御膝下なれハ、くわしく書記すも恐れあり、別而逗留乃内、旅舘近辺に出火ありて、江戸中大に周章し、各いかゝハせんと騒動せしか、流石ハ江戸なり、御馳走乃諸侯を先として、諸家乃人々本願寺を十重廿重ニ取巻、きひしく警固せられし事也。ヶ様乃事を先として書しるすにかたき事はなけれとも、上を恐れて筆を指置而已。

三使御登城之節、宗対馬守殿行列

振牘	白丁着	二人	朱傘	白丁着	壱人
徒士	麻上下	十二人	長刀		壱人
供頭		二人			
宗対馬頭殿駕脇		拾四人	内六人　素袍 内六人　熨斗目麻上下 内弐人　麻上下		
立傘		一人	草履取	白丁	二人
持鑓	白丁着	二人	挟箱		二
簑箱		一	大総牽馬		一疋
厩之者	白丁着	二人	馬柄杓持	白丁着	一人
同		一人	沓籠持		一人

草履取		二人	供鑓		四本
供馬		二疋	沓箱		二
押	結柴小紋 絹羽織着	二人	挟箱	二人並	八
合羽籠		八荷	跡押	結柴小紋 絹羽織着	二人

以 上

朝鮮國より江府へ献上物之次第

図書　一座　是ハ日本へ献上乃書簡也。

大人参　卅斤　箱入白木乃臺ニのせ献ス。

織物　五品　織もの五通ニして其数不知。

珊瑚珠　百顆　青貝乃箱ニ入。

免毫　千木　筆事也。朝鮮乃名物。

虎皮　五十枚

油布　百反

扇子　百本　以上前之註ニ見へたり。

毛氈　廿枚　常乃毛氈にあらす、一枚乃大サ八疊敷、あるひハ四疊半乃大キさなり。

駿馬

鷹

以上　十二品

江府逗留乃うち、曲馬御上覧ニ入、其節

宗対馬守殿行列

御馳走方騎馬　　留守居騎馬

信使奉行騎馬		裁判役騎馬	
杖突 御馳走方	二人	馬上才	馬
理馬	馬	藝馬	馬絹着
			三疋
徒士	二人	馬医	馬
厩小頭	二人	馬掛り	馬二人
杖突	二人	軍官	同一人
上判事　馬	一人	小童	同一人
杖突	二人	騎馬	一人

右 終

曲馬番附

壹番　馬上立　是ハ逸参ニ行、馬乃上ニ一足ニて立也。

二番　左右七歩　是ハ馬の左乃方を七足あゆみ、又右乃方をあゆむかけ也。

三番　矢拾ヒ　地乃上に射捨たる矢を馬上よりひろいとつて、其後かける也。

四番　馬上倒立　馬を乗出し、馬上ニて横様ニ立也。

五番　馬上仰臥　鞍乃うへにて手足を延し、横ニ寐てのるなり。

六番　追掛　逸参に飛馬を追付て、馬乃後に飛乗足を後へあけてかける也。

七番　鐙裏藏身(アフミカクレ)　くらの横にいねて忍ひ乗也。

八番　倒抱　鞍乃うへにあをのけになり、小キ門をかける。是ハ急ニかけぬける時のため也。

九番　双騎馬　二疋乃馬を走らせ一人ニて乗也。

以上終

江府より朝鮮へつかわさるゝ謝物

御返翰　一書

長刀　一振 此度あらたに打せらる。重サ三十六メめ有。是を片手ニてもつ大力の人西國より出しなり。

刀　二柄 彼地へハ打物ハ渡し給ハぬといふ説有り。然らす、備前物ニして無銘也。

黄金　百枚

五色羽二重　五百反 日本ニて最上乃絹なり。

金屛風　二双 両面乃金屛風也。御絵所にかゝしむ。繪ハ軍乃高名乃人を撰むとなり。

繪莚　百枚

晒布　五百反

美濃紙　千束

和墨　百挺

和扇　千本

佳茗　百斤

已上

右江府に於て献上物、并、曲馬乃次第且又御謝物、一等ハ去ル御役人中乃ものかたりニて、聞しとほりをかきしるし畢ぬ。委しきに至てハ予かことき乃知ることにあらす。

和韓拾遺巻之七終

和韓拾遺巻之八

和韓拾遺巻之八

浪華旅舘信使留守中、并、小童病死乃事

斯て大坂ニも信使江府へ出達乃已後しハらく何乃替りしこともなかり

しか、先大坂ニおひてハ長々相勤し町々昼夜乃詰番をハ、信使留守中ハ相休へしと御ふれありけれハ、町人何も御慈悲乃御用捨と難有悦ひあへり。其中ニも東ニてどぶ池、南ハ唐物町、西は横堀より壱丁西、北ハ瓦町乃辺、此中間ハ元のことく昼夜勤番可仕と仰付られたり。是ハ何も旅舘近所なれハ、留守中といへ共、不意乃火難あらんことを恐れて、かくハ仰付られたりとかや。大坂旅舘ニも、岡部氏、信使留守中ハ本城岸和田へ帰られ、唯御留守居以下乃役人中を残し、専ら非常を正シ、近辺日夜乃急をふせかれたり。爰に又其比哀れ成るのありし。此度来朝乃小童乃中に、従事官乃一族ニて名を金岷江といふ。此小童乃成立委く二ノ巻ニ見へたり　此人國ニ有時より、いたつて婬乱成しか、夫ゆへニや、不快なるを医是を脉して、房事を遠さけて養生すへしと有ニ仍て、今度日本一見を幸として来りしか、去年筑前ニ着せしより気分心よからす、元来従事官乃一族なれハ、従事乃医官尚庵といふを頼て薬を腹し専ら養生せしか、少々快けれハ、始めて見る日本の風景にめてゝ楽しみ、夫よりほとなく快気し、日をへて大坂へ来りしか、いかゝしたりけん、又前病再発し、殊の外あしけれハ、尚庵は元来歴々乃醫師術を尽し、手を替て療治しけれともさらに功なし。是によつて医官各相義して申けるハ、今此病人を見るに、陰去火動乃症ニしていたつて治しかたき病なり。然れ共我等日本乃療治ハいかゝするといふ事をしらす。すてに古書ニも土地應せぬ病をなす書多し。水土應せすして又かやう乃事もあらんか。幸なるかな、大坂ハ繁花乃地、医を撰て見すへしとて、対州乃役人へ此旨申つかわしたり。是によつて対州乃役人相儀して誰彼といふに、幸天満辺に平山文微とて元対州生れ乃医乃有けるか、此あひたハ日々藏屋敷へ朋友見舞ニ来りしか、幸これを遣すへしと、此旨申やりて、役人を差そへ、竹林寺へ遣したり。文微(ママ)謹て朝せん乃医官に應対して、さて件乃病人を見るに、十分に肉脱して眼血走り、目乃ふち黒く、耳遠くして、舌紫になり、脉虚ニして、是専ら陰去火動乃症也といふ。尚庵を始メ何も同意なれハ、いかゝといふに、滋陰降火湯といふ薬を用ひけり。日々両ほう乃醫師配剤して療治せしかと、何乃功も見へさりし。かくて逗留五日ニて江戸へ出達といふ前日、従事官より大坂乃奉行所へ申遣けるハ、九條ニ残し置候病人乃義ハ手前一族ニて何とも心かゝりに候也。され共大切乃役目をうけし某なれハ、黙止難ク出達ス。これによつて留守中乃義、万端たのみ入候乃あひた、御気つけられ被下かしと、たのみ遣しけれハ、奉行所ニも右之趣心得申と返答ありけり。其翌日各江府へ出達なれハ、従事官ニも今一度対面せまく思ハれけれとも、大切乃役目なれハ、心にまかせす。跡に残せし者共へ傳言して、其身ハ東へ趣かれたり。扨こそ其後大坂奉行所より毎日(毎日)竹林寺へ使者を遣され、医者乃口書をとつて道中まてしらせられたり。竹林寺ニも韓人ハもとより、ゆかりなき日本人迄も、國を隔て嘸たのみ少く思ふへしと推察し、いと哀ニも介抱す。独異郷ニ有て、異客となり佳節ニあふ事ニにます(ます)親を思ふと、王維か賦せしニ異ならす。此小童、國ニ二人乃子を残せしか、日々是を思ひ出して、せめて心を慰んと役人へ申つかわし、我子に似たらん日本乃小児をあまた呼寄、似たるのもやと打なかめ楽しみしとかや。子を思ふ心乃うち推量せられて、いと哀也。斯而日を送りけるほとに病ひいよ(いよ)重りてけれハ、病人も今ハ覚悟し、せめてハ國本へ書置成と遣すへしと、漸ニ病を助け、なく(なく)硯ニ向ひ、一通乃書を認メ、外ニ従事へ一対を残し、又外ニ辞世乃一句を残しけり。

去歳韓中人　今春和國客

浮世何定処　可帰古地春

如斯書残して其日乃暮かたに眠るかことく死たりとかや。辞世乃詩さほとに出来しとハ見へされ共、浮世乃定かたきを思ひ、古郷を慕ふ情顕ハれたり。誠に旅ほとつらき物ハあらし。此人も國に有てかくならは、一家一族打寄て介抱せられ、妻子をしたかへて死せんものを、目なれぬ人乃介抱ニあひて古郷を思ひ死にせし事、因縁ニや有つらんと、竹林寺乃住僧もいと哀におほされ、是か為に百万遍を修せられしとかや。哀なりし事共也。其比難波嶋の内に、俳人乃有けるか、寺の旦家ニて、折しも行合され一首乃狂哥を詠せられし。

若衆ならハ実定業て有つらめ尻なし辺て身まかりしとや

雨水損韓舟、并、下官口論及刄傷事

比ハ宝暦十四年二月上旬なりしか、雨降つゝき前後廿日餘り止まなし。かくて天気心よからねハ、舟路の往来是か為にとまり、浪華乃町中も道あしく、からかさ、木履取置間なく浪花城下水岸をひたし、堤をくたき、樋をそこのふ。先達て仰付られし難波橋の上り場も、今ハ水底となりぬ。其外所々の濱先石垣をそんし、溝をそこのふ事数を知らす。爰に朝鮮の本舟ハ九條尻なし川ニ有りけるか、此所ニも水かさ増りて、ある夜の事なりしか、風荒くして舟に当りしかハ、内河ニてせまき川なれハ、風乃為にふねゆられ、岸ニあたりて損せしかハ、此事やかて奉行所へ聞へ、役人をして見せしめ、舟大工に被仰付こと(こと)く普請有けるか、又もや此所ニ置てハ損することあらんと、夫より下難波嶋の辺に舟を置れたり。爰に又其比本舟ニて下官口論せしこと有。其口論乃起りのいかんといふに、中々一朝一夕乃ことにあらす。此下官元兄弟なりしか、却而國を出る時、兄弟位争ひして喧嘩を仕出し、既ニ咎ニあふて両人とも鞭うたれ、此度乃供ニはふかれんとせしか、最早四百八十人と定られし後なれハ、ことを隠便[ママ]ニせられ召連きたりしか、道中ニても事ニ寄て争ひを発し、度々口論せし也。しかるに大坂へ着て兄弟共旅舘ニ入しか、何国ニても本心の悪きものハ詮方なし。高か下官のことなれハ、左様ニ宜き座へ行ことも成ましきに、いつの間ニか件の兄の下官、上々官乃居間へ忍ひこんて、金張付を二尺四方計切ぬきしか、早速見付られけれハ、罪遁れ難く、上官乃命に寄て羅将に仰せて五十杖鞭うたる。扨其後諸官評義あつて、ヶ様乃ものを此所に置んハ、外の者猥ニ成へし。是を除けんニハと、三使へ此旨通して彼兄弟を本舟へ出しけり。弟ニハさして何乃罪もなけれとも、兄計を出ス時ハ、又変を生せん事を思ひて、かく計ひしと也。両人ハ元舟へ至りしか、兄ハ此間打れしゆへ、病と称して舟中ニ臥居たり。ある日早朝より又兄弟口論せしこと有。いかんといふに、兄か此ほとうたれて腰骨をいため、臥居けれ共、弟前日乃意恨ニてしか(しか)とかひほうもせさりしかハ、兄ハ我意ニて是を腹立し、伏なからせり合けれとも、朋友乃あいさつニて濟しか、其日俄に雨ふりけれハ、件乃兄か臥たるうへニ弟笛をふきに上りけるに、下ニふせし兄是を不禮成として大ニ怒り、半刀をぬきて弟をねらひ、腹乃あたりをしたゝかに突けれハ、わつと声してころひ落、舟底にうつふしに成て死たり。兄是を見て思ふやう、我手にかけしからハ、弟にても我身いくへきいわれなしと、件乃半刀を取直シのとへ突込、川へさぶと飛込たり。役人是を見付急き舟を出シ助ケ上けるか兄か運や強かりけん、半時計ニしてよみかへり、幸疵も薄手ニて、専療治をくわへ全快したりとかや。其砌元舟乃辺に狂哥を書て張たりける。

口論乃本舟きけハ兄おとゝ
実尻なし乃大喧嘩かな

信使江府出達、并、都訓導通飼と異見口論乃事

去ほとに江府ニおいてハ将軍家より乃御馳走、并、加藤遠江守殿、毛利能登守殿御役目なれハ、両家中共ニ旅舘に相詰られ、逗留中形のごとく御馳走成しか、信使ニも日々登城乃事、或ハ公私乃用事、曲馬御上覧なとゝ事多けれハ、思ひの外逗留延引してけるほとに、彼乃國より是を幸とし、日本に珍敷思ふ物を撰み、人参を始とし多く乃土産を持来り、所々ニて賣拂ふ事なりしか、流石直ニも日本人へ賣拂ふ事成難く、対州乃小通詞をたのんて、交易すと聞へし。先年来朝せし砌、大坂ニて多く乃人参を売しか、せ話せし者の仕業ニや、大人参乃中へ品よき廣東人参を交て賣しこと有。ヶ様に紛敷事あれハ此度ハ来朝前より、大坂ニてハ廣東人参売買する事停止仰付られたり。かなたにも是をよくしりてや、此度ハ浪花ニて餘り人参を賣さりし。ヶ様乃事ハ、一人して成へきことにあらされハ、彼是通達して利分あれハ是を配分せしと聞へし。ヶ様乃事外ニしる人なかりしか、此度撰ニ逢ふて来りし都訓導塞傳宋といふ人、至て発明にして人を知ること明らか也。ある日小通詞鈴木傳蔵を呼て云けるは、我対州を出しより、各かする處を見るに、強欲とやいわん、かたましとやいわん、賣人すらせましき仕業也。金銀をむさほる而已ならす、法度たる事を破り、我國

乃内を芥乃如くにし、日本をたふらかす条、言語同断也。ヶ様乃事を対州公へ訴へなハ、各の身乃うへあやうかるへし。我ひそかに是を知れり。最早今迄乃事ハ聞流しに仕らん。是より本國へ帰るまて、左様乃事を急度あひ止メらるへし。此已後承りなハ其時ハ対州公へもうつたへ、法を正し以後乃見せしめに仕らんと、詞を正しいひけれハ、鈴木傳蔵赤面し以後急度慎み申さん乃間、只今迄乃義ハ、是限りニ捨置、必々露顕仕らぬやうにたのみ入也。自然左様乃義相しれ候時ハ、我等國へ帰りても無難を得ること有ましけれハ、已後相役へも申合せ候て、急度停止仕らんと、平伏をして詫けれハ、都訓導も彼か本心にあやまりしと見て、しからは此坐切にいたさん。以後をつゝしまるへしと云て別れけり。其後ハ鈴木か輩、薄氷を踏心地して、賣買乃事をいたす者曽てなかりしか、各心乃内にハ塞傳宋をふかく恨み、私欲乃なり難きをなんきにおもひ、此人なかりせはヶ様乃事ハ有ましきと思ひけれとも、道ならぬ事なれハ、邪道ニ押へられ、其後ハみたらなることなしとかや。斯て江府ニも信使廿日計逗留せしかは、三使より申出され、近々御暇ねかひ申さんと、上下乃用意荷物なとの事迄、夫々にしつらひ、早一等ニ備りけれハ、御暇濟て三月十一日と云に、出達とあいきわめ、対州乃指揮によりて、諸官旅よそほひして江府を発しける。行列ハ常乃ことく成といへ共、加藤遠江守殿、毛利能登守殿を始として、見送り乃衆中多くして、各列を正し進みける。帰り道ハ道中始乃ことく、泊り(泊り)休所、并、御馳走方迄、始に替ることなし。此度ハ大雨度々降けれハ、川留メ有て、帰路思ハさるに、滞留延引して各道を急きけるほとに、三月廿一日といふに、遠州濱松へ着しぬ。上下旅舘ニ入て休息せんと我一ニ、役人乃差図によつて夫々乃宿所ニ入りにけり。爰に都訓導三人か請取し宿所ハ木陰のうつとしき処ニて、ことの外見苦シけれハ、役人へかくと通して見苦からぬ処へ、宿かへいたしたしといふ。通詞是を聞て高か一夜のことなれハ、了簡して爰に居給へといふ。都訓導か日、我等ハ大切乃役儀をうけし者なれハ、ヶ様に見苦敷小屋同然の処へ宿割し、汝等ことき役人ハ宜敷坐鋪に居る条、其謂なし。急き宿所を撰んで替へしと、声あらゝけて申けれハ、通詞も大ニ腹立し、毛唐人乃分として良もすれハ大切呼ハりおこかまし。此所あしくハ似合た様ニ野辺へ出て成とも一宿すへしと、悪口してけれハ、都訓導も大に怒り、官人に向て慮外乃雑言かなと、持しむちにて通詞をしたゝかに打けれハ、通詞も無念に思ひ、既に刀乃つかに手をかけしか、かれハ國家乃大客なれハ後難計りかたしと思ひ、堪忍して其まゝ別れけり。しかるに此論大勢立會し中といへ共日暮にて人顔もわかちかたく、ことさら何も早ク休息せんと思ひ、荷物を片付宿所をうけとるなと、物騒しき時節なれハ、誰彼レといふ事を急度しらず、たゝ都訓導の内と通詞乃内と何やらん口論するそと、いゝし計にして濟しと也。是によつて両人ともに名をも知らさりしとかや。

和韓拾遺巻之八終

和韓拾遺巻之九

信使帰坂、并、四月七日乃夜珍事

旅舘騒動検使再ヒ入來乃事

三使より奉行所へ使者乃事、并、旅舘重而騒動

和韓拾遺巻之九

信使帰坂、并、四月七日夜珍事

故園西ニ望ハ路漫々雙袖龍鐘として涙不。乾韓客乃國を隔て家を思ふ乃情、旅客ニあらされハ是を知らす。去年國を出て、千里乃波濤を凌日本へ来り、冬より春に至りて、花咲鳥鳴共、只徒ニ過行て、早夏の始ニなりぬ、各西に向ひて帰路なれハ無油断急キけるほとに、四月五日といふに、大小乃舟とも難波の浜にそ着ける。各舟より揚り前のことく行列して旅舘へ入りける。此日ハ朝五ツ時より雨降りてけれハ、備後町辺より列なとも揃ハす、おくれて行も有、又先達而行も有し。此度ハ見物も殊外少ク万事始とは事替りて見へし。かゝりしかハ、大坂町中ニハ又其日より昼夜乃勤番きひしく被仰付たり。此已前ハ大坂へ帰りても、十日計も滞留せし事も有けれ共、此度ハ始より道中ニ何角と故障有て、思ひの外日をへてけれハ、五日に帰坂して九日ニハ出達と聞へし。是に依て内外殊外いそかしく、本舟へ乃往来しけく、上官下官、并、役人中までもことしけく、夫ふへ、儒医なと乃詩作取遣りもなかりし也。五日に着したれ共、其日ハ各休足(ママ)有て、次日より何かの用事に取かゝり、弥九日ニハ出立と聞へけれハ、早々に其用意して当日を待居たり。爰に四月七日乃夜、希代乃珍事有。其夜ハ旅舘乃人々も昼の草臥にや、今宵ハ早ク寐て、明日又、荷物なと乃事を支度せんとて初更乃比より休息し、各宿所へ入られけれハ、舘中ひつそとしつまりて、拍子木乃音、鉄棒乃聞へのみして、外に音する物なし。舘中の人々も只古郷乃事而已思ひていねて誰か来るものなけれハ、寂寞として閨中ニこそ臥たりし。爰に都訓導塞傳宋ハ、抑本国を出しより、日夜心を労し、行列乃事ハ元来役目なれハ毛頭油断なく万事差図して、長々乃道中何乃仕落もなく、さしも大勢乃人々を、己か手足乃如くしゆふに廻されけり。ヶ様乃事知りなれハとて、此度三使より撰れ来りし人なれハ、猶も役からを大切にせられ、上下心をゆたねて、差図あれハ善を賞し、悪を罰す。よつて人皆此人を恐れあへり。行路難禄高けれハ身危しと、古人乃ことハむへなるかな。諸人ハ前後も知らす寐入しか、塞傳宋ハ只ひとり本國へ帰る迄乃ことを工夫して、其夜も二更頃まて、閨中に書を見て、旅舘乃寒燈ひとり眠らす、客心何事そ、うたゝ凄然と吟し捨、頓而まくらに臥にけり。此都訓導か部屋といふハ、本堂乃内にして北西乃すみ六疊敷ほとの所、戸板を以かこひ、内を金屏風ニてしつらい、両方ニハ伴人用人を付てまもらせ、南方入口ニハ近習やうの者直宿して湯茶乃用を聞事也。一盞乃寒燈花盡て後、半窓乃月影乃沈時、すてに其夜もうしみつ乃四ツ乃ちまたに人たへて、しん(しん)然たる旅舘の内、忍ひの者とおほしくて、黒き頭巾に面をかくし、同色の装束ニてあたりを見廻し、しすましたりと本堂のゑんよりさし足して、さも大なる戸を開きけるか、きし(きし)と音してけれハ、庭に折しもたまり水の有けるを是幸と、件乃戸尻に流しかけ、なんなく内にしのひ入けるか、誰有て咎る者なし。件乃曲者、猶もひそ(ひそ)と、彼都訓導か部屋乃後へまハり、かこひし戸板を一枚とりのけ内に入けるか、誰有て知るものなし。暫くしてけれハ、部や乃内に、わつと、一声せし故、直宿せし者此声に驚きて誰なるそととかめけれハ、件乃くせ者いつく共なく逃うせたり。

或人難して曰、曲者しのひ込てより部屋へ入までの事ハ、たれ有て見しものなし。若又見る時ハヶ様にふか(ふか)と入ることをせんや。是畢競(ママ)虚前として取にたらすと。答曰、ふしん至也。しかりといへ共、是又文をあむ事を知らすして難し給ふ也。文乃あやといふ事有。古きをひゐていわん。かの三國志と長坂破ニて趙雲阿計をいたき戦ふ時、ふかき穴へ落しか、忽然として紫乃煙立上り、乗し馬飛上りしなと、是いたきし阿計乃後に蜀王とならんことをあらかしめいひしもの也。又日本ニてハ義臣傳ニ、大石氏吉良乃首を以、主君乃塔に献せしかハ、石塔うなすきしといふたくい、是等ハみな実なき事にして、角あらんと人をして感せしむる乃文体ニて、是を文乃あやといふ也。今此書ニもくせ者入し由を記さゝれハ、いつ害し何者かせしといふ事の知れかたきを思ひ、其夜のしなかくあらんと推察し書し也。是を責る事なかれ。

人々此音に驚き何事なるそと部やに入てよく(よく)見れハ、都訓導塞傳宋自害せしと見へてけれハ、旅舘大ニ騒き立、皆々大に仰天し、此旨三使へ告けれハ、三使を始已下乃官人皆々寄あつまり、是ハ(是ハ)と計、互ニ顔を見合せ只ほうせんたり。其時正使ハ言葉もなくおわせしか、従事申されけるハ、是一図ニ自害と心をゆるすへからす。四門を堅メ出入を制すへしとあれハ、何レも尤と同しけり。其時都訓導乃下役何某、進み出て申けるハ、仰御尤ニハ存候得共、某存るは四方に直宿ある部屋ニて、中々外人の来るへき理なし。殊ニ塞傳宋乃死骸を見るに、自害乃体に紛なし、然るに何角と御吟味あらハ、却而外ニいかなる禍か出来らん。此義ハ只隠(ママ)便ニ取納メ給へと詞を尽して申けれハ、何も黙然として居られしか、各死骸を詠メ、塞傳宋いかなれハ、斯る事をいたされしそ。扨々はかなき事已而申あへり。哀成哉、行年三拾五才、古郷ニ妻子三人ありと、ヶ様乃事をきかハ、いか計歎んや。殊ニ対州ニ着舟乃折柄、不思義乃夢を見しことよと、対州乃通詞へも夢物語しられけるか、かゝる死をやいたすへき前表ニて有しか。斯而三使も色々評義あれ共、如何共すへきやうなけれハ、先々此旨を対州、岡部へ知らすへしと使をはせけれハ、両家の家中大ニ驚き、寺中ハ高挑灯はせ違ひ、上を下へともてかへしける内に、夜ハほの(ほの)と明ニけり。此時乃騒動筆ニも言葉ニも尽しかたし。明れハ四月八日、先此旨を奉行所へうつたへんと急き使者を遣しける。此使者取物もとりあへす、先と西御番所へしか(しか)の通、三使及対州、岡部なとの口上をも述けれハ、奉行所ニも大ニ驚き、いかなる事ニや、これ只事にあらし。我等か一存ニ濟へき事にあらす。追付是より御返答仕らんとて使者をかへし。早速西の御奉行ハ、はたし馬に打乗、先東乃御奉行所へ此旨達せられ、夫より直に御城内へ馳付られけるか、折しも此日ハ御城代ニも町巡見ニ出給ひし御留守なれハ、又馬をたて直し御城代乃あとをしたひ行て、あハたゝ敷馬より飛下り、しか(しか)乃様子言上ありけれハ、御城代ニも御驚きニて、是其まゝに捨置へきにあらす。急き検使を遣すへしと仰られけれハ、御奉行ハ早速御番所へ帰られ、先与力を検使として旅舘へ遣されたり。此間少隙とりてけれハ、町人用人迄も何ことハ知らね共、旅舘騒動と聞て共ニ駈付しか、早旅舘ニハ四門を堅メ出入を禁しけり。斯而検使乃役人二頭入来り、岡部氏乃役人へかくと通し、件乃部屋へ入て死骸を改メ見るに、塞傳宋か死骸夜具にもたれ、八寸計有鑓乃穂に、桐乃木乃六寸計ある柄をすけし懐釰といふへきものを両手にもつて胸のあたりへ突込しと見へて、疵口二寸深々と突込死てけれは、血ハあたりを染て百入乃紅にことならす。検使よく(よく)改メ、誠に自害なりとて委細乃義を書しるし、其夜直宿せしもの共か口書を悉く取て、其後役人へ式禮して奉行所へ立帰り、即時に此旨言上せらる。両奉行所立會て件乃かきつけ幷、其夜とのいせし者共か口書を御覧あるに、其中ニも東乃方ニ直宿せし伴人か口書に、自害乃事ハ、私曽て存不申、只黒き装束ニて誰共知れす逃出候ゆへ、盗賊と存、声を発し候か、行方を知らすとかきし有。是によつて事二つに別れ、自殺一等ニ定難く、各如何と評義有て、誰有て一言を出すものなし。却而此日乃騒動、旅舘より奉行所へ使者乃かよふ事、櫛のはを引か如し。旅舘ニハ四門を堅メ、嚴重にして対州、岡部乃役人其外用人、下札乃者ニても断あれハ入といへ共、出る事停止しられけれハ、上下乃役人門内へ入しものハ、支度すへき便りもなく、各空腹をしのひ居たりと聞へし。

旅舘騒動検使ふたゝひ入来乃事

此時御奉行所ニハ各評義あつて、検使ハ自殺也と申けれ共、直宿せし者口上書ニ盗賊乃入し様ニいゝけれハ、自害一等ニ定かたく、一應乃検使ニて相濟かたし。今一度検使をつかわすへしと。此度は人を撰み誰彼と詮義あるに、当時役人内ニも年はいとゐゝ、役からなれハ、星田数左衛門こそ其人ならんと評義あつて、星田を検使として遣されける。されハ大事此度ニ決せんと、各かたつを呑んて待居たり。此時旅舘ニハ最早検使濟しと、死骸をかくのことくして置んやうなしとて、下役人の都訓導并部屋を守りし者共、此旨三使へ断り、死骸を片付、ふとんニ巻て長持へ入、本舟へ遣さんと義して、何角取したため人夫におゝせ、本舟へ遣しけり。旅舘ニハ最早是ニて相濟しと心得、ふたゝひ検使乃来る事を知らす。斯而処に又検使として星田数左衛門来りしかハ、人々大ニ周章して、しか(しか)乃様子を申けれハ、星田、かゝる大事乃義ニ一應乃検使濟しとて死骸を片つくることや有ル。急キ引戻すへしと有けれハ、旅舘の人々又大ニ驚き、大勢を走らせ半時計ニ件乃長持を取返シける。扨已前死せし処に其死せし形乃如くしつろふへしとあれハ、下役乃都訓導死骸を引出し、元乃ことくしつらいて見せけるに星田部屋へ入て、よく(よく)見改けるに、疵口最早血をぬくい、外の形はくつれけれ共、手に持し釖を急度握りて放たす。星田此ていを見て最早こと濟たり。先死骸を片付、此所におひて勤番すへしと申付て、夫より星田ハ急キ奉行所へ帰り、件乃様子一々言上し、申されけるハ、此度の様子をとくと改候に、拙者か了簡によらハ自殺とハ曾て思ひかたし。其ゆへハ彼れハ都訓導乃中にも上々官也。然るにゆへなくして自殺いたすへきいわれなし。また其うへかれ実に自害するものならハ手にもちし鑓をハ放し、あをのけになり候半か。然るに持し釖をはなたす、両手にきつと握りしハ、最期のせつなき一念のこりし処也。ヶ様乃ことを存る時は、此義は今一応得と御吟味候へかしと申ける。何も尤と同しけれ共、かれハ国家乃大客といひ、此方より吟味しいかゝあらんも計り難し。此義は先隠(ママ)便ニ取計、只かなたより申出んをまつて、吟味をとけんに遅き事有まし。然るときハ縦害せしもの外ニあり共、心をゆるして逃申ましと、御城代、并、両奉行所共ニ御評定一決しけれハ、其日ハ其まゝ暮しけり。しかりといへ共、御城代ニも御帰り遅く、御城乃暮六ツを其夜ハ四ツ時迄打しとかや。是ハ大坂御城乃掟ニ而、暮六ツより城中へ出入することハ、御城代、御加番ニ而も、堅く禁しられし事なれハ、法を守らん為也と聞へし。

三使より御奉行所へ使者乃事、并、旅舘重而騒動

かくて旅舘ニハ三使已下乃官人寄合、此事如何と評義あるに、従事官申されけるハ、扨も此度乃凶事よく(よく)愚案を廻らし候ニ、是中々大てい乃事ニはあらし。其故ハ塞傳宋ハ都訓導三人乃内にても上々官といゝ、殊に忝も國王乃命を含んて来り、其上釜山浦乃人にして、大身といひ臣下乃内ニても大切乃人なれハ、吟味をとけすして何乃わけ

もなふ、只自害と而已申なハ、帰国乃砌たれ有ていふかしく思ハぬものハ候まし。殊更我等か撰みて進めし人なれハ、猶以申分立かたく、其上其夜ハ外ニ盗賊乃逃失しといふ。かれこれふしんなる事而已也。然るを吟味とけすして、捨置ものならは、帰国乃砌我々か身乃うへとても如何あらんもはかりかたし。依て先此旨を当所乃上官へかなたにて奉行を上官といふなりたのみて吟味をとけんニハしかしと申されけれハ、何も尤と同し議定せしかハ、即時に使者をしたて通詞壱人差添て、岡部氏へもかくとことハり、奉行所へ遣シける。此使者急き奉行所へ参り通しけるハ、扨も此度不意乃騒動言語に絶し候。是に何而当所ニも各御役目とハ申なから大義乃いたり、禮謝尽しかたし。然るに此度乃一義、此まゝにて指置、帰國仕らんは其謂なし。いかんといふに、其夜外ニ盗賊乃入し由、舘中何乃紛失なし、且又都訓導何の仕落といふ事もなし。然るにゆへなくして自害仕らんや。是畢競（ママ）不思義乃甚敷也。此まゝニて帰國仕、何を証據として、國王へ申ひらき仕らん事さらになし、殊にかれか一族へ対しても申分計立かたし。其上今ニてハ対州とてもたのみとしかたし。仍而こと分明ならすして帰国仕る者ならは、あハれ、日本より路中警固乃人数を差添られ候へ。夫とてもいかゝと思ひ給ハゝ、此事を吟味有、我等をして安全を得さしめ給へと願ひける。奉行所ニも即答いたし難きの間、追付此方より返答いたさんと使者を帰し。是よりして又こと若やき、先奉行所ニハ御城代へ此旨御尋有けれハ、御城代ニも当惑し給ひ、是中々かろき事にあらす、急き江府へうかゝハんと、即時に早打を立られたり。すへて此度乃騒動は御当家始りてより乃珍事かなと、大町乃町人共安キ心ハなかりけり。此已前天草乱由井かことき逆賊天下を乱さんとせしかとも、さまて乃事もなかりしか、治世ニハ希なる珍事かなと人々いゝあへり。其比大坂乃町中ニて小児乃哥を聞けハ、ヤツサモツサソツチテセイ、アトカ、コワイト、モフシマスと口(口)にうたいしか、天に口なし、人をしていわしむるものか。思ひ合すれハふしき也。斯て江府へ乃早打、同月十一日に帰坂してけれハ、先江府乃御指揮ニまかせ、即日奉行所へ岡部、対州乃奉行役を呼よせられ、両奉行所申渡されけるハ、今日呼申事餘乃義ニあらす。今度乃一義を江戸へ伺候処、とくと吟味仕るへしと乃事也。是によつて評義いたし候ニ、旅舘へ日夜入込候は、両家中より外なし。是によつて旅舘ハ申に不及、各乃下宿まて急度吟味し、人改メ仕候間左様ニ心得られ候へ、申遣へき事なれ共、自然悪黨有におひてハ、ヶ様乃ことを聞て逃申さん事を恐れ、此処へ呼て申也とあれハ、何も御念入し御事也。委細奉畏とて帰りけり。両奉行ハ夫より馬上ニて急き旅舘へかけつけられ、先四門をかため、其後対州、岡部乃家中を召出され仰けるハ、扨も此度乃義をよく(よく)思ひ候ニ、畢競(ママ)外人ハ此内へ深くと入来る者なし。しかる時ハ両家中より外吟味可仕者なし。韓人乃義ハ彼方ニて吟味可仕乃あひた、此方乃義ハ、友吟味可仕旨、先此中乃人々御吟味仰付らるゝの條、江府より乃御上意也とありけれハ、両家中共謹而承り、人々申開き、存せたる條申も有、居合せさる條申もあり、其夜舘中ニ居候へ共、左様乃義且以不存といふもあり、形乃ことく人々申開きいたしける。爰に対州乃小通詞鈴木傳藏といふ者、此坐に居されハ、如何といふて彼か部屋へ人を遣し吟味あるに、部屋ニも居すして下人三助、幸太二人居けれハ、此者を召出し尋けるに、行方を不知といふ。何ニもせよ、かゝる時節ニ居合ささる事こそ心得ねと、三助、幸太二人をとらへ置、今日乃會合鈴木か居さるを手かゝりとして各退出せられ、両奉行所ニも帰られけり。此時旅館ニハ四門をかため諸役人警固せらる、其体至て嚴重に見へし。三使ニハ此ほとより此一義如何濟ことそと案し煩ひ寐食をも安んせす居られしか、是いかゝといふに、塞傳宋ハ都訓導三人乃内ニても上々官といゝ、新タに國王乃命をうけて三使乃撰によつて来りし人なれハ、此義決せされハ帰國乃砌、三使自ら乃身の上ニも及へきことなれは、かく有しもことハりなり。誠に前代未聞珍事哉と、心あるも、心なきも、端々ニて此事を而已いひあへり。かゝる騒々敷時節ニも口軽き人や有けん、落首有けるを聞傳へ侍る。

唐人は十方に暮てとり(とり)に

とふなることゝ御堂騒動

ヶ様乃珍事ニて大坂乃乗船段々延行しれは

唐人か爰乃津迄は来たれとも

未乃壱に埒かあきかね

和韓拾遺巻之九終

和韓拾遺巻之十

出奔人御吟味、并、下人案内乃事

四方配符捕手乃事

蜂田何某手柄乃事

於旅舘拷問乃事

御役人御評定、并、信使帰国乃事

和韓拾遺巻之十

出奔人御吟味、并、下人案内乃事

此時旅舘ニは鈴木傳蔵か居さることをいふかりて、彼是吟味せられしか、早此事露顕して大坂町々端々迄、此評判而已也。斯て鈴木傳蔵ハ漸宿処を忍ひ出、我親類小橋寺町誓福寺といふに行て、住寺(ママ)ニ対面しいゝけるハ、御存乃通り、此度乃御用当地へ着してより、旅草臥ニや気分不快、是によつて何卒当寺ニおひて養生いたしたき由を述けれハ、元来住持とハ伯父甥乃ことなれハ、有無に及す。然らは此処にて宜養生いたすへしと、奥底なふもふされ、則塩町ニて心易医乃有けれハ、是をたのみて薬を乞、猶も丁寧にもてなしける。此夕ひそかに傳蔵住侶ヲ呼て、我一大事の義有、明し申さん。抑此度乃騒動といつは、餘人のせし事にあらす。深きわけ有て某か手にかけ殺せし也。頃日町中乃風説を聞に、吟味嚴敷して遁ん方なく見へたり。空敷人手にかゝらんよりハ、所詮腹切て死せんにハといふ。住持是を聞て大ニ驚き返答もなく居られしか、良有て申されけるハ、斯なりし上ハ是非に不及、されハとてはやまつて死する事やある。一先此所を落て後乃安否を見るへし。幸成哉、丹州ニハ我等か一家有。我一書を送らん乃間、急きかなたへ行へし。生ハ堅ク死ハ安し。必々血気乃勇をたのみ身をかろんする事なかれともふされけれは、傳蔵も所詮遁難くハ思ひけれ共、先当然乃理に伏し一先落んす色見へたり。住持重而申けるハ、汝ハ上方不案内なるへし。幸久敷召遣し下男あれハ、名を半助といふ此者を道しるへに遣すへし。此處よりあらハに行ん事いかゝなれハ、当寺乃旦家に長町に何某とて我したしき者あり。彼方へ行へしと、末々乃こと共委細ニ申含メ、急き駕をしつらい、下男をそへて遣しけり。長町一町め、名ハ喜助といふ此所より駕を戻し傳蔵、半介、喜助三人道をかへ丹州へ趣けり。此事知るものなかりしか、後喜助拷問にあひ白状せし故しれけり此時旅舘ニハ傳藏か義をいろ(いろ)吟味せられけるか、彼か中(ママ)間幸太を召出され傳蔵か義を吟味あれ共、此者対州の生れにて上方乃事ハ不案内ニて、東西たに覚束なけれハ、何を尋ても埒(ママ)明す。是によつて先傳藏当地へ来りし砌、如何様乃所へ行しそ知らすやとあれは、幸太申けるハ、始て舟より揚りて古舟乃多く有所へ参りしか、其一筋内に屏風あきなふ家乃候か、其所へ供仕りしといふ。夫ハと吟味するに、定而とき舟丁乃事ならんと段々傳ひ幸太を召連行けるか、阿波坐おくひ町也。頓而屏風屋へ行しかハ、役人中傳藏か義吟味あるに、屏風や申けるハ、なるほと先日登られ候節、一寸と参られ候て、柳からり壱ツ預り置候か、其後ハ来られすといふ。何ニもせよ詮義乃有へき者なりとて、屏風屋を町内へ御預ケ有。此者を段々御吟味有しか、対州乃家中小田四郎兵衛といふ者ニ頼れ、傳蔵をせ話し、二夜も宿せし事有。外ニ荷物数多あつかりしと也。依之御咎厳敷牢舎被仰付、心からとて縄目乃恥をさらしける夫より又幸太を呼て、外ニ行し処ハなきかと御尋有に、幸太申けるハ、しかと覚不申候得共、是より東に当て寺乃多き処に薮垣乃ある寺ニて候か、是へも一度供仕候といふ。役人是を聞てしからは其近辺ニ何そ目印ハなきかと尋らる。幸太申けるハ思ひ出せし事乃候。其寺の向ひ灸すへ候とやらん申て、多く乃人出入仕候か、左様乃思召当りハ御座なく候やといふ。役人中手を打て、されはこそ彼無量寺とやらん乃向ひならんと、夫より召連行しか、幸太うかゝひ見て此所ニて候といふ。役人中評義有ていかゝして尋んとあるに、供乃内に心きゝし下役人有けれハ、私参り能きに計ひ申さんといふ。然はぬかるなとて遣しける。下役人寺内へつと入て云様、手前義は阿波坐より参り候か、主人ニて候傳藏只今旅舘ニ急用乃候間、御帰りあれと御傳へ被下かしと述ける。寺僧目と目を見合せ、やゝ当惑乃色見へたり。暫くして住持被出申けるハ、左様乃人当寺ニ於て覚なし。何として尋られ候やとあれハ、役人申けるハ、何乃用と申事を存不申、只急ニ御帰り候へと御傳へ被下よといふ。住持た而しかりといへ共当寺に覚なき間、餘所を御尋有へしと申ける。件乃役人如何せんと、其間も辺りニ気をつけ、眼をくはり居けるか、表ニハ諸役人四方をかこみ、蟻乃はい出る処もなし。已前乃役人詮方なく門前へ出て、しか(しか)乃様子申けれハ、されハとて其まゝに差置へきにあらすと、役人中寺内へ込入、住持に対面し委細を尋らるゝに、住持申けるは、なるほと傳藏義は拙僧親類ニて一昨日一寸と参り候か、直ニ帰り候。其後ハ唐へ行しか日本へ飛しか、且以存知不申と跡先揃はぬうろたへ口上ニ役人住持かあハてしていを見て、何にもせよ親類とあれハ吟味有、遁れかたき処なれは縄かゝられよとて、寺中ニ有合者共一人も不残召連かへられたり。よつて下役人共寺内込入、方丈、くり、物置迄一々に相あらため、封をつけてそかへりける。此間門前ニハ下役人ともあひつらなつて番をせしとかや。

四方配符捕手乃事

かゝりしかハ十三日ニ、誓福寺を召出され、逐一御吟味有けるに、始ハ色(色)と陳しけるか、後々御吟味嚴しけれハ、出家乃身として申間鋪ことに候へ共餘り御吟味厳敷、止事を不得して申也。傳藏義いかなる事を存てや、発心出家仕るやうに申せしか、定而高野なとへ参り候半と申けけ(ママ)れハ、先誓福寺を人質として、嚴敷禁獄せられ、其後奉行所ニおひて下役人捕手乃者をあつめけるに其人数都合八百人。是を諸方へ遣さんと、内三百人を高野へ遣シ、残る五百人を諸方へ配られたり。誠に其騒動鼎乃湧か如く也。かゝりしかは右乃役人諸方へ廻り、町人百姓ハいふに不及乞食、非人等迄配符を渡したり。鈴木傳蔵生年廿六才、脊乃高さ五尺三寸、中肉ニして顔乃色白ク、口方ニして少シ大きし。眼乃張よく、人体骨からいやしからす。下ニハ郡内乃大嶋乃しゆはん、上に黒羽二重乃袷を着ス。右体乃者申出る輩ハ急と御褒美下さるゝ由にて、役人ハ不及申、非人、乞食までも、我一ニと心掛得物にせんとせんさくす。誠に傳蔵か今乃身の上、網代乃魚籠乃内乃鳥にことならす。たとへ天に飛地に入共遁かたくそ見へにける。

蜂田何某手柄乃事

爰に蜂田九郎左衛門ハ有馬をさして行けるか、大坂を出はなれてより、先道々ニて乞食共に至まてふたゝひ念を入申付けれハ、何も油断なく気をつけける。かくて鈴木傳蔵ハ半助、喜助以上三人ニて道をかへ山崎越に丹州へと志し行しか、早行先にハ配符廻りて吟味きひしけるか、漸々に丹州へ至り、彼寺へ行案内せしに、此寺乃住持所用有て大坂へ出し留守ニて候か、いかなる御用なるそと寺僧問けれハ傳蔵申けるハ、我々ハ此ニわけ有て来りし者也。一両日此処に滞留し住持乃かへらるゝまて待へしといふ。寺僧か曰、住寺(ママ)出らるゝ砌いかなる人か来り候共一切宿すへからすと申付候間、痛ハしく候へとも重而御出候へといふ。傳蔵申けるは身共ハ当寺乃親類なれハ苦しかるまし。せひ(せひ)逗留いたしたしといゝけれハ、寺僧申けるは仰尤にハ候へとも、となた共見覚不申。ことさら住寺(ママ)乃いゝつけなれハ何分御笑止ニハ候へとも得こそ宿し申ましと云。傳蔵今ハせんかたなく、然らハ重て来るへしと立出しか、きつと思案し亦立帰りて、此比こ乃辺へ人を尋て来りはせぬかといふ。寺僧答てさして左様乃事も不承と、其時傳蔵思ひけるハ、若詮義きひしけれハ此所にも知るへし、察する所、是は誓福寺乃取なしにて外々へ行し様申されしか、又ハ自然此所へきたりしなと申されなハ、飛て火に入も同然也。うか(うか)居るへき土地にあらす。所詮是より西國へ下りて重ねて案否(ママ)をはからんと思ひ、夫よりまた三人ハ笠かたむけ、足を早メて急きけるか、三人とも西國へ乃道不案内なれハ、色(色)と道を求め池田へ来りけるか、此辺ハ諸役人みち(みち)て吟味きひしき体なれハ、道をかへ急きけるほとに日も暮に及ひ、いとゝさへ案内ハしらす、ことに十七日乃宵やみニてくらきうへに、道ハしらす。幸、かたへに小屋乃有けるに立寄て、火をかり、たはこを吸つけるをしほに、西國乃街道を尋ね又此辺にひそかな宿ハなきかと問ひけれハ、小屋乃者つく(つく)打見て心得ぬ者かなと思ひなから、西國ちまた道ハ是より右へ行て尼ヶ崎道也。是をゆかるへし。又夫を少し行ハ、大成池乃候。其西に寄まんちうや乃候間、是に宿し給ふへし。爰ハひそかに候へしと念頃に教へけり。三人共に過分也と一禮して別けり。各少し安堵ハしたれ共、行末いかゝと案しつゝ、漸々に尋行けり。壁を見れハ少し戸乃開きし処あれハ、かくと案内して一宿を乞けり。主立出見申せは御侍也。当所乃掟ニて夜に入侍衆をとめ申こと成かたしといふ。三人か曰、さる事もあらん。しかし我等事ハことの外草臥たれハ、外を求めんも苦労に覚ゆる也。是非(是非)此所に宿かし給へといふ。主いふ様、しからハ餘り痛しく候ゆへ、宿し申さん。去なから当所の掟なれハ御腰物を預けられ候へといへは、心易事也と、各腰乃ものを渡しけれハ、先此方へ御入候へと、主てゐねいに饗、幸まんちう乃候間、蒸直し参らせんといふて、万事に気をつけうかゝひけるか、配符乃書付に少しも違ハぬ形なれハ、先一間ニ入てたのもしけにもてなしつゝ、其隙ニ人数をあつめける処へ、已前道を教へし小屋乃者あハたゝしく四五人来り、主に向ひてしか(しか)乃よしを申けり。扨こそいよ(いよ)、夫にきハまりしとあつめし人数を方々へ走らせけるか、先達而蜂田氏ハ有馬へ行れしか、思ひ当ることもなきゆへ、なませ川乃辺に居られしか、是幸と思ひてまんちうやより池田の番人弥右衛門といふ者を注進に遣したり。蜂田氏注進を聞てとるものも取あへす、有合役人引連て行しか、早小屋村にハまんちうやか知らせに寄て、下役人共近辺を取まき居たり。蜂田是を見て汝等奇特也とほうひせられしと也。此時傳藏ハかゝる事とは夢にもしらす、越方行末物かたりして居けるか、表乃かた何とやらん物騒敷、何事やらんと立出る処に、早表にハ蜂田九郎左衛門捕手をひき連込入て御上意也と呼ハり、大勢乃組子共追取巻、傳藏心はやたけにはやれ共、最前宿かりし嬉しさに、腰乃物ハ渡しか、無念ニ思ひ、いかゝハせんとためろふ内、大勢乃者おり重り終に縄をそかけたりける。此時池田、伊丹なとにも役人中詰られしか、早蜂田氏一番ニ此所へ来られし故、遠巻して自然蜂田仕損しなハ入替らんと人数を引て扣居られしとかや。殊更池田、伊丹乃町々高挑灯を立つらね、町人、百姓共町に満々て爰を大事と詰かくる。其体ひとへに陣中乃如シ。明れハ十八日、召捕し三人乃者とも駕籠ニ乗せて、諸役人前後左右を取かこみ、蜂田氏を先として大坂へかへらるゝ。早此事諸方へ聞へけれハ、町人百姓とも我も(我も)と見物に行しか、神崎十三より天満まて夥しく群集す。其比何ものかくちすさみけん。

御上意乃網にかゝりし鈴木こそ
口あんこうの生キくさりかな

於旅舘拷問乃事

此時大坂旅舘ニハ三使已下、此末いかゝなり行らんと案し煩ひ、寐食も安んせす居られしか、此日四月十八日、蜂田か手に此党乃張本鈴木傳藏をは生捕てけれハ、此上ハ詮義一等にきハまれハ、先暫く安堵ハしけれとも、尚も公儀ニハ餘黨御吟味有て、おくれはせに生捕るゝも有り。又此以前捕るゝも有りとかや。かゝりしかハ、此旨早速江府へ注進せられ、旅舘内外乃こと弥嚴しく成て、役人用人ニても猥に出入する事禁しられ、舘中ニハ大声にて物語する事もなく、門前ニハ往来をとゝめ、こと嚴重に見へにけり。既ニ此日まて召捕るゝ者廿六人に及へり。常体乃罪人ならハ牢ニて責らるゝ事なれ共、右拷問乃体を三使へも見せられ度、毎日(毎日)牢屋より罪人を引連て旅舘へ入て拷問せらる。堂乃正面ニは大坂両奉行所、次ニ諸役人、左座にハ三使已下乃官人、右坐ニハ対州、岡部乃衆中各相詰らる。其後役人乃支配ニて傳藏を始同類ニ而ハ、彼兄乃市山茂一、誓福寺、同母たみ、下人半助、長町喜助、是等を先として、毎日にて手をかへて拷問せらる。殊更傳藏義ハ大切乃罪人なれハとて向歯を悉くぬかれたり。扨又誓福寺義は、出家乃躰ニてハ拷問なりかたき法式なれハ、誓福寺乃号は本寺へ取揚ケ、衣をはきて俗となし、名を久兵衛と改メたり。是ハ誓福寺いまた出家せぬ時乃名也とかや。註曰、拷問乃品多しといへともあらわにしるしかたし。依之爰に略し畢。日本ニてハヶ様に嚴敷拷問せらるゝ事なれハ彼方ニも又おとらしとや思ひけん。件乃下役人乃都訓導、是ハ先日塞傳宋か死骸を片付、本舟へ遣したる事、至て不吟味なる罪重して、官をはき奴となし、百杖むち打、本舟へ遣しける。是も同く都訓導乃官ニて人ニ用ひられし身なれ共、今日は飛鳥川匹夫乃身とハ成にける。都而此間旅舘乃内ハ獄屋ニひとしく、なきさけふ声、門前へ聞へけり。嗚呼悲しきかなや、尋常ハ弥陀摂取乃地ニて極楽もかくやと思ひしに、今日ハ三途乃ちまたとなり、地獄乃呵責も間乃辺りとなりぬ。三界無安猶如火宅と佛乃説れしも、是をやいふへき。前代未聞乃事とも也。扨又先日御尋ものゝ砌、方々へ遣されし内、何れ愚ハなけれ共、其中蜂田か手に張本傳藏とらへしかハ、急度御褒美下さるへき事なれ共、夫は追而乃こと、先当坐乃御ほうひとして御目録を蜂田氏へ被下、宿せしまんちうやへ鳥目拾貫文、注進せし番人弥左衛門へ五貫文、其外乃者へも夫(夫)に下されしとかや。是によつてしはらく安静ハ得たれとも、町人迄も此すへいかゝあらんと、心をいため只打寄て此うわさのみいひあへり。

御役人中御評定、并、信使帰国乃事

かくて拷問日々に及けれハ、四月廿六日鈴木傳藏を召出シ、先責を差置、御奉行所直ニ出坐あつて、傳蔵にむかゐ仰けるハ、抑此度乃義、定而其方ニも堪忍成かたき事あつて、かく計ひしものならん。然る時は是畢競[ママ]喧嘩口論といふ物也。されハとて汝白状せぬにおいてハ、品をかへ責んに何乃堅き事かあらん、され共永々信使を此地へとめ置て、公儀を労せしむる時は、汝か罪重りて、上ニも御怒りを発し給ハんか、所詮益なき事なれハ、速に白状すへし。左なき時は其方為あしかるへし。白状乃上におひてハ上体乃事ハ某能きに申達せん乃間、早々白状して可然と、詞を和らけ申されけれハ、傳蔵も今ハ陳謀[ママ]に不及、塞傳宋を手にかけし様子不残白状に及けり。是よりして右拷問乃義ニ付、御仕置乃事江府へ伺れし処に、江府におひても何角御吟味乃うへ、御老中御評定有て、此度乃義狼籍言語同断成といへ共、ヶ様に詮義に日を送り、長々信使を日本に留メ置ん事、却て事を好に似たり。然はとて罪を重くして詮義せは多く乃人を損ふ而已ならす、且ハ日本乃恥辱也。此義ハ只かれらか口論也と罪をきハめ、害せし事白状に及なは鈴木壱人を斬罪し、其餘ハ後乃吟味にすへし。たとへ彼等か悪事ありとも、私乃口論とする時ハ両國に難有まし。重罪に行んハ、あなかち日本乃譽にあらされハ、只罪をかろくし、韓客をなため、一日も早々帰國させん事こそ肝要なれと、各評義一決せしかは、此うへハ大坂へ役人を遣し、此旨指揮せしめん乃間、誰をか遣すへきといふに、分淵京十郎殿を撰み出され、即日分淵殿台命を含んて急き大坂へ馬を飛されける。此御役人四月廿七日早打ニて来られしか、即刻大坂奉行所へ対面有て、しか(しか)乃義尋られけるに、傳藏義昨日白状に及ひ、塞傳宋を手ニかけし様子遂一白状に及たりと、物語せられけれハ、分淵殿委細に聞届られ、其上江府乃仰を演説あり。一刻も早く傳藏を成敗し、信使を帰さん事肝要なれと有て、白状乃様子委細に書記し、又早打を以、此旨江府へ注進せられ、其後両奉行、役人中寄合て、傳藏か罪科を記し、讀渡しをせんか為、即日両奉行所、并、分淵殿、諸役人を随へて旅舘へきたられ、先此旨三使へ通して、弥今日鈴木傳藏か罪をきハめ読渡し仕る乃間、各かたにも御立会あつて可然と申遣しけれは、三使此口上を聞、讀渡し計りとは知らすして、今日此所ニて御成敗と心得、諸官人ニ申付、鑓、長刀、鉾籏なと用意して上を下へともてかへし、上下百人計各装束を改メて出ける。堂上ニハ両奉行所、分淵殿、諸役人中相詰られ、北乃方ニは三使已下乃官人列を正し、其外対州、岡部の衆中列坐し、朝鮮乃下官、日本乃下役人、是等各庭上に配等しけれハ、大勢の者、頓而傳藏を引出しけり。則役人出て傳藏に向ひ読渡しをせらる。其文ニ曰、

一　其方義此度信使ニ随ひ、通詞之役目ヲ以、諸事大切ニ可仕候處、無故口論ヲ仕出シ、害都訓導官、旅舘騒動、剰出奔仕條、言語道断狼籍不過之。依而重罪ニ可被仰付之處、対州之役人成ヲ以、罪ヲ軽シ、於大坂牢内斬罪被仰付之間、此旨承知仕、御慈悲難有可思者也。

月 日

右之通読渡されけれは、傳藏平伏して詞なし。時に三使を始下官に至迄、耳をそは立承り。其後通詞より讀渡しの旨、三使へ通しけれハ、三使又以下乃官人をよんで評定し申けるハ、此方ニハ今日当所ニおひて御成敗と心得候処に、左も無之、御尤にハ存候へ共、畢競(ママ)大切乃罪人ニて候得は、斬罪之様子見届申さては、帰國之砌、我々か無念ニ被成候間、首実検而已ニ而ハ事濟候まし。願くハ場所をも御改有て、斬罪乃様子不残見届申度候間、今一應御評義あれかしと申ける。分淵殿をはしめ奉行所ニも牢屋敷ニて打首にし実検させんと思われしに、今又右之通願けれハ、愚案に計らひ難しと、先此日乃成敗ハ止メられ、廿四時の早打ヲ以此旨又江府へうかゝひける。依之廿八日ニ御成敗ハなかりけり。誠に天知る地知る乃習ひ、誰いふ共なく、廿八日御成敗也と世間に風説しけるか、更に形なき事ニもあらす。かくて早打五月朔日午刻に、台命を伺帰られ、即時に披露有て、先此旨三使へ達し、弥明日三軒屋に於て、傳藏義御成敗被仰付候間、貴辺ニも御立會有

て、見届らるへし。尤土地乃儀ハ嶋ニて候間、其用意有へく、且又人数等も小勢ニして出らるへしと申遣されける。去程ニ明れハ五月二日朝六つ時、両奉行所を始、諸役人各用意有、鈴木傳蔵を引出シ、駕に乗せ、大勢前後左右をかこみ、六つ半時に旅舘へ来られけれハ、朝鮮乃方ニも罪人来ると聞とひとしく、兼て期せし事なれハ、上下列を正して付随ふ。其行列左之ことし。

杖突　弐人　穢多　廿人　与力　弐人鑓四本供六人

大身鑓　四本　捕道具　四本　穢多　廿人

鈴木傳蔵　駕籠四人　警固　十六人各駕脇に付　杖突　弐人

上々官　馬上　中官一人刀持　上々官　同　上々官　同

医官　壱人馬上　小童　同

中官十六人二行ニ並ひ各腰に鈴を付たり、此内釼を帯し、箱を持しも有り、警固と見へたり

令旗　四本　青龍刀　二本　三枝刀　二本

正使　乗物六人中官壱人太刀持ニして籠脇左に付随ふ

副使　同　六人中官壱人右同断

従事　同　六人中官壱人右同断

医官　壱人馬上　小童　馬上　小童　同

小童　同　中官　廿人　各腰に鈴を付たり、警固と見へけり、二行ニ歩

杖突　弐人　西御奉行　馬上、袷帷子乃うへ麻上下

東御奉行　馬上麻上下　手振　二人

江戸御役人　馬上麻上下

対州奉行役　馬上麻上下　同　同　徒士　四人

岡部奉行役　馬上麻上下　同　同　徒士　四人

与力三人　鑓六本供六人　下役人廿人計　傘　釣臺持夫二人

沓籠　　　　合羽籠　　　　挟箱

以上

右乃行列ニて出られける。通り筋ハ西横堀乃西側を南へ行、道頓堀乃北側を西へ下より、舟に乗行れける。兼而場所ニは外行馬七拾間、内やらひ三十間にしつらゐ、役人少々警固す。扨舟とも着てけれハ、先罪人を舟より上ケ、役人付そひ揚られ、其外乃舟共ハ行馬乃東手へ着て、三使を始已下乃人々船中より実検ある。かくて罪人を引すへ、斬罪乃事すんてけれハ、惣勢以前乃道筋を旅舘へ帰られたり。此間道々見物多しといへ共、其日は北ハ瓦町、南は道頓堀迄、町々乃門をしめて、見物人とも多くハ脇道より行て見しものも多かりき。誠に前代未聞乃御仕置者也と人々興を覚しける。

或説に曰、傳蔵か首を討て朝鮮へ渡されしといふ説あり。しからす首ハ其まゝ骸と一ツにして嶋にて埋みし也。此事濟て後、対州の役人より穢多に断てもらひ度といへ共、台命なけれハ渡ささりき。是を以見れハ、渡したりといふ共、虚説なる事明らか也。且又首を打損したりといふ者あり。是又事を知らさる人乃いふことなり。首を討しものハ穢多ニハあらす。牢屋敷の首切役人ニして弥惣太といふ者也。甚た手利ニて傳蔵か首、武士たるを以、打首になささる様ニと、首皮五分残したりといへり。

鈴木傳蔵成敗せられしかは、朝鮮乃方ニも申分なしと急き帰國乃旨を申されけれハ、各相議して五月六日と定らる。扨又傳蔵かかゝりあい、誓福寺、并、傳蔵か兄市山茂一なとの残黨、入牢多しといへ共、是ハ追而之御沙汰と有て、先隠(ママ)便に取納められけり。斯而六日になりけれハ、以前乃如く、備後町、堺筋美を尽し見物群集す。其日ハ雨天乃様見へけれハ、時刻も延引して出立、未乃刻に成ぬ。対州乃役人先をはらい、朝鮮乃三使以下列(ママ)乃ことく出立しか、始とは事かわり、衣冠なとも正しからす。大旗のほり抔も破れ損し、行粧もそこ(そこ)に

して各舟に乗ける。扨又

先達而病死せし小童か死骸、并、塞傳宋、下官弐人か死骸、是等ハ別ニ舟壱艘仕立、本國へ持かへると也。其日川口迄行て舟に乗移りしか、こと多くして時刻延引せしかは、舟ニて宿し、明日七日は出ふねあしき日也とて舟を出さす。其夜和韓乃舟に多く火を灯し、燭をてんしける有様、見事なる事とも也。明ル八日順風なれハとて船をうけ兵庫へと乗出しける。抑始事起りし砌は、下々ニても、いつか濟へき共思ハさりしか、此日漸ニ舟を出せしかハ、大坂町中ハいふに不及、端々までも夜乃明ケ、水乃出し跡乃心地してよろこふ事かきりなし。是と申も日本乃御武徳盛んにして外國までも、恐れうやまふゆへ也と、万民徳になつき四方化をしたふ事、御世萬々歳乃しるし也と、賤山か川までも祝し畢ぬ。

(裏表紙)

참고문헌

〈原本資料〉

- 『和韓拾遺朝鮮人来聘』大韓民国国立中央図書館所蔵
- 『和漢拾遺』〈特別買上文庫 3907〉日本東京都立中央図書館
- 『和韓拾遺』〈特別買上文庫 3908〉日本東京都立中央図書館
- 『朝鮮來聘寶暦物語』日本国立国会図書館

〈単刊本・論文〉

- 箕輪吉次(2009)「『韓客来聘金令記』について」『경희대학교 일본학논집』第24輯, pp.97-127
- 石阪孝二郎(1992)「寶暦物語」『增補朝鮮信使來朝歸帆官録』明石書店
- 「寶暦物語」『日本庶民生活史料集成』27、三一書房、1981

日本學研究의 地平과 再照明

早大本 大黒屋幸太夫の『魯西亞語覺書』

Kadyrlyeyev V.*

解題

『魯西亞語覺書』は早稲田大学図書館に所蔵されている貴重な写本である。1783年にロシア帝国のアレウト列島のアムチトカ島に漂着し、10年間程ロシアで生活し、1792年に帰国した大黒屋幸太夫という人物のロシア語の知識に基づいて整理したもので、田辺安蔵と幸太夫が協力して作った露日辞典であろうと考えられる。本書は18世紀のロシア語を、その発音通りに表記しようとした日露単語集である。五十音順ではなく、「いろは」順に配列されており、単語だけではなく、簡単な日常会話も収録されている。

『魯西亞語覺書』における各部見出し語数は全部で1106語である。辞典の前書きにも66語のロシア単語がある。前書きにはロシア語の音節表があり、それに対するカタカナの音訳もあって、五十音仮名をロシア文字で書いてある。また、ロシア語のアルファベットをカタカナに音訳したものがある。

* 慶熙大学校 博士課程　日本近世文学専攻

語彙集本文は縦書きで書かれており、上から二段目にイロハ順の日本語の見出し語があり、その上、一番上段には、見出し語よりやや小さな文字で、見出し語の意味を限定したり、見出し語の意味が分かりやすくなるような簡潔な説明がある場合もあり、見出し語の下には、日本語見出し語に該当するロシア語の発音の片仮名表記がある。

『魯西亞語覺書』におけるロシア単語は、ロシア帝国に10年間程生活していた大黒屋幸太夫のロシア語のレベルを表す辞典として貴重な写本である。辞典全体から、幸太夫のロシア語能力が、日常会話には不自由のない程度のレベルだったということが知られる。

片仮名表記で書かれているロシア語の単語や日常会話の表現のなかには、誤字や、ロシア語としていかにもおかしな表記が見られる場合もある。明らかに誤字であろうと思われる部分には、「ベレリレツ(ママ)[シ]カ」のように、該当の文字に「ママ」と付し、次に[　]の中に正しい文字を入れた。また、大黒屋幸太夫にとって、また、辞典を編纂した田辺安蔵にとって、ロシア語の発音が聞き取りにくい場合があり、手書きで書く場合、その字形が似ている文字もあるので、間違った片仮名表記が一部存在するようである。しかし、種々、不正確なことがあるにしても、本書は18世紀ロシア語の特徴と、日本語の特徴を表すものとして、今日でも価値がある。本書と同系の本は他に2種ある。天理図書館蔵の『魯西亜語類』と古河歴史博物館蔵の『魯西亜言語集』である。

本書の書誌的事項は、岩井憲幸(1976)[1]によれば、次の通りである。

---

1) 岩井憲幸(1976)「『魯西亜語覚書』について」, 早稲田大学図書館紀要17, pp.66-73

函架番号　文庫8・C482

大きさ　タテ137×ヨコ227粍前後。

形状　小横・四針眼。写本一冊。

題簽　なし。ただし白茶の表紙左にじかに墨書きで＜幸太(ママ)夫魯西亜語覚書　＞とある。後人の筆であろう。

紙数　68葉。但し、丁付けなし。

体裁　非語彙集部では毎半葉行数不定。非語彙集部では毎半葉12行、上下2段。

凡例

一、早稲田大学図書館所蔵『魯西亞語覺書』を翻字し、ロシア語彙の片仮名表記に[0001]から[1106]までの語彙番号を付した。原本のロシア語彙集の部分はすべて縦書きであるが、これを横書きに直した。

一、原本の片仮名表記で書かれているロシア語片仮名表記の左脇に付されている連音符号［______］は下線にして示した。

例：ウリツア

一、合字「より」は表記できないため「より」と平仮名で表記した。

一、原本に赤字で書かれてあるルビは(朱)と注記して示した。

例：「(朱)肉(ニク)」

但し、赤字で間違いを訂正してある場合は、訂正後のものを記し、(朱)とは注記しない。

一、原本の明らかな誤字にはママを付し、正しいと思われる文字を[　]に入れた。

例：ヲジナウヱソ(ママ)[リ]シタ

一、日本語見出し語の、ロシア語発音の片仮名表記の次の[　　　]の数字は、語彙の出現順に付した語彙番号である。

一、本文の二字以上の踊り字の場合は[　]に文字を入れた。

例：つく[づく]

『魯西亞語覺書』翻字

表紙

幸太夫

魯西亜語覚書

Оросиия（ヲオシイヤ） 魯西亜

гооъто（ゴヲルト） 言語

Kwansei tanabe jasso□□ jasso

10 8 dag □□[2]　　」(1 a)

Ruslandwoorden

ბბ Ʊ

デブ ガリ

」(1b)

[3]ГІъо（ゲヨヲ） МІъо（ミヨヲ） Чя（チヤ） Чуу（チウ） РІъо（リヨヲ）

2) 岩井憲幸(1991)「天理図所館蔵『魯西亜語類』についてに」明治大学教養論集247. pp61-94

3) 以下、2bは左から右2aの順に読む。ここでは、原本の字通りのママ記した。

КIъо（キヨウ） МIъо（ミヨヲ） ДЖIъо（ジヨヲ） 」(2a)

КВА（クワア） КВОО（コヨヲ） ХЯ（ヒヤ） ШIъо（シヨヲ）
ДЖА（ジヤ） РЯ（リヤ） КЯ（キヤ） ШУ（シウ） ЧЮ（チヨヲ）
РВА（リワ） КВА（クワ） БIъо（ビヨヲ） БЯ（ビヤ） РЯ（リヤ） КЯ（キヤ）
ЩУ（シウ） ШТОО（シユツトヲ） ШУУ（シユウ） МЯ（ミヤ） ХIъо（ヒヨヲ） 」(2b)

[4][5]Ъヱル ヱール ЫアリイЬアリ アルー Ѣヱ ヤーテ ヤーチ Юユ ユー Яヤ ヤー IOヨ 」(3a)

Уウ ノウ ウヽ Фヱフ ノフヱー フヱルート Хハ ヘール Цツヱ ツウ Чチヱ チヱールフヱ Шシヤ、シヤー Щシシヤ シチヤー 」(3b)

Оヲ ヲーノ Пペ ポコイ Рヱラ ウルチユイ Сヱス スヲー Тテ テウヱルト 」(4a)

Iイ Кカ カアヱ Лイヱリ リウジー Мヱム ムシレーテー Нヱン ナアシユ 」(4b)

Дデ ドブロー Еヱ ヱーステ Жゼ ジウヱテ Зズヱ ジヤミリヤー Иイ イジヱー 」(5a)

---

4) 以下、上に手書き書体の文字があるが、印刷できないので省略した。
5) 3aから5bまでは、ロシア語としては、5bを左から右に順に読み、次に5aを同じく左から右の順で、以下同じように読めばロシア語の順となるが、ここでは、原本のママ3aから5bの順に示したが、各丁は左から右の順に記すことにする。

Aア　アズ　Бべ　ブキ　Bウヱ　ウヱデ　Γガ　ワホレ　」(5b)

[6]壱ヲヂン　弐デウ　三デリ　四シヤテイテ

五ピヤーテ　六セイシ　七セイミ　八ヲヽセミ

九テイペツ　十デイセツ　百シト　千テイセツチヤ

万ゼセツチセツ

壱ツ　ヘルヲイ　弐ツ　フトロイ　三ツ　キリチヱ　四ツ　チヱツウヱルトイ

五ツ　ピアートイ　六ツ　セストイ　七ツ　セリモイ　八ツ　ヲシモイ

九ツ　デウヤトイ　十ツ　デシヤトイ

壱月ゲヌワレ　弐月ヘポラレ　三月マルト

四月アペレリ　五月マヱ　六月イユン　」(6a)

七月イヨレ　八月ヱウグスト　九月センタヒレ

十月ヲクタビレ　十一月ノヤヒレ　十二月デカフレ

朔日ペルヲイテシロ　二日フトロヱテシロ　三日テレチヱテシロ

四日チヱテルトヱ同　五日ピヤトヱ同　六日セストヱ同

七日セリモヱ同　八日ポスモヱ同　九日デリヤトヱ同

十日ナデシヤトイ同　十一日ペルヲイナデシヤトイ同

廿日ダワツサデ同　廿一日ダルヲイナデシヤトイ同

三十日テレツサテ同　三十一日テレツサペルヲイ同　」(6b)

---

6) 以下、原本は片仮名が傍書してあるが、文字を分かりやすくするため、日本語の次に記すことにする。

十一より十九迄ハ数ヘルに端

日を先江付ル卄一日より先

に卄を先にして端日

を次ニ付る

十　卄　三十

三十一テリツヽヲヂン　四十ソウログ　五十ペデシヤテ

六十セイデシヤテ　七十セミデシヤテ　八十ポセミデシヤチ

九十デベノシト　」(7a)

1一 2二 3三 4四 5五 6六 7七 8八 9九 10十

20二十 30三十 40四十 50五十 60六十 70七十 80八十 90九十 100百

」(7b)

此五字ハツヾルニ不及一字ニテ用ル

次ハ此五字ヲ甲字ニツヾク一字トナル

Aア Иイ Уウ Eヱ Oヲ

KAカ KИキ KУク KEケ KOコ

CAサ CИシ CУス CEセ COソ

TAタ TИチ TУツ TEテ TOト

HAナ HИニ HУヌ HEネ HOノ　」(8a)

XAハ XИヒ XУフ XEヘ XOホ

MAマ МИミ МУム МЕメ МОモ

АЯヤ Иイ Юユ Еヘ ІОヨ

РАラ РИリ РУル РЕレ РОロ

УАワ 」(8b)

一　千七百拾三年三月之日

　　日本十二月朔日ニ當ル

　　寛政四子年

一　壱年三百六十五日

　　此付

壱月三十一日　二月二十八日　三月三十一日

四月三十日　五月三十一日　六月三十日

七月三十一日　八月三十一日　九月三十日

十月三十一日　十一月三十日　十二月三十一日

閏之四月ニ一度月ニ有及閏日也

閏ノ有ル年ハ二月を廿九日ニする

一　宜所カムシヤーツカ　チギリ

　　　ボリシヨーレツカ　ベトロカヲンドチガ

　　右代友有　」(9a)

一　辰刻先夜に刻を一時とし

　　丑一を三時の初メ一昼夜都而

　　廿四時也巳ノ刻の末ハ十二

　　時ナリ

又年の時より初メ一時也亥の刻

の末ハ十二時也一時をペルヲイ(一)

デシヤトイ(時)

日本刻限差引(朱)サツヒキ

一　昼夜廾四時　　　ヲロシイヤ

此刻百刻　但一時ハ四刻十六　六六

短夜七時　　　　　　同所

此刻七九刻　　十六　六六

内昼　六十刻　　日本　長日

夜　四十刻　　　　　　　短日

着引　昼拾刻　　八三三　　日本之違ひ有

　　　夜拾刻　　八三三　　」(9b)

一　船主勢州白子町一見

彦兵衛船頭昌丸沖

船頭幸太夫十七人乗ノリ

い

一	石イシ	カカメニ	[0001]
一	岩	ソワカ　又 ソブカ	[0002] 又[0002-1]
一	稲妻	モーニヤ	[0003]
一	五日	ピヤトヱ	[0004]
一	従弟	スレニヤヤ	[0005] 」
			(10a)
一	妹	ヘマニチヤ 又[ス]ママタラ	[0006] 又[0006-1]
一	衣類	パアルカ	[0007]
一	犬	サバカ	[0008]

	一	居ル	ヱス	[0009]
	一	今	テペレ	[0010]
	一	至而忝候(カタジケナリソロ)	ホユ(ママ)[コ]ルノバラポ(ヲ)タルストイ	[0011]
	一	今少し	イツシヨイヅボシ(ママ)[レ]	[0012]
	一	否(イヤ)じや	ネポチウ	[0013]
	一	幾年	ユ(ママ)[コ]トロヱゴト	[0014]
	一	池	ボリシヨウヱヲ〃ゼロ	[0015]
	一	田舎	デレウナ	[0016]
	一	市場	ウリツア	[0017] 」

(10b)

	一	痛む	ボーリト	[0018]
	一	今ハ少快ひ	テペーレポーレクチヤ	[0019]
	一	至て	ヱ—	[0020]
	一	息	ドフ	[0021]
	一	陰茎	ホイ　女ノ　ヒジタ	[0022] 女ノ[0022-1]
	一	衣服	ブラーラ(ママ)[テ]イヱ	[0023]
	一	衣服をぬく	シキン	[0024]
	一	糸	ストローノイ	[0025]
	一	賤人(イヤシキ)	スルガ	[0026]
	一	今教た事覚侯哉(をぼへそうろうや)	テペーリウチウズナノミレ	[0027]
帰る時	一	暇乞	ポロステサ	[0028]
	一	今少し	イツシヨイツホレ	[0029] 」

(11a)

	一	閙カ敷侯(イソガシクソロ)(いそがしくそろ)	ヱトスーコ	[0030]
	一	壱人来た	ペリシヨー	[0031]
物の	一	色	アヅブカ	[0032]
	一	偽	ウレーシ	[0033]
	一	壱里	ヲジナウヱソ(ママ)[リ]シタ	[0034]
	一	壱間	ヲヂナサゼン	[0035]
	一	壱尺	ヲヂナアリシン	[0036]
寝(イネ)テ	一	いびき	ハラビイト	[0037]
	一	異国の人	イノチヱーメツ	[0038]
	一	入れる	カラジ	[0039]

	一	幾日	コトロヱ	[0040]
	一	幾月	コトロエソ(ママ)[メ]シヤツ	[0041] 」

(11b)

	一	言	ゴヲレ	[0042]
	一	異風 異言　乃人 異字	イノワーレツ	[0043]
	一	いへ共が	ナド	[0044]
湯より	一	湯気(ユゲ)が立	パリイト	[0045]
	一	急(イソヒ)ぐ	トロビルシ	[0046]
	一	急れよ	トロヒーシ	[0047]
	一	何国の人じや	テヲツコレ	[0048]
	一	碇	ヤコリ	[0049]
	一	一所	ウメシテ	[0050]
	一	一同に	ウメシテ	[0051]
	一	煎ル	ザニ(ママ)[ン]ウ	[0052]
	一	出す	ドスダニ	[0053] 」

(12a)

物ヲ	一	入れる	クワジイ	[0054]
	一	板	ドスカ	[0055]
値段	一	幾等	カ〃ヱツチ(ママ)[ナ]	[0056]
食物(クヒモノ)	一	いやでござる	トヲレン	[0057]
	一	何ツも	セクダイ	[0058]
	一	何ツ成カ	コクデネブーテ	[0059]
	一	幾度	スユ(ママ)[コ]リコイラス	[0060]
近く	一	出る	ウヱイト	[0061]
内へ	一	入る	ウヲイド	[0062]
物を	一	出す	ダイウ	[0063]
	一	入れる	ポヲジウククワト	[0064]
	一	員数(インズ)の書付	ヱルウヱーカ	[0065] 」

(12b)

用事	一	言付ル	ピリカザウ	[0066]
カカリノ 人へ代り の人に	一	言送る	ロスカザウ	[0067]
厄介の	一	居候の事	イジテウヱニヤ	[0068]

壱人に対(タヒ)し	一	者いふ時先の事を(モノイフトキ)	テベ	[0069]
	一	軍サ	ウヲイナ	[0070] 」

(13a)

ろ

一	六月	イユニ	[0071]
一	六日	セストヱテシロ	[0072]
一	蝋燭	スベチヤ	[0073]
一	老人	シタルイカ	[0074] 」

(13b)

は

	一	濱(ハマ)	ベレリレツ(ママ)[シ]カ	[0075]
	一	春	ウヱスナ	[0076]
	一	八月	ヱウグスト	[0077]
	一	八日	ポスモヱ	[0078]
	一	廿日	ダワツサデ	[0079]
	一	鼻	ノツ	[0080]
	一	歯	スベ	[0081]
	一	脛(ハギ)	ベルソ(ママ)[ン]	[0082]
	一	祖母	ハブシカ	[0083]
	一	腹	ビロハ　ス(ママ)[又]ブリホ	[0084] 又[0084-1] 」

(14a)

	一	鋏	ノリニツセ(ママ)[ヤ]	[0085]
	一	噺	ポコポリ	[0086]
	一	馬鹿	トラカ	[0087]
	一	咄しましよふ	ポコヲリム　ス(ママ)[又]ゴーリト	[0088] 又[0088-1]
	一	咄度が言葉を知らぬ	ゴヲリテヲホタコツリネズナヨ	[0089]
	一	咄被成(なされ)	チヨボネボツポコーリソ	[0090]
	一	畑	バアシニヤ	[0091]
	一	母	マヅシカ	[0092]
	一	發明	ウームノイ	[0093]
	一	鼻を切	ノヲジテリルート	[0094]
大鼓の(タイコノ)大コノ	一	ばち	ハラバンナヤハーウカ	[0095]

	一	箸	ウー（ママ）[イ]ウケ	[0096] 」

(14b)

	一	腹がへり候	ヱーシテヲホ	[0097]
	一	箱	ヤーシチカ	[0098]
	一	腹が張候	スイト	[0099]
	一	花色	ウヲゾレヲイ	[0100]
	一	灰	ペピヤウー	[0101]
	一	博奕（バクエキ）	カルテ	[0102]
	一	初て見た	スナチヤーラウーデル	[0103]
	一	箱	ウヤシチケ	[0104]
	一	はづかしい	ステイト	[0105]
	一	鼻の穴	ノヅテレイ	[0106]
	一	腹（ハラ）わた	ケシキー	[0107]
	一	ぱたり落（ヲト）した	ズヲーコ	[0108] 」

(15a)

	一	早い（ハヤイ）	スコリヤ	[0109]
木ノ	一	葉	レスト　又 リイス	[0110] 又[0110-1]
	一	花	ツウヱト	[0111]
	一	箱	ヲヤシチケ	[0112]
	一	早く帰られよ	スコリヤドモイヲロチス	[0113]
	一	是斗ノ	トリコ	[0114]
	一	原（ハラ）	ヤマ	[0115]
	一	樽（タル）	モース	[0116]
	一	搏弈をする	フカルテイギラー	[0117]
内へ	一	這入ル	ウヲイド	[0118]
	一	白鳥	レベテ　又 ヱシチヱ	[0119] 又[0119-1]
	一	腹を立	セルジウシ	[0120] 」

(15b)

利口ノ	一	発明（ハツメイ）	ヲストロイ	[0121]
仲間を	一	はぶく	ヲビテシ（ママ）[レ]ーリ	[0122] 」

(16a)

に

	一	日輪	ソンチヨ	[0123]
	一	虹	ラトカ	[0124]

	一	西	サバト	[0125]	
	一	二月	ヘポラソ(ママ)[レ]	[0126]	
	一	二日	フトロヱ	[0127]	
	一	(朱)ニク 肉	テボ	[0128]	
	一	(朱)ニギワ 賑ひ	ベジート	[0129]	
(朱)モノ 物ノ	一	匂ひ	ザアパハ	[0130]	
	一	女帝	ゴスダレナ	[0131]	
	一	似顔	シヲセリヤ	[0132] 」	

(16b)

	一	にぎりこぶ	クワカ	[0133]	
	一	(朱)ニクイ 憎い	ズヲノー(ママ)[イ]　又 ヤーネルビ	[0134]	又[0134-1]
(朱)ナベデ 湯る	一	(朱)ニル 煎る	ワリウ	[0135]	
	一	女房呼ました	ゼニウサ	[0136]	
	一	女房	チ(ママ)[ネ]ウヱスタ	[0137]	
	一	女房ニやりまた	サムシユヲダウ	[0138]	
	一	日記	カレニダレ	[0139]	
	一	(朱)似テイマス 似て居ます	ソヲジ	[0140]	
	一	濁ました	スムチウシ	[0141]	
	一	擱	ムツネ	[0142] 」	

(17a)

ほ

一	星	スウヱヅデ	[0143]	
一	洞	ラツヤリナ	[0144]	
一	仏	ボーホ　又 キリストヲス ニコライ	[0145] [0145-2]	又[0145-1]
一	ほしい	ヤホチウ	[0146]	
一	ほしいけれども天下より叱られる	ホロシイテホチウテナドゴスダレボユセ	[0147]	
一	頬	シチヱカ	[0148]	
一	疱瘡をする	ウヲスペヱジート	[0149]	
一	坊主	ポープ	[0150]	
一	ほしい	ホチウ	[0151] 」	

(17b)

一	ほれる	リユビリウ	[0152]

物ヲ	一	干す	スシー	[0153]
	一	ほれた	リウビユー	[0154]
	一	ほめる	ポフワワ	[0155]
頭の	一	ぼんのて内	ザトウヱヲカ	[0156]
(朱)モヽヒキノ もゝ引の	一	ぼたん	プーキウヱーサ	[0157]
	一	帆	パルス	[0158]
	一	帆柱	マチタ	[0159]
	一	細い	ステイ	[0160]
(朱)ヒトノウワサ 人の噂	一	(朱)ホメル 能 誉 (朱)ヨクイフ	ママ フロ[ワ]リヤト	[0161]
(朱)ツチナリ 土抔	一	掘	ゼミロコツハツト	[0162] 」

(18a)

	一	豊年	プヲトロスノイゴト	[0163]

へ

	一	臍	プ〃	[0164]
	一	平安散	デンズイ	[0165]
	一	別の獣	イノヱスペレ	[0166]
アイ[アイ]	一	返事	ノノノ	[0167]
(朱)ヨブトキ 呼時	一	返事	テヨウ　スタレ	[0168] 」

(18b)

と

	一	當年	セヲゴド	[0169]
	一	十日	ナデシヤトイ	[0170]
	一	時	チヤースイ	[0171]
	一	遠し	ママ ダレユ[コ]	[0172]
	一	問	プラシヲイ	[0173]
	一	鳥	チーツ	[0174]
	一	水鳥	ラーツカ	[0175]
	一	砥石	ヲツシヨーカ	[0176]
鳥を	一	捕ましよ	ポイマイ	[0177]
	一	留られよ	ウニマイ	[0178] 」

(19a)

	一	留な	ママ ママ ウソ[ニ]ヤ[マ]ヱ	[0179]
	一	留ました	ウーニヤウ	[0180]
	一	虎	バールス	[0181]

	一	刃物をとぐ	トチウ	[0182]
	一	どこの人じや	テヲシユレ	[0183]
	一	船の艫(とも)	コルマ	[0184]
	一	度々	コミニヤー	[0185]
	一	年寄	シタルイカ	[0186]
	一	どふでござる	ドロウ	[0187]
	一	(朱)何処に(ドコニ)	ギデー	[0188]
	一	どこへ行ました	ギデブー	[0189]
	一	どこへ行候哉	クダーポイド	[0190] 」

(19b)

所の事	一	土地	メーストポーゼニヤ	[0191] 」

(20a)

ち

	一	池	ヲヽゼロ	[0192]
	一	十月	ヲクタビレ	[0193]
	一	十一月	ノヤピレ	[0194]
	一	十二月	デカフレ	[0195]
	一	閏	ウソコシ	[0196]
	一	十一日	ベルヲイナデシヤテ	[0197]
	一	血	コロヘ	[0198]
	一	乳	チイキ	[0199]
	一	祖父	ゼトシユ(ママ)[コ]	[0200]
	一	茶	チヤイ	[0201] 」

(20b)

	一	小(チイ)サシ	マリン(ママ)[ニ]コ	[0202]
	一	錠	ゾモカ	[0203]
	一	上手(ヅヤウズ)	マステラ	[0204]
	一	長日	デニドギヤ	[0205]
人ノ	一	近カ付	ヒリヤーテリ	[0206]
	一	時刻	チヤースイ	[0207]
	一	地震	テレシヤーン(ママ)[ニ]ヤ	[0208]
	一	域下	グベリニヤ	[0209]
	一	近イ	ピリイスユ(ママ)[コ]	[0210]
	一	父	ハチユシコ	[0211]
	一	智恵有人	ヲヽストロイ	[0212]

	一	常服	カフタン	[0213] 」

(21a)

	一	茶碗	カメンナチヤーシカ	[0214]
	一	挑灯	フヲナリ	[0215]
少し〔(朱)スコシ〕	一	ちつと〔(朱)チツト〕	マレンユ〔ママ〕[コ]	[0216]
	一	長座致候	ドヲレシレ	[0217]
丈夫ニ〔(朱)丈夫ニ〕	一	馳走に成候	ヲチヱン〔ママ〕[ニ]ウホチワウ	[0218]
	一	違ました	ペレミニヤーヱツ ツア	[0219]
	一	近ひ	ベリスコ	[0220]
	一	品物の丈夫	ケレプユ〔ママ〕[コ]イ	[0221]
	一	違ふ	ペレメニヤヱツサ	[0222]
	一	帳面記ます〔(朱)マス〕	サビスナヤケニシカ	[0223]
	一	帳面	ケニシカ	[0224]
	一	治世	サアリストヲヱト	[0225] 」

(21b)

り

	一	了間	ポウイノウヱニヤ	[0226]
	一	料理	スタラパイ	[0227]
道法	一	一里	ウヱリスタ	[0228]
	一	立腹する	セルジウシ	[0229] 」

(22a)

ぬ

	一	盗ました	ウカラヲ	[0230]
	一	盗人	ウヲル	[0231]
家来	一	奴卑	スルカ	[0232]
	一	利口	ウームノイ	[0233]
衣服を	一	縫わしやれ	セイ	[0234]
	一	縫	シヨト	[0235]
	一	縫ました	シウ	[0236]
	一	ぬれる	モクロー	[0237] 」

(22b)

を

	一	面	リチヨー	[0238]
	一	伯父	チヨウツカ	[0239]

一 弟 マヲイブラツ [0240]
一 男 ムセイナ [0241]
一 女 ゼンシイナ [0242]
一 大きひ ボリシヨーイ [0243]
一 大き處(トコロ) ホコルノバラポタルストイ [0244]
一 御出被成 ポレステ [0245] 」

(23a)

一 私(（朱）ヲレ) ヤ── [0246]
一 御前様御息オ ゴスダレモイズドラストイ [0247]
一 御前名ハ何と テミニヤカグゾウト [0248]
一 教テ被下(（朱）ヲシヘテ) ウグゼポチヤウヱ [0249]
一 雨ノ大降 ドスウヱカ [0250]
一 風大吹 ケレプコヱ [0251]
一 人の大勢 ヒセリウリ(ママ)[チ] [0252]
一 お前様(（朱）ヲマヘサマ) ゴスダレモイ [0253]
一 お前(（朱）ヲマヘ) テ [0254]
一 甥 ビリミヤンニカ [0255]
一 男の子 シン [0256]
一 女子供 ドチ [0257] 」

(23b)

一 出替合ひ(（朱）オカハリアヒ) ゼワユツダラーストウイテ [0258]
一 大きに ヲ〃チニ [0259]
一 愚 ドラカ [0260]
一 主人の仰(（朱）おせ) ウヱレル [0261]
大 一 帯 クジヤカ [0262]
小 一 帯 ポヱナ [0263]
一 袴の畳嶋 ベーステレーテ [0264]
一 和尚 ボロトポーフ [0265]
大和尚 アリヒレイ [0265-1]
一 恐敷 ボコツシ [0266]
一 不覚候 ネボムニウ [0267]
一 覚テ居る ヅナヨ [0268]
一 覚候 ボムニウ [0269] 」

(24a)

一 大きに ボリシヨーイ [0270]

	一	多い	ムノヲゴ	[0271]
	一	同じ事	シヨローノ	[0272]
	一	お前名ハ何と	ヲ(ママ)[テ]ベヤカゲゾート	[0273]
	一	送て来(キ)た	ボロウヲリテピリシヨ	[0274]
	一	面白い	ウヱーセロ　又 ウセヲイ	[0275] 又[0275-1]
水を	一	およぎます	ブツワーヱツト	[0276]
	一	物を憎((朱)ニク)ひ	ジヤレコ	[0277]
	一	お前方	ワム	[0278]
寝ルヲ	一	起しました	ブーデウ	[0279]
	一	思ふ	テウマ　又 デウマユ	[0280] 又[0280-1]
	一	思ふて居た	チ(ママ)[ナ]テヨシタ	[0281] 」

(24b)

物((朱)モノ)ノ	一	音((朱)ヲト)と	シユム	[0282]
	一	遅((朱)ヲソイ)い	ポズト	[0283]
	一	追付((朱)ヲツヽケ)	スコロ	[0284]
	一	桶	カドシロ　ウヱードロ	[0285] [0285-1]
	一	紙の折目	ズキツプ	[0286]
	一	所が穏((朱)ヲダヤカ)に成候	イステレビウ	[0287]
上より	一	被仰付た((朱)被仰付た)	ゴスダレヲピリカザニヤ	[0288]
物の	一	重候	テシヱロ	[0289] 」

(25a)

わ

一	脇下	ポトパツハ	[0290]
一	童子(ワラベ)	パアレ	[0291]
一	私	ヤー	[0292]
一	私宅へも御出	カナムボコルノボロシマホシデデ	[0293]
一	私の物	モヤ　モイ	[0294] [0294-1]
一	椀	チヤーシカ	[0295]
一	忘れた	ザブー	[0296]
一	私宅へも来て咄れよ	カナムボコルノボロシマホシデデ	[0297]
一	わるひ	コ(ママ)[フ]ドイ	[0298]

一　笑　スメーホ　[0299]」

(25b)

一　笑ます　スミユサ　[0300]
一　私の側に　ポデシ(ママ)[レ]メニヤ　[0301]
何((朱)イフ)ツモ　一　悪く言((朱)イフ)　セクダーバラニイト　[0302]
一　悪い事だ　ウユリヤーヱト　[0303]
一　脇腹　ボーコ　[0304]
一　わかれが悲しい　ワシアポヤハク(ママ)[リ]ナトシキリワ　[0305]
一　恋　サブウウ　[0306]
一　若い人　モロドイ　[0307]
人の事　一　悪言((朱)ワラクイフ)　フーリヤト　[0308]
一　私の役　モヤトヲウジノフ(ママ)[ス]テ　[0309]
一　私の役に不有　ドヲウジノステネト　[0310]
一　悪者ノ　ズヲヂ(ママ)[デ]イ　[0311]」

(26a)

一　私物　モーヱ　[0312]
一　私の　コミネ　[0313]
一　私ども　カナム　[0314]」

(26b)

か

一　風　ウヱテル　[0315]
一　川　レカ　[0316]
一　霞　モーロシノ　[0317]
一　雷　ゴロム　[0318]
一　寒　シトシヤイ　[0319]
一　顔　ゴロウ　[0320]
一　肩　ピリチヨ　[0321]
一　髪　ボ〃スイ　[0322]
一　胴((朱)カラダ)　ベルソ゚(ママ)[プ]　[0323]
一　皮　コウジヤ　[0324]」

(27a)

一　辛　コリユ(ママ)[コ]　[0325]
一　堅い　ケレプコ　[0326]
一　かわきました　ウヱーソフロ　[0327]

	一	書く	ピシツ	[0328]
	一	紙	ブマカ	[0329]
	一	鏡	セリユ(ママ)[コ]ツ	[0330]
	一	内ル帰る	ドモイポイト	[0331]
	一	髪刺	ベリトウ	[0332]
	一	貸て被下	ヲドヂポチヤウヱ	[0333]
	一	風強く	ケレプコヱ	[0334]
行きた((秀)行タヒガノ) ひが(又 ケレドモ)	一	ガ又けれども	ナド　又 ドモイ[ドモイ]	[0335] 又[0335-1]
	一	風が吹	ドヲヱツト	[0336] 」
				(27b)
	一	風が止	ベーレスタヲ ケレフゴヱ	[0337] [0337-1]
	一	量而	ポーム	[0338]
	一	顔	リチヲ	[0339]
	一	か(か)と	ペト	[0340]
	一	髪を結((朱)ユワ)れよ	ウヲロソスヲヱン	[0341]
物を	一	かぐ	ニユーハユ	[0342]
	一	忝イ　中	ヲ〃チヱンドウヲソ(ママ)[ヽレ]ス スト[又下] スバツホ	[0343] 又下[0343-1]
	一	皮	コージヤ	[0344]
	一	皮文庫	ブマジマカ	[0345]
	一	寒暖水 感熱昇((朱)カンネツセウ)	テルモメーテル	[0346]
	一	堅い	ケレヱプユ(ママ)[コ]ヱ	[0347]
	一	貸テ被下	ヲドジボジヤウイ	[0348] 」
				(28a)
	一	構つしやるな((朱)カマワツシヤルナ)	ホロシヨイネホイネワワ	[0349]
	一	買ます((朱)カヒマス)	クフリユ	[0350]
	一	頭のへ 骨てつぺん	チヱーレツ(ママ)[フ] モースコ	[0351]　[0351-1]
	一	借りまれた	ザアニヤヲ	[0352]
	一	貸可申候((朱)ソロ)	ザネメウム	[0353]
	一	仮の家	イコリト	[0354]
	一	勝候	ウヱヽイギラ	[0355]
	一	かげほふし((朱)ボフシ)	ステミ	[0356]

ムギ	一　かびました	サビレーシネウヱロ	[0357]
何も	一　買ませぬ	ネボタハユネテ(ママ)[チ]ヱボ	[0358]
	一　買度存る	ヤークピテホチウ	[0359]
	一　唐松	リ(ママ)[ク]イシウヱン	[0360] 」

(28b)

	一　蚊	コーヤ(ママ)[マ]ヲ	[0361]
	一かわゆふござる	ジヤヲシヲイ	[0362]
	一　肩	ピレーチヤ	[0363]
	一　與	レ	[0364]
	一　鍛治(（朱）カヂ)	ウヱデル	[0365]
身ノ	一　棋	ルリ	[0366]
	一　鏡	セリコツ	[0367]
是より地	一　から	ウト	[0368]
	一　かわいし	ヤーテベシイブカルゼ　ジヤアイスリヲイ	[0369]　[0369-1]
物ノ	一　堅い	チ(ママ)[ケ]レプコイ	[0370]
	一　角	チヱテレウコニ	[0371]
	一　量而	ポトモ	[0372] 」

(29a)

	一　瓦	キリピイネ(ママ)[チ]	[0373]
	一　壁	キニナ	[0374]
	一　鴈	ブシ	[0375]
	一　書て被下(（朱）カイテクダサレ)	ナピシポジヤウヱ	[0376]
	一　撫菜(カブ（朱）ナ)	レヽーパ	[0377]
	一　ケ条書	ナスタウヱニリヤ	[0378]
	一　借る度(（朱）カリルタビ)	ドチザホテウ	[0379]
物ノ	一　軽	シフユ(ママ)[コ]	[0380]
	一　帰ります	ウヲロチウサ	[0381] 」

(29b)

よ

	一　四日	ЧЕТЫРЕ ДНЯ(チェチレ) チヱテルトヱ	[0382]

	一 八日	ポスキ(ママ)[モ]ヱ	[0383]
	一 嫁	ドテ(ママ)[チ]	[0384]
	一 娘	トヲスレ	[0385]
	一 宜頼む	パホタリヨ	[0386]
	一 宜候(朱)ソロ	ポロシヨ	[0387]
	一 宜からず	ネホロシヨ	[0388]
	一 呼		[0389]
	一 能着物	ホロシヨプラウテ	[0390]
	一 能歌ウタワレヨ(朱)ヨキウタ	ペーシテホロシヨイスポイ	[0391] 」

(30a)

	一 悦	ヱラート 又 ラトユシ	[0392] 又[0392-1]
	一 横に寐ル	チ(ママ)[ナ]ヤボコロールーシ	[0393]
	一 横腹	ボーコ	[0394]
糸を(朱)イト	一 よる(朱)ヨル	スチウ	[0395]
料理を	一 能拵へろ	ポロセンカ スタラパイ	[0396]
	一 より	アナツカ	[0397]
	一 よごれる	キリヤスナ	[0398]
	一 夜が明けた	スベツラ	[0399]
	一 娘取ました(朱)ヨメ	ゼニウサ	[0400]
	一 娘	ネウヱースタ	[0401]
	一 嫁に遣しました	サムシユヲダウ	[0402]
	一能普請デ御座候ハ	ズダニヤ	[0403] 」

(30b)

一能身上で御座候	ドスタートチノイ	[0404]
一能ク奉公勤ます	ザスルカ	[0405]
一能絵(朱)エニテゴザニて御座候(ソロ)	シヲピシ	[0406]
一 能手跡ニテ候	ホロシヨピシヨト	[0407]
一 弱い反物(朱)タンモノ抔ハ人ハ	ネケレプコイ ボルストイ	[0408]
一 依而	ホチウ	[0409] 」

(31a)

た

	一	谷	レツイナ	[0410]
	一	(朱)朧(タキ)	ボイ 又 トロ	[0411] 又[0411-1]
	一	暖気	ゼ゚フヲー	[0412]
	一	大使	コブフ(ママ)[ノ]	[0413]
	一	大い	ポグ(ママ)[リ]ショーイ	[0414]
	一	退屈	ドローツイ	[0415]
	一	(朱)譬は(タトヘバ)	チ(ママ)[ナ]ビルミル	[0416]
	一	沢山	モノウガ	[0417]
	一	度々(朱)御馳走(ゴチソウ)に成筝忝ナシ(ニナリカタジケナシ)	チヤシトホジウポコルノバラストイ	[0418]
	一	短日	テニコロ	[0419] 」

(31b)

	一	多人数	ヒセリウリ(ママ)[チ]	[0420]
	一	(朱)敲(タヽク)	ステガート	[0421]
	一	太鼓	バラバン	[0422]
	一	便リガ聞度い	ウヱーステスレーヤテボーチヱム	[0423]
	一	旅人	ザヱゼチヱ ロヲ ヱツ	[0424]
水入	一	たらひ	ムツヱ	[0425]
	一	大豆	ゴロホ	[0426]
	一	只	タツコ	[0427]
	一	高売	ドロシツチヤ	[0428]
	一	只遊に来た	ヤーネーゴーシテ	[0429]
	一	度々	コシニヤー	[0430]
	一	大事　大切		[0431] [0431-1] 」

(32a)

	一	出す	ドスダニ	[0432]
	一	代物	ポチヨーモ	[0433]
	一	誰も	ネコー	[0434]
	一	誰も来ぬ	ネコーネト	[0435]
	一	誰か来た(キタ)	ヒトウピリシヨ	[0436]
	一	同来ぬか((朱)コヌカ)	ヒトネヒリ	[0437]
値段の	一	(朱)高い(タカイ)	ドロカ	[0438]
	一	種	セーミヤ	[0439]

	一　大根	レーケ(ママ)[テ]カ	[0440]
	一　大気	シチヱードロイ	[0441] 」

(32b)

れ

	一　礼に及ぬ	ネナゼム	[0442]
	一　礼服	モニゼール	[0443]
	一　暦々人	ウヲスポリン	[0444] 」

(33a)

そ

	一　其処名ハ何((朱)ナワナニ)	テベヤ　テニニヤカグゾウト	[0445]　[0445-1]
	一　其元	テ	[0446]
	一　そなた	テ	[0447]
手を	一　刺	ベレーツツヤ	[0448]
	一　僧((朱)ソヤウ)	ポープ	[0449]
	一　訴詔	ラツフデイ	[0450]
	一　算盤	シヨトイ	[0451]
	一　側に居られよ	ポテレ メニヤ	[0452]
	一　葬送	ホロニー(ママ)[イ]　ホコイノ	[0453]　[0453-1]
	一　そこに	テウト	[0454] 」

(33b)

	一　訴人	ドカザアテン	[0455]
	一　そしる	ドストインスホ	[0456] 」

(34a)

つ

	一　土	ジミリヤ 又 ギニナ	[0457] 又 [0457-1]
	一　朔日	ペルヲイテシロ	[0458]
	一　爪	ノキテ	[0459]
	一　月	メーヤツ	[0460]
	一　露	トマン	[0461]
	一　常の着物	カフタン	[0462]
	一　爪	ノウキテ	[0463]
ヤリカンノ	一　釣	ドシカ	[0464]
	一　つばき	ゼリイナ	[0465]
	一　繋く((朱)ツナグ)	ぺリウヱザーウ	[0466] 」

(34b)

風呂敷	一	包れヨ	サウヱリニ	[0467]
	一	包ました	ヲロズウヱルネー	[0468]
水抔の	一	つめたい	ストジヤノ　セーロツノ	[0469]　[0469-1]
	一	強い暑	シヅカザルコ	[0470]
タ(朱)ヽ	一	つめたい	ホロジヤノ	[0471]
	一	綱	コナト	[0472]
	一	使に来た	ポスラポ	[0473]
	一	常に参ニ依而（(朱) ツネニマイルニヨツタ）	チヤストピリシヨー	[0474]
	一	遣します	ボスワヱト	[0475]
物ノ	一	強い	ケレプコイ	[0476]
金銀物有之字	一	通宝	モネタ	[0477]
人の中を	一	つく[づく]	メテーシユ	[0478] 」

(35a)

ね

	一	念仏	ゴスポテ゜[デ]イポミルイ	[0479]
	一	寝ませぬ	シデイート	[0480]
	一	猫	コーシカ	[0481]
金ノ	一	音	ズヲン	[0482]
	一	寝たい	スパセヱヲホタ	[0483]
	一	値段	チヱナ	[0484]
木草	一	根	コーレン	[0485]
	一	願ます	ポロシウ	[0486] 」

(35b)

な

	一	浪	大 ボロシ　小 ツウヱ	大[0487] 小[0487-1]
	一	夏	イレト	[0488]
	一	七日	セリモヱ	[0489]
	一	長く	ドヲコー	[0490]
	一	無し	ネノト	[0491]
	一	長く御咄有れ	ポボレポコヲレ	[0492]
	一	長キ日	デニヤドギヤ	[0493]
	一	何月	コトロヱメミ(ママ)[シ]ヤツ	[0494]
	一	何に日	コトロヱ	[0495]

	一	名	イシ(ママ)[ミ]ヤ	[0496] 」

(36a)

	一	何ぞ上ケ度が爰に何も無い	チヱムネブーテポツチウテムノヲマナーシデ 又 ニチヨヲニシネーチヱンポツチワテ	[0497] 又[0497-1]
	一	何ぞ馳走被成	チヱムネプーテホツチワイ	[0498]
	一	汝	テ	[0499]
	一	何時	コトロヱチヤーズイ	[0500]
	一	何年	コロヱゴト	[0501]
	一	男子	シン	[0502]
	一	何を仕而居	チヱヲチヱラツト	[0503]
	一	長居致候	ドヲレシン	[0504]
	一	何の馳走も無く候	ネチヱムネホチウ	[0505]
	一	泪	スレザア	[0506]
	一	泣	ス゚(ママ)[プ]ヤーチヱ	[0507] 」

(36b)

	一	なぶりまい	ツガーネト	[0508]
	一	なげく	サアウトシテ	[0509]
縄(朱ナワ)を	一	なう	スチウ	[0510]
	一	何でござる	チヨースタレ	[0511]
	一	長沓(朱グツ)	サポキ	[0512]
	一	何も買わぬ	ネポツハニネセポ	[0513]
	一	鍋(朱ナベ)	コシチヨー	[0514]
	一	何程	カ〃ヱツナ	[0515]
	一	何を持つ来哉	チヱヲピリヲザト	[0516]
	一	何を持而行(朱ユクヤ)哉	チヱヲウヲザト	[0517]
婚姻	一	仲人	スワタ	[0518]
	一	何度	スユ(ママ)[コ]リヱ(ママ)[コ]イラス	[0519] 」

(37a)

明友	一	仲の能	ドルジハ	[0520]
物事(朱モノゴト)	一	馴ました	ナウヱカ	[0521]
	一	なぜ	レチヱポ	[0522]
	一	なぶります	ツガーネト	[0523] 」

(37b)

ら

一　来年　ペレフトシセイシコト　[0524]
一　老志　バーメチ　[0525]
一　猟虎　ボーブロ　[0526]
一　埒ガ明ヌ　コウダフーシヨツ　[0527] 」

(38a)

む

一　六日　セストヱチシロ　[0528]
一　馬　コーニ　[0529]
一　紫　セレムホイ　[0530]
一　昔　ポロスゴート　又　ダウト　[0531]　又[0531-1]
一　村　ゴーロト　[0532]
一　聟　チヤーテ　[0533]
一　娘　スワタヤ　[0534]
　　十五以上　テウイサ　[0534-1]
一　迎に行ます　ステレチヤーテポイデム　[0535]
一　向　フトモ　[0536] 」

(38b)

一　六ケ敷　ムデレノイ　[0537]
一　麦　ソウヱツリ　[0538]
一　無実の難　ネワイソノシテ　[0539] 」

(39a)

う

一　海　モーリヱ　[0540]
一　閏　ウソコシ　[0541]
一　嬉しい　トヲンナ　[0542]
一　内に帰る　ドモイポイト　[0543]
一　承る　スレセル　[0544]
一　生れる　ロジネ　[0545]
一　(朱)薄着(ウスギ)　ネモノーガノシ　[0546]
一　魚　レイバ　[0547]
茶湯の　一　(朱)薄い(ウスヒ)　ジイトユ(ママ)[コ]　[0548]
一　賣ます　ボラダユー　[0549] 」

(39b)

一　請取マシヨフ　ピリシヨム　[0550]

	一	請取ました	ピリイニヤヲ	[0551]
	一	賣ますか	ボロク（ママ）[タ]ヱーシ	[0552]
	一	賣ませぬか	イリネート	[0553]
	一	牛 男ベウカ	ゴロウ	[0554] 男[0554-1]
	一	嬉敷無い	ネブアホダル ノシテ	[0555]
	一	うそつく	ヒイトロシテ	[0556]
	一	浮	フツツヱト	[0557]
	一	兎	飼ハ　コロシカ 野ニ兎　ザヱツ	飼[0558] 野ニ兎[0558-1]
	一	有徳	イゾビリヤ	[0559]
	一	内に居候	ドモースタウリ	[0560]
	一	上ヱ	ウヱリホ	[0561] 」

(40a)

の

	一	呑	ペー	[0562]
	一	後程	ポースレ	[0563]
	一	咽	ゴールス	[0564]
	一	野服	ネホロシヨブラツテ	[0565]
水斗他	一	呑	ペー	[0566]
	一	胡	ピシヨナ	[0567]
	一	呑度	ピーデホチウ	[0568]
水	一	呑れよ	ペー	[0569]
	一	咽に詰タ（(朱赤) ツマシタ）	ポダウイウーサ	[0570]
	一	蚤	ポローハ	[0571] 」

(40b)

	一	咽婦へ	ボツゴルヲ	[0572]
山抔に	一	登	ベルホーポイト	[0573]
	一	野原	ヤマ	[0574]
	一	能書	ガアモツノイ	[0575] 」

(41a)

く

	一	雲	ヲヲブツカ	[0576]
	一	九月	センタピレ	[0577]
	一	九日	テリヤトヱ	[0578]
	一	首	セヤ	[0579]

一 唇 グボイ [0580]
人ノ 一 口 ロト [0581]
鼻ノ 一 くさめ チフノヲ [0582]
一 くそ コブノ [0583]
一 食 タウシヤト [0584]
一 菓子 ペリヤニヤカ [0585] 」

(41b)

一 草 タラハ [0586]
一 國 ゴスダレスト [0587]
一 黒 シヨールノ [0588]
一 呉ロ（(朱) クレロ） ダワヱ [0589]
一 来る ビリシヨ [0590]
一 被下 ホシヤウヱ [0591]
一 曇 モロシノ [0592]
一 國の風儀 ウヱラ [0593]
一 愚成 ドウカ [0594]
一 菓物 ヤブラカ [0595]
ヤクワンノ 一 口 ノリウカ [0596]
一 食度 ヱーシテホチウ [0597] 」

(42a)

一 食れよ タ（ママ）[ク]ーシヤイ [0598]
一 空腹成候 ヱーシラテホタ [0599]
一 黒い チヨルノヨ [0600]
一 来るか（(朱) クルカ） ピリシヤウシリ [0601]
あつい湯て（(朱) アツイ湯デ） 一 口を焼ました ウヲワラウサ [0602]
水を 一 くゞります ウヱリヤアヱツト [0603]
一 熊 メデイメーテ 又 メテイウヱテ [0604] 又[0604-1]
一 草 タラワ [0605]
一 杳（(赭) クワ） タウラレ 又 パンチヨシ [0606] 又[0606-1]
事ノ 一 くるみ（(朱) クルミ） ワデシカ [0607]
にほひ 一 くさい スマウー [0608]
山抔 一 下る チザアテ [0609] 」

(42b)

一 腐る ギニラ [0610]
一 薬 ゲクルスト [0611]
一 口利 ウームノイ [0612]

	一	軍艦	フロー	[0613] 」

(43a)

や

	一	山	ゴラ	[0614]
	一	役人	ヲチヤニンガ	[0615]
人の	一	和らか	シ[ミ]ヤツコ	[0616]
	一	止む	ペレスタヲ	[0617]
	一	野菜物 大根午房等の長いもの也	コーレン	[0618]
	一	やくわん	チヤイニカ	[0619]
		釣	ドシカ　ロウウヤ	[0619-1 0619-2]
		ふた	ウクルシキ	[0619-3]
	一	止られよ	ポキニ	[0620]
	一	休れよ（(朱) ヤスマ）	ヲドヲヱニ	[0621] 」

(43b)

	一	やぎ	コヂヨ	[0622]
	一	やもめ男	ダドウヱーヲ	[0623]
	一	遣らます	ボスツヱト	[0624]
	一	やがて	スコロ	[0625]
	一	やせる	ズホイ	[0626]
候哉	一	哉	レ	[0627]
値段の	一	安キ	チヱチデセワ	[0628]
	一	役目（(朱) ヤクメ）	ドヲウジノステ	[0629]
	一	厄介の人（(朱) ヤクカヒ）	イジテウヱニヤ	[0630] 」

(44a)

ま

	一	前日	ベレシニヤ　デニ	[0631]
	一	眉毛	ボロウヱ	[0632]
	一	枕	パトシテ　ボトシカ	[0633]　[0633-1]
	一	毎日来て邪魔に成ます	ヒシヤコイデニホチウメシヤテズ[ブ]ト（ママ）	[0634]
	一	賤人	スルガ	[0635]
	一	可参	ポシヨシ	[0636]
	一	誠	パラウダ 又 バラフタ	[0637] 又[0637-1]
	一	負ました	ボロイギラロ	[0638]

	一　参ました	ピリド	[0639] 」

(44b)

先へ	一　参らぬ	ネイド	[0640]
	一　松	ヲ(ママ)[ソ]スノヲヱ	[0641]
目ノ	一　まつげ	レシニツヱ	[0642]
木抔	一　曲る	チ(ママ)[サ]ウヱリヌー	[0643]
	一　曲ます	ザケバユ	[0644]
	一　待れよ	ストイ	[0645]
	一　豆	ゴロホ	[0646]
	一　迄	ト	[0647]
	一　負	ボロイキラヲ	[0648]
	一　丸イ	ケルダルノイ	[0649]
値段	一　負ル	ウバヒ	[0650]
	一　待て居ました	ドヂダイセ	[0651] 」

(45a)

	一　まめ成人	ザボータチヱヲツヱーカ	[0652]
何ヲ仕	一　ましよふ	ム	[0653] 」

(45b)

け

	一　毛	セリゼヱ	[0654]
	一　釼	サビリヤ	[0655]
行たい	一　けれ共	ナド 又 トモイ[トモイ]	[0656] 又[0656-1]
	一　家来	男 ラケイ　女 ラケイカ	男[0657] 女[0657-1]
家来	一　下人	スルガ	[0658]
	一　獣	ツウヱ リヤ	[0659]
仕置	一　刑罰	カジニイト	[0660]
	一　筆	ペラ	[0661]
	一　烟	デム	[0662]
	一　結構成普請ニ候	ズタニヤ	[0663] 」

(46a)

ふ

	一　冬	ジマ	[0664]
	一　二日	フトロヱ	[0665]
	一　筆	ペラ	[0666]
	一　夫婦	ムーシユゼナ	[0667]

	一	ふとん	ポステレ	[0668]
ヤクワソノ	一	ふた	ウタルシ(ママ)[ミ]キ	[0669]
	一	船	スードノ	[0670]
	一	風呂	バニヤ	[0671]
	一	風呂に入た	ナバニヤ	[0672] 」

(46b)

	一	風呂敷	ソツスツカ	[0673]
足ノ	一	ふくらはぎ	イクラ	[0674]
	一	扶持	シヤボツニネ	[0675]
	一	太(フト)い	トスドイ	[0676]
手の	一	ふとる	ジルノイ	[0677]
	一	古イ	シタライ	[0678]
	一	ぶしやう物	レニヲイ	[0679]
	一	富貴	イツビリヤ	[0680]
	一	笛	ヒレイタ	[0681] 」

(47a)

こ

	一	氷	リヨート	[0682]
	一	湖水	ホリシヨイヲヲゼロ	[0683]
	一	今宵	セヲニヒシノイノチ	[0684]
	一	今夜	同	[0685]
	一	五月	マヱ	[0686]
	一	五日	ピヤトヱ	[0687]
	一	九日	デリヤトヱ	[0688]
	一	腰	ポイスニサ	[0689]
	一	子供	バアレ	[0691]
	一	爰	シデシ	[0692] 」

(47b)

	一	言葉	ゴホル	[0693]	
	一	こきう	キリビチ	[0694]	
	一	是ハ何しや	ヱタチヨー　ヱトカカナスワヱソ	[0695]	[0695-1]
	一	爰江来て御咄被	ヲツセリポイデムゼ(ママ)ポネブテポコーリン	[0696]	
去而	一	(朱)懇意(コニイ)の人	ウリイコイペリヤーテリ	[0697]	
	一	今朝	ウートロシ	[0698]	
	一	胡椒	ベーレツ	[0699]	

	一　困窮の人	ネースタアト	[0700]
	一　乞食	ニツ シユイ	[0701]
		ウポーヲイ	[0701-1]
	一　子	セーチ	[0702]
	一　婚姻	ウヱニチヤーチヱ	[0703] 」

(48a)

	一　小娘	ドチ	[0704]
	一　御様嫌能イか	ゼワユツダラーストワイテ	[0705]
	一　御息才か	ズダラストワイ	[0706]
	一　國風	ウヱラ	[0707]
	一　心	アラーズム	[0708]
	一　爰江寄られよ	サイデー	[0709]
	一　こそばゆし	チヨーコツノ	[0710]
	一　こそぐる	シチヱユチート	[0711]
恐しき	一　こわい	ボコ[ユ]ツシ　又　シタラフ	[0712]　又[0712-1]
	一　此人	ヱトチヱヲエーカ	[0713]
茶湯	一　こい	グースト	[0714]
	一　是を被下	ホジヤウイ	[0715] 」

(48b)

	一　紺	ワシヨユーイ	[0716]
	一　五葉松	チ[ケ]ドロヲヱ	[0717]
女	一　後家	ダドウ	[0718]
	一　心入がわるい	リウトシテ	[0719]
	一　こわくない	チベラシテ	[0720]
	一　此所	ヱタメシタ	[0721]
	一　小麦	プセニチヤ	[0722]
	一　琴	グウスレ	[0723]
	一　事	ポロトピヤ	[0724]
	一　高直売	ドロチツ　チヤ	[0725]
	一　今年	シヨーゴト	[0726]
	一　此度	シヨーゴト　又　ヱトウヱレミヤ	[0727]　又[0727-1] 」

(49a)

	一　是より	ヱターナカ	[0728]
	一　御免被成	パシヤウシト	[0729]
酒ノ	一　こつぷ	リユムカ　スダハン	[0730]　[0730-1]
	一　小刀	ノセカ	[0731]
		小スクラズノイノセカ	小[0731-1]
身の	一　こゐる	ジルノイ	[0732]

	一	今日	セヲンニ	[0733]
	一	高慢	フラスタヱト	[0734]
	一	胡麻	フノーヒレノ	[0735]
	一	此間	ヱトメレミヤ	[0736]
	一	試	ポロウヱーダテ	[0737]
	一	御用多	ベスポヲユ(ママ)[コ]イノステ	[0738] 」

(49b)

て

	一	手	ウルカ 又 ルキ	[0739] 又[0739-1]
	一	鉄砲	ルーシヨ	[0740]
	一	上手	マステラ	[0741]
	一	天気能い	デンニホロシヨ	[0742]
	一	天気悪い	ネホロシヨデニ	[0743]
	一	手の平	ワドニ	[0744]
	一	帝王	ゴスダレ	[0745] 」

(50a)

	一	手袋	ベルシヤーテ	[0746]
	一	手掛	プアト	[0747]
	一	手の筋	リニイナワドニヤ	[0748]
	一	伝言仕ると云て下され	テヨロビテスカリ	[0749]
	一	手間取	ユダブージヨツ	[0750]
	一	寺	シヱルコ	[0751]
瘉	一	出来物	コロステ	[0752]
	一	妾(テカケ)	ビリヤツコ	[0753]
近く	一	出る	ウヱイド	[0754]
	一	天性自然	ナトラ	[0755]
	一	手カキ	ガアモツノイ	[0756] 」

(50b)

あ

	一	雨	トジテ	[0757]
	一	秋	ヲセン	[0758]
	一	穴	デラ	[0759]
	一	噫	ゼ(ママ)ワヲー	[0760]
	一	朝	ウートロ	[0761]

	一 天窓（朱）アタマ	ゴロワ	[0762]
	一 足	ノガ	[0763]
	一 兄	ポリシヨイバラト	[0764] 」

(51a)

	一 姉	ポリシヤヤ 又 セス	[0765] 又[0765-1]
	一 油	ジイロ	[0766]
	一 甘（朱）アマシ	スラツユ（ママ）[コ]	[0767]
	一 有	ヱイニ（ママ）[シ] 又 ヱシ	[0768 又[0768-1]
	一 赤	カヲスノイ	[0769]
	一 青	ゼシイイ	[0770]
	一 明日も又御出	ザプテレシデペリリ	[0771]
	一 雨強し	ドスーヱカ	[0772]
	一 雨が降	イデト	[0773]
	一 嵐	ホーロト	[0774]
	一 雨か降る		[0775]
	一 悪敷天気（朱）テンキ	ネホロシヨデ デ（ママ）[ニー]	[0776] 」

(51b)

	一 兄 大兄	ボリシヨイブテアタ	[0777]
	中兄	スレネイ	[0777-1]
	下兄	マヲイ	[0777-2]
	一 難有在候	ボコルノバラヲダラストヱ	[0778]
	一 厚着	モノーガノシ	[0779]
	一 悪心	フトイヱラズム	[0780]
戸ヲ	一 明られよ	ヲボロスタヱ	[0781]
	一 あの人	ヲン	[0782]
	一 あつ物	シツチ	[0783]
	一 誤まった	ウイノワータ	[0784]
	一 あくび（朱）アクビ	ポセワユ	[0785]
	一 行灯（アンドウ）	フヲナリ	[0786]
	一 汗（朱）アセ	ポート	[0787] 」

(52a)

	一 悪	フドイ	[0788]
	一 汗が出た（朱）アセ	スボチウ	[0789]
風呂にて	一 洗ました	メウサ	[0790]
	一 洗れよ	モイシヤ	[0791]

	一　(朱) 垢(アカ)	サマラウサ	[0792]
	一　(朱) 足跡(アシアト)	スレツト	[0793]
口の	一　あご 上 下	ネボウヲトウ チヱーリユステ	[0794] [0794-1]
	一　足の平	ポドシワ	[0795]
	一　同甲	ペレスナア	[0796]
	一　天窓の骨	チヱーレフ	[0797]
	一　頭のてつぺん	モースコ	[0798]
	一　(朱) 味梅(アンバイ)	フクース	[0799] 」

(52b)

	一　(朱) 味梅良(アンバイヨシ)	フクースノイ	[0800]
	一　あぶなひ	ヲパースノウレテ	[0801]
	一　商	ヱリコ	[0802]
	一　穴	テラ	[0803]
	一　洗	モヱ	[0804]
	一　(朱) 遊ニ来タ(アソビ)	ヤーネーゴーシテ	[0805]
	一　遊びニごされ	コチヤーストピリホジ	[0806]
	一　遊	ゴリヤイ	[0807]
返答	一　あいて	ノノノ	[0808]
	一　價イ(アタイ)	ポチヨーモ	[0809]
	一　新敷	ノテイ	[0810]
	一　あそこ	タン	[0811] 」

(53a)

一　(朱) 悪敷言(アツク)	フーリヤト	[0812]
一　悪人	ズヲデイ	[0813]
一　悪しひ	ヱビヤーチマツテ	[0814] 」

(53b)

さ

一　沢	パアゼ°(ママ)	[0815]
一　(朱) 崎(サキ)	ムシ	[0816]
一　寒し	スツデノ	[0817]
一　昨夜	ウヱチヲリ	[0818]
一　昨朝	チヤラシノウタラ	[0819]

	一	三月(サン)	マルト	[0820]
	一	三日	テレチヱ	[0821]
	一	三十日	テレツサテ	[0822]
	一	三十一日		[0823]
			ピノ	[0824]
	一	酒	ウポツー	[0824-1]
			ウヲーカ	[0824-2] 」

(54a)

	一	砂糖	サアハラ	[0825]
	一	盃	イリレウムカ	[0826]
	一	差汐	リウリヘペレフワヱト	[0827]
私	一	在所	ペレイヤ	[0828]
	一	在郷	ゴーロト	[0829]
	一	(朱) 棧留(サントメ)	ベーステレーテ	[0830]
公事を	一	捌	スデイト	[0831]
	一	皿ラ	ボニイス	[0832]
	一	(朱) 三弦(サンゲン)	バラフイカ	[0833]
暇乞	一	去バ	ポロステ	[0834]
	一	淋敷	スクシノ	[0835]
	一	同	ムネトスキリウ	[0836] 」

(54b)

	一	猿	ヲベレジヤナ	[0837]
	一	座して居る	シリト	[0838]
	一	さわがしい	ウヱセリヤ	[0839]
	一	さんごじゆ	マルジヤン	[0840]
	一	先程	ネダウノ	[0841]
蜂抔	一	さす	シヤーヲ	[0842] 」

(55a)

き

一	北	セイウヱル	[0843]
一	兄弟	バラタ	[0844]
一	木	デレポ	[0845]
一	烟管	ガンザ	[0846]
一	(朱) 来る(キタル)	ビリシヨ	[0847]
一	きれい	チシト	[0848]
一	(朱) 聞(キヽ)ます	スシセル	[0849]

	一　貴公様（(朱示) サマ）	テベ	[0850]
	一　去年	ポロシアコロト	[0851]
主人ノ	一　御意（(朱) キヨギ）	ウエレル	[0852」

(55b)

	一　着物をぬぐ	シキン	[0853]
	一　絹（(朱) キヌ）	シヨーコウ	[0854]
	一　着る	ナンワイ　ナアデン	[0855]　[0855-1]
	一　来人	ウヲスポクヲ	[0856]
	一　黄色	ジヤートイ	[0857]
	一　来た		
	二人以上	ペリシン	[0858]
	壱人	ペリシヤヨー	[0858-1]
	一　来られよ	ポジスデ	[0859]
	一　きれい	テシト	[0860]
	一　貴様名ハ何と	テベヤカクゾート	[0861]
	一　金	デニギ　ソロテロ	[0862]　[0862-1]
	一　銀	デニキ　セン(ママ)[レ]ベレネ(ママ)[ナ]	[0863]　[0863-1]
	一　来ますか	ピリシヨーシ	[0864]」

(56a)

	一　来ました	ピリド　又 ピリシレヱ	[0865] 又[0865-1]
名前に	一　聞ましよふ	ウスレスム	[0866]
	一　嫌ひでござる	ネホチヒカ	[0867]
	一　狐	リシイツア	[0868]
	一　木	デレヲ	[0869]
	一　嫌ふ	ネノウ	[0870]
腹中の	一　きも	ベチヱユカ	[0871]
酒の強い	一　きつい	ヘリヤーノ	[0872]
	一　狐	リシサ	[0873]
木材	一　切ます	リヨヒリヨ	[0874]
	一　切	ウリヨウブリヨ	[0875]
	一　切られよ	ウロービ	[0876]」

(56b)

	一　客に来た	ヤーゴーシテ	[0877]
	一　来て被下	パシヤレ	[0878]
	一　気の毒	ジヤウユ(ママ)[コ]	[0879]
	一　来ましやふ	ヒリリヤウト　ブーリヨト	[0880]　[0880-1]
	一　金札	アシクナツヤ	[0881]

		銀札		
重き人へ 軽キ者	一	気に入る	ナペリスニカ	[0882]
	一	凶年	ゴロジノイゴト	[0883]
	一	気ノ大きい	シチヱドコト	[0884]
	一	貴様達に 物遣ス時	ワム	[0885]
	一	貴様達ト云時	ウヱ	[0886]
	一	きよふもの	レナスレンマイ	[0887] 」

(57a)

ゆ

	一	雪	スネヤカ	[0888]
	一	指 パアルツー [0889]	大指　パリツ	[0889-1]
			人指　ボラシヨイ	[0889-2]
			中　カザラリノイ	[0889-3]
			茶　スルマ	[0889-4]
			小　ミジノ	[0889-5]
	一	湯	バニヤ	[0890]
	一	行け	ポシヨン	[0891]
	一	行ます	ボイド　イデウ	[0892]
	一	行ませぬ	ネイド	[0893]
	一	緩(緩)御咄有れ	ポトレポコヲレ	[0894]
	一	羑	ウヲスネ	[0895]
風呂の	一	湯	バニヤ	[0896] 」

(57b)

	一	湯に入る	テ(ママ)[ナ]ハニヤ	[0897]
	一	湯の中に居ル	ウバニヤ	[0898]
	一	行ませぬ	ネイド	[0899]
物ヲ熱しく	一	湯げ	バリート	[0900]
	一	ゆるされよ	パシヤウシ	[0901] 」

(58a)

め

	一	目	ガラザ	[0902]
	一	姪	ピリシヤソニチサ	[0903]
	一	目が覚た	ヲロズボデイウサ	[0904]
	一	飯	クワーシヤ	[0905]
	一	目玉	ズラチヨーカ	[0906]

一　妾(メカテ)　ビリヤツコ　[0907]

一　名画　ジヲピソ(ママ)[シ]　[0908]

一　名筆　ホロシヨピシヨト　[0909] 」

(58b)

み

一　水　ボダ　[0910]

一　南　ホーデン　[0911]

一　湖水　ホリシヨイヲーゼロ　[0912]

一　明後日　ホスレザフラレ　[0913]

一　(朱)三日(ミツカ)　テレチヱ　[0914]

一　晦日　テレツサテ　[0915]

一　耳　ヲシヨイ　[0916]

一　脉(ミヤク)　プリツサ　[0917]

一　湊　ペリスクニ　[0918]

一　見る　スモトレ　[0919] 」

(59a)

一　明日も又御出　ザプテレシテペリリ　[0920]

一　(朱)水(ミヅ)を入れる　レ　[0921]

一　短い日　デニコロ　[0922]

一　明晩　ザーフテレイレノイノチ　[0923]

一　湊　ピリチスク(ママ)[タ]ニ　[0924]

一　道悪し　ドローカフダ　[0925]

一　都(ミヤコ)　ベチヱリボトルホ　[0926]

一　皆の人　ヒセルリ　[0927]

一　見度候　スモトンテホツタ　[0928]

一　見られよ　ポスモトレ　[0929]

一　見られたか　ウイダヲレ　[0930]

一　見ました　ウイデロ　[0931] 」

(59b)

一　見度ない　テゲレジダネホチウ　[0932]

一　苗代　トウヱーレテシテ　[0933]

国嶋人抔　一　見付た　イゾベレヲ　[0934]

品物の　一　皆　フセイ　[0935]

人の　一　皆々　ヒセールリ　[0936] 」

(60a)

し

一	霜	イネ	[0937]
一	島	ヲストロー	[0938]
一	正月	ゲヌワレ	[0939]
一	四月	アベレリ	[0940]
一	七月	イヨレ	[0941]
一	十月	ヲクタビレ	[0942]
一	十一月	ノヤピレ	[0943]
一	十二月	デカフレ	[0944]
一	閏	ウリ[ソ](ママ)ヨ[コ](ママ)シ	[0945]
一	十一日	ベルヲイナデシヤテ	[0946] 」

(60b)

一	尻	ゾツパ	[0947]
一	舌	ヤスカ	[0948]
一	小便	サアカ　セツ	[0949]　[0949-1]
一	舅	ゼインテ	[0950]
一	小	コ[マ](ママ)リンコ	[0951]
一	白	ペヲイ	[0952]
一	書籍	キニカ	[0953]
一	字	ピシマ	[0954]
一	至極忝	ホコルノバラポダラストイ	[0955]
一	少し	ネモノシカ	[0956]
一	知居る	ズナヨ	[0957]
一	知らぬ	ネズナヨ	[0958] 」

(61a)

一	汐が差	リウリペレフワヱト	[0959]
一	宿場	スタネツ	[0960]
一	汐	ソウリ	[0961]
一	主人	バーレン	[0962]
一	死る	ウーメル	[0963]
一	常服	カフタン	[0964]
一	出家	ポリフ	[0965]
一	食物	クーシヤイ	[0966]
一	鹹	ソロノ	[0967]
一	仕置	カジニイト	[0968]
一	燭臺	ポツレシヨニカ	[0969]
一	所労が抜(（朱）ヌケ)た	バアメチ	[0970] 」

(61b)

一 師匠 ウチイテレ [0971]
一 吝イ スソポイ [0972]
一 鹿 ヱレンヒ [0973]
一 虱 フミ [0974]
一 真鍮 メーチ [0975]
一 親類 ヲロツチウヱーニカ [0976]
一 宗旨 ウヱラ [0977]
一 静 ゴロートシテ [0978]
もめて 一 しわ モリシノネイ [0979]
一 しわが寄た スモリシローシ [0980]
一 しわ延た ウヲロスパラウリヤーコ [0981]
一 しわ延した ウヲロスペラリウ [0982] 」

(62a)

一 舌が廻らぬ ヤジキネブロチワイ [0983]
一 署が強い（(朱) ツヨ） シプカザルユ（ママ）[コ] [0984]
一 じゆばん ルバシカ [0985]
船（フネ）の 一 敷 キリ [0986]
一 沈 ポト [0987]
あいさつの 一 じたい ヱイテヲオホタ [0988]
一 じぎ 同 [0989]
一 死人 ホコイノ [0990]
一 新（(朱) アタラシキ） ノウイ [0991]
一 自然道理 フツスタヱト [0992]
しやう 一 妾 ビリヤツコ [0993]
一 証拠人（(朱) シヤウコニン） スウイテイテレ [0994] 」

(62b)

家内 一 身ン上 イメニヤ [0995]
一 身上宜敷 イゾビリヤ [0996]
我身ト 一 身讃する ウソコメリヤ [0997]
一 下た ウニス [0998]
一 自然之道理 ナトラ [0999]
人の中を 一 しやくる メテーシユ [1000] 」
一 師匠番 ナスタウニカ

(63a)

ゑ

	一	酔	ピヤン　女ノ ピヤンナ	[1001] 女[1001-1]
	一	駅場	スタネツ	[1002]
	一	絵図	ヱタテリナ	[1003]
		万国図	ブヲブズ	[1003-1]
		人物絵	カリチイナ	[1003-2]
		絵図	タウタスト	[1003-3]
頭の	一	ゑり元	ザトウヱヲカ	[1004]
腹の	一	ゑぶくろ	プズリ	[1005]
	一	枝	ウヱツウヱ	[1006]
	一	(朱) 絵師(エシ)	シヲビシツ	[1007]
呼時	一	挨拶	テヤウスダン	[1008] 」

(63b)

ひ

	一	火	ヲゴミ	[1009]
	一	東	ボストカ	[1011]
	一	平山 低山	ニシカゴラ	[1012]
	一	昼	ボーテニ　又 ノヲナ	[1013] 又[1013-1]
	一	七日	セイモヱ	[1014]
	一	膝(ヒザ)	コレノ	[1015]
	一	髯	ボロタ	[1016] 」

(64a)

	一	人	セホウヱーカ	[1017]
	一	日が長イ	デニトギヤ	[1018]
	一	日が短イ	デニコロキ	[1019]
	一	日利か悪イ	ネホロシヨデイ	[1020]
	一	飛脚	ボチタリ 上 六千リ　廿一日 下 同断　　十三日	[1021]
	一	之の人	ネーズタアト	[1022]
	一	日雇	アラポーチニカ	[1023]
	一	(朱) 肘(ヒゲ)	ウヲ　コツ　チヱ	[1024]
	一	病人	ボーレン	[1025]
	一	美人	カラシイヲリチヨ	[1026]
	一	病気	ネズトロヲイ	[1027]
	一	美服	ホロシヨブフツテ	[1028] 」

(64b)

	一	硝子	ステクヲ	[1029]
	一	火に当る	ヲゴニケレーシヤ	[1030]
	一	羊（(朱) ヒツジ）	バラン	[1031]
	一	暇（(朱) ヒマ）で御座る	ウヲリヤ	[1032]
	一	暇に成ました	スヲボダ	[1033]
	一	びつくりする	コボコ	[1034]
	一	干ました	ウヱーソア（ママ）[フ]ロ	[1035]
風呂敷抔	一	ひろげる	チロズウヱリ	[1036]
車等	一	引	タツシユ	[1037]
	一	引きよ	タシチ	[1038]
	一	久し	ダムノヲ	[1039]
	一	日が着た	チヨムーコ	[1040] 」

(65a)

	一	病氣	ネモジー	[1041]
	一	ひいきする	ザシイタ	[1042]
道具ア（(朱) ドウグ ア）トへ（トヘ）	一	引渡す	ズダチヤ	[1043] 」

(65b)

も

	一	股	スゼクノ	[1044]
	一	文字	ピシマ	[1045]
主人の	一	甲付	ウヱレル	[1046]
	一	もふせん	ソクイー	[1047]
	一	物書ク	ピシ	[1048]
	一	物差	アリシイナ	[1049]
	一	股引	シタネー	[1050]
外モ、	一	股	サヤーヅレヤ	[1051]
	一	桃色	アウヲイ	[1052]
	一	萌黄色	ゼレ ノイ	[1053] 」

(66a)

紙抔ヲ	一	もむ	ムネー	[1054]
	一	もめた	ウヱーミヨー	[1055]
	一	餅	ヘレブ	[1056]
	一	物ぐさ	レニテイ	[1057]
	一	もふ食ませぬ	ドヲレン	[1058]

	一	持て来た	ペリニヨース	[1059]	
用事	一	申付ル	ピリカザウ	[1060]	
代りの人江	一	申送る	ロスカザウ	[1061] 」	

(66b)

せ

	一	先判	ネダブノ	[1062]	
	一	前日	ベレシニヤチ(ママ)[デ]ニ	[1063]	
	一	背中	スピナ	[1064]	
	一	(朱)セキ 咳	カアセリ	[1065]	
	一	小便	サアカ　セツ	[1066]	[1066-1]
	一	先日	ベレーツノイデニ	[1067]	
	一	膳	ボネイーソ	[1068]	
	一	瀬戸物	チヱニン	[1069]	
	一	咳をする	カアシレツト	[1070]	
	一	背骨	ハレベータ	[1071] 」	

(67a)

	一	銭の惣名	デンギ	[1071]	
		銅銭	メイスネ		
	一	(朱)セワニ 世話に成ました	シテズレウヱシヤジデワミボユルノゾテワタリヨー	[1072]	
	一	勢出されよ	ボロセンカロビ	[1073]	
	一	静謐に成る	イスヲレピウ	[1074]	
水	一	清い	チスタホダ	[1075] 」	

(67b)

す

	一	砂	ベスヲカ	[1076]	
	一	筋	スウヱスジウヱ	[1077]	
	一	酢	キスロ	[1078]	
味	一	すい	キスロ	[1079]	
	一	墨入	ゼ	[1080]	
	一	少し	又マーロ　ネモノシカ	又[1081]	[1081-1]
	一	(朱)スヾシキ 涼敷	ネヌトテノネテソタ	[1082]	
	一	(朱)スコシコヽロヨイ 少し心よい	テペーレホーレークチヤ	[1083]	
	一	済した	ザブツテウ	[1084]	

	一	済されよ	ザブツテ	[1085] 」
				(68a)
	一	硯	セーメン	[1086]
	一	炭	ウゴユ	[1087]
	一	好きにて候成	ヲホチニキリ	[1088]
	一	(朱) 好(スキ)でござる	ヲホーチヒカ　又 ルビリウ	[1089] 又[1089-1]
	一	好きませぬ	ネホチニカ	[1090]
	一	座(すわ)る	サデシ	[1091]
	一	捨られよ	ボキダイ	[1092]
	一	捨ました	ボキス	[1093]
	一	しやくり	イチヱト	[1094]
	一	錫(スヾ)	ヲロヲ	[1095]
	一	頭巾	カウバアカ	[1096]
	一	頭巾かぶる	カウバアカナデニ	[1097] 」
				(68b)
	一	同　ぬく	シニニイ	[1098]
足の向ヲ	一	成のね	ゴレニ	[1099]
	一	既に (朱) 死人とした(シニントシタ)	チユーテネウーメラ	[1100]
	一	涼しい	マリヨセンコホロズノイ	[1101]
	一	(朱) 居て居る(スワツ)	シーリト	[1102]
心の	一	すかぬ	ヤーネルビ	[1103]
	一	推量して被下	ラスジ	[1104]
	一	(朱) 推量する(スイリヤウスル)	ラスル	[1105]
	一	好き	ルビ	[1106] 」

(69a)

(69b)

(70a)

(裏表紙)

참고문헌

〈原本資料〉

- 『魯西亞語覺書』－早稲田大学図書館所蔵
- 『魯西亜語類』 天理図書館蔵(河合忠信(1985)『魯西亜語類』に所収)

〈単刊本・論文〉

- 岩井憲幸(1976)「『魯西亜語覚書』について」早稲田大学図書館紀要17, pp 66-73
- 岩井憲幸(1991)「天理図所館蔵『魯西亜語類』について」明治大学教養論集 247. pp61-94
- 亀井高孝(1990) 校訂、桂川甫周著『北槎聞略』岩波文庫
- ボンダレンコ(1994)「言語学的教授法上分析対象としての大黒屋光太夫の露和辞典-桂桂川甫周 「北槎聞略」を資料として」 天理大学学報(175), pp41-51
- Константинов В.М.(1978) "Краткие вести о скитаниях в север ных водах(Хокуса монряку)".-М: Наука.
- Kadyrlyeyev V.(2010)「早大本 大黒屋幸太夫の『魯西亞語覺書』－語頭二重子音の片仮名表記-」日語日文学研究第74輯1巻、pp317-336
- Kadyrlyeyev V.(2010)『魯亞語覺書』における語中子音の片仮名表記－語中二、三、四重子音の片仮名表記－」 日語日文学研究第75輯1巻、pp251-268

日本學硏究의 地平과 再照明

초판인쇄 2011년 1월 2일
초판발행 2011년 1월 14일

편　　자 이숙자
발 행 인 윤석현
발 행 처 제이앤씨
등록번호 제7-220호
책임편집 박채린

우편주소 132-702 서울시 도봉구 창동 624-1 북한산현대홈시티 102-1206
대표전화 (02) 992-3253(대)
전　　송 (02) 991-1285
홈페이지 www.jncbms.co.kr
전자우편 jncbook@hanmail.net

ISBN 978-89-5668-838-1 93730　　**정가** 31,000원